Gerhard Dambmann
25mal Japan

SERIE PIPER
Band 5104

Zu diesem Buch

Gerhard Dambmann sucht in seinem Buch eine Erklärung dafür zu finden, wie und warum die asiatische Weltmacht – heute zweitgrößte Industrienation der Erde – in die Position des häufig mißverstandenen Außenseiters geraten konnte. Dabei führt der Autor die charakteristischen Nationaleigenschaften der Japaner wie zum Beispiel ihr ausgeprägtes Gruppenbewußtsein, ihre bei aller realistischen und pragmatischen Fortschrittsgläubigkeit dennoch tiefverwurzelte Ehrfurcht vor Traditionen auf die geographisch bedingte Isolation des Inselstaates zurück, die eine historische Abkapselung Japans begünstigte. Anhand zahlreicher Bilder und aktueller Beispiele gelingt es dem Autor, die Problematik des modernen japanischen Staates auf dem Hintergrund seiner stets noch wirksamen religiösen und kulturellen Traditionen aufzuzeigen.

Gerhard Dambmann, geboren 1927, studierte Rechtswissenschaft und Politik in Frankfurt und New Orleans. Promotion in Völkerrecht. Er lebte zwölf Jahre als Korrespondent des ZDF in Ostasien – davon sieben Jahre in Tokio. Dambmann, weiterhin als Kulturjournalist tätig, ist heute Professor für Fernsehjournalismus an der Universität Mainz.

Gerhard Dambmann

25mal Japan

Weltmacht
als Einzelgänger

Mit 22 Abbildungen

Piper
München Zürich

Weitere »Panoramen der Welt«
in der Serie Piper:

Fritz René Allemann, 26mal die Schweiz (5106)
Harald Bilger, 111mal Südafrika (5102)
Raymond Cartier, 50mal Amerika (5101)
Tony Gray, 5mal Irland (5105)

ISBN 3-492-05104-9
Neuausgabe 1985
3., überarbeitete Auflage, 13.–20. Tausend Januar 1985
(1. Auflage, 1.–8. Tausend dieser Ausgabe)
© R. Piper GmbH & Co. KG, München 1979, 1985
Umschlag: Federico Luci,
unter Verwendung eines Fotos von R. R. Kröschel
Vorsatzkarten: Jutta Winter
Gesamtherstellung: H. Mühlberger, Augsburg
Printed in Germany

Chiune Sugihara gewidmet,

der als japanischer Diplomat beim Ausbruch des Zweiten Weltkrieges viertausend polnischen Juden das Leben rettete und dafür
den Undank seines Vaterlandes erntete.

Inhalt

Einführung
oder
Glücklicherweise befanden sich keine Japaner an Bord der abgestürzten Maschine

Der angesehene japanische Mediziner Dr. Tadanobu Tsunoda glaubt beweisen zu können, was seine Landsleute schon immer vermuteten: Japaner sind anders. In zwölfjähriger Forschung und Praxis will der Hals-Nasen-Ohren-Spezialist herausgefunden haben, daß bei den Japanern – und nur bei den Japanern – die linke Seite des Gehirns all jene Funktionen ausübt, in die sich bei der gesamten übrigen Menschheit rechte und linke Hirnhälfte teilen. Während normalerweise von der linken Hälfte Verstand, Logik und Gedächtnis gesteuert würden und in der rechten Gefühle, Stimmungen und Unterbewußtsein zusammenliefen, vereinige sich bei Japanern in der linken Hirnhälfte beides, Rationalität und Irrationalität, Bewußtes und Unbewußtes, Verstand und Gefühle, all das, was sich bei der übrigen Menschheit säuberlich in zwei separate Bereiche scheide. Diese Entdeckung habe erhebliche Konsequenzen. Sie erkläre, warum nüchterner Verstand und kalte Logik bei Japanern eine geringere Rolle spielen als bei Europäern, warum Gefühle und Stimmungen hierzulande häufig Argumente ersetzen, warum persönliche, also gefühlsbedingte Bindungen und Loyalitäten in Japan wichtiger genommen werden als abstrakte Rechtsnormen, warum sich gerade die Japaner in der vergänglichen Natur mit ihrem ständigen Wechsel geborgen fühlen. Dr. Tsunoda meint, daß die Japaner als Reaktion auf jene Besonderheit Gegenkräfte entwickelt hätten. Zen-Buddhismus, Teezeremonie, Ikebana (die Kunst des Blumensteckens), das alles seien im Grunde Konzentrations- und Meditationsbemühungen, mit dem Ziel, die Emotionen zu bändigen.

Warum Japans Hirne anders arbeiten, hat Dr. Tsunoda noch nicht mit Sicherheit herausgefunden. Er vermutet, daß dies mit der japanischen Sprache zusammenhänge. Jedenfalls sei die Besonderheit nicht erblich bedingt, also kein rassisches Merkmal, denn bei japanischen Kindern, die im Ausland wie junge Amerikaner oder Europäer aufwüchsen, ließe sich die Dominanz der linken Hirnhälfte nicht feststellen, während umgekehrt ausländische Kinder, die in Japan unter Japanern groß würden, sich in ihrer Hirnfunktion nicht von echten Japanern unterschieden.

In der gesamten japanischen Öffentlichkeit hat niemand die Beobachtungen von Dr. Tsunoda als originelle Spielereien eines Intellektuellen belächelt, kein Kabarettist und kein Karikaturist fühlte sich von ihnen provoziert, bestätigen sie doch nur, woran 120 Millionen Japaner ohnehin fest glauben: Japaner sind anders.

Wer als Ausländer einem Japaner versichert, er habe herausgefunden, daß Japaner mit keinem anderen Volk der Erde zu vergleichen seien, wird die uneingeschränkte Zustimmung seines Gesprächspartners finden. Wer hierzulande als Ausländer zugibt, daß er die Japaner nicht verstehe, gilt fortan als jemand, der endlich Japan verstanden habe, weil es nämlich für einen Ausländer schlechterdings unmöglich sei, Japan zu begreifen.

Kein moderner Industriestaat gibt der Welt heute noch so viel Rätsel auf. Wie erklärt sich, daß der Leutnant Hiroo Onoda nach Japans bedingungsloser Kapitulation 1945 noch 29 Jahre lang im philippinischen Dschungel für seinen Kaiser weiterkämpfte, obwohl er in späteren Jahren dort ein Transistorradio besaß und wissen mußte, was in der Welt vorging? Warum gab Onoda erst auf, nachdem ihm sein letzter Kriegsvorgesetzter, inzwischen seit Jahrzehnten als Buchhändler ins Zivilleben zurückgekehrt, den erforderlichen »Befehl« erteilt hatte? War es Zufall oder bezeichnend, daß der Leutnant Onoda sich bei seinem Major, der ihm nach monatelanger Suche philippinischer und japanischer Behörden endlich auf einer Urwaldlichtung entgegentrat, formell dafür entschuldigte, daß er ihn zunächst für einen Filipino gehalten habe? Leutnant Onoda als Held, als Japans letzter Samurai? Oder als Japans letztes Kriegsopfer, als ein bedauernswerter Mann, den Krieg und jahrzehntelange Einsamkeit um seinen Verstand gebracht hatten?

Japans Establishment entschied sich für den Helden. Die Minister stifteten eine Million Yen aus ihren Gehältern, und als der letzte Kämpfer im Sonderflugzeug in Tokio landete, drängten sich so viele eitle Politiker an die Gangway und vor die Fernsehkameras, daß die aus der Provinz angereisten hochbetagten Eltern nach hinten in die Menge abgeschoben wurden. Nur einer schwieg verlegen, der Kaiser.

Onoda als Sonderfall? Gerade zwei Jahre war es her, daß im Frühjahr 1972 Bauern auf der Pazifikinsel Guam den kaiserlichjapanischen Unteroffizier Shoichi Yokoi gefangengenommen hatten, 27 Jahre nach Ende des Zweiten Weltkrieges. Auch damals hatten Politiker, Presse und Fernsehen den Spätheimkehrer jubelnd empfangen, und die Öffentlichkeit sog seine Urteile über das neue Japan auf wie sensationelle Forschungsergebnisse berühmter Fachgelehrter. Daß der Unteroffizier Yokoi immer wieder in alle Mikrophone sagte, er sei für seinen Kaiser auf einsamem Posten geblieben, und sein größter Wunsch wäre es, dem Kaiser einmal zu begegnen, brachte den Hof in schwitzende Pein. Das Problem wurde schließlich auf japanische Weise gelöst, nicht mit einer einfachen menschlichen Geste, sondern indem die Hofbeamten eine Antwort so lange hinauszögerten, bis die Öffentlichkeit das Thema vergessen hatte. Der Unteroffizier Yokoi und der Leutnant Onoda bekamen ihren Kaiser nie zu sehen.

Die Welt verfolgte die Rückkehr der beiden Krieger mit hilflosem Staunen. Hätte nicht jeder von seiner Truppe abgesprengte europäische oder amerikanische Soldat nach ein paar Tagen oder Wochen sich nach Hause durchzuschlagen versucht oder sich den fremden Behörden gestellt? Wäre nicht jeder südostasiatische Krieger freundlich und friedlich ins nächste Dorf gelaufen, hätte sich bei den Bauern nützlich gemacht und bald eine eigene Familie gegründet? Wäre nicht ein Chinese vorsichtig und zurückhaltend an einem Dorfrand aufgetaucht, als Kleinhändler erst, bald auf eine wachsende Familie gestützt, so daß er nach 29 Jahren wahrscheinlich den örtlichen Holzhandel beherrscht hätte und den Geldverleih dazu? Doch daß da Menschen jahrzehntelang im Dschungel ausharren, sich von Mäusen ernähren und in Höhlen hausen, nur weil kein Vorgesetzter da ist, der Schluß zu machen befiehlt – nachdem sich die Euphorie gelegt hatte, kamen selbst den Japanern Zweifel. Schließlich paßte das alles schlecht in das Bild vom modernen, demokratischen Japan, das mit dem Imperialismus und Militarismus und Nationalismus der ersten Jahrhunderthälfte gebrochen hat. Aber ist dieser Bruch wirklich so radikal?

Was steckt dahinter, daß derselbe Kaiser, in dessen Namen die amerikanische Kriegsflotte 1941 in Pearl Harbor überfallen wurde, als »Symbol des Staates und der Einheit des Volkes«, nach der Niederlage im Amt blieb? Wie ist es zu erklären, daß Japan seit Jahrzehnten vergleichsweise erheblich weniger Entwicklungshilfe leistet als andere Industriestaaten, mit der Begründung, Japans Wirtschaft sei noch immer krisenanfällig und schwach, während die Regierung in Tokio gleichzeitig einen ständigen Sitz im Sicherheitsrat der Vereinten Nationen fordert, mit dem Argument, als zweitstärkste Industriemacht der nichtkommunistischen Welt habe Japan darauf einen Anspruch? Was soll man von jenen japanischen Kaufleuten halten, die auf den chinesischen Exportmessen in Kanton während der Kulturrevolution mit Mao-Plaketten am Revers herumliefen, oder von den Redakteuren und Fotografen international angesehener japanischer Zeitungen und Agenturen, die auf Besichtigungsreise in der Mandschurei im September 1976 auf die Nachricht von Maos Tod sich dicke weiße Trauerrosetten ansteckten und so benahmen, als sei jedem einzelnen von ihnen plötzlich der Vater gestorben? Was denken sich Japans kapitalistische Großfirmen, wenn sie in den Zeitungen in hierzulande üblichen Großanzeigen anläßlich ausländischer Nationalfeiertage den Rumänen oder Polen »zum Jahrestag ihrer Befreiung« gratulieren, also in Wahrheit zur kommunistischen Unterdrückung?

Während sich die Welt schwertut, Japan zu begreifen, fühlen sich die Japaner von der gesamten Welt unverstanden. Für die breite, überwiegende Mehrheit aller Japaner besteht nämlich die Menschheit aus zwei Kategorien, aus den Japanern – und aus allen anderen.

Hier liegt der Kern, die tiefste Ursache, für alle Schwierigkeiten Japans im Umgang mit der Außenwelt. Japaner empfinden sich gefühlsmäßig nicht als Mitglieder der weltweiten Völkerfamilie, nicht als Mitmenschen einer universalen Gemeinschaft im Sinne von Schillers »alle Menschen werden Brüder«, sondern Geographie, Geschichte und Religion haben tief in ihr Unterbewußtsein die Überzeugung von der Besonderheit der Japaner eingegraben, von ihrer Außenseiterrolle, vom Nichtdazugehören. Es sieht geradezu aus, als brauchten die Japaner das Gefühl, abseits zu stehen und von der Welt nicht verstanden zu werden für ihr seelisches nationales Gleichgewicht.

Alle Völker der Erde haben ihre Eigenheiten. Schweden unterscheiden sich von Ägyptern, und selbst die Nordamerikaner, wo immer sie ursprünglich herstammen mögen, werden durch nationale Besonderheiten zusammengehalten, die sie von Nichtamerikanern, etwa von Indern, deutlich trennen. Allen gemeinsam aber, Schweden und Ägyptern, Amerikanern und Indern, ist doch das Gefühl, über alles Trennende hinweg irgendwie zusammenzugehören, als Glieder der über die ganze Erde verbreiteten Menschheitsfamilie, der family of man. Während nun die Japaner von ihrer Besonderheit stärker überzeugt sind als andere Völker, fehlt zugleich jene Ergänzung, also das Empfinden einer weltweiten Zusammengehörigkeit. Dies hat die Japaner unter den großen Völkern der Welt in die Rolle des Einzelgängers gedrängt.

Daß eine moderne Industriemacht sich diese Rolle heute im Grund nicht mehr leisten kann, ist Japans besten Köpfen längst klargeworden, und so fehlt es nicht an Selbstkritik und an Änderungsvorschlägen. Doch der Weg ist weit und steinig, denn es geht um nicht weniger als um die radikale Aufgabe tiefsitzender geographisch, soziologisch, historisch und religiös bedingter Verhaltensweisen, und dies noch bei einem außerordentlich konservativen Volk.

Japans angesehene Soziologin Chie Nakane hat beschrieben, daß die innerjapanische Gesellschaftsordnung, also das Normensystem, das die Beziehungen der Japaner untereinander regelt, auf der Unterscheidung von drinnen und draußen basiert. Drinnen (uchi) bezeichnet diejenigen, die zusammengehören, die gemeinsam eine Gruppe bilden, also Familie, Schulklasse, Betriebsgemeinschaft. Draußen (soto) stehen die Fremden. Innerhalb der Gruppe gelten feste Regeln und klare Pflichten, so daß jeder nicht nur weiß, woran er ist, sondern auch, daß und wieweit er sich auf alle anderen Gruppenmitglieder verlassen kann. Auch die von einer Gruppe her betrachtet Draußenstehenden gehören selbstverständlich ähnlichen Gruppen an, also anderen Familien, anderen Schulen, anderen Betrieben. Während nun jede einzelne Gruppe durch meist lebenslange Loyalität zusammengebunden wird, hält sie zugleich alle fremden Gruppen möglichst auf Distanz. Der eigenen Gruppe zu dienen, gilt als soziales Ideal. Der fremden Gruppe schuldet man nichts, sie bleibt draußen, auch außerhalb der Normen. Die Verhaltensregeln innerhalb der einen Gruppe werden auf die Außenbeziehungen nicht übertragen (wohlgemerkt: auf die Beziehungen zu anderen japanischen Gruppen). Diese soziale Vorstellung findet ihre Vollendung in der Idee vom japanischen Volk als der höchsten Gruppe, als Zusammenschluß, in den sich alle anderen Gruppen einfügen, als der einzigen Gruppe folglich, der alle Japaner angehören. Ihr Symbol fand und findet diese umfassende und damit wichtigste Gemeinschaft im Kaiser.

Die Konsequenz der Überlegungen von Chie Nakane für Japans internationale Beziehungen liegt auf der Hand. Das Ausland bleibt soto, eine fremde, separate, andere Welt, auf welche die innerjapanischen Normen und Wertmaßstäbe nicht anwendbar sind. Das japanische Schriftzeichen für soto bildet auch die erste Silbe im japanischen Wort für »Ausländer«. Über Japan hinaus existiert nach überlieferten japanischen Vorstellungen keine übergreifende Gruppe mehr, in der Japan aufgehen könnte wie eine Familie in einem Dorf.

Hier muß darauf hingewiesen werden, daß die andersartigen europäischen Vorstellungen ebenfalls auf spezifische Ursachen zurückzuführen, also keineswegs naturgegeben sind, wobei dem alle religiösen, rassischen und nationale Grenzen sprengenden christlichen Postulat »liebe deinen Nächsten« entscheidendes Gewicht zukommt, selbst wenn die Mehrheit der Europäer den christlichen Ursprung dieses universalen Auftrages gar nicht mehr erkennen sollte. Die christliche Botschaft von dem Menschen als Bruder, von jedem Menschen als Bruder, ist wahrscheinlich der wichtigste Beitrag des christlichen Abendlandes zur Weltkultur.

Hungerkatastrophen in Afrika, Überschwemmungen in Indien, Kriege in Indochina, Flüchtlingselend, das alles erleben die Japaner heutzutage genauso vor dem Fernsehschirm mit wie die Menschen in der übrigen Welt. Doch bleiben sie subjektiv dabei mehr Zuschauer als Mitbeteiligte. Nur selten springt ein Funke über, der fremde Not mit der eignen Existenz verbindet, der fernes Elend zum Bestandteil der eignen menschlichen Tragödie macht. Keine große Zeitung, keine Gewerkschaft, keine Stadtverwaltung käme auf die Idee, aus mitmenschlicher Solidarität spontan Hilfe für Opfer in fernen Ländern zu organisieren, weil zu befürchten ist, daß die breite Bevölkerung nicht mitmachen würde. Meist bleibt es bei den Pflichtspenden der Regierung, deren minimaler Umfang sie bereits als Akte politischer Zweckmäßigkeit entlarvt. In Ausländern sehen die meisten Japaner willkommene Geschäftspartner, kluge Lehrer, neugierige Touristen, hilfreiche Ärzte, exotische Wilde, brutale Krieger, vieles, nur eines nicht, Mitmenschen.

Deshalb kann es nicht überraschen, daß eine rein humanitäre Organisation wie Amnesty International in Japan kaum Resonanz findet, daß Amnesty International in ganz Japan ebenso viele Mitglieder zählt wie im kleinen Luxemburg. Weil der japanische Zweigverband daher seine Beiträge für die Dachorganisation nicht aufbringen konnte, mußte Japan sich 1979 eine Kürzung seines Stimmrechts in der Londoner Zentrale gefallen lassen.

Wenn immer eine der Katastrophen Asiens Flüchtlinge an die Ufer Japans treibt, entwickeln die Behörden vorwiegend nur einen Eifer, diese geschundenen Menschen so rasch wie möglich abzuschieben, irgendwohin, nur weg. Wenn der südkoreanische

Geheimdienst mitten aus Tokio den koreanischen Oppositions-
führer Kim Dae-jung mit Gewalt, unter Mißachtung japanischer
und völkerrechtlicher Normen verschleppt, regelt die Regierung
den Fall »politisch«, also nicht-menschlich, das heißt, sie läßt zu,
daß dieser Mann, der schließlich kein Japaner ist, in Südkorea
langsam zugrunde gerichtet wird.

Als japanische Linksterroristen im Mai 1972 auf dem israelischen Flughafen Lod ein Blutbad angerichtet hatten und Abscheu
und Entsetzen die ganze zivilisierte Welt erschütterten, eilte der
damalige japanische Außenminister Takeo Fukuda sofort in die
israelische Botschaft in Tokio, um sich für diese gnadenlose
Grausamkeit junger Landsleute zu entschuldigen. Ministerpräsident Eisaku Sato schickte einen Sonderbotschafter nach Israel,
und die japanische Regierung bewilligte umgerechnet über vier
Millionen Mark für die Verletzten und die Hinterbliebenen der
Opfer. Daraufhin beschwerten sich mehrere arabische Staaten
über diese »proisraelische« Haltung Japans und erinnerten Tokio
an seine Abhängigkeit vom arabischen Öl, worauf wiederum die
japanische Regierung beflissen öffentlich erklären ließ, Japans
Reaktion auf den »Zwischenfall« von Lod gehe ausschließlich auf
humanitäre Erwägungen zurück, und die japanische Regierung
habe nicht die geringste Absicht, ihre gegenwärtige Haltung gegenüber den Ländern des Mittleren Ostens (also faktisch ihre
proarabische Politik) zu ändern. Kein Wort verloren Japans Politiker darüber, daß die japanischen Linksterroristen ihren An-
schlag als Verbündete palästinensischer Terroristen ausgeführt
hatten, die von mehreren arabischen Regierungen aktiv unterstützt wurden. Und die Frage, ob Humanität und Politik sich
vielleicht gar nicht trennen ließen, sondern einander bedingten,
hatten sich die Verfasser des Kotaus vor den Arabern erst gar
nicht gestellt. Im Ergebnis entschuldigte sich Japan bei den Arabern für seine Entschuldigung bei den Israelis. Und wieder
schaute die Welt verständnislos zu.

Flugzeugabstürze in der weiten Welt meldete der japanische
Rundfunk bis vor wenigen Jahren mit dem ausdrücklichen Hinweis, »glücklicherweise befanden sich keine Japaner an Bord der

abgestürzten Maschine«. Glücklicherweise. Auch in anderen Ländern melden die Nachrichtendienste, ob bei Unglücksfällen im Ausland eigene Staatsangehörige zu Schaden kamen, doch formulieren sie derartige Mitteilungen als reine, wertfreie Informationen. Der erleichternde Stoßseufzer »glücklicherweise« war enthüllend: Hauptsache, daß keine Japaner betroffen wurden. Wenn es andere erwischte, von soto, war das nur noch halb so schlimm. Nachdem sich immer mehr Japaner und Ausländer über diesen Stil der Berichterstattung empörten, ging schließlich der japanische Rundfunk nach westlichem Beispiel zu neutralen Formulierungen über.

Bis vor kurzem sangen die Mitarbeiter des Elektronik-Giganten Matsushita Denki jeden Morgen zum Arbeitsbeginn eine Firmenhymne, die den Export als nationale Tat verherrlichte:

Laßt uns ein neues Japan bauen
mit Kraft und Verstand.
Laßt uns bessere Güter herstellen
und sie den Völkern der Welt schicken,
in einem endlosen Strom,
so, wie Wasser aus der Quelle sprudelt.
Unsre Industrie soll wachsen, wachsen, wachsen!
Laßt uns aufrichtig zusammenstehen
für Matsushita Elektrik.

Diesen Text hat die Firmenleitung kürzlich durch einen neuen ersetzt, weil immer mehr Länder auf Japans aggressive Außenhandelspolitik, auf die Überflutung von japanischen Waren, gereizt und verärgert reagierten. Heute tönt es unverbindlicher:

Ein frohes Herz,
in dem das Leben pulsiert,
das ist Matsushita Elektrik.
Die Zeit verfliegt,
doch jeder Tag bringt einen neuen Frühling.
Laßt uns eine blühende Welt

und ein aufstrebendes Land zusammenbinden
in Liebe und Licht, von einem Traum beseelt.

Kündigt sich in solchen Veränderungen zaghaft und beispielhaft
der Durchbruch einer neuen Mentalität an?

Die folgenden Seiten sollen helfen, die Kluft der Mißverständnisse zwischen Japan und der übrigen Welt zu überbrücken. Damit Japan aus seiner Rolle als Einzelgänger unter den Großmäch-
ten herausfinden kann, muß die Welt begreifen, wie Japan in
diese Rolle hineingeraten ist. Kein Staat wird je einem anderen
gleichen, auch in Zukunft nicht. Was die klein gewordene Welt
braucht, ist Verständnis für die Unterschiede, für die Eigenheiten. Seit den Meiji-Reformen vor über 100 Jahren ist Japan bestrebt, von der Welt zu lernen. Die Welt aber hat sich, von Fach-
leuten abgesehen, bisher wenig Mühe gegeben, die Japaner zu
verstehen.

1. Teil: Gegebenheiten

Der Inselstaat
oder
Karl Marx kam nicht bis Japan

Am liebsten sind Japaner unter sich. Richtig wohl und unge-
zwungen fühlen sie sich nur zu Hause, in Japan. Das ist verständ-.
lich, denn fast alles, was eine Gesellschaft prägt, Geographie,
Geschichte, Religion, treibt sie in die Isolation, in die Exklusivität. Nur in Japan besteht eine derart weitgehende Deckungs-
gleichheit zwischen Bürgern, Staat, Land, Religion und Kaiserhaus, weshalb sich die Japaner mit keinem anderen Volk der Welt
vergleichen lassen.

Häufig teilen sich auf der Erde mehrere Völker in einen natur-
gegebenen geographischen Raum, oft glauben ganze Kontinente
an denselben Gott, immer wieder ändern sich Herrschaftsord-
nungen. Nur die Japaner leben auf ihren Inseln in einem natürlichen Raum, den sie mit niemandem zusammen bewohnen müssen, symbolhaft repräsentiert von einem Kaiserhaus, das bis in
die Urgeschichte zurückreicht, geprägt von einem Glauben – dem
Schintoismus –, in dem Kaisertum und Volk und Land zu einer
Einheit verschmelzen. Das macht die Japaner zu den Außenseitern der Völkergemeinschaft.

Die Grenzen der Bundesrepublik, zum Vergleich, wurden, abgesehen von den Küsten der Nord- und Ostsee, nicht von der
Natur, sondern von der Geschichte gezogen. Kein breiter Fluß,
kein hohes Gebirge, keine menschenfeindliche Wüste trennt die
Deutschen von ihren Nachbarn. Italien, auf drei Seiten vom
Meer und im Norden von den Alpen begrenzt, läßt sich eher als
geographische Einheit sehen, doch gehören die Italiener, dank
ihrer Religion, ihren Wertvorstellungen und ihrer Rechtsordnung zum christlichen Abendland, nicht viel anders als Franzosen oder Polen. Belgien versucht mühsam, zwei Volksstämme,

Flamen und Wallonen, in ein Volk zu integrieren. Israel gründet
sich auf den exklusiven jüdischen Glauben, doch betrachten sich
Millionen Juden in Amerika und Europa zwar als Mitglieder
dieser Glaubensgemeinschaft, dagegen nicht als Angehörige des
jüdischen Staates. Die britische Monarchie wiederum beruft sich
auf »Gottes Gnade«, doch führt kein Mythos die Gründung der
Dynastie, den Ursprung des Volkes und die Entstehung der britischen Inseln auf ein und denselben göttlichen Schöpfungsakt
zurück. Fast alle Staaten der Welt teilen Gemeinsamkeiten mit
ihren Nachbarn oder mit entfernten Partnern, seien es Sprache
(England – Amerika – Australien), der natürliche Raum (Amerika – Kanada), die Religion (christlicher Westen, islamische Länder) oder neuerdings die Ideologie (kommunistische Länder). So
sind alle Staaten auf Wechselwirkungen und gegenseitige Beziehungen angelegt.

Allein bei den Japanern überwiegt nicht das Verbindende, sondern das Trennende. Wer Vergleiche sucht, könnte allenfalls an
Tibet denken, so befremdlich eine Parallele zwischen einem der
modernsten Industriestaaten der Welt und einem rückständigen
Bauernvolk in den Hochtälern des Himalaya auf den ersten Blick
erscheinen mag. Doch auch das tibetische Volk hat seine nationale Geschlossenheit in einem natürlichen Raum bewahrt, hat
seine eigene Kultur und eine exklusive Religion entwickelt, aus
der sich wiederum die Führung (der Gott-Herrscher Dalai-Lama)
legitimierte, und wenn der Vergleich letztlich doch scheitert, liegt
es nur daran, daß es Tibet nicht wie Japan gelang, seine mittelal-
terlichen Strukturen aus eigener Kraft abzuschütteln und sich als
moderner souveräner Staat zu etablieren.

Wenn die Japaner in die Welt hinausblickten, sahen sie bis vor
kurzem überwiegend Risiken und Gefahren. Wer Japan verläßt,
verzichtet auf Schutz und Geborgenheit, noch heute. Denn Kü-
stenlinien und Staatsgrenze, Natur und Politik, fallen zusammen
und bilden eine schwer zu überwindende Barriere, gegen die die

*Küste von Honschu. Natürliche und politische Grenzen fallen in
Japan zusammen.*

Wogen unberechenbarer Meere schäumen. Dahinter, in unsichtbarer Ferne, beginnen dann Staaten, in denen sich Japaner verloren fühlen müssen, nicht nur, weil sie deren Sprache nicht verstehen, sondern weil sie nicht einmal deren Schriften (koreanisch, chinesisch, lateinisch, thailändisch) lesen können, ganz abgesehen von den fremdartigen Traditionen und Gewohnheiten.

Europäer erfahren nationale Grenzen vorwiegend als lästige, künstliche, bürokratische Hindernisse, Japaner erleben sie als tiefe, von der Natur gezogene Gräben. Junge Leute in Europa schlagen sich als Mitfahrer innerhalb von Stunden quer durch den Kontinent, ohne Pässe, ohne viel Geld, ohne große Sprachkenntnisse. Wer Japan verlassen will, braucht Entschlußkraft, mußte sich früher auf eine beschwerliche Schiffsreise einlassen und kommt heute um einen teuren Flug nicht herum, und wo immer ein Japaner landet, mit Paß und Visum und einem Vorrat an Medikamenten, erweisen sich der kulturelle Abstand zu seiner Heimat und meistens auch das zivilisatorische Gefälle als erheblich größer als die Unterschiede zwischen Deutschland und Frankreich, zwischen Dänemark und Italien. Mit Überraschung entdecken Japaner immer wieder in Europa, daß dort auf beiden Seiten der nationalen Grenzen dieselben Häuser stehen, die Menschen gleich angezogen sind, dieselbe Schrift benutzt wird, wie einheitlich also Europa aus fernöstlicher Sicht erscheint, während sich die meisten Staaten Asiens in Sprache, Schrift, Kultur, Religion und Lebensstandard radikal voneinander abheben. Ein Deutscher mag sich in vielen Nachbarländern fast wie zu Hause fühlen, und wahrscheinlich findet sich ein Bayer in Österreich leichter zurecht als unter Friesen, die sich ihrerseits besser mit den Holländern verstehen. Doch ein Japaner, wohin er immer reist, wagt sich in die Fremde, ins Unbekannte. Dort muß er nicht nur auf sein gewohntes Frühstück aus Fisch und Reis verzichten, dort übervorteilen ihn auch Andenkenverkäufer, nur weil er von Japan her gutgläubig und an keine Nepp-Praktiken gewöhnt ist, und vor der Cholera muß er sich in den Nachbarländern hüten, wo es doch zu Hause so hygienisch zugeht.

Zum ersten Mal in ihrer Geschichte, seitdem sich Japan nach

dem Zweiten Weltkrieg zu einem wohlhabenden Industriestaat
hocharbeitete, reisen Millionen Japaner zum Vergnügen ins Ausland, und bislang ist fast keiner auf diesen Sprung ins kalte Wasser geistig vorbereitet. Japan liegt am äußersten Rand des zerris-
sensten aller Kontinente, und schon die Geographie hindert die
Japaner daran, sich als Weltbürger zu fühlen.

Überhaupt macht ihnen die Natur das Leben schwer, denn
Japan ist kein gesegnetes Land. Mit 120 Millionen Einwohnern,
etwa doppelt soviel wie in der Bundesrepublik, gehört Japan zu
den bevölkerungsreichsten Ländern der Welt, doch an Fläche erreichen die vier Haupt- und die Hunderte von bewohnten kleineren Inseln nicht einmal die Größe Kaliforniens. Wobei selbst
noch dieser Vergleich verharmlost, denn da ganz Japan von Bergen und Gebirgen durchzogen ist, lassen sich vier Fünftel des
Landes weder landwirtschaftlich noch industriell nutzen, von
Bergwerken und Stauseen abgesehen, und folglich drängen sich
die Millionenmassen auf schmalen Küstenstreifen, in kurzen
Flußtälern und in dem einzigen größeren Flachland, der Kanto-
Ebene um Tokio.

Nie kann sich ein Japaner völlig sicher fühlen, denn kein anderes Land der Welt wird so häufig von so schweren Erdbeben
heimgesucht, und bislang hat die Wissenschaft keine Methode
gefunden, Erdbeben exakt vorauszusagen. Derweil zerbrechen
sich Politiker und Juristen den Kopf, was geschehen würde, wenn
solche Vorhersagungen möglich würden. Könnte man Millionen-
städte einen Tag vor einem Erdbeben räumen? Wohin mit den
Menschen? Was mit den Kranken und Schwachen? Wer würde
der Wirtschaft den aus der plötzlichen Stillegung aller Produk-
tionsstätten entstehenden Schaden ersetzen, wenn die angekün-
digte Katastrophe ausbliebe und sich als blinder Alarm erwiese?
Über 1000mal im Jahr spüren Menschen auf den japanischen
Inseln, wie unter ihnen die Erde zittert, meist ohne Schaden
anzurichten. Doch wenn immer der Boden zu wanken beginnt,
weiß niemand, ob dies nicht der Anfang vom Ende ist. Der Blick
in die Vergangenheit lehrt, daß alle Städte Japans im Lauf der
Jahrhunderte mehrmals von Erdbeben total vernichtet wurden,

wobei die Hauptgefahr nicht von zusammenbrechenden Gebäuden ausgeht, sondern von den Feuern, die überall gleichzeitig ausbrechen, wenn in den wackelnden Holzhäusern die Öfen und Herde umfallen.

Bei der letzten Erdbebenkatastrophe, die am 1. September 1923 Tokio zerstörte, kamen fast 150 000 Menschen ums Leben. Damals zählte Tokio 800 000 Holzhäuser, heute sind es mehr als 1,6 Millionen. Die Bevölkerung hat sich seitdem verdreifacht. Zwar sollen die neuen Wolkenkratzer erdbebensicher gebaut sein, doch die Holzhäuser haben sich gegenüber damals nicht geändert, nur daß es mehr geworden sind und daß sie noch dichter nebeneinanderstehen. Nach den Bombenangriffen des Zweiten Weltkriegs, die Tokio zum zweiten Mal in diesem Jahrhundert dem Erdboden gleichmachten, wurde die größte Stadt der Welt so planlos und willkürlich wieder aufgebaut, daß die Feuerwehr durch unzählige enge Gassen gar nicht hindurch-, in von Millionen bewohnte Viertel gar nicht hineinkäme, selbst wenn es im Katastrophenfall genügend Feuerwehren gäbe, was leider nicht annähernd zutrifft. Ganze Stadtviertel in Hafennähe liegen tiefer als die Wasseroberfläche und werden nur durch anfällige Deiche vor der Überflutung geschützt. Schätzungen, daß ein Erdbeben wie das von 1923 heute in Tokio 500 000 Menschen töten würde, gelten als zurückhaltend. Pessimisten rechnen mit bis zu 10 Millionen Opfern. Aus statistischen Daten folgern einige Geologen, daß etwa alle 60 Jahre sich die Stauungen unter dem Boden von Tokio durch ein schweres Beben entladen, was besagen würde, daß die nächste Katastrophe unmittelbar bevorsteht.

Was die Behörden zum Schutz anzubieten haben, bleibt bescheiden. Am wichtigsten sei es, nicht die Nerven zu verlieren. Das klingt ein bißchen so, als rate man einem Menschen vor einer beschwerlichen Reise, unterwegs nicht krank zu werden. Zwar existieren Sammelplätze – viel zu wenige und oft zu weit

Tokio nach dem großen Erdbeben von 1923. Die meisten japanischen Städte wurden im Lauf der Jahrhunderte mehrmals von Erdbeben und den nachfolgenden Großbränden völlig zerstört.

entfernt in der Weltstadt mit den wenigsten Grünanlagen –, auch
wird empfohlen, jederzeit Notvorräte an Reis und Getränken
bereitzuhalten, doch weiß jeder, daß es keine absolute Sicherheit
gibt. So wachsen alle Japaner in dem Gefühl auf, daß die Erde
keinen Halt bietet, daß in jedem Augenblick alles zu Ende sein
kann. Ohne eine Portion Fatalismus läßt sich diese Gewißheit
nicht ertragen. Materielle Güter verlieren dabei manches von
ihrer angeblichen Unverwüstlichkeit, von ihrer Beständigkeit.
Nichts hält ewig. Japaner erfreuen sich an materiellen Errungenschaften wie alle anderen Menschen auch, doch selten blendet sie
Besitzerstolz. Ein Rest von Skepsis und Distanz bleibt immer,
denn alle Erfahrung lehrt, daß fast jede Generation irgendwann
einmal über Nacht alles verlor und von neuem beginnen mußte.
Daß nirgendwo im Lande die Holzhäuser gepflegt werden, daß
man sie nicht anstreicht und lackiert, was doch ihre Lebensdauer
beträchtlich erhöhen würde, geht wahrscheinlich auf die längst
ins Unterbewußtsein gesickerte Erkenntnis zurück, daß auch
Häuser die Zeiten nicht überdauern.

Schließlich ist Japan ein armes Land. Fast alle Rohstoffe und
fast alle Energie müssen importiert werden, immer von weit her,
übers Meer: 100 % des Bauxits, 99 % des Eisenerzes, 96 % des
Kupfererzes, 64 % des Bauholzes, 100 % der Wolle und Baum-
wolle, 99 % des Rohöls.

Die Einsicht, daß die geringste Unterbrechung der weltweiten
Verkehrsströme Japans hochentwickelte Industrie in kürzester
Zeit zusammenbrechen ließe, schafft nicht gerade Übermut,
Selbstgefälligkeit oder Unbekümmertheit. Kein zweiter Indu-
striestaat steht auf ähnlich wackligen Füßen, und zwar aus Grün-
den, die er selbst so gut wie nicht beeinflussen kann.

Die meisten Japaner, vor allem die der älteren Generation,
trauen dem heutigen Wohlstand nicht, zu sehr beherrscht sie die
uralte Erfahrung der Armut. So schrecklich mußte die Bevölkerung in allen Jahrhunderten unter dem Hunger leiden, daß hilflose alte Menschen als nutzlose Esser in abgelegene Berge geführt und dort dem Tod ausgesetzt wurden. Die Abneigung Japans, seinen neuen Wohlstand mit anderen Völkern zu teilen,

liegt auch in der instinktiven Angst begründet, daß der Überfluß nicht von Dauer sei, weil soviel Glück nicht bleiben könne. Japans Talent bestand immer darin, aus der Not eine Tugend zu machen, mit den sparsamsten Mitteln den höchstmöglichen Nutzen zu erzielen. Japans schlichte Wohnungen, Japans Küche als das Bemühen, alles irgendwie Eßbare zu verwerten, und Japans Kunst, von der Tuschemalerei bis zur Teezeremonie mit ihrer raffinierten Stilisierung einfacher Abläufe, belegen das noch heute. Nur vor dem Hintergrund ständig drohenden Hungers und kärgster Lebensbedingungen von Urzeiten bis in die Jahre nach dem Zweiten Weltkrieg ist das heutige Japan der vordergründigen Verschwendung, der Luxuswarenhäuser, der modebewußten Jugend zu verstehen.

Allein das Klima meint es mit den Japanern gut. Trotz erheblicher Unterschiede zwischen den tropischen Inseln Okinawas und dem kühlen Hokkaido lebt die überwiegende Mehrheit in einer Region, in der ein kurzes Frühjahr, ein schwül-feuchter Sommer, ein sonnig-klarer Herbst und ein milder Winter aufeinander folgen. Abgesehen von einigen Sommerwochen erreicht die Hitze nie jene tropischen Temperaturen, in denen jede körperliche Tätigkeit zur Qual wird, andererseits zwingt der Winter die Menschen, Vorräte anzulegen, also zu planen und das Dasein zu sichern. Hinzu kommt, daß die aus China stammenden konfuzianischen Tugenden in Ostasien eine Einstellung zur Arbeit bewirken, die der protestantischen Arbeitsethik Nordeuropas und Nordamerikas sehr ähnelt. Auch der Konfuzianismus fordert Fleiß, Sparsamkeit, Disziplin, Loyalität, Pflichtgefühl, Verantwortungsbewußtsein, Unbestechlichkeit, mehr sein als scheinen. Vieles spricht dafür, daß jene spezifische Grundhaltung, die Arbeit nicht nur als notwendiges Übel, sondern auch als Auftrag zur Selbstverwirklichung versteht, in Europa auf protestantische und in Ostasien auf konfuzianische Überzeugungen zurückgeht und daß dazu ein starker zusätzlicher Antrieb vom Klima kommt. Dementsprechend entwickelt sich jetzt Ostasien neben Europa und Amerika, trotz tiefer kultureller Unterschiede, zu einem neuen Industrie- und Wirtschaftszentrum. Kli-

matische Notwendigkeiten und Möglichkeiten bedingen das
Nord/Süd-Gefälle in der Welt wahrscheinlich stärker als andere
Faktoren, was die »Wirtschaftswunder« Ostasiens zum großen
Teil erklärt, was aber auch die Entwicklung der äquatornahen
Länder zu einer schwierigeren Aufgabe macht, als die meisten
Politiker bisher wahrhaben wollen.

Ideologische oder religiöse Theorien haben die Japaner kaum
beflügelt, vielleicht weil Insellage, Natur und historische Erfahrungen wenig Anreiz boten zu weltverbessernden Träumen. Japan hat weder Religionsstifter noch große Philosophen hervorgebracht und zugleich den berühmten ausländischen Theoretikern
den Respekt verweigert.

Nicht um die geistige Bewältigung der großen Lebensfragen
geht es den meisten, sondern um praktische Lösungen. Niemand
bestreitet die Erhabenheit der christlichen Lehre, doch würden
viele Japaner, dränge man in sie, verlegen zugeben, daß ihnen ein
wahrhaft christliches Leben zu anstrengend wäre. Den Buddhismus haben sie akzeptiert, vorwiegend weil er ihnen die chinesische Kultur ins Land brachte, wobei sie ihn überdies für ihre
einfacheren irdischen Bedürfnisse zurechtstutzten.

An Marxismus besteht kein Bedarf. Wer sich den Naturgewal-
ten unterworfen weiß, wer sich selbst nicht als Krone der Schöpfung, als Herr der Welt, sondern nur als Teil des natürlichen
Ganzen, als eines von vielen Wesen unter unzähligen Arten und
Gattungen versteht, der glaubt nicht leicht an ideologische
Wahrheiten, ganz abgesehen davon, daß die japanische Gesellschaft, wie noch darzulegen ist, gar nicht in Klassenbegriffen
verstanden werden kann. Karl Marx ist nicht bis Japan vorge-
drungen und wird hier genauso erfolglos bleiben wie das Christentum, das, nimmt man alles in allem, letztlich gescheitert ist.
Als Realisten und Praktiker mißtrauen die Japaner jedem geistigen Überbau. Deshalb versagen auch alle fremden Maßstäbe.
Nur aus sich selbst heraus sind die Japaner zu verstehen.

Schintoismus
oder
Bei den Göttern geht es menschlich zu

Am Anfang rührten Izanagi und Izanami, das Götterpaar, von einer schwebenden Himmelsbrücke, einem Regenbogen, aus mit einem »Juwelenspeer« (in dem unschwer ein Phallus zu erkennen ist) im modrigen Chaos unter ihnen. Durch die Quirlbewegung verdickte langsam die Brühe. Schließlich zogen sie den Speer heraus und ließen von seiner Spitze dicke Tropfen abfallen, die zu Land gerannen, zur ersten japanischen Insel.

Izanagi und Izanami stiegen herab und bauten auf der Insel ein Haus, wahrscheinlich mit dem geheimnisvollen Juwelenspeer als Mittelpfeiler. »Hat dein Körper irgendwelche Besonderheiten«, fragte Gott Izanagi, worauf die Göttin Izanami feststellte, daß ihr Körper an einer Stelle unvollkommen sei. Auf ihre Gegenfrage bekannte Izanagi, sein Körper wachse an einer Stelle ganz besonders. Daraufhin lief sie links um die Säule, er rechts, bis das Götterpaar auf sehr menschliche Weise hinter dem Pfeiler zusammenfand. So zeugten sie miteinander Japans Inseln, darunter auch ein Insel-Zwillingspaar, die ersten Zwillinge der Geschichte, wie Japans früheste Chronik »Nihongi« stolz vermerkt, und da ihre Vitalität keine Grenzen kannte, zeugten sie auch Flüsse, Berge und Pflanzen sowie zahlreiche andere Götter, darunter Amaterasu, die Sonnengöttin, und den frechen Susa no wo, den Sturmgott. Bei der Geburt des Feuergottes Kagutsuchi verbrannte sich die Göttin Izanami tödlich. Vergeblich versuchte Izanagi, sie aus dem Totenreich zurückzuholen. Besudelt von der unreinen Unterwelt nahm er danach ein gründliches Flußbad, bei dessen Waschungen wiederum neue Götter entstanden, die wiederum Nachkommen zeugten und so Japans Inseln allmählich mit Leben füllten.

Schöpfungsmythen stecken voller Wahrheit. Die Zeit, in der eine sich für aufgeklärt haltende Wissenschaft die Volksmärchen als belanglos abtat, ist spätestens seit den Brüdern Grimm zu Ende. So offenbart Japans Schöpfungsgeschichte eine der wichtigsten Erkenntnisse zum Verständnis des japanischen Volkes: die Einheit von Göttern, Vaterland, Volk und Natur. Dasselbe Götterpaar, Izanagi und Izanami, zeugte Amaterasu, die Sonnengöttin und Urahnin des japanischen Kaiserhauses, sowie die Inseln Japans und alles Leben auf ihnen.

Staatsgebiet, Volk, Kaiserhaus und Natur entstanden damit nach schintoistischer Überlieferung in einem einzigen Schöpfungsvorgang, sind also untrennbar miteinander verbunden als verschiedene Wirkungen eines einzigen göttlichen Aktes. Im Schinto-Glauben (Schinto bedeutet wörtlich übersetzt »der Weg der Götter«) wären Japans Inseln nicht vorstellbar ohne das japanische Volk, und dieses Volk wäre nicht denkbar ohne das Kaiserhaus. Göttlicher Schöpfungswille bildet die unzerstörbare Klammer.

Volk, Vaterland, Kaiserhaus und Natur besitzen alle dieselben Ahnherrn, bilden somit eine gottgegebene Einheit. Damit wird diese Einheit zugleich von allen anderen Völkern und Ländern abgesetzt und erhöht. Es war nicht schwer, viele Jahrhunderte nach der Entstehung dieses Mythos, zum Beginn der Neuzeit, daraus eine Mission abzuleiten, die Idee von der Einzigartigkeit Japans, der Göttlichkeit seines Kaiserhauses, eines japanischen Führungsauftrages in der Welt, und mit diesem ideologischen Anspruch Japans handfeste imperialistische Politik in Ost- und Südostasien zu legitimieren.

Als eine Nationalreligion trennt der Schintoismus Japan von der gesamten übrigen Welt, denn Schintoist wird man allein durch die Geburt als Japaner. Kein Ausländer kann zum Schintoismus übertreten, denn die Voraussetzung, zu den Nachkommen der Schintogötter zu gehören, kann nicht nachträglich erworben werden. Deshalb hat der Schintoismus auch nie eine Missionstätigkeit entfaltet. Nur im jüdischen Glauben bieten sich Parallelen. Während jedoch die Juden sich über weite Teile der Welt verstreuten, wanderten Japaner, aus anderen historischen Gründen, selten aus. Daher bleibt festzuhalten, daß keine Religion irgendein Volk derart in die Isolation trieb wie der Schintoismus die Japaner.

Susa no wo, der Sturmgott, Amaterasus jüngerer Bruder, war ein wilder Gesell. Uneingeladen brach er in die himmlischen Gefilde der Sonnengöttin ein und zerstörte ihre Reisfelder, indem er die Bewässerungsterrassen einriß und in den Pflanzen herumtobte. Erschrocken und beleidigt floh die Sonnengöttin in ihre Felsenhöhle, und damit verschwand das Licht, und Finsternis senkte sich über die Welt.

Verzweifelt drängten sich alle Götter vor der Felsenhöhle, doch Amaterasu überhörte ihre Bitten, herauszukommen. Daraufhin pflanzten die Versammelten einen heiligen Baum vor den Höhleneingang, behängten ihn mit gekrümmten Juwelen und einem großen Spiegel – beides gehört heute zu den kaiserlichen Kroninsignien –, ließen Vögel zwitschern, als sei wieder Tag, doch alles blieb vergeblich. Schließlich stieg Ama no Usume, die Himmelstänzerin, auf eine Erhöhung und führte auf dieser Plattform eine zweideutige Tanzpantomime vor, die einem modernen Striptease ähnlich gekommen sein dürfte. Dabei brachen die Götter in schallendes Gelächter aus. Weibliche Neugier packte Amaterasu, sie öffnete die Tür ihrer Felsenhöhle einen winzigen Spalt, erblickte sich selbst in dem Spiegel, weibliche Eitelkeit besiegte ihren Gram, und sie trat ganz aus der Höhle heraus. Die List der Götter hatte gesiegt, und die Erde hatte die Sonne wieder.

Jeder Japaner kennt die Geschichte von Amaterasu und Susa no wo, denn sie bildet den Kern der schintoistischen Mythologie. Es ist die alte Geschichte vom Kampf des Guten gegen das Böse, des Lichts gegen die Finsternis, eine Geschichte, die in den Mythen aller Völker der Welt wiederkehrt.

Japans Schöpfungsmythen spiegeln eine Zeit, in der Eroberer sich die Ureinwohner unterwarfen, in der verschiedene Lebenswelten aufeinanderstießen. So fließt schon in der Zeugungsgeschichte von Izanagi und Izanami Widersprüchliches zusammen: natürliche Zeugung und göttlicher Ursprung aus rituellen Waschungen im Fluß, Zeugung von Göttern, Inseln und Natur durch dasselbe Elternpaar.

Viele der Götter, die auf diese Weise entstanden, dürften mit den Urvätern der einzelnen Sippenverbände identisch sein. Ama-

terasu begründete die Sonnenlinie der siegenden Eroberer, des
heute noch herrschenden Kaiserhauses. Susa no wo, der Sturmgott, war Urvater und Stammesgründer der besiegten Ureinwohner.

Eines Tages schickte Amaterasu ihren Enkel Ninigi auf die
Erde hinab, mit dem Auftrag, über die Menschen zu herrschen.
Ninigi stieg nieder auf den Berg Takachiko auf der Insel Kyuschu
und zeugte dort mit der Tochter des Berggottes zwei Söhne,
Hohoderi, den Fischer, und Hohodemi, den Ackerbauern. Hoho-
demis Enkel erfüllte schließlich den göttlichen Auftrag. Von
Kyuschu aus segelte er über die Inland-See nach Norden und
unterwarf sich die Stämme, die an den Küsten lebten. Erst in
Yamato, wie sich das japanische Kaiserreich am Anfang nannte,
in der Südebene auf Honschu, traf er auf heftigen Widerstand.
Als ein Angriff aus dem Westen mißlang, zog er sich wie ein
Geschlagener zurück und griff sodann den Gegner überraschend
vom Osten her an. Mit der Sonne im Rücken, deren Strahlen
seine Waffen magisch aufleuchten ließen, fiel seine Streitmacht
über den Gegner her wie eine göttliche Heerschar, gegen die
jeder Widerstand sinnlos schien. Am Fuße des Berges Unebi bestieg Jimmu-Tenno den Thron von Yamato, als erster Kaiser
eines Geschlechts, das bis heute in ununterbrochener Erbfolge
das höchste Amt Japans innehat. Mit Jimmu-Tenno, dem Urur-
urenkel der Sonnengöttin Amaterasu, endet Japans Mythologie
und beginnt die Vorgeschichte. Der Überlieferung nach passierte
dies 660 vor Christus, die Historiker halten 1000 Jahre später,
um 400 nach Christus, für wahrscheinlich.

Man mag darüber streiten, ob der Schintoismus überhaupt
eine Religion genannt werden kann, denn er kennt zwar zahlreiche Götter, doch fehlen ihm völlig, was alle Hochreligionen aus-
zeichnet, ein dogmatisches Lehrgebäude und klare strenge Moralgebote. Der Schintoismus kennt keine Heilige Schrift, und er
fordert von seinen Anhängern keine spezifische moralische Verhaltensweise. Jeder Japaner, der sich zum Schöpfungsmythos bekennt, ist Schintoist. Dazu bedarf es keiner Taufe und keines
Gottesdienstes, die es beide im engeren Sinn nicht gibt, nicht

einmal des Gebets. Wer als Japaner einen Schintoschrein reinen Geistes besucht, gehört dazu.

Das völlige Fehlen einer schintoistischen Morallehre ist den Japanern, vor allem von den ersten europäischen Besuchern, immer wieder vorgeworfen worden und wurde von christlichen Missionaren als Argument für die Notwendigkeit einer Christianisierung Japans mitbenutzt. Selbstverständlich sind die Japaner kein moralloses Volk, auch ihr soziales Verhalten, wie das aller Kulturen, wird von Regeln, von Befehlen und Verboten, gesteuert, ganz abgesehen davon, daß der Buddhismus, der Konfuzianismus und später das Christentum jene Regeln stark beeinflußten. Festzuhalten bleibt aber, daß Japans Moralgebote sich eher aus den Bedürfnissen der Praxis, des Zusammenlebens, entwikkelten und nicht aus den Urtiefen der nationalen Religion. Daß sich hieraus auch heute noch Verständigungsschwierigkeiten mit Ausländern ergeben können, wird in dem Kapitel »Scham statt Schuld« dargelegt.

Reinheit tritt im Schintoismus an die Stelle der Lehre, das Reinigungsritual übernimmt die Rolle der Liturgie. Schintoistische Weihen werden auch heute noch in Japan bei jedem wichtigen Anlaß vollzogen, bei Schiffstaufen und Hotel-Eröffnungen, beim Häuserneubau, bei der Einweihung neuer Straßen und wenn die Ernte eingebracht ist. Bei all diesen Anlässen gibt es keine Predigt und keine Belehrung. Schintopriester vollziehen eine Reinigungszeremonie, indem sie Zweige eines heiligen Baumes schwenken, wodurch die Götter günstig gestimmt und alles Üble und Böse ferngehalten werden sollen, genauso wie sich jeder Japaner symbolisch reinigt, bevor er einen heiligen Ort betritt, indem er seinen Mund mit dem fließenden klaren Wasser eines Brunnens vor dem Eingang ausspült. Damit werden die Waschungen des Gottes Izanagi nachvollzogen. Die vielgerühmte Sauberkeit der Japaner liegt nicht zuletzt im Reinigungsritual des Schintoismus begründet, hat also einen magisch-religiösen Ursprung. Womit sich auch die von manchen Ausländern als Widerspruch empfundene Beobachtung aufklärt, daß Japaner ihre körperliche Sauberkeit überaus ernst nehmen, ja daß sie ihre

heißen Bäder zu einem Kult entwickelten, während sie offenbar
an dem Schmutz und Unrat in ihren Parks, Bahnhöfen und Straßen wenig Anstoß nehmen. Es gibt kaum verdrecktere Wege im
Land, als die Pfade, die im Sommer, zur Zeit der alljährlichen
Massenbesteigungen, auf den heiligen Berg Fuji führen.

Die meisten Japaner reagieren auf die Frage nach der heutigen
Bedeutung des Schintoismus, nach seiner Rolle in der modernen
Gesellschaft, mit aufgeklärter Gelassenheit. Als Religion habe er
sich überlebt seit der Abschaffung des Staats-Schinto durch die
Besatzungsmacht nach 1945, aber auch, weil er der jüngeren
Generation nichts bieten könne. Was heute praktiziert werde, sei
nur überliefertes Brauchtum ohne echte Religiosität. Auf den
ersten Blick scheint diese These zu stimmen.

Nach Japans Niederlage im Zweiten Weltkrieg, mit der Einführung der demokratischen Reformen, wurde der Staats-
Schinto beseitigt, und Kaiser Hirohito widerrief öffentlich »die
falsche Vorstellung von der Göttlichkeit des Kaisers«. Der
Schrein-Schinto als Volksglaube blieb dagegen bestehen.

Schrein-Schinto und Staats-Schinto sollten jedoch nicht als
sich gegenseitig ausschließende, völlig separate Erscheinungen
betrachtet werden. Beide gründen sich auf die geschilderten
Schöpfungsmythen. Als Naturglaube wimmelt es im Schintoismus von Göttern, sie wohnen auf Bergen, in alten Bäumen, in
Quellen, auf fruchtbaren Reisfeldern, in Wasserfällen, überall.
Oft hausen sie dort nicht nur als geistige Wesen, sondern häufig
nehmen sie auch natürliche Gestalt an, dann wird der Wasserfall
selbst, der Fels, der Gipfel zum Gott. Jede Familie, jede Dorf-
meinschaft, jedes fruchtbare Tal, jeder Sippenverband stand früher und steht auch oft noch heute unter dem Schutz solcher
Schinto-Götter, und Amaterasu, die Sonnengöttin, unterscheidet
sich von allen übrigen nur deshalb, weil der Sippenverband, den
sie beschützt, das Kaiserhaus ist. Der Ise-Schrein in den Wäldern
südöstlich von Kyoto, in dem Amaterasu »wohnt«, gilt folglich
als Hausschrein der Kaiserfamilie, so wie jede andere Familie,
jede Dorfgemeinschaft, jedes Stadtviertel einen männlichen oder
weiblichen Schutzgott in einem eigenen, sei es auch noch so

kleinen Schrein verehrt. Eine Unzahl von Schutzgöttern sorgt
für alle, während die Besonderheit von Amaterasu darin liegt,
daß sie ihren Enkel auf die Erde schickte mit dem Befehl, das
Kaiserhaus, die Herrschaft über das Volk, zu begründen. Dieser
göttliche Auftrag bildete den Kern des Staats-Schinto, dessen
Übersteigerung in der Neuzeit mit der Vergöttlichung des Kaisers und der Legitimierung der nationalistischen Expansionspolitik die Katastrophe des Zweiten Weltkriegs mitverursachte.

Jener Staats-Schinto konzentrierte sich auf drei heilige Stätten, den Ise-Schrein, den Yasukuni-Schrein und den Meiji-
Schrein. Im Ise-Schrein wohnt Amaterasu. Bezeichnend für den
Schintoismus als Naturreligion und für das von ihm geprägte
Naturempfinden der Japaner erlebt der Besucher hier, wie sich
das bedeutendste national-religiöse Bauwerk Japans als schlichte,
rohe Holzkonstruktion unter hohen Bäumen duckt, als unnach-
ahmliches Meisterwerk gewollter und gekonnter Untertreibung,
in radikalem Gegensatz zu den himmlischen Reichtum verhei-
ßenden christlichen Kirchen des Abendlandes, deren Türme weithin sichtbar wie mahnende Finger hoch in den Himmel ragen. Im
Yasukuni-Schrein, nicht weit vom Kaiserpalast in Tokio, wird
den Seelen der in den Kriegen gefallenen Japaner göttlicher
Friede zuteil, und im Meiji-Schrein, in einem würdevollen, stil-
len Park am Rand des Zentrums von Tokio, genießt der Meiji-
Kaiser*, in dessen Namen Japan in der zweiten Hälfte des vorigen Jahrhunderts modernisiert wurde, göttliche Verehrung.

Die Abschaffung des Staats-Schinto 1945 bedeutete, daß jene
drei kaiserlichen Schreine ihren staatlich-offiziellen Charakter
verloren, daß sie allen anderen religiösen Stätten, nämlich den
übrigen Schintoschreinen und den buddhistischen Tempeln und
christlichen Kirchen auf privatrechtlicher Basis gleichgestellt

---

* Japans Kaiser werden nach ihrem Tod nach dem Leitwort benannt, unter das sie
ihre Amtszeit stellten. Meiji bedeutet »aufgeklärte, erleuchtete Herrschaft«, daher ist
es korrekt, vom Meiji-Kaiser zu sprechen, vom »Kaiser der Zeit der aufgeklärten
Herrschaft«. Die Bezeichnung »Kaiser Meiji« wäre dagegen falsch, denn der Meiji-
Kaiser trug den persönlichen – nach seinem Tod nicht mehr gebrauchten – Namen
Mutsuhito.

wurden, im Zug der Verwirklichung völliger Religionsfreiheit, womit vor allem ihre Finanzierung durch den Staat ein Ende fand. Als private religiöse Weihestätten blieben Ise-, Yasukuni- und Meiji-Schrein weiterhin bestehen, Jahr für Jahr von Millionen von Touristen und Gläubigen besucht. Allein zum Meiji-Schrein pilgern alljährlich in der ersten Nacht und am ersten Tag des neuen Jahres über eine Million Bürger von Tokio. Daß gefallene Soldaten, daß verstorbene Staatsmänner in göttlichen Rang erhoben werden, stellt im Schintoismus nichts Außergewöhnliches dar. Die Menschen trennt von den Göttern in Japan kein so tiefer Graben wie in den Vorstellungen der Europäer, nicht nur, weil sich die Götter hierzulande sehr menschlich benehmen, sondern auch, weil nach schintoistischer Überlieferung jeder Tote in den Kreis der Götter aufgenommen wird. Auch jedes verstorbene Familienmitglied verwandelt sich danach in ein göttliches Wesen, dem von den Überlebenden und den Nachkommen Opfer dargeboten werden, bis es nach etwa drei Generationen in die Vergessenheit versinkt.

In den mit Hingebung gefeierten Schreinfesten der Dörfer und Stadtbezirke, als deren Höhepunkt die Verkörperung des örtlichen Schutzgottes in einem tragbaren Schrein von rhythmisch stampfenden und singenden jungen Männern auf den Schultern durch die Gassen geschleppt wird, lebt der Schintoismus als Brauchtum fort. Ist er damit, nach der offiziellen Abschaffung des Staats-Schinto, zum Volksvergnügen degeneriert? Zunächst läßt es sich nicht leugnen, daß Religionen auch dann weiterwirken, wenn sie nicht mehr praktiziert werden, weil die Haltungen und Einstellungen, die sie über Jahrhunderte gelehrt haben, im Lauf der Zeit den Volkscharakter prägten. In diesem Sinne muß man das Abendland noch immer als christlich definieren, unabhängig davon, ob die Mehrheit seiner Bewohner das Christentum als verpflichtende Religion anerkennt oder nicht. Denn die Lehren des Christentums, seine Moralgebote, vor allem seine Botschaft von der Gleichheit aller Menschen vor Gott, von der gesamten Menschheit als Gottes Kinder, von der Pflicht eines jeden einzelnen Christen, seines Mitmenschen Hüter zu sein, bilden

den Kern der abendländischen Kultur, ohne dessen Substanz selbst unchristliche, ja antichristliche Bewegungen nicht auskommen. Selbst die antireligiöse Utopie von Karl Marx von einer klassenlosen Gesellschaft konnte nur in einem Mutterboden entstehen, der durch christliche Gleichheitsideen und die Gebote zur Nächstenliebe und Barmherzigkeit vorbereitet war.

Im selben Sinn hat auch der Schintoismus den japanischen Nationalcharakter geprägt, ohne daß dies der Bevölkerung konkret bewußt zu sein braucht. Im Schintoismus, neben den geographischen Gegebenheiten, wurzelt jenes japanische Urgefühl der Besonderheit, jene Neigung, sich von der übrigen Menschheit, von denen »draußen« abzugrenzen, nicht dazuzugehören, eine Haltung, die über die Jahrhunderte Teil des japanischen Wesens geworden ist, losgelöst vom religiösen Ursprung, und die daher von der Entwicklung des Schintoismus unberührt bleibt.

Mit welchen Argumenten auch immer japanische Politiker die Aufnahme von Einwanderern, von Flüchtlingen, verweigern, schon aus ihrem inneren Wesen heraus sträuben sich die meisten Japaner gegen einen Zuzug Fremder, weil nach den vom Schintoismus geprägten Vorstellungen Nichtjapaner nie völlig in der japanischen Gesellschaft aufgehen können. Und wenn Japan einmütig, von den konservativen Rechten bis zu den Kommunisten, trotz des von Japan entfesselten und verlorenen Krieges, die Abtretung von vier relativ bedeutungslosen Inseln im äußersten Norden an die Sowjetunion verweigert – bedeutungslos jedenfalls im Vergleich zu Deutschland, das ein Drittel seines Territoriums verlor und in zwei Staaten gespalten wurde –, dann wirkt sich hier unterschwellig die enge religiöse Beziehung zwischen Bevölkerung und Territorium aus, weil eben nach schintoistischem Schöpfungsmythos das japanische Volk und die japanischen Inseln von denselben Göttern in einem Zeugungsakt erschaffen wurden. Auf japanisches Territorium verzichten hieße, den Göttern ins Handwerk pfuschen zu wollen, sich gegen sie aufzulehnen, was keineswegs in dieser Klarheit der Mehrheit der Bevölkerung bewußt sein mag, was aber trotzdem als untergründige Strömung das Verhalten mitbestimmt.

Außerdem ist das letzte Wort über den Schintoismus, auch über den Staats-Schintoismus, noch nicht gesprochen. Daß auch heute noch der Kaiser und seine Familienangehörigen bei wichtigen Anlässen nach Ise reisen, um persönlich die Sonnengöttin Amaterasu zu informieren und um Hilfe zu bitten, mag natürlich erscheinen, denn Ise stellt nun einmal den Familienschrein des Kaiserhauses dar. Doch welche Stellung nimmt heute der Kaiser im Schintoismus ein? Vollzieht er hinter den dicken Steinmauern seines Palastes Schinto-Rituale? Könnte er sie vollziehen, wenn er wollte? Niemand weiß das, und, was vielleicht noch bezeichnender ist, kein Japaner, kein Politiker, kein Historiker, kein Soziologe fragt danach. Als 1970 vor der Europareise von Kaiser Hirohito in einem Pressegespräch die Frage aufkam, ob der Kaiser vor seiner Abreise den Ise-Schrein in seiner Eigenschaft als oberster Schinto-Priester besuche, meinte ein Hofbeamter, als direkter Nachkomme der Schintogötter könne der Kaiser nur als Gleicher zu Gleichen nach Ise reisen. Es wäre falsch, in ihm einen Priester, einen Diener der Götter, zu sehen. Kaum war dies ausgesprochen, versuchte der Hof verlegen sich zu korrigieren. Selbstverständlich habe der Kaiser nichts mehr mit den Schintogöttern gemein. Doch eine klare Definition der heutigen Stellung des Kaisers im Schintoismus blieb der Hof schuldig, bis heute.

Nicht nur, daß der Kaiserhof und das konservative Establishment wenig Neigung zeigen, die historische Wahrheit, die beweisbaren Tatsachen über die Entstehungsgeschichte Japans, ans Tageslicht zu fördern, sondern wo immer sich derartige wissenschaftliche Bemühungen regen, werden sie gebremst, wenn nicht gar unterdrückt. Während beispielsweise zahlreiche Wissenschaftler durch Ausgrabungen die Frühgeschichte des Christentums aufzuhellen versuchen, verweigert der Kaiserhof seit Jahren Ausgrabungen in bekannten frühen Kaisergräbern in Westja-

Auch der Christ Masayoshi Ohira stattete Anfang 1979 als neugewählter Ministerpräsident der Sonnengöttin Amaterasu im schintoistischen Ise-Schrein einen Antrittsbesuch ab.

pan mit zum Teil absurden Argumenten, wie der Behauptung,
die Archäologie sei bislang so unterentwickelt, daß irreparable
Beschädigungen der Gräber nicht ausgeschlossen werden könnten. In Wirklichkeit fürchten die Verantwortlichen wahrscheinlich die historische Wahrheit, denn zahlreiche Anzeichen lassen
vermuten, daß die Funde in jenen Gräbern den Schöpfungsmythos von der Besonderheit und Einmaligkeit der Japaner widerlegen könnten, weil möglicherweise Japans Kaiserhaus von koreanischen Vorfahren abstammt, von koreanischen Kriegern, die in
der Frühzeit vom Festland auf die Inseln übersetzten und die
Bevölkerung unterwarfen. Den Schock, den eine solche Enthül-
lung auslösen müßte, vermag nur voll zu begreifen, wer weiß,
daß kaum zwei Völker auf der ganzen Welt sich gegenseitig geringer schätzen als Japaner und Koreaner. Wer wissenschaftlich
unwiderlegbar die Ahnen des japanischen Kaiserhauses nach Korea zurückverfolgte, würde in Japan seines Lebens nicht mehr
froh.

Während die häufigen Reisen des Kaisers nach Ise als Besuche
im Familienschrein gelten können, läßt sich nicht so leicht begründen, warum sich neu ins Amt gewählte Ministerpräsidenten
der Sonnengöttin in Ise vorstellen. Die Erklärung, jeder japanische Bürger, also auch ein Ministerpräsident, habe das Recht,
Schreine zu besuchen, reicht kaum aus, zumal alle konservativen
Amtsinhaber strikt diesen Brauch befolgen. Da selbstverständlich
jeder von ihnen weiß, welchen Deutungen er sich damit aussetzt,
muß man unterstellen, daß diese Bewertungen in Kauf genommen werden, ja gewollt sind, daß also jene Antrittsbesuche neugewählter Ministerpräsidenten bei der Sonnengöttin in Ise als
offizielle Handlungen erscheinen sollen, womit sie unvermeidlich in die Nähe des alten und eigentlich abgeschafften Staats-
Schinto geraten.

Derartige Entwicklungen zu registrieren, verrät keineswegs
Überempfindlichkeit, denn sie entsprechen einem generellen
Trend. So besuchte am 15. August 1978, dem Jahrestag der japanischen Kapitulation, der damalige Ministerpräsident Takeo Fukuda den Yasukuni-Schrein, zur Ehrung der Kriegstoten, wobei

er, begleitet von drei seiner höchsten Mitarbeiter, im Dienstwagen vorfuhr und sich mit seinem Amtstitel als Ministerpräsident in das Gästebuch des Schreins eintrug. Die Geldspende bezahlte er allerdings aus eigener Tasche. Der heftigen Kritik aus oppositionellen, liberalen und christlichen Kreisen begegnete Fukuda mit dem Hinweis, er sei als Privatperson in den Schrein gegangen, auch seine Mitarbeiter hätten sich nur als Privatpersonen, zufällig zur selben Zeit, dort eingefunden. Drei Jahre vorher hatte bereits Ministerpräsident Takeo Miki »als Privatmann« aus gleichem Anlaß den Yasukuni-Schrein besucht, es dabei allerdings unterlassen, sich als Ministerpräsident einzutragen. Auch hier läßt sich nur registrieren, daß Fukuda, indem er absichtlich wie bei einer Amtshandlung auftrat, sich den Mißdeutungen bewußt aussetzte, daß er also seinen Besuch als eine offizielle Förderung des 1945 entstaatlichten Schinto-Heiligtums verstanden wissen wollte. Seit Jahren fordern die Konservativen ein Gesetz, wonach der Yasukuni-Schrein in Zukunft, wie früher, aus staatlichen Mitteln finanziert werden solle. Zur Begründung führen sie an, der Schrein erfülle die Funktion eines Grabmals für die gefallenen Soldaten, wie es von jedem Staat unterhalten werde. Der Respekt vor den Kriegstoten habe kaum etwas mit Schintoismus zu tun. Nach der Überzeugung der Gegner dieser Subventionierung soll mit dieser Argumentation nur die in Wahrheit angestrebte Wiederbelebung des Staats-Schinto verdeckt werden.

In diese Entwicklung fügt sich auch die Wiedereinführung des 1945 abgeschafften »Staatsgründungstages« als nationaler Feiertag am 11. Februar. Bis zum Kriegsende feierte Japan an diesem Datum alljährlich die Thronbesteigung des legendären Jimmu-Kaisers als erster Kaiser der heute noch herrschenden Dynastie. Nachdem der Feiertag 1945 wegen seines staats-schintoistischen Charakters aufgegeben worden war, führte ihn die konservative Parlamentsmehrheit 1966 wieder ein, wobei sich die Regierung zunächst aus Rücksicht auf die lautstarke Kritik verschiedener Bevölkerungsgruppen den Festveranstaltungen fernhielt. Doch 1978 bekundete sie schließlich ihre Unterstützung und beschloß, zum erstenmal einen Vertreter zu der von 120 Schinto-Organisa-

tionen und Gruppen der nationalen Rechten organisierten Feier
zu schicken.

Wie verschwommen die Rolle des Schintoismus in Japan bis
heute bleibt, beweist ein Prozeß, dessen Anlaß zunächst uner-
heblich erschien und der doch jahrelang die Justiz bis hin zum
Obersten Gerichtshof beschäftigte. Bei der Grundsteinlegung für
ein neues öffentliches Gebäude hatte die Stadtverwaltung von
Tsu in der Provinz Mie einen Schinto-Priester das übliche Reinigungsritual ausführen lassen und ihn aus der Stadtkasse dafür
bezahlt. Einer der gewählten oppositionellen Stadtverordneten
sah in dieser Schinto-Zeremonie bei der Grundsteinlegung für
ein Amtsgebäude einen Verstoß gegen die von der Verfassung
bestimmte Trennung von Religion und Staat und forderte daher,
daß der Oberbürgermeister die Kosten privat erstatten müsse.
Nach jahrelangen Verhandlungen wies schließlich der Oberste
Gerichtshof am 13. Juli 1977 die Klage des Oppositionsabgeord-
neten ab, mit der erstaunlichen Begründung, beim schintoistischen Ritual anläßlich einer Grundsteinlegung handele es sich
überhaupt nicht um einen religiösen Akt, dabei werde nur überkommenes Brauchtum praktiziert, folglich verstoße die Handlung auch nicht gegen die Trennung von Staat und Religion.
Derartiges Brauchtum dürfe aus der Stadtkasse finanziert werden. Dieses Urteil läßt sich unter zwei Aspekten sehen, zum
einen, daß es einem schintoistischen Ritual die Anerkennung als
religiöse Handlung verweigerte, zum anderen, daß es in seiner
Wirkung eben doch Staat und Schintoismus wieder, wenn auch
nur ein winziges Stück, einander näher brachte.

Die vage Vieldeutigkeit, die den Schintoismus heute in Japan
wie in einen Dunstschleier hüllt, kündet jedoch keineswegs ein
Wiedererwachen des militanten und nationalistischen Staats-
Schinto an. Alle wichtigen Bevölkerungsgruppen, die Jugend, die
Wirtschaft, Gewerkschaften, Wissenschaft, Buddhisten und
Christen, würden sich einer solchen Entwicklung entschieden
widersetzen, und selbst der Kaiser würde sich wahrscheinlich
gegen eine neue Übernahme der verhängnisvollen alten Rolle
sträuben. Auf der anderen Seite läßt sich genausowenig behaup-

ten, der Schintoismus sei tot. Allen Anzeichen nach befindet er sich in einer Art Dämmerzustand, ähnlich einem Winterschlaf, in dem er weiterexistiert, überlebt, ohne dramatische Lebenszeichen zu äußern, aber auch ohne Schaden zu nehmen. Diese Übergangsphase könnte zwar theoretisch in einen Todesschlaf übergehen, doch spricht die Wahrscheinlichkeit eher dafür, daß der Schintoismus, der den Charakter und das Weltbild der Japaner so nachhaltig geprägt hat, weiterbestehen wird, indem er sich langsam den modernen Zeiten anpaßt, denn die Japaner sind nicht nur ein extrem konservatives Volk, sondern sie haben sich auch als Meister in der Kunst erwiesen, moderne Entwicklungen mit ihren hartnäckig bewahrten Überlieferungen zu verschmelzen.

Historische Erfahrungen
oder
Die Weltbürger wider Willen

Im Herbst 1831 trieb ein heftiger Sturm das japanische Fischerboot Jojun Maru von der schützenden Küste in die offene See. Vierzehn Monate später strandete das schwer beschädigte Schiff in Kanada. Von den vierzehn Mann der Besatzung lebten noch drei, doch deren Leidensweg war nicht zu Ende. Sie wurden von Indianern gefangengenommen und mußten als Sklaven dienen, bis ein Angestellter der Hudson Bay Company von ihrem Schicksal erfuhr und sie rettete, indem er sie mit dem Handelsschiff Eagle von der westkanadischen Küste über Hawaii und um Kap Horn nach London schickte, wo sie im Juni 1835 eintrafen. Nachdem die drei Japaner zehn Tage lang auf einem Boot auf der Themse verbracht hatten – ein einziger Tagesausflug nach London, in Begleitung, wurde ihnen erlaubt –, packten die Behörden sie auf ein Schiff, das um das Kap der Guten Hoffnung nach Macao auslief, wo sie wiederum Monate später bei dem deutschen Missionar Karl Gutzlaff Quartier fanden und wo sie auf

vier Landsleute trafen, japanische Fischer, die in der Nähe von
Nagasaki im Sturm auf die Philippinen abgetrieben und von dort
nach Macao weitergeschickt worden waren.

Ein amerikanischer Kaufmann in der portugiesischen Kolonie,
damals dem bedeutendsten westlichen Stützpunkt in Ostasien
erbarmte sich der Japaner und beschloß, sie in ihre Heimat zu-
rückzubringen, wobei er insgeheim kalkulierte, jener humanitäre
Akt werde ihm den Zugang zu den sich abkapselnden japanischen
Behörden erleichtern. Am 4. Juli 1837 lief er mit seinem Schiff
aus Macao aus, und sechsundzwanzig Tage später warf er in der
Bucht von Edo, dem heutigen Tokio, Anker. Und die sieben Japaner sahen nach all den Prüfungen, nach einer sechsjährigen un-
freiwilligen Irrfahrt um die ganze Welt, ihren größten, ihren
einzigen Wunsch in Erfüllung gehen und vergossen Tränen der
Vorfreude in der Erwartung der Heimkehr zu ihren Familien.

Statt dessen ließ der Schogun seine Küstenkanonen auf den
amerikanischen Eindringling abfeuern, der daraufhin schleunigst
die See ansteuerte und einige Tage später in Südjapan, an der
Küste von Kyuschu, erneut sein Glück versuchte. Die Beamten
des Daimyo von Satsuma, dem heutigen Kagoshima, ließen ihn
wenigstens zu Verhandlungen an Land. Als sie die abgetriebenen
japanischen Fischer bemerkten, packte sie keineswegs Mitleid,
sondern sie hielten den unglücklichen Landsleuten kalt entgegen,
daß nach den Gesetzen des Schoguns kein Japaner ins Ausland
reisen dürfe und daß jedem, der trotzdem das Land verlasse, auf
immer die Rückkehr verboten sei. Dabei mache es keinen Unterschied, ob einer freiwillig gehe oder vom Sturm an fremde Küsten verschlagen werde.

Am 29. August 1837 kehrten die sieben Japaner als gebrochene
Männer an Bord des amerikanischen Schiffes nach Macao zurück. Danach hat man nie wieder von ihnen gehört.

Englisches Ehepaar. Farbholzschnitt um 1860 von Yoshitora.
Plump, struppig und oft unangenehm riechend – der Eindruck,
den die ersten Europäer auf die Japaner machten, war nicht sehr
*   positiv.*

Diese Geschichte ist kein Einzelfall. Jahrhundertelang hat sich Japan von der gesamten übrigen Welt abgeschlossen, mit einer Radikalität, die wiederum an Tibet erinnert. Wer Kontakte zum Ausland suchte, verwirkte sein Leben.

Japans totale Isolierung begann im 17. Jahrhundert, nachdem im 16. Jahrhundert christliche Missionare und europäische Kaufleute Japan als eines der letzten geheimnisvollen Länder der Erde den geistigen und materiellen Segnungen der Kolonialmächte zu erschließen versucht hatten. Anfangs sträubten sich die Japaner dagegen nicht. Fasziniert bestaunten sie die modernen Waffen der Portugiesen und Spanier und deren wissenschaftliche Geräte, und da sie vermuteten, daß die Überlegenheit des Westens auf seine fremde Religion zurückgehe, ließen sie auch die katholischen Missionare ins Land.

Besonders liebenswert fanden die Japaner allerdings die ungeladenen ausländischen Gäste nie. Japanische Farbholzschnitte zeigen Europäer und Amerikaner noch in der Mitte des 19. Jahrhunderts als grobschlächtige, bärtige Gesellen, häufig betrunken, in der Gesellschaft von plumpen, korpulenten Matronen. Was konnte man schon von Menschen erwarten, die sich nur selten wuschen, die an Wohnungstüren nicht die Schuhe auszogen und den Straßendreck bis ins Schlafzimmer schleppten? Nur zweitklassige Künstler fertigten Bilder von Europäern an. Gute Maler waren sich für derartige Motive zu schade.

Doch Offenheit und Gastfreundschaft waren von kurzer Dauer. Den Schogun packte die Angst, eine moderne Bewaffnung der Regionalfürsten im Süden könnte zu einer Bedrohung seiner Zentralgewalt führen, und als die christlichen Missionare, getrieben von religiösem Fanatismus, sich gegenseitig erbittert zu bekämpfen begannen, Jesuiten gegen Franziskaner, Katholiken gegen Protestanten, schreckte soviel Intoleranz die duldsamen Japaner auf. Die Regierung verbot das Christentum, verjagte die Missionare, verfolgte grausam die japanischen Christen, wies die Kaufleute aus und riegelte Japan von 1639 an so wirkungsvoll von der Außenwelt ab, daß kein normaler Japaner je irgend etwas von den Vorgängen jenseits der Grenzen erfuhr.

Diese selbstgewählte Isolierung dauerte zwei Jahrhunderte lang, bis 1868, und es bedarf keiner besonderen Erläuterung, daß eine derartige historische Erfahrung, die bis in den Anfang der Neuzeit reicht, Bewußtsein und Weltbild eines Volkes prägt.

Das Gefühl der Japaner, »nicht dazuzugehören«, sich von allen anderen Völkern elementar zu unterscheiden, bereits vorgeformt von Geographie und Religion, hat sich in dieser 200jährigen Zurückgezogenheit derart verfestigt, daß es bis in die Gegenwart wirkt.

Ein winziges Fenster zur Welt hielt sich das Schogunat allerdings offen, schon aus der realistischen Einschätzung, daß nur eine sorgfältige Beobachtung der Vorgänge draußen Gefahren für Japan rechtzeitig erkennen ließ. Daher erlaubte die Regierung holländischen Kaufleuten, auf einer im Hafen von Nagasaki künstlich aufgeschütteten winzigen Insel unter strenger Kontrolle einen Handelsposten zu errichten – chinesischen Händlern gewährte man ein ähnliches Privileg. Auf Deshima lebten die Holländer, die von den Japanern gegenüber Spaniern und Portugiesen vorgezogen wurden, weil man mit ihnen Geschäfte machen konnte, ohne von Missionaren bedrängt zu werden, wie in einem Gefängnis. Ihre Familien durften die Kaufleute nicht mitbringen, doch wurde ihnen der Besuch lokaler Freudenhäuser erlaubt, was wiederum die Bespitzelung erleichterte. Alljährlich schickten die Holländer von Deshima eine Tributdelegation an den Hof des Schogun in Edo, den sie damals für den Kaiser hielten. Von dem Deutschen Engelbert Kaempfer, der 1691 als Arzt eine solche holländische Gesandtschaft begleitete, ist überliefert, was die Japaner damals von den Europäern hielten, die sich selbst in jener Zeit als die Herren der Welt betrachteten:

»Der Kaiser hieß uns unsere Mäntel und Ehrenkleider ablegen und aufrecht sitzen, damit er uns besser ins Gesicht sehen könne. Dieses war es aber nicht allein, was der Kaiser verlangte, sondern wir mußten uns gefallen lassen, ordentliche Affenpossen auszuüben, die mir nicht einmal alle mehr erinnerlich sind. Bald mußten wir nämlich aufstehen und hin und

her spazieren, bald uns untereinander komplimentieren, dann
tanzen, springen, einen betrunkenen Mann vorstellen, japanisch stammeln, malen, holländisch und deutsch lesen, singen,
die Mäntel um- und wieder wegtun und dergleichen. Ich an
meinem Teile stimmte hierbei eine deutsche Liebesarie an.
Unser Kapitän blieb jedoch von diesen Sprüngen verschont,
weil man gleichwohl darauf bedacht war, daß das Ansehen
unserer Oberherren in seiner Person ungekränkt bleiben
mußte, wie er sich denn auch wegen seines ernsthaften und
empfindlichen Gemütes außerdem gar schlecht dazu geschickt
haben würde.«

Endlich, 1868, mit den Meiji-Reformen, öffnete sich Japan der
Welt. Doch ist dieser Vorgang bis heute oft mißverstanden worden als radikaler Bruch mit der Vergangenheit, während es sich
in Wahrheit um die Fortsetzung der alten Politik mit neuen Mitteln handelte. Denn in der Mitte des vorigen Jahrhunderts war
nicht länger zu übersehen, daß die imperialistische Gier der europäischen Kolonialmächte an den Grenzen Ostasiens nicht halt-
machen würde. Für Japan und China stellte sich damit die Frage,
wie auf diese Herausforderung reagiert werden müsse. China,
hochmütig überzeugt von seiner Rolle als Zentrum der Welt und
als Schöpfer der einzigen bedeutenden Kultur, unterschätzte die
Aggressivität und waffentechnische Überlegenheit der Barbaren
– und bezahlte diese Leichtfertigkeit mit dem Untergang des
Kaiserhauses und mit einem Jahrhundert kolonialer Demütigun-
gen. Die klügeren Japaner dagegen erkannten, daß man dem
Westen nur flexibel widerstehen könne, daß man ihn mit seinen
eigenen Waffen schlagen müsse. Also rief die Regierung das Volk
auf, Japan in einer beispiellosen Kraftanstrengung in einen modernen Industriestaat zu verwandeln, den westlichen Kolonialmächten ebenbürtig und damit in der Lage, sich ihrem Drängen
zu widersetzen. Ziel der Meiji-Reformen war es also nicht, Japan
in die moderne westliche Staatenwelt zu integrieren, sondern, im
Gegenteil, Japans separate Existenz zu garantieren. An der Vorstellung von der Besonderheit der Japaner rüttelten auch die

Meiji-Reformer nicht. Indem sie die Stellung des Kaisers als gottähnliches Wesen stärkten und den Schintoismus förderten, indem sie also das Trennende betonten, wirkten sie ganz bewußt der Entstehung eines Gefühls entgegen, das die gesamte Menschheit als Einheit begreift.

Was das Tokugawa-Schogunat 1639 dem Volk abverlangt hatte, indem es Japan von der Welt isolierte, war kein großes Opfer gewesen, denn so weit das historische Bewußtsein der Japaner zurückreicht, immer blieben sie unter sich.

Japanische Geschichte ist leicht zu studieren, denn sie handelt ausschließlich von Japanern. Man braucht nur die deutsche Geschichte zum Vergleich daneben zu betrachten, um die Bedeutung dieser Binsenwahrheit zu erfassen. Die Römer am Rhein, Germanen in Italien, das deutsch-französische Frankenreich, Mongolensturm, die Schweden im 30jährigen Krieg, Türken vor Wien, Napoleons Unterwerfung der Rheinlande, die Konkurrenz der Kolonialmächte in Afrika – keine Phase der deutschen Geschichte ohne außerdeutsche Bezüge, ohne das Hineinwirken fremder Mächte.

Japans Geschichte dagegen, vom Anfang bis in die Mitte des vorigen Jahrhunderts, fand nur in Japan statt, in einem abgelegenen Winkel der Welt. Ein einziges Mal zwischen dem Beginn historischer Überlieferung und dem Anfang der Neuzeit hat eine fremde Macht versucht, Japan zu erobern. Das Unternehmen mißlang. 1281 landete eine Streitmacht des Mongolenherrschers Khublai Khan, der sich zuvor China und Korea unterworfen hatte, an der japanischen Küste. Den zur Verteidigung zusammengezogenen Truppen, die bereits sieben Jahre zuvor einen Landungsversuch abgeschlagen hatten, kam ein Taifun zu Hilfe, der die Invasionsflotte zerschlug. In diesem Sturm sahen die Japaner eine Hilfe der Götter und nannten ihn kamikaze, Götterwind, eine Bezeichnung, die fast 700 Jahre später in jenen Piloten der Kampfflugzeuge des Zweiten Weltkriegs wiederauflebte, die sich mit Sprengstoffladungen an Bord als lebende Bomben auf die Alliierten stürzten. Khublai Khan und seine Nachfolger ließen fortan die Japaner in Ruhe.

300 Jahre später, 1592, setzte der japanische Feldherr Hideyoshi zu einem Eroberungsfeldzug nach Korea über, mit dem Ziel, von dort aus China zu unterjochen. Als Hideyoshi starb, zogen sich die japanischen Truppen in ihre Heimat zurück, nachdem sie vorher alle erreichbaren Kulturdenkmäler des Landes zerstört und die Elite des koreanischen Volkes umgebracht hatten. Der Haß der Koreaner auf die Japaner, der bis in die Gegenwart fortdauert, geht auf jene schrecklichen Tage zurück. Es ist der Haß eines alten Kulturvolkes auf seinen Eroberer, der es derart verwüstete, daß es sich danach nie mehr im alten Glanz erheben konnte und das seitdem dahindämmerte, bis es anfangs dieses Jahrhunderts von den Japanern vollends zur Kolonie erniedrigt wurde. Ein einziger gescheiterter Versuch der Mongolen, Japan zu erobern, und ein einziger mißlungener Vorstoß der Japaner auf das asiatische Festland, dabei blieb es bis zu Japans Expansionspolitik Ende des vorigen Jahrhunderts.

Daß die Welt Japan in Ruhe ließ, erklärt wahrscheinlich auch das Fehlen von Befestigungsmauern um die japanischen Städte. Zwar bauten sich die Fürsten burgähnliche Schlösser mit dicken Mauern, umgeben von tiefen Gräben, doch die Städte am Fuß dieser Bastionen blieben völlig ungeschützt. Denn wenn sich auch die Herren gegenseitig die Macht streitig machten und erbittert bekämpften, dem Volk konnte es gleich sein, wem es zu dienen hatte. In jedem Fall waren das Japaner, Landsleute. Nur fremde Eroberer hätten die eigene Welt bedroht, nur gegen sie hätte das einfache Volk Wälle errichten müssen, doch von denen waren keine Angriffe zu befürchten.

Völkerpsychologisch bedeutet dies, daß die Japaner bis in die Neuzeit nie dazu gezwungen waren, ihr Verhalten und ihre Denkweise Ausländern erklären zu müssen. Folglich entwickelten sie Kommunikationsmethoden für Menschen, die alle dieselben Erfahrungen und Voraussetzungen mitbrachten. Gesten ersetzen in dieser Welt Worte, einzelne Worte machen ganze Sätze

Den Kimono übernahmen die Japaner vor mehr als eintausend Jahren aus China. Dort kam er vor Jahrhunderten aus der Mode.

überflüssig. Jeder weiß, was gemeint ist. Leider versagen solche Kommunikationsmethoden Fremden gegenüber, weil die eben nicht gelernt haben, jene Signale und Worte zu deuten. Da aber die Japaner weit über tausend Jahre lang ihr abgeschiedenes Dasein führten und ihre Art, sich zu erklären und zu verständigen, damit zum tiefverwurzelten Teil ihres Wesens geworden ist, fällt es ihnen bis in die Gegenwart schwer, sich unbefangen in die weltweiten Gespräche zwischen Politikern, Wissenschaftlern, Wirtschaftsführern und Künstlern einzumischen. Auf internationalen Konferenzen, auf Versammlungen, auf Cocktailparties, fast immer stehen die Japaner am Rande, weil es bis heute nur wenigen von ihnen gelingt, sich auf jenen weltläufigen, lockeren Umgangsstil einzustellen, der sich international herausgebildet hat.

Nie brauchten die Japaner in ihrer langen Geschichte zu lernen, wie man mit Fremden umgeht. Doch haben sie andererseits bereitwillig ausländische Einflüsse aufgenommen, wenn fremde Ideen, Religionen, Künste und Praktiken sich zur Übernahme anboten, vermittelt durch Priester, Lehrer, Künstler, nicht aufgezwungen mit dem Schwert des Eroberers. So haben zwei Ereignisse die japanische Gesellschaft entscheidend geformt, die Übernahme der chinesischen Kultur im siebten und achten Jahrhundert und die Öffnung zum Westen in der zweiten Hälfte des 19. Jahrhunderts.

Heutige Japanbesucher können sich kaum vorstellen, was durch die Reformen des Prinzen Shotoku (593–622) alles aus China ins Land strömte: der Buddhismus, der Konfuzianismus, die Vorstellung vom Kaisertum, das Konzept einer umfassenden zentralen Staatsverwaltung, Kunststile wie die Tuschemalerei, literarische Moden, wissenschaftliche Erkenntnisse, Städtebau und Architektur, kein Lebensbereich blieb unberührt. Selbst viele Japaner werden kaum wissen, daß der Kimono, jenes »urjapanische« Festgewand der Damen, aus dem China der Tang-Dynastie stammt, jedoch in China in Vergessenheit geriet und nur in Japan bis heute überlebt. Chinesische Kultur, damals unbestritten die höchstentwickelte und verfeinertste der Welt, verwandelte das einfache Bauernvolk der Japaner im Lauf von zwei Jahrhunderten in eine Gesellschaft, die der chinesischen kaum noch nachstand. Als blasser historischer Vergleich bietet sich der römisch-griechische Einfluß auf die Welt der Germanen an.

Ähnliches wiederholte sich ab 1868 in den Meiji-Reformen, wobei diesmal Industrialisierung, Wissenschaft und Technik, Kriegskunst, Rüstung und Rechtsordnung der Europäer und Amerikaner stärker gefragt waren als deren Künste, Religionen und Philosophien.

Den Japanern hat diese zweimalige beispiellose Übernahme fremden Gedankengutes den Ruf von Nachahmern eingebracht, zu Unrecht, weil sie in keinem Falle Fremdes einfach kopierten. Nicht daß sie sich in der Vorzeit China und in der Neuzeit dem Westen öffneten, macht jene Ereignisse einmalig und bemerkenswert, sondern wie sie fremdes Geistesgut in ihre eigenen Traditionen einschmolzen, es japanisierten, den eignen Notwendigkeiten anpaßten, kennzeichnet ihre eigentliche Meisterschaft. Trotz ihres modernen Äußeren sind nämlich die Japaner ein erzkonservatives Volk, vielleicht das konservativste der Welt. Offen für fremde Einflüsse haben sie ihre eignen Überlieferungen nie aufgegeben. Statt dessen pfropfen sie das Neue immer auf die alten Stämme, ohne Überkommenes wegzuwerfen, so daß sie trotz vielfacher Wandlungen ihre Kraft noch immer aus den alten Wurzeln ziehen. Japans Geschichte steckt voller Beweise.

Man stelle sich vor, die überwiegende Mehrheit der heutigen Deutschen, die sich, wenn auch vielleicht nur noch formal, zum christlichen Glauben bekennt, würde gleichzeitig noch immer ebenso auch die alten germanischen Götter verehren, Wotan, Thor und Freya. Den Japanern fällt vergleichbares nicht schwer. Sie übernahmen den Buddhismus als Hochreligion von den Chinesen und behielten doch zugleich den Schintoismus als urjapanischen Naturglauben bei. Der geistig-religiöse Graben, der Amaterasu von Buddha trennt, ist keineswegs weniger tief als die Kluft zwischen Wotan und Christus. Wo Europäer Widersprüche sehen, vermögen Japaner Brücken zu schlagen. Auf diese Weise werden die Traditionen von der Moderne nie verdrängt, was

dazukommt, wird draufgepackt. Bis heute fällt es der Mehrheit
aller Japaner leicht, sich gleichzeitig einer Hochreligion und einem Naturglauben zugehörig zu fühlen.

Ein ähnlich eindrucksvolles Beispiel bietet die japanische
Schrift. Als im siebten Jahrhundert die chinesische Kultur ins
Land strömte, hatten die Japaner zwar längst ihre eigene Nationalsprache entwickelt – die sich vom Chinesischen nicht weniger
stark unterscheidet als von den westeuropäischen Sprachen –,
doch besaßen sie keine Schrift. Also übernahmen sie die chinesischen Schriftzeichen, die Inhalte symbolisieren und keine Laute.
(Das Zeichen für Berg bedeutet Berg, völlig unabhängig davon,
wie man es ausspricht.) Da jedoch die japanische Sprache völlig
anders strukturiert ist, indem sie eine Vielzahl grammatikali-
scher Endungen und Überleitungen benutzt, die das Chinesische
nicht kennt, reichen die chinesischen Zeichen nicht aus, die japanische Sprache wiederzugeben. Deshalb entwickelten die Japaner
als Ergänzung zwei Silbenalphabete (gleich zwei!) mit identi-
schen Lauten, aber unterschiedlicher Schreibweise, von denen
heute, vereinfachend gesagt, das eine, hiragana, grammatikalischen Erfordernissen dient, während das zweite, katakana, benutzt wird, um aus fremden Sprachen übernommene Wörter zu
formulieren. Daneben übernahmen sie gleichzeitig aus dem Chinesischen auch die Aussprache vieler Wörter, die sie allerdings
japanisierten, behielten aber selbstverständlich überdies die überlieferten japanischen Aussprachen daneben bei. So kann – ein
Beispiel für Hunderte – Berg im Japanischen yama heißen, mit
dem alten japanischen Wort, oder auch san, vom Chinesischen
abgeleitet. Das klingt kompliziert und ist es auch, weil nur der
Sprachgebrauch bestimmt, daß etwa beim Roten Hang (Akasaka,
ein Stadtteil von Tokio) für rot das Wort akai verwendet wird,
während bei der Roten Armee für rot das aus dem Chinesischen
stammende seki anzuwenden ist (sekigun). Folglich benutzen die
Japaner seit weit über tausend Jahren eine Schrift, die zur Wie-
dergabe ihrer Sprache höchst ungeeignet ist, doch ihr Beharrungsvermögen über diese ganze lange Zeit hin hat jede grundlegende Vereinfachung verhindert, und dies, obgleich es theore-

tisch möglich wäre, alle chinesischen Schriftzeichen gleichsam über Nacht völlig abzuschaffen. Mit den beiden Silbenalphabeten läßt sich nämlich jedes Wort lautgerecht wiedergeben. Die Fahrkartencomputer in den Bahnhöfen beispielsweise, die sich nicht mit Tausenden chinesischer Schriftzeichen speichern lassen, drucken alle Ortsnamen in Silbenschrift aus, schreiben also Tokio phonetisch und nicht mit den korrekten chinesischen Zeichen, die »östliche Hauptstadt« bedeuten, und jeder Japaner kann das lesen und verstehen. Auch die Kinder am Schulbeginn lernen zunächst die Silbenalphabete und erst später die Schriftzeichen und können sich daher, bevor sie ein einziges Zeichen beherrschen, mit dem Silbenalphabet bereits unbegrenzt ausdrücken. Nur in Japan kann sich über die Jahrhunderte ein Schriftsystem halten, das die Logik gegen sich hat. Nur in Japan müssen viele Menschen auf ihren Visitenkarten neben ihren meist aus chinesischen Zeichen bestehenden Namen in Silbenschrift die Aussprache dazu vermerken, damit klar wird, welche der verschiedenen Aussprachemöglichkeiten gilt.

Das klassischste Beispiel für die Begabung der Japaner, Fremdes in die eigenen Überlieferungen einzuschmelzen und das Erworbene beharrlich über die Jahrhunderte zu bewahren, bietet das Kaiserhaus. Die Idee vom Kaiser als dem absoluten und höchsten Herrn über das Land stammt aus China und diente bei ihrer Übernahme zur Legitimierung der Macht der auf Amaterasu zurückgeführten Sonnenlinie, die sich im Kampf gegen andere Adelsgeschlechter durchgesetzt hatte. Doch wandelten die Japaner das chinesische Konzept vom Sohn des Himmels in einem entscheidenden Punkt ab. Jeder chinesische Kaiser brauchte ein Mandat des Himmels, göttliche Zustimmung, die verweigert oder entzogen werden konnte. Naturkatastrophen, verlorene Schlachten, Volksaufstände konnten als Verlust des Mandates gedeutet werden und führten dann meist zum Sturz eines Kaisers und seiner Dynastie und zur Machtübernahme durch einen Usurpator, dessen Herrschaft als neuer Sohn des Himmels als legitimiert galt, wenn ihm der Himmel das Mandat nicht verweigerte, das heißt ihn von Naturkatastrophen, Volksaufständen

und Kriegen verschonte. Diese Vorstellung vom Mandat des
Himmels also übernahmen die Japaner nicht, denn sie wider-
sprach der schintoistischen Idee vom göttlichen Ursprung des
Kaiserhauses. Nicht göttlicher Auftrag, sondern göttliche Abstammung galt als Legitimation. Einem direkten und leibhaftigen
Nachkommen der Sonnengöttin Amaterasu war kein Mandat ab-
zusprechen. Folglich bedeutete die Übernahme des chinesischen
Kaisertums unter gleichzeitiger Beibehaltung der schintoistischen Ursprungslehre, daß im Gegensatz zu China niemals ein
japanischer Kaiser von einem putschenden General abgesetzt
werden konnte, weil kein Usurpator sein Geschlecht auf die Sonnengöttin zurückzuführen vermocht hätte. Nur Wechsel innerhalb der Dynastie blieben möglich, zumal die Erbfolge erst zum
Beginn der Neuzeit klar geregelt wurde. Ein mächtiger Feldherr
oder Fürst konnte dafür sorgen, daß ein unbequemer Kaiser vom
Thron verschwand, durch Abdankung oder einen mysteriösen
Tod, und er konnte die Nachfolge manipulieren, etwa indem er
seine Tochter mit einem kaiserlichen Prinzen verheiratete und
deren Sohn, also seinen leiblichen Enkel, zum Kaiser machte.
Unabdingbar blieb die Zugehörigkeit zur kaiserlichen Dynastie,
die Abstammung männlicherseits von Amaterasu. Jedem Usurpator blieb damit das höchste Ziel versperrt, nämlich sich selbst
zum Kaiser auszurufen.

Daß Japans Kaiserhaus als älteste Dynastie der Welt bis heute
fortbesteht, liegt neben seiner Unantastbarkeit an einem zweiten,
nicht weniger bedeutsamen Grund, an seiner Machtlosigkeit.
Denn kaum hatte sich das Kaisertum in Japan durchgesetzt,
machten einflußreiche Familien am Hof dem Kaiser die tatsächliche Macht streitig. Ein Aushöhlungsprozeß begann, der 1192 mit
der Errichtung des ersten Schogunats (in Kamakura) den Kaiser
zur reinen Symbolfigur reduzierte. Von damals an bis zur Meiji-
Zeit (1868) existierte Japan als ein Feudalstaat, in dem machtlose
Kaiser in Kyoto in einer Atmosphäre höchster geistiger und kultureller Verfeinerung zeremoniellen Hof hielten, während Mili-
tärbefehlshaber mit dem Titel Schogun meist außerhalb von
Kyoto, erst von Kamakura, später von Edo aus, das Land regier-

ten. Die einzige wichtige Funktion des Kaisers bestand somit jahrhundertelang nur darin, den jeweiligen Schogun zu legiti-mieren, eine Aufgabe, die niemand außer dem Kaiser überneh-men konnte, da nur er von der Sonnengöttin abstammte. Den Erpressungen der Militärdiktatoren ausgesetzt, von den Privatar-meen buddhistischer Klöster gepeinigt, von mörderischen Fami-lienintrigen bedroht, von Elend und Armut gequält, blieb das Kaiserhaus im Mittelalter von keiner menschlichen Prüfung ver-schont. Einer der Kaiser verkaufte für seinen Lebensunterhalt selbstgefertigte kalligraphische Zeichnungen. So ist die Ge-schichte des ältesten Kaiserhauses der Welt weniger eine Ge-schichte großer Männer und ruhmreicher Siege als des schlichten Überlebens.

Selbst die Meiji-Reformen, die Japan in einen modernen, im-perialistischen Industriestaat verwandelten, mit ihrem neuen Kaiserkult und der Wiederbelebung des Staats-Schinto, legten die wirkliche Macht keineswegs in die Hände des Kaisers zurück. Der als großer Reformer in die Geschichte eingegangene Meiji-Kaiser war, als die entscheidenden Grundlagen geschaffen wurden, ein unerfahrener, junger Mann. In Wahrheit wurden die Reformen von Männern seiner Umgebung gemacht, die man heute Techno-kraten nennen würde. Seine Größe lag darin, daß er sie gewähren ließ. Auch als Japan dann in der ersten Hälfte dieses Jahrhunderts zur Unterwerfung von Ost- und Südostasien ansetzte, diente der Kaiser als strahlender Schild, der alle Blicke auf sich zog, wäh-rend im Schatten die nationalistischen und reaktionären Gene-räle ihre Eroberungspläne schmiedeten. Japans Nachkriegsver-fassung entzog dem Kaiser, indem sie seine Rolle als Symbol des Staates und der Einheit des Volkes neu bestimmte, in der Praxis nur wenig Macht, weil in Wirklichkeit alle Kaiser machtlos gewe-sen sind – spätestens seit 1192.

Zahlreiche Kaiser- und Königshäuser in der gesamten Welt wurden in den letzten Jahrzehnten von den Stürmen der Zeit hinweggefegt. Die verbliebenen, einst absoluten Dynastien ha-ben sich in konstitutionelle Monarchien verwandelt. Nur in Ja-pan ändert sich seit 800 Jahren nichts, wenngleich die politische

Führung längst nicht mehr der Legitimation einer mythischen Göttin bedarf. So existiert das japanische Kaiserhaus fort, gewiß nicht ohne indirekten Einfluß, aber doch ohne echte politische oder militärische Macht, als eine der ältesten und zugleich schwächsten Institutionen der Weltgeschichte, als einmaliges Denkmal für das Beharrungsvermögen des japanischen Volkes.

Staat ohne Minderheiten
oder
Es gibt sie doch

Eines Tages im Jahre 1673 umstellte überraschend die Polizei auf Befehl des Schogun das Freudenhausviertel in Nagasaki, der einzigen Stadt in Japan, in der sich Ausländer, Holländer, auf einer kleinen künstlichen Insel im Hafen ständig aufhalten durften. Sorgfältig durchkämmten die Polizisten Haus für Haus. Was sie suchten waren weder Verbrecher noch Schmuggelwaren, sondern unschuldige Kinder, Mischlinge, gezeugt von holländischen Vätern und von portugiesischen und chinesischen Matrosen und Kaufleuten, deren Schiffe Nagasaki anlaufen durften. Diesen Ausländern war der Besuch der Freudenhäuser von Nagasaki erlaubt, während er den südostasiatischen Besatzungsmitgliedern, Filipinos und Malayen, verboten blieb. Etwa 200 Mischlingskinder spürten die Polizisten auf, rissen sie aus den Armen ihrer weinenden japanischen Mütter und packten sie auf ein Schiff nach Macao. Für Mischlingskinder war in Japan kein Platz. Ähnliche Aktionen wiederholten sich im Lauf der Jahre, wobei die Kindertransporte gelegentlich auch nach Batavia, dem heutigen Djakarta und damals Hauptstadt von Niederländisch-Indien, gingen.

In einer Welt, die immer enger zusammenrückt, drängen alle Gegebenheiten Japan in die Rolle des Außenseiters. Zur isolierenden Insellage, zur separierenden Nationalreligion, zur historischen Abkapselung kommt, als gelte es geradezu, die Trennung zu perfektionieren, eine beispiellose völkische Geschlossenheit. In Japan leben die Japaner unter sich.

Keine Einwanderungswellen vom asiatischen Kontinent sind in der überlieferten Geschichte je über die Inseln geschwappt, keine fremden Flüchtlingsmassen haben hier Obdach gesucht, keine Besatzungsheere haben, bis 1945, mit Töchtern des Landes Nachwuchs gezeugt. Infolgedessen haben sich die Japaner derart daran gewöhnt, ausschließlich unter ihresgleichen zu leben, daß sie mittlerweile jeden möglichen Einbruch von außen als Bedrohung ihrer Lebenswelt empfinden. Was immer japanische Bürokraten als Argumente gegen die Aufnahme von Flüchtlingen vorbringen, der tiefere und eigentliche Grund liegt in dem Gefühl, »Ausländer passen nicht zu uns«. Nicht Wohnungen fehlen oder Arbeitsplätze, sondern im sozialen Gewebe Japans ist für Ausländer kein dauerhafter Platz. Japan war immer ein Land ohne nationale Minderheiten.

Die Frage, woher die Japaner stammen, spielt im Bewußtsein des Volkes keine Rolle. Die Historiker vermuten heute, daß die Urheimat im mongolischen Kerngebiet in Nordostasien liegt und daß die Besiedlung der japanischen Inseln in mehreren Schüben erfolgte, hauptsächlich über die koreanische Halbinsel, aber auch vom Süden her, wobei offenbar Einflüsse aus dem südpazifischen Raum mit ins Land strömten. Damals waren Japans Inseln bereits von einer Urbevölkerung bewohnt, den Ainu, deren stärkere Körperbehaarung auf eine Verwandtschaft mit westlicheren Völkern hindeutet, doch erwiesen sich die Neuankömmlinge als stärker. Sie unterwarfen sich die Ainu, indem sie vom Süden und von Zentraljapan aus langsam nach Norden vorstießen, wobei die überlebenden Urbewohner in der japanischen Gesellschaft aufgingen. Nur im äußersten Norden, auf Hokkaido, leben heute noch weniger als 20 000 Ainu als eigenständige Minderheit.

Der Prozeß der Besiedlung Japans und der Vertreibung der Ainu ging im wesentlichen vor über 1000 Jahren zu Ende, seitdem blieben die Japaner allein. Es wäre ein Wunder, wenn sich unter diesen Gegebenheiten kein Gefühl der Exklusivität, der Besonderheit, herausgebildet hätte.

Diese einmalige völkische Geschlossenheit darf allerdings nicht zu dem Trugschluß führen, daß innerhalb dieser Gesellschaft keine sozialen Schranken bestanden hätten. Im Gegenteil, wenig andere Völker haben ein derart verfeinertes und verfestigtes System hierarchischer Ordnungen und Klassen entwickelt, mit einer Perfektion, die schließlich regelte, welche Kategorien von Bauern welche Arten von Spielzeug für ihre Kinder besitzen durften, von zeremoniellen Rängen, Privilegien und Kleiderordnungen – wer welche Stoffe in welchen Farben tragen dürfe – gar nicht zu reden. Nur der Ritterkaste der Samurai war es im Mittelalter erlaubt, Schwerter zu tragen – und jeden niedriger Stehenden, der ihnen den Respekt verweigerte, auf der Stelle zu töten.

Auch existierte und existiert bis auf den heutigen Tag eine große Minderheit Ausgestoßener, wenngleich die Diskriminierung dieser Gruppe, ja selbst ihre bloße Existenz, weitgehend totgeschwiegen wird. Die Unterdrückung der südkoreanischen Opposition durch die südkoreanische Regierung halten Japans Medien für ein bedeutenderes Thema als das soziale Elend von über zwei Millionen Mitbürgern.

Schon die Bezeichnung dieser Ausgestoßenen macht Schwierigkeiten. Eta wurden sie früher oft genannt, was schmutzige oder unreine Menschen bedeutete, oder Hinin, Nichtmenschen, Unpersonen. Yotsu wurden sie beschimpft, Vierbeiner, was heißen sollte, daß sie den Tieren näher stünden als den Menschen. Mit welcher Verachtung man sie behandelte, mag daraus hervorgehen, daß die Straßen, die durch ihre Siedlungen führten, bei der Berechnung der Entfernungen im Lande nicht mitberücksichtigt wurden, als wären sie nicht existent. Heute hat sich die unverbindliche Bezeichnung Burakumin eingebürgert, was eigentlich Dorfbewohner heißt, in diesem Fall jedoch die Bewohner besonderer Siedlungen benennt.

Ursprünglich stellten die Burakumin die Kehrseite des Schinto-Glaubens dar, denn gerade in einer Gesellschaft, die Reinheit als religiöses Ideal verehrt, bleiben schmutzige Tätigkeiten übrig, die niemandem zuzumuten sind. Da im frühen Schinto

der Tod als besonders unrein galt – beim Tod der ersten Kaiser
wurde jeweils die Hauptstadt verlegt –, überließ man die beflek-
kende Tätigkeit der Leichenwäsche und bald auch die Bewachung
der Fürsten- und Kaisergräber sozialen Außenseitern. Später,
mit der Verbreitung des Buddhismus, der das Töten von Tieren
verbot, galten dann auch das Schlachten, die Tierverarbeitung,
Gerben und Lederbearbeitung als unrein. So entstand im Laufe
der Zeit eine Kaste der Ausgestoßenen, in die zusätzlich alle
hineingedrängt wurden, denen man die soziale Anerkennung
verweigerte: Prostituierte, Scharfrichter, Bettler und Akrobaten.
Alle Burakumin wohnten in besonderen Siedlungen am Rand der
Städte, und immer waren Burakumin-Quartiere am Schmutz
und an der Primitivität zu erkennen.

Bedeutsam bleibt, daß es sich bei den Burakumin nicht um
eine fremde, ausländische Minderheit handelt, denn sie alle sind
Japaner, wie die gesamte übrige Bevölkerung, und lassen sich
daher als Ausgestoßene von allen anderen Japanern nicht unterscheiden. Auch kein Japaner vermag einen Burakumin als solchen zu identifizieren, wenn der ihm normal gekleidet als einzelner gegenübertritt.

Daß die Burakumin ihren sozialen Makel trotzdem noch immer nicht loswerden können, daß sie sich nicht einfach in der
anonymen Massengesellschaft auflösen, liegt an ihrem Wohnsitz, an den Elendsquartieren, in denen die meisten, wie früher,
hausen. An ihren Adressen sind sie zu erkennen. Diese Herkunft
ist im bürokratischen Japan nur schwer zu verwischen. Wer sich
einen neuen Wohnsitz zulegt, zum Beispiel indem er in eine
andere Stadt umzieht, muß bei der polizeilichen Ummeldung
seinen vorherigen Wohnsitz angeben. Selbst wenn also jemand
seinen Wohnsitz mehrfach ändert, immer läßt sich die Herkunft
bis zum Ausgangsort zurückverfolgen. Da außerdem jeder Um-
zug erhebliche finanzielle Kosten und persönliche Umstellungen
verursacht, weil meist eine neue Wohnung besorgt und ein neuer
Arbeitsplatz gefunden werden muß, können sich in der Praxis
nur wenige durch Tarnung, durch die Beschaffung einer neuen
Identität, ihrem angeborenen Schicksal entziehen.

In zwei entscheidenden Lebensbereichen, in Ehe und Beruf, müssen daher die Burakumin noch heute Diskriminierungen ertragen. In der standesbewußten japanischen Gesellschaft wird kaum eine Ehe geschlossen, ohne daß die Eltern der Brautleute den sozialen Hintergrund des anderen Partners sorgfältig erforschen. Die japanische Geschichte ist voll von Liebesdramen, dem in Japan nicht seltenen Freitod junger Paare, die nicht heiraten konnten, weil einer der beiden den Burakumin entstammte. Zwar weichen allmählich die Vorurteile auf. Von über 50 Jahre alten Burakumin-Männern haben nur 10 % Nicht-Burakumin-Frauen geheiratet. Doch von den unter 30 Jahre alten Burakumin-Männern, der heutigen jüngeren Generation, finden inzwischen 40 % ihre Frauen außerhalb der Kaste. In den bürgerlichen und gehobenen Schichten wäre ein Burakumin in der Familie allerdings noch immer undenkbar, denn das tausend Jahre alte Vorurteil, diese Menschen seien schmutzig, äußerlich und innerlich, stirbt in Japans Gesellschaft nur sehr langsam aus.

Deswegen scheuen sich auch die großen Firmen, Burakumin einzustellen, vor allem als Angestellte und Führungskräfte, selbst wenn ein Burakumin-Bewerber ein ausgezeichnetes Examen nachweisen kann, einfach weil die meisten Japaner es als entwürdigend empfinden würden, unter einem Burakumin zu arbeiten. Da in der japanischen Wirtschaft weitgehend das Prinzip der lebenslangen unkündbaren Anstellung gilt, Mitarbeiter also kaum entlassen werden können, schauen sich die Firmen sorgfältig die Herkunft aller geeigneten Kandidaten an, um spätere Überraschungen auszuschließen.

Als ein japanischer Verleger das neue Buch des angesehenen amerikanischen Japanologen Edwin Reischauer in japanischer Übersetzung veröffentlichte, strich er alle Hinweise auf die Burakumin aus dem amerikanischen Originalmanuskript heraus. Das Thema war ihm zu heikel.

An Bemühungen der Regierung, die Benachteiligung zu beenden, hat es nicht gefehlt seit den Meiji-Reformen und verstärkt, seitdem Japans Nachkriegsverfassung jede Diskriminierung verbietet. Leider haben sich die kämpferischen Burakumin-Organisationen weitgehend selbst isoliert, denn als die religiösen Gemeinschaften ihnen in der Vergangenheit wenig Hilfe boten, lehnten sie sich an die marxistische Linke an, in der Erwartung der Weltrevolution und der aus ihr hervorgehenden klassenlosen Gesellschaft, wodurch sie in die politische Front gegen die regierenden konservativen Liberaldemokraten gerieten.

Mit über zwei Millionen leben heute mehr Burakumin als je zuvor. Frühe Heiraten, verbesserte Hygiene und Kinderfreundlichkeit führen dazu, daß ihre Geburtenhäufigkeit die der übrigen Bevölkerung erheblich übertrifft. Von selbst wird sich das Problem daher nicht lösen. Mit einem Minderheitenproblem müssen sich die Japaner also schon lange herumschlagen, doch da es sich bei den Burakumin um eine innerjapanische Minderheit handelt und da die Japaner selbst das Thema nach Möglichkeit verdrängen, weiß die Außenwelt davon fast nichts.

Seit dem Zweiten Weltkrieg lebt überdies in Japan zum ersten Mal eine ausländische Minderheit, die nicht weniger als die Burakumin unter Diskriminierung leidet. Über 600 000 Koreaner betrachten heute Japan als ihre Heimat, nachdem sie selbst oder ihre Eltern oft zwangsweise während der japanischen Kolonialherrschaft als billige Arbeiter in die Bergwerke oder die Bauindustrie und im Zweiten Weltkrieg in die Rüstungsbetriebe oder als Hilfstruppen für die kaiserliche Armee nach Japan geholt wurden. Obgleich also die Existenz der koreanischen Minderheit ausschließlich auf die Kriegspolitik der japanischen Regierung zurückgeht, haben sich die Behörden nach dem Krieg meist um ihre Verantwortung gedrückt, wie jemand, der nicht gerne an seine Sünden erinnert wird.

Die meisten dieser Koreaner sehen aus wie Japaner und tragen inzwischen japanische Namen, und alle jüngeren sprechen japanisch als Muttersprache. Auf Grund ihrer Daueraufenthaltsgenehmigungen müssen sie dieselben Steuern zahlen wie die Japaner, doch weil ihnen die japanische Staatsbürgerschaft fehlt, bleiben sie von zahlreichen Steuervergünstigungen und Sozialleistungen ausgeschlossen. Die schlimmste Diskriminierung müssen sie im Berufsleben ertragen, wo ihnen oft nur die schlechtbezahlten Tätigkeiten übrigbleiben, wenn sie überhaupt Arbeit finden. Schlauen Koreanern gelang es häufig, sich in anrüchigen Branchen durchzusetzen, weil sich dort die Widerstände der japanischen Gesellschaft als geringer erwiesen; ihnen gehören Bars, Massagehäuser, Spielhallen, was selbstverständlich wiederum das Vorurteil verstärkt, vielen Koreanern fehle es an Anstand und Würde. Der jahrhundertealte Haß beider Völker aufeinander heizt solche Vorurteile noch an. Als 1923 beim schrecklichen Erdbeben von Tokio überall in der Stadt Feuer ausbrachen, weil, wie immer, überall die Öfen und Herde umfielen, verbreitete sich blitzartig das Gerücht, Koreaner hätten die Brände gelegt. Hysterischer Mob lynchte damals Koreaner, wo immer er sie fand.

Großfirmen mit prestigeträchtigen Namen drücken sich vor der Anstellung von Koreanern, mögen die Bewerber auch vergleichbaren japanischen Kandidaten überlegen sein, ohne sich zu dieser diskriminierenden Personalpolitik zu bekennen. Als ein junger Mann kürzlich unter seinem japanischen Namen eine Aufnahmeprüfung mit Glanz bestanden hatte, verweigerte ihm die Firma die Einstellung, nachdem sich seine koreanische Abstammung herausgestellt hatte. Vor Gericht argumentierte das Großunternehmen, es störe selbstverständlich nicht, daß der junge Mann Koreaner sei. Doch daß er bei seiner Bewerbung einen falschen Namen angegeben und damit gelogen habe, verrate eine Charakterschwäche, die um so schwerer ins Gewicht falle, weil Mitarbeiter normalerweise ihr ganzes Leben in der Firma blieben und sich daher besonders strenge Auswahlkriterien bei der Einstellung gefallen lassen müßten. Dagegen steht, daß der koreanische Bewerber gar nicht erst zur Prüfung zugelassen worden wäre, hätte er sich offen zu seiner Abstammung bekannt.

Die Lage der koreanischen Minderheit wird noch dadurch erschwert, daß die Koreaner selbst in zwei sich erbittert befehdende Gruppen zerfallen sind, von denen sich die Mehrheit zu Südkorea und eine starke Minderheit zum kommunistischen Nordkorea bekennt.

Besser ergeht es einer zweiten nationalen Minderheit, etwa

50 000 Chinesen, weil sie als zahlenmäßig erheblich kleinere Gruppe sich weniger an der etablierten japanischen Gesellschaft reibt, weil die meisten dieser Chinesen als Kaufleute und Restaurantbesitzer zum Mittelstand gehören und nicht zuletzt, weil die Japaner nicht auf die Chinesen herabschauen, sondern seit über tausend Jahren China und der chinesischen Kultur großen Respekt entgegenbringen.

Bis heute sehen sich die Japaner als eine geschlossene völkische Gemeinschaft, mit all den Folgen, die sich aus dieser Selbsteinschätzung für ihre Beziehungen zur Außenwelt ergeben. Für die Vergangenheit trifft diese Hypothese zu, wobei einschränkend festzuhalten bleibt, daß innerhalb der geschlossenen japanischen Gesellschaft eine ganze Klasse, die Burakumin, das Leben von Ausgestoßenen führen muß. In der Gegenwart läßt sich die Existenz einer völkischen Minderheit, der Koreaner, nicht leugnen, ohne daß sich das Bewußtsein der breiten Öffentlichkeit, die Vorstellung von der Besonderheit und Einzigartigkeit der Japaner, dieser Realität bisher angepaßt hätte.

Im Gefühl der meisten Amerikaner existieren die Vereinigten Staaten als Schmelztiegel, und wahrscheinlich sind die meisten Amerikaner davon überzeugt, daß die Mehrheit der Menschheit davon träumt, nach Amerika auswandern zu dürfen. Wenn es, völlig im Gegensatz dazu, nach den Japanern ginge, sollte jeder bleiben, wo er ist, sollte auch in Zukunft Japan allein den Japanern gehören.

In der Besatzungszeit nach dem Zweiten Weltkrieg wurden in Japan 200 000 Besatzungskinder geboren, von denen 40 000 amerikanische Negersoldaten als Väter hatten. Damals gründete Miki Sawada, eine katholische Japanerin, die Frau eines früheren Botschafters und Angehörige jener Großindustriellenfamilie, die den Mitsubishi-Konzern geschaffen hatte, in Oiso, einem Badeort in der Nähe von Tokio, ein Heim, in dem viele Mischlingskinder aufgenommen wurden, die ausgesetzt worden waren oder deren Mütter sich nicht um sie kümmern konnten. Da Frau Sawada selbst für die Kinder japanischer Mütter in Japan keine Zukunft sah, versuchte sie, in Brasilien nach israelischem Kibbuz-Vorbild eine landwirtschaftliche Siedlung zu errichten, was trotz großer Anstrengungen und erheblicher finanzieller Opfer mißlang. Erfolgreicher waren dagegen die Bemühungen, in Amerika und Europa Adoptiveltern zu finden. Doch kein einziges der Mischlingskinder wurde von japanischen Eltern adoptiert.

2. Teil: Japaner sind anders

Die Gruppe
oder
Auf herausstehende Nägel wird eingehämmert

Wer über die nationalen Eigenschaften eines fremden Volkes schreibt, über seine besonderen Wertvorstellungen und seine unterschiedlichen Verhaltensweisen, tut das mit einem schlechten Gewissen. Jede Charakterisierung eines fremden Volkes bedeutet Generalisierung, Vereinfachung, Grobzeichnung und ist damit zu einem Teil unwahr. Denn kein Volk in seiner Gesamtheit läßt sich über einen Kamm scheren, kein einzelner Bürger repräsentiert in seiner Person all jene Eigenschaften und Wertvorstellungen, die seinem Volk in ihrer Gesamtheit zugeschrieben werden.

Trotzdem, von einer Welt, in der alle Menschen gleich wären, in dem Sinne, daß sich alle nationalen Unterschiede abgeschliffen hätten, daß die gesamte Menschheit sich an denselben Werten orientiere, ist die Gegenwart weit entfernt, und wahrscheinlich wird sie diesen Zustand nie erreichen. Völker sind ausgeprägte Persönlichkeiten, wie Einzelmenschen, mögen sich auch innerhalb eines Volkes zahlreiche individuelle Ausnahmen von dem spezifischen nationalen Charakterbild finden.

Jeder Deutsche weiß, daß es schludrig arbeitende, träge Landsleute gibt. Jeder Bauherr hält Beispiele bereit. Trotzdem gelten die Deutschen noch immer in der Welt als gründliche, tüchtige Arbeiter, und dieses generelle internationale Urteil stimmt durchaus. Bester Beweis dafür, daß das verallgemeinernde Bild der Welt durch die Ausnahmen keineswegs aufgehoben wird, sind die Exporterfolge der deutschen Industrie trotz im Vergleich zur ausländischen Konkurrenz oft höherer Preise. Wer für eine Ware nicht den billigsten, sondern einen teureren Preis zahlt, erwartet bessere Qualität.

Im Fall von Japan ist es besonders wichtig, das Gefälle zwischen Regel und Ausnahme nicht aus den Augen zu verlieren, weil nämlich ausländische Besucher und selbst auf Zeit in Japan lebende Geschäftsleute, Diplomaten und Journalisten erfahrungsgemäß häufiger mit den Ausnahmen als mit der Regel konfrontiert werden. Japanische Angestellte ausländischer Firmen, das Personal der internationalen Hotels, die Mitarbeiter von Reisebüros, Fluggesellschaften und Mietagenturen, die hohen Beamten der Ministerien, die für Auslandsgeschäfte und Pressebetreuung zuständigen Firmenmanager, sie alle, dafür ausgebildet und daran gewöhnt, mit Ausländern umzugehen, stellen unter ihren 120 Millionen Landsleuten eine winzige Minderheit dar.

Neunzig Prozent aller Japaner haben keinerlei praktischen Umgang mit Ausländern, das wird von fremden Besuchern in Japan oft übersehen, und wer sein Japanbild von jener kleinen Minderheit ableitet, mit der er während seines begrenzten Aufenthaltes zu tun hat, erhebt die Ausnahme zur Regel und endet logischerweise in falschen Folgerungen. Wer in Japan mit Japanern zusammenkommt, die selbst länger im Ausland gelebt haben, ist dieser Gefahr vorschneller Falschurteile besonders ausgesetzt. Dabei nährt bereits das Studium der Schlagzeilen die Vermutung, daß die Differenzen tiefer reichen. Amerikas und Israels Regierungen beispielsweise weigern sich kompromißlos, den Erpressungen von Flugzeugentführern nachzugeben, und die deutsche Bundesregierung schickte ihre Sondertruppe GSG 9 im Herbst 1977 zur Geiselbefreiung nach Mogadischu. Nur wenige Tage später lieferte die japanische Regierung den Entführern eines in Dacca, Bangla Desh, parkenden japanischen Flugzeuges ohne Zögern 6 Schwerverbrecher aus und zahlte ohne Umstände die geforderten 6 Millionen US-Dollar Lösegeld. Schwer vorstellbar ist auch, daß europäische Regierungen dem Druck von Demonstranten so total nachgeben würden. Fünf Jahre vom Tag seiner Fertigstellung an hat es gedauert, bis Tokios neuer internationaler Großflughafen Narita in Betrieb genommen werden konnte. In der Erforschung und Erprobung von Kernenergie für den Antrieb von Handelsschiffen ist Japan stark zurückgeworfen worden, weil das Versuchsschiff Mutsu beim ersten Probelauf im

Herbst 1974 einen geringfügigen Reaktorschaden melden mußte und sich vier Jahre lang kein einziger Hafen im ganzen Inselstaat bereit fand, die Mutsu zur Reparatur und als Basis für die weitere Erprobung aufzunehmen. In beiden Fällen, obwohl es um Projekte ging, ohne die ein moderner Industriestaat schlecht existieren kann, verzichtete die Regierung auf die Anwendung ihr zur Verfügung stehender Machtmittel, indem sie weder das Parlament noch die Gerichte, noch die Polizei mit Entschlossenheit und Nachdruck bemühte. Und wo sonst außer in Japan würde sich ein Eisenbahn-Stationsvorsteher das Leben nehmen, aus Scham, weil beim Rangieren ein Zug aus den Gleisen rollte, den der Kaiser kurz darauf benutzen sollte, obwohl bei dieser zugegeben peinlichen Panne niemand zu Schaden kam und der Kaiser sich noch auf einem Schiff auf See befand? So geschehen 1881 in Hakata auf Kyuschu.

Bei allen Vorbehalten gegen Generalisierungen also läßt sich nicht leugnen, daß das japanische Volk Verhaltensweisen praktiziert und sich an Wertvorstellungen orientiert, die sich vom Westen gründlich unterscheiden. Die Darlegung solcher Unterschiede stellt jedoch, das kann an dieser Stelle nicht klar genug betont werden, keinerlei Bewertung dar. Daß Japaner sich in mancherlei Hinsicht anders verhalten als Europäer, macht sie weder besser noch schlechter. Jede positive oder negative Bewertung setzt nämlich, meist unbewußt, voraus, daß der Betrachter seinen eigenen Standpunkt zum objektiven Maß aller Dinge erhebt. Dazu hat niemand ein Recht. Immer wieder werden die Beziehungen zwischen Völkern belastet, weil Menschen es nicht lassen können, unterschiedliche Wertvorstellungen und Verhaltensweisen moralisch zu qualifizieren. Übersehen wird dabei, daß die wertfreie Kenntnis solcher Unterschiede und ihrer Ursprünge erst jene solide Basis bildet, auf der man sich über alle Differenzierungen hinweg verständigen und einigen kann. Wem die Japaner mancherlei Rätsel aufgeben, der sollte sich, bevor er urteilt, bewußtmachen, daß den Japanern an den Europäern manches widersprüchlich und unbegreiflich erscheinen mag. Toleranz hat sich noch immer als die tragfähigste Brücke in den zwischenmenschlichen Beziehungen erwiesen. Nur mit dieser Vorwarnung möchte der Verfasser die folgenden Beobachtungen verstanden wissen.

Individualisten sind in Japan nicht gefragt. Im sozialen Gewebe des Inselstaates finden sie kaum Halt. Im Gegenteil, sie fallen durch die Maschen. Was der Westen als Ideal vergöttert, die ausgeprägte Einzelpersönlichkeit, die sich betont von der Mehrheit abhebt, die ihre Überzeugungen klar und entschieden vertritt und durchsetzt, flößt den Japanern Unbehagen ein. Nicht die freie Verwirklichung des einzelnen gilt als Ziel menschlichen Strebens und als Aufgabe der Politik, nicht die Schaffung eines möglichst großen, verfassungsrechtlich abgesicherten Freiheitsraumes, sondern die harmonische Einordnung des einzelnen, das reibungslose Miteinander-Zurechtkommen. Respektiert wird in Japan nicht, wer sich abhebt und unterscheidet, sondern wer sich anpaßt und einfügt. Familie, Erziehung, Beruf, sie alle konditionieren den Japaner für seine wichtigste soziale Aufgabe, beizutragen zur Harmonie der Gruppe, in der er sich bewegt. Auf herausstehende Nägel wird eingehämmert, sagt ein japanisches Sprichwort – bis sie völlig im Holz verschwinden oder abbrechen.

Das überlieferte japanische Haus, in dem noch heute die Mehrheit der Bevölkerung lebt, läßt Individualität erst gar nicht aufkommen. Dünne Holzwände tragen jedes Geräusch nach draußen. Da sich wegen Platzmangels die kleinen Häuser Wand an Wand drücken, nimmt die Nachbarschaft an jedem lauten Wort, an jedem Geräusch teil. Bis vor kurzem blieben japanische Haustüren unverschlossen. Vor wem sollte man sie absperren? Fremde kamen nicht ins Dorf, und wenn sie kamen, fielen sie jedem auf, und da man mit den Nachbarn, ja mit allen Dorfbewohnern, eine enge Gemeinschaft bildete, gab es nichts zu verbergen. Außerdem kann man japanische Häuser nicht nur durch die Tür betreten. Auf der Rückseite lassen sich meist die Wände wie Schiebetüren zur Seite drücken, damit in der glühenden Sommerhitze die Luft durchs ganze Gebäude streichen kann, womit sich das Familienleben dann praktisch im Freien abspielt, von den Nachbarn wiederum einsehbar. Schließlich gibt es innerhalb des Hauses keine dicken, festen Mauern, sondern nur dünne, oft verschiebbare Papierwände, was bedeutet, daß jedes Familienmitglied unbewußt alle Aktivitäten der anderen registriert. Nimmt man den Platzmangel, die Enge, in der sich das Familienleben abspielt, hinzu, so wird verständlich, daß sich ein Gefühl, ein Bedürfnis für Abgeschiedenheit bei den meisten nicht entfalten kann, jedenfalls nicht im selben Ausmaß wie bei Europäern. Japanische Babys bleiben ihrer Mutter lange, auch körperlich, eng verbunden. Kaum jemand denkt daran, sie möglichst rasch in einem eigenen Zimmer ans Alleinsein zu gewöhnen. Oft trägt die Mutter sie monatelang in einem Gurt auf dem Rücken umher, bei der Hausarbeit, beim Einkaufen, jahrelang schlafen die Kleinen im Zimmer der Eltern, oft mit im Bett, so daß sich von Anfang an ein Gefühl entwickelt, dazuzugehören, dabeizusein. Das Bedürfnis nach einer Intimsphäre bleibt unterentwickelt, was Ausländer in Japan immer wieder, oft belustigt, registrieren. Beispiele gibt es in Fülle: der Passagier in der Eisenbahn, der, einem gegenübersitzend, sich während der langen Fahrt die Fußnägel schneidet, die Männergruppe im Flughafen, die sich vor aller Welt in der Abflughalle bis auf die halblangen Unterhosen auszieht und zur Rückkehr nach Tokio ihre lässige Touristenkleidung gegen dunkle Anzüge und Krawatten tauscht, die Taxifahrer in Tokio, die, allen Umerziehungsmethoden der Behörden zum Trotz, bevor sie neue Kunden aufnehmen, rasch an eine Hauswand urinieren, die Damentoiletten, die in der Provinz häufig nur durch die Herrentoiletten zu erreichen sind, die urjapanischen Ryokan (Hotels), wo abends alle Türen offenstehen und man sich munter in Unterwäsche und die Damen mit aufgestecktem Haar gegenseitig besucht und wo auf den mit Strohmatten ausgelegten Fußböden auf ausgerollten Matratzen ganze Reisegesellschaften, Männer und Frauen aus demselben Dorf oder derselben Firma, eng nebeneinandergepackt übernachten. Kein echter Japaner findet das ungewöhnlich.

Viel Überredungskunst und Mühe hat in Europa die Einführung von Großraumbüros gekostet, weil man dort eben auch bei der Arbeit, nicht nur aus Prestigegründen, die »eigenen vier

Wände« schätzt. Japaner dagegen fühlen sich in Großraumbüros wohl, in engen Einzelzimmern würden die meisten leiden wie in Gefängniszellen.

Gruppen, menschliche Zusammenschlüsse, gibt es selbstverständlich überall in der Welt, doch nirgendwo sonst spielen sie als natürlich gewachsene und vorbehaltlos akzeptierte soziale Organisation eine derart bedeutsame Rolle. Mit den Zwangszusammenschlüssen, den Kollektiven totalitärer Systeme hat diese japanische Lebensform nichts gemein, denn hier fühlt man sich geborgen, nicht unterdrückt. Japanische Gruppen werden auch nicht herumkommandiert, sie treffen ihre Entscheidungen frei, auf außerordentlich demokratische Weise.

Wahrscheinlich entwickelten sich Notwendigkeit und Bedürfnis, in Gruppen zu leben, bereits in den Urzeiten der japanischen Geschichte, mit der Einführung der Reiskultur. Der Anbau von Reis erfordert viel Wasser und setzt also im bergigen Japan umfangreiche und komplizierte Bewässerungsanlagen voraus. Schon das Anlegen von Reisterrassen an den steilen Hängen ist nicht nur mühsam und anstrengend und erfordert die Mithilfe aller arbeitsfähigen Männer und Frauen, sondern alle müssen zugleich präzise abgestimmt zusammenwirken. Wird eine Reisterrasse nicht exakt waagrecht aus dem Berg geschnitten, hat sie auch nur einige Millimeter Gefälle, dann läßt sie sich nicht richtig bewässern. Ebenso bedeutsam ist anschließend die kontinuierliche Verteilung des Wassers, die Pflege der künstlichen Kanäle und Schleusen. Jede Verstopfung, jeder kleine Dammbruch legt nicht nur ein einziges Feld trocken, sondern läßt das Wasser sich unkontrolliert seinen Weg ins Tal suchen, während doch allein ein ausgeklügeltes Grabensystem die Fruchtbarkeit aller Äcker sichert. Reisanbau zwingt ein Dorf zur ununterbrochenen gemeinsamen Anstrengung, während dagegen etwa die Jagd der Germa-

Beim traditionellen Wettkampf im amerikanischen Fußball gegen die Mannschaft von Waseda tragen alle Studenten der Keio-Universität dieselben Papierhüte als Zeichen ihrer Zusammengehörigkeit.

nen oder Indianer vorwiegend den Mut und das Geschick des einzelnen belohnt. Reisdörfer bilden engere Schicksalsgemeinschaften als die Siedlungen der Jäger.

Das Zusammengehörigkeitsgefühl hat sich bis in die Neuzeit ungebrochen, wenn auch in anderen Formen, erhalten. Dies mag an der geographisch bedingten Isoliertheit und an der kaum vorstellbaren jahrhundertelangen Armut der japanischen Dörfer liegen. Nur wenn hier einer dem anderen vorbehaltlos half, konnten alle überleben – eine Erfahrung, die bis in dieses Jahrhundert hinein galt. Die moderne Industriegesellschaft hat das Urbedürfnis der Japaner, in Gruppen zusammenzuwirken, nicht etwa zerstört, sondern baut sich darauf auf.

Jeder Japaner ist eingebunden in mehrere Gruppen von unterschiedlicher Größe und unterschiedlichem Gewicht. Die Bedeutung der Familie als kleinster Einheit bedarf keiner Erklärung, denn keine menschliche Gesellschaft kommt ohne diese Urzelle aus. Immerhin bleibt einer Anmerkung wert, daß die japanische Familie, etwa im Vergleich zur europäischen, weniger stark durch Blutsbande, dafür aber um so fester als tatsächliche Lebensgemeinschaft zusammengehalten wird. Zu Kindern oder Geschwistern, die in eine ferne Stadt verziehen, lockern sich häufig die Familienbande, und es ist nicht selten, daß sie ganz zerfallen. Wer andererseits als Fremder in einen Haushalt aufgenommen wird, als Geselle, als junger Geschäftspartner, braucht nicht unbedingt einzuheiraten, sondern kann auch adoptiert werden, um sodann als absolut vollberechtigtes Familienmitglied zu gelten. Berühmte Künstlerfamilien haben durch derartige Adoptionen, durch die Aufnahme begabter junger Männer, Namen und Traditionen über Jahrhunderte bewahrt.

Die erste fremde Gruppe, in die junge Menschen eintreten, die Schule, wird bereits als eine Lebensgemeinschaft empfunden, deren Bindungen sich niemand später mehr entziehen kann. Spielgefährten, Freunde, findet man ausschließlich unter den Klassenkameraden, fast nie außerhalb der eigenen Schule. Allein die Tatsache, daß man – schließlich aus Zufall – jahrelang gemeinsam dieselbe Klasse besucht hat, berechtigt später im Leben, einen erfolgreichen Mitschüler um eine Empfehlung bei der Arbeitsuche, um Vermittlung in einem Streit, um materielle Hilfe in einer Notlage zu bitten. Niemand kann sich solchen Wünschen versagen, ohne soziale Ächtung zu riskieren. Die Firma als bedeutendste Gruppe im Leben vieler Japaner verdient ein eigenes Kapitel in dieser Untersuchung. An anderen Gruppen mag ein Außenstehender, gar ein Ausländer, nichts Besonderes erkennen. Hobby-Vereine, Berufsverbände, Sportclubs und politische Parteien präsentieren sich als Zusammenschlüsse Gleichberechtigter oder erscheinen hierarchisch gegliedert und straff geführt wie anderswo auch. Was sie in Japan kennzeichnet, ist, daß Japaner sich psychologisch enger an solche Gruppen binden, daß sie ihren Lebensinhalt vorwiegend als Mitglieder von Gruppen finden, daß die Zugehörigkeit zu Gruppen also nicht die individuelle Existenz ergänzt, sondern sie weitgehend ersetzt. Betont geben Japaner ihre Gruppenzugehörigkeit zu erkennen. Firmenbelegschaften, Studentengruppen und Vereinsmitglieder tragen bereitwillig zur Identifizierung Anstecknadeln oder identische Kleidung. Alle Abgeordneten der beiden Häuser des Reichstages, von den Konservativen bis zu den Kommunisten, bekunden ihren Status als Parlamentarier durch eine Rosette am Revers, in deren Mitte eine stilisierte Chrysantheme, das kaiserliche Wappen, prangt.

Alle Gruppen, mögen sie sich einzeln noch so unterscheiden, basieren auf demselben Grundgesetz. Wichtigste Aufgabe ist die Erhaltung der Harmonie zwischen ihren Mitgliedern. Die Bereitschaft zur Zusammenarbeit und die Bereitwilligkeit zurückzustecken, sich einzufügen, genießen höheren Wert als Originalität, Standfestigkeit und Prinzipientreue. Diese spezifischen Qualitäten enthüllen keineswegs menschliche Schwäche, denn gerade für den, der sich im Recht weiß, gehören mehr Selbstbeherrschung, Charakterstärke und Überwindung dazu nachzugeben, als die eigene Position zu verteidigen.

Mit welch extremer Konsequenz sich Japaner um die Erhaltung von Harmonie bemühen, demonstrieren sie im unterhaltsamen Gespräch. Strittige Themen sind verpönt. Werturteile, kriti-

sche Aussagen werden vermieden. Europäer lieben den intellektuellen Dialog, in dem die Argumente hin- und herfliegen wie
Pingpongbälle, blitzschnell, genau gezielt. Wo Japaner zum Vergnügen zusammensitzen, wird selten kontrovers diskutiert oder
gar aus intellektueller Lust gestritten. Worte haben hier eher den
Sinn, eine Atmosphäre der Zufriedenheit, ein Gefühl der Ausgeglichenheit, des Wohlbefindens, herzustellen. Da werden populäre Themen angedeutet, und die Beteiligten stimmen vorbehaltlos zu, da werden Erinnerungen beschworen, da wird zu vorge-
rückter Stunde gesungen, wichtig allein ist, daß sich die Gewißheit einstellt, geborgen, unter seinesgleichen zu sein.

Das in der japanischen Wirtschaft übliche, beispiellos großzügige Bewirtungswesen findet ebenfalls seine Erklärung im Bedürfnis nach emotionaler Kommunikation. Geschäftsverhand-
lungen müssen sein, doch liegt den Japanern die nüchterne Atmosphäre der Vorstandsetagen und Konferenzräume nicht.
Wenn es nach Klärung aller Details um das grundsätzliche Dafür
oder Dagegen geht, verbringen sie mit dem Geschäftspartner
lieber ein paar Stunden auf dem Golfplatz oder in einem traditionellen Geishahaus, wo, ohne daß über Waren und Geld geredet
wird, eine Stimmung entsteht, in der sich die Sache sozusagen
von selbst entscheidet. In den Geschäftsbeziehungen von Japanern untereinander gibt keineswegs die Stelle hinter dem
Komma immer den entscheidenden Ausschlag, da wirken Faktoren ein, die in Europa ein viel geringeres Gewicht besitzen, von
Amerika gar nicht zu reden. Wer in Deutschland würde für teu-
reres Geld eine Ware bei einem alten Klassenkameraden kaufen,
wenn ihm ein zuverlässiger fremder Händler dasselbe Produkt
mit erheblichem Rabatt anbietet?

Mit empfindsamen Sensoren erspüren die Japaner die Stim-
mungslage ihrer Gruppen. Jeder weiß, wie weit er gehen kann,
ohne die Harmonie zu gefährden, alle wissen, was sie der Gruppe
schulden und von ihr erwarten dürfen. Eine Bürobelegschaft auf
einem Nachtbummel wird nie einen betrunkenen Kollegen sich
selbst überlassen. Mit geradezu liebevoller Fürsorge wird er gestützt und betreut und in ein Taxi verfrachtet.

Jede Gruppe funktioniert nach ihren ureigenen Regeln. In der Studienzeit ist ein relativ ungebundenes Leben erlaubt. Während ihres Studiums, nach einem beispiellos schweren Aufnahmeexamen und vor ziemlich leichten Abschlußprüfungen, dürfen Japaner über die Stränge schlagen, zum letzten Mal in ihrem Leben, bevor Firmenalltag und Familienleben Zurückhaltung, Farblosigkeit und Anpassung gebieten. Studenten dürfen ausgefranste Jeans tragen und lockere Reden führen und häufig demonstrieren. Als Firmenneulinge stellen sie sich anschließend über Nacht auf die konträren Regeln der Wirtschaft um, tragen dunkle Anzüge und farblose Krawatten, verbeugen sich tief vor den diversen Chefs und widersprechen nie offen. Was wie ein Bruch aussieht, fügt sich doch logisch aneinander. Denn Japaner sind nicht dazu erzogen, sich als Individuen auszuleben, sondern haben es gelernt, den Spielregeln der jeweiligen Gruppe zu folgen. Weil die Gruppenregeln für Studenten Freiheiten erlauben, schöpft man diese Freiheiten aus. Wenn anschließend der Ernst des Lebens verzichtbare Einordnung verlangt, findet man sich damit ab. Man lehnt sich also auf als Student, weil es erlaubt ist und zum Spiel gehört, und ordnet sich später ein, weil die Gesellschaft diese Einordnung erwartet.

Vor diesem Hintergrund ist zu vermuten, daß sich soziale Verhaltensweisen in Japan viel langsamer ändern als anderswo. Der Marsch durch die Institutionen dauert hierzulande erheblich länger, weil eben von den meisten extreme politische und gesellschaftliche Überzeugungen der Jugendzeit ohne Skrupel aufgegeben werden, sobald eine andere Gruppe, die Firma, anderes Verhalten gebietet. Wo Anpassung und Einordnung als Ideale gelten, kümmert der Drang, die Welt zu verändern, dahin.

Niemand in einer Gruppe wird rüde überfahren, überspielt, an die Wand gedrückt. Harmonie, jenes Schlüsselwort zum Verständnis sozialer Zusammenhänge in Japan, läßt sich nur erreichen, wenn jeder einzelne allen wichtigen Entscheidungen zustimmt. Konsensus, das zweite Schlüsselwort, ist unverzichtbar. Mehrheitsentscheidungen halten die Japaner – wie übrigens auch alle Südostasiaten – für ungerecht. Daß eine Entscheidung, die

51 % gut finden, den anderen 49 %, die sie für schlecht halten, aufgezwungen werden soll, leuchtet ihnen nicht ein. Sie nennen das ein Diktat der Mehrheit, was wiederum dem Westen schwer verständlich ist, da nach dessen politischen Dogmen Demokratie anders nicht funktioniert. Sicher ist, daß ein Konsensus aller schwerer herstellbar ist als eine knappe Mehrheit, doch ebenso steht fest, daß ein umfassender Konsensus Entscheidungen solider absichert – und daß er in Japan leichter erzielbar ist als anderswo. Japaner, aufgrund ihres Bedürfnisses nach Harmonie, sind eher bereit, von der eigenen Meinung abzurücken, ja selbst einer Entscheidung, die ihrer Überzeugung zuwiderläuft, zuzustimmen, um des Ganzen willen.

Der Entscheidungsprozeß, die Diskussion, kann, mit europäischen Augen gesehen, unvorstellbar lange dauern, doch wenn endlich etwa drei Viertel der Beteiligten einwilligen, gibt meistens der Rest nach, weil niemand die Gruppe zur Aktionslosigkeit verdammen möchte. So kann es dann passieren, daß das letzte Vorstandsmitglied einer großen Firma nach langem Widerstand seinen Namensstempel (der in Japan noch immer die formale Unterschrift darstellt) kopfüber auf ein Dokument drückt, woran jeder erkennt, daß hier jemand eingewilligt hat um der Harmonie des Ganzen willen, wenn auch mit erheblichen inneren Vorbehalten.

Sobald ein Japaner aus der sicheren Ordnung seiner eigenen Gruppe heraustreten muß, steckt für ihn die Welt voller Fußangeln. Schon die Verständigung macht Mühe. Innerhalb der Gruppe bedarf es keiner langen Erklärungen, doch wenn man Fremden gegenübersteht, mag es sich auch um eigene Landsleute handeln, muß man plötzlich begründen, erläutern, und da erweist sich häufig, daß die Japaner schlechte Argumentierer sind. Ihre Debattierkunst ist unterentwickelt, weil sie innerhalb der Gruppe nicht gebraucht wird. Statt dessen haben sie intuitive Kommunikation zu unnachahmlicher Meisterschaft entwickelt. Haragei nennen die Japaner jenes beredte Schweigen, was sich als die Kunst der Verständigung durch den Bauch übersetzen läßt. Dort haben nach japanischer Vorstellung die Empfindungen ihren Sitz. Nicht auf die Argumente, wie sie der Kopf formuliert, sondern auf den wortlosen, gefühligen Gleichklang kommt es an. Die Unsicherheit gegenüber Fremden findet sich also keineswegs nur gegenüber Ausländern, sondern auch gegenüber fremden eigenen Landsleuten. Wie soll man Mitmenschen behandeln, wenn man nicht weiß, welchen Gruppen sie angehören, welche Regeln in diesen Gruppen gelten, welche Stellung ein Fremder in seiner Gruppe einnimmt? Am besten, man hält auf Distanz. Förmlichkeit und abweisende Höflichkeit kennzeichnen denn auch die Beziehungen zwischen sich fremden Japanern, bis hin zur Angst, sich zu blamieren, sich lächerlich zu machen. Gegenüber Ausländern ist diese Sorge um so größer. Wer mit amerikanischer Unbekümmertheit Japanern auf die Schulter klopft und ihnen gleich ein »just call me Joe« anbietet, verschreckt sie nur.

Bei der den Japanern nachgesagten fehlenden Begabung, Fremdsprachen zu erlernen, handelt es sich wahrscheinlich um eine Hemmung, draufloszureden, um die Angst, eine Fremdsprache nicht grammatikalisch perfekt zu beherrschen und sich deshalb dem Spott der Ausländer auszusetzen. Offenbar ist ihnen die Vorstellung fremd, daß selbst fehlerhaft gesprochene Worte das Gegenteil bewirken können, nämlich Anerkennung für das mutige Bemühen.

Relativ selten entwickeln sich individuelle Beziehungen, gar enge Freundschaften, zu Menschen außerhalb der eigenen Gruppe, weil das Bedürfnis nach Anlehnung und Zustimmung zumeist innerhalb der Gruppe befriedigt wird. Außerdem, wer sich außerhalb der Gruppe bewegt, muß auf sich allein gestellt Entscheidungen treffen, während man es doch gewöhnt ist, Entschlüsse als Konsensus aller heranreifen zu lassen. Japaner sind daher keine geborenen Krisenmanager. Unvorhersehbare Situationen empfinden sie nicht als willkommene Bewährungsproben, sondern eher als Schicksalsschläge, und so ausgezeichnet sie zu organisieren vermögen, in Gruppen, versteht sich, und mit viel Zeit, so unterentwickelt ist ihr Improvisationstalent, weil man sich dabei allein auf sich selbst verlassen muß. Wenn die Hotelbestimmungen vorsehen, daß die Gäste am Abreisetag ihre Zim-

mer spätestens um 12 Uhr geräumt haben müssen, käme es einem Wunder gleich, wenn ein Empfangschef einem Gast, dessen
Zug erst später geht, das Zimmer eine Stunde länger überließe,
selbst wenn der Gast tagelang in dem Hotel wohnte oder das
Hotel praktisch leer steht. Könnte sich nicht derselbe Gast bei
einem späteren Besuch auf diese Ausnahme berufen? Könnte
nicht ein anderer Gast eine Verlängerung um anderthalb Stunden erbitten? In jedem Einzelfall müßte der Empfangschef aus
der Situation heraus spontan entscheiden. Um dieses Risiko auszuschließen, wird er lieber stur auf den Bestimmungen bestehen
und den Ärger eines Gastes riskieren. Für die Einhaltung von
Vorschriften kann ihm kein Vorgesetzter einen Vorwurf machen.
Man ist dazu da, für die Einhaltung von Regeln zu sorgen, nicht
um Ausnahmen zu bewilligen.

Visitenkarten – in keinem Land der Welt werden sie häufiger
zur Einführung benutzt – dienen unter diesen Umständen nicht
nur als praktische Gedächtnisstützen, sondern als Markierungen
in der diffusen Außenwelt. »Professor an der Staatsuniversität
von Tokio«, da weiß man, daß der Karteninhaber zur prestigeträchtigsten Hochschule Japans und also zur wissenschaftlichen
Elite des Landes gehört, daß sein Wort auf allen Kongressen
Gewicht hat, daß er in der Sitzordnung ganz oben zu plazieren ist
und im Gespräch Anspruch auf besondere Höflichkeitsformeln
hat. Ist einer Abteilungsleiter in einem großen Handelshaus und
nicht mehr ganz jung, läßt sich schließen, daß sich seine Karriere
dem Ende nähert, daß er nicht zum inneren Führungskreis gehört und also nicht mit höchstem Respekt behandelt werden
muß. Sein Platz liegt weiter hinten. All solche Deutungsmöglich-
keiten versagen wiederum gegenüber Ausländern, da man die
sozialen Zusammenhänge und Hintergründe nicht kennt. Welche Rangfolge gilt unter deutschen Universitäten? Oder gibt es
gar keine? Und wie orientiert man sich, falls es keine gibt? Ausländer machen das Leben kompliziert. Was immer Japaner voneinander trennt, so gehen sie alle am Ende doch in der größten,
umfassendsten Gruppe auf, dem japanischen Volk. Dahinter beginnt dann das Chaos. Wenn irgendwo in der Welt japanische

Touristen überfallen werden oder ein Flugzeug mit japanischen
Passagieren an Bord abstürzt, vermerken die Leitartikler prompt,
daß Auslandsreisen eben erhöhte Risiken mit sich bringen, als ob
Flugreisen in Japan weniger gefährlich seien, und wenn Japans
Außenpolitik gegenüber den Vereinigten Staaten oder China in
Schwierigkeiten gerät, vergißt die Presse nie den Hinweis, daß
sich in den Beziehungen zu fremden Staaten leider immer wieder
unvorhersehbare Konflikte entwickelten, als ob die Politik innerhalb Japans streng nach Plan verlaufe. Hinter solchen Kommen-
taren steckt das Unbehagen, in Abhängigkeiten leben zu müssen,
die früher nicht existierten und die man nicht allein kontrollieren
kann. Dieses Ausgeliefertsein trifft die Japaner besonders
schmerzlich, weil sie innerhalb ihres Landes, eingebettet in ihre
Gruppen, derartige Unsicherheiten nicht kennen.

Nur langsam frißt die Eigengesetzlichkeit der modernen Industriegesellschaft das überlieferte Gruppengefüge an. Auf der Suche nach Arbeitsplätzen und verführt von den Versuchungen der
Metropolen ziehen junge Menschen in die Stadt, in enge Wohnungen, in denen kein Platz für die Eltern bleibt, die ohnehin
ihre Dörfer nicht verlassen wollen. Millionen von einzelnen kleinen Händlern und Gewerbetreibenden finden keine Organisationen, die ihnen Zuflucht bieten. Junge Leute, die sich in der Welt
umsehen können, verlangen nach einem größeren persönlichen
Freiheitsraum und nach geschützter Privatsphäre. Obgleich damit ein Auflösungsprozeß in Gang gekommen ist, sollte dessen
Intensität doch nicht überschätzt werden. Denn während die Industriegesellschaft gewiß zur Auflösung traditioneller Gruppen
beiträgt, hat sie doch zugleich eine neue Gruppenkategorie gebildet, die, abgesehen von der Familie, alle anderen heute an Bedeutung weit überragt, die Firma als soziale Einheit, als eine Art
Großfamilie. Außerdem verbringen trotz Landflucht, enger
Stadtwohnungen und zunehmender Beweglichkeit der Jugend
noch immer über die Hälfte aller japanischen Eltern ihre alten
Tage bei einem ihrer Kinder.

Während der Westen den Individualismus mit radikaler Konsequenz als gesellschaftliches Ideal verklärt, finden die Japaner

ihre Erfüllung eher in der Geborgenheit und Nestwärme ihrer Gruppen. Der Westen zahlt für seine Wertvorstellungen den Preis der Entfremdung und Vereinsamung, Japans Gesellschaft verlangt von ihren Mitgliedern manchen Verzicht auf persönliche Entfaltung. Wer empfindet, daß extremer Individualismus letztlich das soziale Gewebe zerstört, wird zugeben müssen, daß Japans Gesellschaftsordnung den Belastungen einer ungewissen Zukunft eher standzuhalten verspricht. Selbstverständlich lassen sich fremde Gesellschaftsordnungen nicht kopieren, doch nachdem Japan hundert Jahre lang vom Westen gelernt hat, wäre es Zeit, daß sich der Westen einmal fragt, ob Japan nicht vielleicht mehr zu bieten habe als Transistoren und Supertanker.

Treue
oder
Die 47 Ronin leben noch

Die Geschehnisse in der verschneiten Winternacht in Edo 1703 kennt jedes japanische Kind.

Der Ritter Asano war vom Schogun, dem Oberbefehlshaber und Herrscher über das Land, zu einem der Zeremonienmeister am Hof des Schoguns berufen worden. Als einfacher Mann vom Land in den Feinheiten der Etikette und den Sitten von Edo, dem heutigen Tokio, ungeübt, bat Asano den erfahrenen und einflußreichen Ritter Kira um Belehrung. Dabei übersah Ritter Asano eine Gepflogenheit von Edo, die man heute Korruption nennen würde, denn er unterließ es, seinen verwöhnten Lehrer mit teuren Geschenken zu überhäufen. Ritter Kira, derartige Vernachlässigung nicht gewöhnt, bereitete Ritter Asano eine schreckliche Blamage, indem er ihm riet, beim großen Empfang des Schogun Kleidung anzulegen, die protokollwidrig war. Als Ritter Asano merkte, in welche Falle er getappt war, daß er nun vor den höchsten Würdenträgern des Staates als Tölpel dastand, blieb ihm nur eine Möglichkeit, seine Ehre wiederherzustellen. Er riß sein

Schwert hoch und stürzte sich auf Kira, den er im Getümmel leicht an der Stirn verletzte. Asano hatte als Ritter, als Mann von Ehre, reagiert und doch zugleich ein Kapitalverbrechen begangen, indem er im Palast des Schogun sein Schwert gezogen hatte. Daher gab es für ihn nur einen Ausweg. Ritter Asano zog sich in seine Gemächer zurück, reinigte sich rituell, verabschiedete sich schweigend mit einem langen Blick von seinem treuesten Vasallen Oishi und stieß sich dann langsam auf die überlieferte Weise im seppuku (für das sich das ordinäre Wort harakiri = Bauchaufschneiden eingebürgert hat) sein Schwert in den Leib. So starb Ritter Asano durch seine eigene Hand. Der Schogun beschlagnahmte sein Rittertum, und seine Vasallen galten von nun an als herrenlose Ritter, als Ronin.

Die wahre Geschichte aber beginnt nun erst richtig. Eigentlich hätten jetzt auch die früheren Vasallen und jetzigen Ronin seppuku begehen müssen, um aller Welt zu zeigen, daß sie ihrem toten Herrn die Treue hielten, doch der kluge Oishi beherrschte seinen Schmerz und schwor sich, vorher seinen beleidigten Herrn zu rächen. Das war leichter gesagt als getan, denn ganz Edo wartete selbstverständlich auf den Racheversuch, und Ritter Kira, mächtig und in der Gunst des Schoguns stehend, wappnete sich entsprechend. Oishi aber dachte sich einen raffinierten Plan aus. Zunächst versammelte er heimlich die mutigsten und charakterstärksten früheren Vasallen seines Herrn um sich, und die siebenundvierzig Ronin schnitten sich die Finger auf und besiegelten einen Blutpakt. Am schwierigsten und wichtigsten war es nun, Ritter Kira zu täuschen, in Sicherheit zu wiegen. Das erreichten die siebenundvierzig, indem sie ihren ritterlichen Ehrenkodex nach außen hin verrieten – ein für das damalige Japan erschütternder Beweis totaler Verkommenheit.

Oishi zog von einem Bordell ins andere, immer betrunken, gewalttätig, sich mit Bettlern und Strauchdieben herumprügelnd. Ein anderer Ronin verkaufte seine Frau als Hure, ein dritter tötete im Streit seinen Schwiegervater, ein vierter schickte seine Schwester Ritter Kira als Konkubine. Kurzum, die früheren Ritter des toten Herrn Asano führten sich so ehrlos, so unflätig,

so würdelos auf, daß bald ganz Edo sie verachtete. Schwiegerväter stießen sie aus ihren Wohnungen und lösten ihre Ehen auf.
Ein Argwöhnischer, der hinter diesem Vorfall eine Täuschung
vermutete, trat eines Tages auf den betrunkenen Oishi zu und
zog dessen Schwert aus der Scheide. Als er sah, daß die Klinge
angerostet war, gab es auch für ihn keinen Zweifel mehr. Ein
Ritter, der sein Schwert verrosten läßt, ist kein Ritter mehr. Und
Ritter Kira fühlte sich in Sicherheit.

In der Nacht vom 14. Dezember 1703, als ein Schneetreiben
Edo einhüllte und Ritter Kira und seine Vasallen sich mit heißem
Reiswein gegen die Kälte wehrten, schlugen die siebenundvierzig
Ronin zu. Kira, in seinem Haus überrascht, versuchte zu fliehen,
wurde jedoch entdeckt. Die Ronin enthaupteten ihn, mit jenem
Schwert, mit dem sich ihr Herr entleibt hatte, anschließend zogen sie in würdiger Prozession zum Grab von Ritter Asano, wo
sie das Haupt des erschlagenen Kira, das Schwert ihres Herrn
und eine Botschaft niederlegten. In der hieß es:

»Wir hätten es nicht gewagt, zu Dir zu kommen, bevor wir
Deine Rache nicht zu Ende brachten. Wir haben den Ritter
Kira jetzt hier an Dein Grab begleitet. Dein Schwert, das Dir so
teuer war, bringen wir zurück. Nimm es und schlage es zum
zweiten Mal auf das Haupt Deines Gegners und verjage damit
für immer Deinen Haß. Dies ist die respektvolle Erklärung von
siebenundvierzig Männern.«

Wieder war Edo in brodelnder Erregung. Schwiegerväter baten
um Vergebung, Ritter boten ihre Gastfreundschaft an. Doch den
Ronin blieb etwas Wichtigeres zu tun. Sie hatten verbotene Ra-
che geübt und damit ebenfalls gegen die Gesetze verstoßen. Auf
Befehl des Schogun, aber auch aus eigenem Willen, brachten sich
alle siebenundvierzig um, im rituellen seppuku. In der modernen
Millionenstadt Tokio, nicht weit vom heutigen Großbahnhof
Shinagawa, ist ein kleiner Schintoschrein den siebenundvierzig
Ronin geweiht. Jedes Jahr am 14. Dezember abends drängen sich
dort die Menschen um siebenundvierzig Gräber, auf denen flak-

kernde Öllämpchen den Toten zeigen, daß sie nicht vergessen sind.

Vieles hat sich in Japan seit jener Winternacht 1703 geändert. Seit über 100 Jahren gibt es keine Samurai mehr, und das letzte formvollendete seppuku begingen 1945 einige hohe Militärs, als der Krieg verloren war. Trotzdem, auch wenn es nicht mehr zu den modernen gesellschaftlichen Spielregeln gehört, aus Loyalität das Leben formvollendet wegzuwerfen, so bleibt doch der Loyalität in der veränderten Welt nach wie vor ihr hoher Rang als Maßstab menschlicher Bewährung. Daß jemand auch heute noch aus Loyalität Konflikten nicht ausweicht und selbst in hoher Position Mißverständnisse riskiert, ist für Japaner noch immer eine Selbstverständlichkeit.

Den Präsidenten von NHK, Japans halbstaatlicher Rundfunk- und Fernsehgesellschaft, kostete der Konflikt im Sommer 1976 seinen Posten. Präsident Kichiro Ono war, bevor er zum Chef des einflußreichsten Informationsorgans im Land berufen wurde, Staatssekretär im Ministerium für das Nachrichtenwesen gewesen, unter dem Minister Kakuei Tanaka, jenem Politiker, der später als Ministerpräsident wegen trüber Finanzaffären zurücktreten mußte und dem dann in der Lockheed-Bestechungsaffäre der Prozeß gemacht wurde. Tanaka als Ministerpräsident hatte seinen früheren Staatssekretär Ono zum Präsidenten von NHK gemacht, gewiß nicht aus uneigennützigen Motiven, trotzdem schuldete Ono ihm nach japanischer Überlieferung verstärkte Loyalität. Als Tanaka schließlich aus der Untersuchungshaft entlassen wurde und nun seinem Prozeß entgegensah und im übrigen von allen früheren Freunden, wenn auch nur nach außen hin, geschnitten und von den Informationsmedien einmütig verdammt wurde, stattete ihm NHK-Präsident Ono demonstrativ in aller Öffentlichkeit einen Sympathiebesuch ab. Auf die Proteste zahlreicher NHK-Mitarbeiter und auf lautstarke Vorwürfe aus der Bevölkerung hin mußte Ono schließlich zurücktreten. Sein Nachfolger wiederum bewies volles Verständnis für Onos Haltung und ernannte, nun auch aus Loyalität, seinen Vorgänger Ono zum NHK-Berater auf Lebenszeit, zum alten Präsidentengehalt. Als auch darüber in der Öffentlichkeit ein Sturm der Entrüstung losbrach, löste der NHK-Präsident widerwillig den Beratervertrag mit Ono und ließ ihm eine Abfindung zahlen, die, obgleich der Betrag nicht bekanntgegeben wurde, mindestens umgerechnet 150 000 Mark betrug.

Das Pflichtgefühl der meisten Japaner ist stärker ausgeprägt als ihr Bewußtsein von den Rechten, welche die Verfassung heute jedem gewährt. Rechte und Pflichten wiegen sich nicht auf, bilden nicht zwei Seiten derselben Medaille, sondern die Pflichten des einzelnen innerhalb seiner jeweiligen Gruppe beanspruchen Vorrang vor den Rechten. Die Rechte folgen also nach und füllen nur den Freiraum aus, den die Pflichten übriglassen. Rechte erwirbt nur, wer seine Pflichten erfüllt, und sie enden dort, wo sie mit den Pflichten in Konflikt geraten. Nur auf diesem Grundkonsens können die Gruppen überhaupt existieren, nur Anpassung und Verzicht ermöglichen ihr Funktionieren. Wo die Mitglieder einer Gruppe primär auf ihren Rechten bestehen, zersprengen sie den Zusammenhalt.

Als Besonderheit kommt hinzu, daß sich Japaner vorwiegend gegenüber Personen verpflichtet fühlen und weniger an abstrakten ethischen Normen orientieren. Im Zweifelsfall müssen vor allem die Gebote der Loyalität erfüllt werden, selbst wenn es dadurch zum Konflikt mit der Rechtsordnung oder der öffentlichen Meinung kommt. Die siebenundvierzig Ronin mußten ihren Herrn rächen, obgleich sie damit gegen die Gesetze des Schoguns verstießen, und NHK-Präsident Ono hielt es für geboten, seine Sympathie für den aus der Haft entlassenen früheren Ministerpräsidenten Tanaka zu bekunden, obwohl er den Aufstand der NHK-Mitarbeiter vorausahnen konnte. Die unvermeidlichen Folgen gilt es dann mannhaft zu tragen. Tanakas Chauffeur, der offenbar Bestechungsgelder transportiert hatte, nahm sich, von den Justizbehörden zur Aussage gedrängt, das Leben – anstatt seinen Herrn zu belasten.

Auch die meisten Chinesen werten menschliche Loyalität als höchste Verpflichtung, hinter der gesetzliche oder moralische Forderungen zurückzutreten haben. Allerdings bezieht sich jene

Loyalität der Chinesen ausschließlich auf die eigene Großfamilie, den eigenen Sippenverband, dessen Macht, Einfluß und Wohlstand es zu erhalten gilt, mit allen Mitteln. Die wirtschaftlichen Erfolge der Auslandschinesen basieren auf diesem Familienzusammenhalt, und daß die heutige kommunistische Führung in Peking frühere utopistische Pläne zur Abschaffung oder doch Aushöhlung der Familie völlig aufgegeben hat, aufgeben mußte, läßt ahnen, wie stark die Familienbande in China auch heute noch halten.

In Japan hat die Großfamilie nie dieselbe Bedeutung besessen. Zu den entfernten Mitgliedern halten Japaner, wenn überhaupt, denselben losen Kontakt wie die meisten Deutschen. Die Loyalität des Samurai gegenüber seinem Daimyo beanspruchte Vorrang vor familiären Rücksichten, und Millionen japanischer Ehefrauen beklagen sich heutzutage, daß ihre Männer die Firma wichtiger nähmen als ihre Familien. Zu den verschiedenen Gruppen, denen traditionsgemäß die Loyalität eines Japaners galt, gehörte die Familie nur als eine von mehreren, und wenngleich eine erhebliche Umschichtung der Werte im Gang ist, dürfte die Zahl derjenigen, die sich allein und ausschließlich ihrer Familie verpflichtet fühlen, erheblich niedriger liegen als im Westen.

Hier sei daran erinnert, daß auch der Staat als die alle Japaner umfassende, höchste Gruppe sich in seiner Spitze personifiziert darstellt. Der Kaiser, der nach schintoistischer Überlieferung seine Herkunft auf die Götter zurückführt, und zwar auf dieselben Götter, die auch das japanische Volk und die japanischen Inseln geschaffen haben, nahm damit zumindest bis 1945 eine Stellung ein, die sich von den nationalkonservativen Kräften ideal für deren Machtpolitik manipulieren ließ. Nicht »dem Gesetz« fühlten sich die Japaner in letzter Instanz verpflichtet, sondern der Person des Kaisers. Das paßte nahtlos in das überkommene, personengebundene Pflichtbewußtsein. In jenen Jahren war es keine Seltenheit, daß sich Schuldirektoren das Leben nahmen, wenn bei einem Brand im Schulgebäude das Bild des Kaisers zerstört wurde. Und im schintoistischen Nogizaka-Schrein in Tokio, der sich heute auf Eheschließungen im Schinto-Ritual

spezialisiert hat, genießt jener General Nogi göttlichen Respekt,
der zusammen mit seiner Frau dem verehrten Meiji-Kaiser Anfang des Jahrhunderts freiwillig in den Tod folgte, um seinem
Herrn auch im Jenseits dienen zu können.

Mit welcher Bedingungslosigkeit sich die Japaner dem Kaiser
persönlich ergeben fühlten, welch geringe Rolle daneben abstrakte Prinzipien, gesetzliche Normen, politische Dogmen spielten, erlebte die Welt zum letztenmal 1945, und noch lange danach schien sie außerstande, jene Vorgänge zu begreifen. Als
Japan den Krieg verloren hatte, wandte sich Kaiser Hirohito zum
erstenmal in der Geschichte des Kaiserreichs direkt an seine Untertanen und forderte das Volk in einer Rundfunkrede am 15.
August 1945 auf, »das Unerträgliche zu ertragen«. Wenige Tage
später, am 28. August, landete auf dem Stützpunkt Atsugi ein
amerikanisches Vorkommando mit dem Auftrag, Quartier für
General Douglas MacArthur zu machen. Jener Vortrupp sah sich
als Himmelfahrtskommando und war auf das Schlimmste gefaßt.
Hatten die Japaner nicht bis dahin mit Todesverachtung erbar-
mungslos gegen die Amerikaner gekämpft? Hatten sich nicht
ihre Kamikaze-Piloten als lebende Bomben auf Amerikas Kriegsschiffe gestürzt? Hatten sie nicht gnadenlos Kriegsgefangene getötet und mißhandelt? Waren nicht, als der Krieg in seiner End-
phase die japanische Insel Okinawa erreichte, ganze Schulklas-
sen, Mädchen und Jungen, mit ihren Lehrern, fanatisch und
verblendet, freiwillig in den Tod gegangen? Auf dem Weg nach
Tokio erwartete das Vorkommando hinter jeder Straßenecke einen Überfall, und je länger nichts passierte, desto stärker wuchs
in den Amerikanern das Gefühl, in eine Todesfalle hineinzufah-
ren. Doch nirgendwo lauerten Mörder, es gab keine Überfälle,
keinen Werwolf, keine Sabotage der amerikanischen Besatzungspolitik. Die verhetzten und fanatischen Japaner verwandelten
sich über Nacht in friedliche, harmlose Bürger. Wie war das zu
erklären?

Die Rede des Kaisers war vorher auf eine Schallplatte aufge-
zeichnet worden, und vor der Sendung hatte eine kleine Gruppe
fanatischer Offiziere versucht, die Ausstrahlung zu verhindern.

Doch nachdem dieser aussichtslose Putsch gescheitert war und der Kaiser gesprochen hatte, folgte das Volk seinem Auftrag, so wie es zuvor dem Befehl gehorcht hatte, die Alliierten gnadenlos zu bekämpfen. Der Kaiser hatte gesprochen. Sein Wille geschehe. Von außen her mochte das wie ein Bruch aussehen, doch entsprach dieses Verhalten nur konsequent japanischer Überlieferung. Nicht der abstrakte Begriff Vaterland motivierte die Mehrheit der japanischen Soldaten im Krieg, was sie mit Todesverachtung kämpfen ließ war eher die persönliche Treuepflicht gegenüber dem Kaiser. Sich einem Menschen oder einer Gruppe konkret verpflichtet fühlen, dem Kaiser, dem Feudalherrn, den Kollegen, drängt absolute moralische, ethische und rechtliche Postulate in einen niedrigeren Rang. Gerechtigkeit, Wahrheit, Menschlichkeit, alle derartigen Werte erscheinen einem Japaner vager und blasser als das Gebot der Treue.

Selbstverständlich trug auch die Erschöpfung des japanischen Volkes, die Einsicht, daß der Krieg verloren war, zur Hinnahme der amerikanischen Besetzung bei, doch daß sich gegen diese Besetzung nirgendwo und zu keiner Zeit Widerstand erhob, läßt sich letzten Endes nur mit der bedingungslosen Loyalität gegenüber dem Kaiser erklären, dessen Auftrag, »das Unerträgliche zu ertragen« genauso widerspruchslos zu erfüllen war, wie kurz zuvor noch sein Befehl, zu siegen oder zu sterben.

Die Amerikaner handelten daher 1945 außerordentlich klug, als sie darauf verzichteten, das Kaisertum in Japan abzuschaffen. In einem Japan ohne Kaiser als Bezugsperson hätte damals das Chaos ausbrechen können.

Giri nennen die Japaner jenes Pflichtgefühl, jene Schuldigkeit, die ihre Beziehungen untereinander bestimmt. Giri prägte in der Feudalzeit das Verhältnis des Vasallen zu seinem Herrn, des Samurai zum Daimyo. Was als Tugend der Krieger entstand, entwickelte sich zu einer Verpflichtung für die gesamte Gesellschaft. Zu welchen radikalen Konsequenzen die Erfüllung der Treuepflicht zwingen kann, in welche Konflikte giri einen Menschen zu stürzen vermag, gehört zu den ewigen Themen in der japanischen Literatur. Die wahre Geschichte der siebenundvierzig Ro-

nin ist nur ein Beispiel. Denn giri läßt sich nicht in feste Regeln
fassen, die etwa den christlichen Geboten vergleichbar wären,
giri mag in einem Fall erzwingen, was sich in einer anderen
Situation verbietet. Ausländer werden sich in diesem Geflecht
von Bindungen und Pflichten nie zurechtfinden, hier bleiben die
Japaner unter sich. Denn auch Verrat ist der japanischen Feudal-
geschichte selbstverständlich nicht fremd, und auch Verrat kann
aus giri geboten sein, weil man sich nämlich auch selbst eine
bestimmte Haltung schuldet. Giri kommt hier dem deutschen
Begriff Ehre nahe, so wie er früher in seiner Radikalität bestand,
bevor er von den Nationalsozialisten mißbraucht und diskredi-
tiert wurde. Wer als Daimyo die Würde eines seiner Samurai
mißachtete, zwang den Beleidigten, aus giri sich selbst gegenüber
diese Schande zu rächen. Denn die Treuepflicht wirkt nicht nur
von unten nach oben, sie bindet auch den Herrn. Giri ist urjapanisch. Situationen, die einen Samurai zwangen, sein Schwert zu
ziehen, hätten die praktischen und pragmatischen Chinesen in
den meisten Fällen einfach übersehen.

So entsprach es der überlieferten japanischen Ordnung, daß
sich 1945, gleich zu Beginn der amerikanischen Besatzung, Kaiser Hirohito zu General MacArthur begab, um zu erklären, er sei
gekommen, die Verantwortung für all das zu übernehmen, was
andere in seinem Namen getan hätten – in eindrucksvollem Kontrast zu Deutschland, wo alle führenden Nationalsozialisten sich
vor der Verantwortung zu drücken bemühten, indem sie sich
umbrachten oder die Schuld auf andere zu schieben versuchten.
Daß Kaiser Hirohito Japan keineswegs in den Krieg getrieben
hatte, daß seine historische Schuld darin liegt, andere nicht daran
gehindert zu haben, in seinem Namen zu agieren, schmälert
dieses Verhalten nicht.

Nur giri, die Treue gegenüber seinem Kaiser, erklärt, warum
der Leutnant Hiroo Onoda noch 29 Jahre lang nach Japans Kapi-

*29 Jahre nach Kriegsende ergibt sich im philippinischen Dschun-
gel Leutnant Onoda. Japans konservative Politiker empfangen
den Heimkehrer als Helden.*

tulation im philippinischen Dschungel weiterkämpfte und daß er nicht auf (anonyme) Rundfunknachrichten, die er mit einem Transistorradio empfangen konnte, sondern nur auf den direkten und persönlichen Befehl seines letzten Kriegsvorgesetzten hin aufgab. Ein Extremfall, gewiß, doch die Tatsache, daß in der Gegenwart niemand mehr in derartige extreme Konflikte gerät, weil die Zeiten normaler und friedlicher geworden sind, heißt nicht, daß das Gefühl für Loyalität und Schuldigkeit als Grundwert der japanischen Gesellschaft abgestorben sei.

Die Neigung der Japaner, sich persönlichen Bindungen eher zu unterwerfen als abstrakten Geboten, wirkt nämlich auch in der Gegenwart fort, deutlich beispielsweise in der Parteipolitik. Während die großen politischen Parteien der westlichen Demokratien sich häufig aus unterschiedlichen ideologischen Gruppierungen zusammensetzen, wobei Personenfragen nur eine sekundäre Rolle spielen, bestehen die Flügel der großen konservativen Liberaldemokratischen Partei Japans ausschließlich aus den persönlichen Gefolgschaften der einzelnen Anführer, wobei die Sachfragen völlig in den Hintergrund treten. Was diese Flügel voneinander trennt, ist der Kampf um die Macht, der Ehrgeiz, den eigenen Anführer zum Ministerpräsidenten zu machen, um dafür von ihm belohnt zu werden.

Programmatische Gegensätze, wie sie zwischen den linken und rechten Flügeln europäischer Parteien bestehen, sind kaum zu erkennen, oft existieren sie überhaupt nicht. Das Verhältnis japanischer Parlamentarier zum Chef ihrer innerparteilichen Gruppe ähnelt somit in seiner Grundstruktur noch immer der feudalistischen Samurai-Daimyo-Beziehung.

Jede feudalistische Ordnung ist hierarchisch aufgebaut, vertikal, von unten nach oben. Bei der konservativen Grundhaltung der Japaner ist es daher nicht verwunderlich, daß sie jene hierarchische Gliederung aus dem Feudalismus in ihre moderne Industriegesellschaft hinübergerettet haben. Auch in der heutigen japanischen Gesellschaftsordnung kennt jeder seinen Platz und seine Pflichten. Von Gleichmacherei halten die Japaner wenig, sie ist ihnen eher peinlich. Wer oben steht, hält auf Distanz und biedert sich nicht an, wer unten seinen Platz hat, lehnt sich nicht auf. Klassenunterschiede finden Japaner kaum erniedrigend, zumal sie sich fast alle dem Mittelstand zurechnen.

Neid ist keine japanische Nationaleigenschaft.

Erkennbarstes Statussymbol derer, die die Spitze der Pyramide bilden, sind schwarze Dienstwagen, gesteuert von Fahrern, die allesamt weiße Strickhandschuhe tragen. Wo immer Elite zusammenkommt, parken dunkle Limousinen in langen Reihen, wobei sich die Fahrer die Zeit vertreiben, indem sie mit weichen Federbüschen den Staub von ihren blitzenden Karossen fegen. Nichtstuend herumzustehen könnte als Desinteresse ausgelegt werden. Je nach Rang existieren Abstufungen, vom Dienstwagen mit festem Fahrer, der den höchsten Chefs den ganzen Tag zur Verfügung steht, über jene Firmenwagen, welche die Privilegierten morgens abholen und abends nach Hause bringen, bis zu den Mietwagen, die sich die Rangniederen bestellen dürfen. Fest steht, daß in keinem anderen Land der Welt ein ähnlicher Aufwand mit Dienstwagen samt Fahrern getrieben wird. Wobei nur der Vollständigkeit halber hinzugefügt sei, daß im verstopften Tokio das Büro mit der U-Bahn meist in der halben Zeit zu erreichen wäre, häufig sogar auf einem Sitzplatz, da die Mehrzahl der Privilegierten nicht zu den Frühaufstehern gehört.

Andere Statussymbole entziehen sich dem Blick Außenstehender, nicht jedoch der Einsicht der Kollegen und Untergebenen. Hierzu gehört das Recht, auf Firmenkosten bewirten zu dürfen, wobei Japan ebenfalls weltweit führt. Daß die alljährlichen Bewirtungsspesen der japanischen Industrie dem Verteidigungsetat gleichkommen, vermittelt einen Eindruck von den Größenordnungen. Erst wenn man zu dem reinen Gehalt eines leitenden Mitarbeiters jenen meist festen monatlichen Betrag hinzurechnet, den er für Bewirtungen im weitesten Sinn ausgeben darf, wozu Geishahäuser ebenso gehören wie Golfclubs, bekommt man einen Begriff vom echten monatlichen Einkommen. Die schockierend hohen Preise von Tokios Luxusrestaurants lassen sich nur dadurch erklären, daß kaum einer der Besucher die Kosten aus seiner eigenen Tasche begleichen muß.

Am deutlichsten spiegelt sich Japans hierarchische Gesellschaftsordnung in der Sprache wider, der deswegen (und weil sie auch andere Nationaleigenschaften offenlegt) ein späteres Kapitel gewidmet ist. Japaner benutzen geradezu verschiedene Sprachen, je nachdem, ob sie sich unter Gleichrangigen, mit Höherstehenden, mit Untergeordneten, unter Freunden, in der Familie oder mit Fremden verständigen. Höflichkeitsfloskeln kennt jede Sprache für Respektspersonen oder für Ältere, doch das Japanische geht darüber weit hinaus. Völlig verschiedene Verben, andere grammatikalische Konstruktionen, unterschiedliche Substantive enthüllen ein kompliziertes Gewebe sozialer Abstufungen und Abgrenzungen. Den eigenen älteren Bruder, den eigenen jüngeren Bruder, die Brüder von Fremden, ältere oder jüngere – jeden kennzeichnet ein anderes Wort. Was bei Studentenunruhen die Öffentlichkeit so erschreckte, war oft weniger die Weltfremdheit oder der Fanatismus angehender Akademiker als die Wahl ihrer Sprache: daß sie mit ihren Professoren, also mit traditionell höherstehenden Respektspersonen, in Formulierungen umgingen, die man nur gegenüber Untergebenen anwenden darf. Die Form verletzte, nicht der Inhalt der Aussagen. Und die Worte schlugen tiefere Wunden als Handgreiflichkeiten.

Rangunterschiede erscheinen den meisten Japanern als naturgegeben. Das erklärt sich aus der Geschichte, da man in eine bestimmte Klasse, Bauern, Kaufleute, Handwerker, Samurai, hineingeboren wurde, ohne Möglichkeit, diese Klasse je verlassen zu dürfen. Obgleich die Japaner in unvorstellbarem Ausmaß chinesisches Gedankengut übernahmen, von der Staatsphilosophie bis zur Kunst, haben sie bezeichnenderweise niemals die konfuzianischen Staatsexamen der Chinesen eingeführt. Zu jenen Examen konnte sich jeder, ohne Rücksicht auf seine Herkunft, melden, durch sie wurden alle Staatsämter besetzt. Wenngleich das konfuzianische Prüfungssystem im Laufe der Zeit durch Korruption aufgeweicht und unterhöhlt wurde, blieb doch die theoretische Möglichkeit für jeden Chinesen bestehen, sich auf der sozialen Leiter von ganz unten bis an die Spitze hochzuarbeiten. Die Japaner dagegen, sonst so offen für die Übernahme

chinesischer Praktiken, sträubten sich hier bereits gegen die
Theorie. Die soziale Stellung sahen sie als naturgegeben. Man
wurde als Samurai oder Bauer geboren, und da man wußte, daß
nicht einmal die theoretische Möglichkeit existierte, diesen Stand
je zu verlassen, fand man sich damit ab.

Vielleicht hat zu dieser Akzeptierung beigetragen, daß Klas-
sen- oder Standeszugehörigkeit in Japan weniger als anderswo als
Schande oder Privileg empfunden wurde, sondern daß man
darin eher eine Art Arbeitsteilung sah. Bauern mußte es geben,
für die Ernährung, Samurai waren notwendig für die Sicherheit.
Erstaunlich bleibt nämlich, daß im sonst so konservativen Japan
ganze Klassen verschwanden, über Nacht und ohne revolutionäre
Kämpfe. Man kann argumentieren, daß sich die Kriegerkaste der
Samurai ohnehin bereits historisch überlebt hatte, als der Meiji-
Kaiser Mutsuhito 1868 die Modernisierung des Landes befahl
und den Samurai-Stand mit einem Federstrich beseitigte. Abgesehen von wenigen Rebellen akzeptierten die Betroffenen, immerhin 6 % der Gesamtbevölkerung, widerstandslos, daß durch
die neueingeführte allgemeine Wehrpflicht ihre Kriegerkaste
überflüssig wurde. Gehorsam legten sie ihre Standessymbole, die
zwei Schwerter, ab und tauchten in wenigen Jahren unerkennbar
als Beamte, Bauern oder Kaufleute in der Gesamtbevölkerung
unter. Ähnliches wiederholte sich am Ende des Zweiten Weltkrieges, als auf Druck der Besatzungsmacht der Adelsstand in
Japan abgeschafft wurde, wobei nur der Kaiser und seine engere
Familie ausgenommen blieben. Heute führt niemand in Japan in
seinem Namen Adelsprädikate, es gibt keine Adelsfamilien mehr,
die auf ihren Besitzungen die Zeit verträumen, kein Adels-Jet-set
füllt die Illustrierten mit Fürstenhochzeiten oder Playboyspiele-
reien. Ein Stand, bis 1945 mächtig und einflußreich, hat sich total
aufgelöst, vollständiger als der Adel in Europa. Im heutigen Japan spielt die Standesherkunft sogar eine geringere Rolle als in
den amerikanischen Oberschichten, die auf ihre protestantisch-
angelsächsische Abstammung so betonten Wert legen.

Auch die Privilegierten bewegen sich eben in einer Ordnung,
in der sie an der Erfüllung ihrer Pflichten gemessen werden wol-

len. Wohlstand wird in Japan weniger demonstrativ zur Schau gestellt als im Westen. Mit Segelyachten oder Chalets in der Schweiz prunkt man nicht, selbst wenn man sie besitzt, was allerdings die Öffentlichkeit nicht weiß, da sich die Illustrierten dieses Themas nicht annehmen. Als der amerikanische Präsident Gerald Ford bei einem Staatsbesuch in Japan in viel zu kurz geratenen Hosen eine Ehrenkompanie abschritt, amüsierte sich die ganze Welt. Über die Kleidung des Kaiserpaares würden Presse und Fernsehen in Japan kein Wort verlieren, schon aus Takt. Der Glamour- und Publicity-Rummel, den jene verbreiten, die sich selbst »TV-Personalities« nennen, also der Talmiglanz der Stars und Starlets aus dem Schaugeschäft, braucht auch in Japan nicht ernst genommen zu werden, weil dabei nur eine Luxuswelt vorgespielt, aber nicht wirklich gelebt wird.

Das Pflichtbewußtsein der Japaner, ihr Sinn für giri, weist sie als ein ernsthaftes, gewissenhaftes Volk aus. Leichtlebigkeit liegt ihnen nicht. Daß sie gerne fröhlich sind, steht dazu nicht im Widerspruch. Bei Büchern gilt ein ironischer Stil als unseriös. In ihrer Pünktlichkeit sind die Japaner unschlagbar, man kann die Uhren danach stellen. Ohne jeden Hintersinn verkündet ein japanischer Pilot nach dem Start in Hongkong, »unsere Flugzeit nach Tokio wird 3 Stunden und 59 Minuten betragen«. Und die Reisenden im schnellsten Zug der Welt, im Hikari, können einen Teil des Fahrgeldes zurückverlangen, falls der Langstreckenexpreß mehr als 2 Stunden Verspätung erreicht. Leider haben auch positive Eigenschaften ihre unleugbaren Schattenseiten, denn Korrektheit beispielsweise entartet leicht zu bürokratischer Pedanterie, zum Mangel an souveräner Großzügigkeit. Wer je mit japanischen Behörden im Konflikt lag, wer miterlebt und miterlitten hat, wie sich Belanglosigkeiten zu Staatsaffären auswachsen, wer sich je die berühmt-berüchtigten Pro-forma-Entschuldigungsbriefe an japanische Dienststellen für das Übertreten höchst überflüssiger Vorschriften in die Feder diktieren ließ, wird die Erinnerung daran bis ans Ende seiner Tage nicht mehr los.

Die Gewöhnung an die Mitglieder der Gruppe, die Loyalität, die man einander schuldet, das Pflichtbewußtsein, das die meisten motiviert, dies alles trägt dazu bei, daß Japaner rücksichtsvoll miteinander umgehen und Konflikte selbst dann zu vermeiden suchen, wenn sie sich im Recht befinden. (Die Rücksichtslosigkeit in den überfüllten U-Bahnen beweist nicht das Gegenteil, denn dort bewegt man sich nicht innerhalb seiner Gruppe, folglich gelten die Gruppenregeln nicht.) In langjähriger Arbeit als Fernsehkorrespondent hat der Verfasser immer wieder bei Dreharbeiten unbeteiligte Passanten bitten müssen, nicht das Blickfeld der Kamera zu kreuzen oder sich besonders ruhig zu verhalten, und ausnahmslos haben alle Japaner Verständnis gezeigt. Ein einziges Mal, in einem Park in Kyoto, stellte sich ein Besucher absichtlich-trotzig ins Bild mit der Bemerkung, er habe schließlich Eintritt bezahlt. Es handelte sich um einen deutschen Touristen. Die siebenundvierzig treuen Ronin sind fast drei Jahrhunderte tot, und Ritter stehen heutzutage nicht hoch im Kurs. Da aber die Tugenden von damals als Ideale weiterleben, erzählt sich das Volk zeitgemäßere Abwandlungen, die auf dasselbe hinauslaufen, wie etwa die Geschichte von dem Hund Hachiko.

Der gehörte dem Professor Eisaburo Ueno und begleitete seinen Herrn jeden Morgen zum Bahnhof Shibuya in Tokio, von wo aus der Professor zu seinen Vorlesungen fuhr. Jeden Abend holte Hachiko seinen Herrn wieder am Bahnhof ab. Als nun Professor Ueno 1925 starb, lief Hachiko trotzdem jeden Morgen weiter zum Bahnhof und wartete dort bis zum Abend, Tag für Tag, 11 Jahre lang, bis er selbst an Altersschwäche starb. Der treue Hund wurde im Grab seines Herrn beigesetzt, und die Behörden errichteten ihm ein Denkmal auf dem Bahnhofsplatz in Shibuya. Heute zählt der in Bronze gegossene Hachiko zu den berühmtesten Treffpunkten der japanischen Hauptstadt. Auch seine Geschichte kennt jedes japanische Kind.

Abstrakte Normen als Notbehelf
oder
Ein Leben wiegt schwerer als die ganze Welt

Gut 12 000 Rechtsanwälte arbeiten in Japan. In der Bundesrepublik mit ihrer erheblich geringeren Bevölkerung sind 45 000 Anwälte zugelassen, und in den Vereinigten Staaten mit der mehr als doppelten Bevölkerung Japans kümmern sich etwa 460 000 Rechtsanwälte um ihre Klienten. Anders formuliert: Auf 10 000 Japaner kommt ein Rechtsanwalt, 10 000 Westdeutsche beschäftigen bereits mehr als 7 Anwälte, und in den Vereinigten Staaten errechnet sich auf 10 000 Amerikaner die Rekordsumme von 25 Anwälten. An dieser Statistik läßt sich nicht rütteln. Kein moderner freiheitlicher Industriestaat kommt bei der Bewältigung seiner Probleme mit so wenig Juristen aus wie Japan. Da es andererseits auch in Japan nicht an Streitfragen mangelt, drängt sich der Schluß auf, daß die Japaner ihre Konflikte meistens auf andere Weise lösen.

Der Schlüssel zum Verständnis der japanischen Einstellung zum Recht liegt in der Abneigung der Japaner gegen legalistische Prinzipien und in ihrer Vorliebe für pragmatische Lösungen. Wer menschliche Konflikte auf juristische Streitfragen reduziert, erwartet klare Urteile, die dem einen recht geben und den anderen ins Unrecht setzen. Gerichte sollen die Wahrheit nicht verwischen, sondern deutlich machen, sollen richtig von falsch, rechtmäßig von rechtswidrig scheiden. Dagegen aber sträubt sich das innere Wesen der Japaner. Ihnen stellt sich die Welt nicht in klarem Schwarzweiß dar, in logischen Gegensätzen, sondern in abgestuften Grautönen. Ein bißchen recht hat immer auch der, der sich überwiegend im Unrecht befindet, und ein wenig Schuld sollte sich auch der anrechnen lassen, der sich prinzipiell im Recht weiß. Ein japanischer Autofahrer, der, die Vorfahrt mißachtend, einen anderen Wagen gerammt hat, findet nichts dabei, vorzutragen, der andere habe sich eben auch auf der Straße befunden und so zum Unfall mit beigetragen.

Diese Betrachtungsweise, die Zusammenhänge und Verknüpfungen sucht statt einander ausschließende Gegenpositionen, scheint ihnen realistischer, schon weil sie jahrtausendealten ostasiatischen Lebensvorstellungen nahekommt, nämlich dem Gegensatzpaar Yin-Yang, das in harmonischer Spannung die Welt bewegt. Im natürlichen Dualismus des Yin-Yang, der im alten China erdacht und von den Taoisten zu einer mystischen Weltbetrachtung entwickelt wurde, symbolisiert Yang das männliche Element, das Harte, das Helle, während Yin für das Weibliche, das Weiche, das Dunkle steht. Yang und Yin schließen sich nun nicht gegenseitig aus, im Gegenteil, sie ergänzen sich und bilden zusammen in ihrem natürlichen Kontrast erst das Ganze. Auf die Sonne (Yang) folgt der Mond (Yin), auf den Sommer (Yang) der Winter (Yin). Aus der Vereinigung des Männlichen mit dem Weiblichen entsteht das neue Leben. Die Gegensätze reiben sich also nicht, sie erzeugen keine Konflikte, wie das westlicher Denkart entspräche, wo Recht und Unrecht, richtig und falsch, als abstrakte Kategorien im Kampf liegen. Yin und Yang fügen sich als natürliche Gegenpole zu einer Einheit zusammen. Es ist nicht zu übersehen, daß Ostasien die Welt aus der Natur heraus zu verstehen sucht, während sich der Westen dabei vorwiegend abstrakt-logischer und ethisch-moralischer Gedankenkonstruktionen bedient. Der symbolträchtige Kreis, in dem sich Yin und Yang symmetrisch zusammenfinden, bildet heute das zentrale Motiv der südkoreanischen Staatsflagge, ein Beweis, wie stark eine uralte Vorstellung bis in die Gegenwart hineinwirkt.

Die Überzeugung, daß den gegensätzlichen Kräften in der Welt eine natürliche Tendenz zur harmonischen Vereinigung innewohnt, hat die Lebensvorstellung Ostasiens tiefgehend geprägt. Konflikte werden daher noch heute von den meisten Japanern nicht mit der Absicht ausgetragen, zu siegen, sondern man bemüht sich, einen Kompromiß zu erwirken, bei dem auch der Unterlegene sein Gesicht nicht verliert.

Gesetze wirken auf Japaner eher kalt, unpersönlich und unbarmherzig. Sich auf sie zu berufen, heißt zuzugeben, daß alle zwischenmenschlichen Kompromißbemühungen gescheitert sind, was kein gutes Licht auf denjenigen wirft, der eine Klage einreicht, setzt er sich doch dem Verdacht aus, Kompromisse abzulehnen und damit gegen alle gesellschaftlichen Regeln zu verstoßen. Um Klagen zu verhindern, erweisen sich Japaner als überaus nachgiebig, schalten sie bereitwillig Außenstehende als Vermittler ein, ist ihnen jeder neue Vorschlag eine Diskussion wert, denn der schlechteste Kompromiß ist allemal dem besten Urteil vorzuziehen. Anständige Menschen brauchen keine Anwälte, auch nicht, um ihr eigenes Recht durchzusetzen.

Hier offenbart sich eine Grundeinstellung zum Recht, die mit der des Westens schwer zu vergleichen ist. Gesetze werden nicht primär als das nützliche und notwendige Fundament der Gesellschaftsordnung betrachtet, als Garanten von Gleichheit, Freiheit, Unbestechlichkeit, nicht ihre positive Wirkung beeindruckt die Japaner, sondern sie sehen in ihnen vorwiegend einschränkende Fesseln, anonyme Bedrohungen, um die man am besten einen weiten Bogen schlägt. Wenn die Nachbarn ihr Fernsehgerät mit unerträglicher Lautstärke laufen lassen, ist es japanischer, sich nicht auf das Recht auf eine ungestörte Nachtruhe zu berufen, sondern um Rücksicht für die kranke Großmutter zu bitten, obgleich es der alten Dame gesundheitlich ausgezeichnet geht, weil man es dank dieser Notlüge vermeidet, die Nachbarn mit ihrer Rücksichtslosigkeit zu konfrontieren.

In ihren Geschäftsbeziehungen untereinander kommen die Japaner meistens ohne schriftliche Verträge aus. Da man sich seit langem kennt, da sich längst feste Verfahrenspraktiken herausgebildet haben, braucht man das Selbstverständliche nicht auch noch schriftlich festzuhalten. Daraus folgt aber zugleich auch, daß man Vereinbarungen mit Ausländern am besten bis ins letzte Detail schriftlich fixiert, da man die ausländischen Verhaltensweisen eben nicht übersieht und man folglich nicht von einer gemeinsamen Grundlage ausgehen kann. Untereinander erwarten Japaner überdies, daß Geschäftspartner Entgegenkommen zeigen und sich gegen nachträgliche Änderungen von Vereinbarungen nicht sträuben, wenn sich die Voraussetzungen, die ihnen zugrunde liegen, gewandelt haben. Dies hat ihnen gelegentlich den Ruf eingebracht, sie würden leichtfertig Verträge brechen, doch geht dieser Vorwurf an der Wirklichkeit vorbei. Denn die Japaner sind ein besonders ehrliches Volk. Unerfahrenen Ausländern verlangen die Läden keine höheren Preise ab als den Einheimischen. Wo außerhalb Japans kann man darauf verzichten, Wechselgeld in Läden, Restaurants oder Taxis nachzuzählen? Wo sonst kann man damit rechnen, in einer Taxe verlorenes Geld im nächsten Polizeirevier wiederzufinden? Und mögen auch die Japaner darüber jammern, daß die Zeiten vorbei sind, in denen Wohnhäuser und Hotelzimmer nicht abgeschlossen zu werden brauchten, so wird hierzulande noch immer erheblich weniger gestohlen als anderswo.

Den Vorwurf der Vertragsuntreue haben sich die Japaner zugezogen, nicht weil sie rücksichtslos die Rechte und Interessen anderer mißachten würden, sondern weil sie die einen Vertrag bestimmenden Faktoren nach einer anderen Rangordnung bewerten. Ein vernünftiges Ergebnis erscheint ihnen dabei wichtiger als das Beharren auf Rechtsgrundsätzen, die ungerechte Folgen bewirken. Recht, Gesetze, Verträge stellen also für sie keinen Selbstzweck dar, keine Werte an sich, sondern vorwiegend Hilfsmittel, die sich erst im erreichten Erfolg beurteilen lassen. Ein eindrucksvolles Beispiel für die Komplikationen, die sich aus dieser unterschiedlichen Einstellung zum Recht in Japans Außenbeziehungen ergeben können, lieferte der Zuckerkrieg mit Australien im Spätsommer 1977. Damals stauten sich in japanischen Häfen plötzlich Frachtschiffe mit australischem Zucker, weil sich die japanischen Raffinerien weigerten, den von ihnen lange vorher bestellten Zucker zu den vertraglich fest vereinbarten Preisen abzunehmen, da nach dem Vertragsabschluß weltweit die Zuckerpreise drastisch gefallen waren. Während nun die Australier nichts anderes verlangten als die Einhaltung geltender Verträge, erklärte der damalige japanische Außenminister Hatoyama am 13. September, daß Japan zwar seine Verträge erfüllen möchte, »doch stellt uns das vor die Frage, ob bei einer derartigen Vertragserfüllung die Zuckerraffinerien bankrott gehen«. Die Australier beriefen sich hier auf feste Vereinbarungen, während die Japaner vorwiegend die Konsequenzen sahen. Den einen ging es

ums Prinzip, den anderen um die Auswirkung, und beide fühlten
sich im Recht. Eine Vereinbarung, die zur Folge hat, daß der eine
Partner daran zugrunde geht, kann nach japanischer Vorstellung
keine Gültigkeit beanspruchen, sondern sollte durch eine neue,
praktikablere Abmachung ersetzt werden.

Auch die Nachgiebigkeit der japanischen Regierung gegenüber
Flugzeugentführern und Erpressern muß vor diesem Hintergrund gesehen werden. Als Japan im Herbst 1977 an Flugzeug-
entführer in Bangla Desh 6 Schwerverbrecher auslieferte und
ihnen überdies 6 Millionen US-Dollar Lösegeld für die Freilassung von Passagieren und Besatzung zahlte, war dies kein Ausnahmefall. Schon im August 1975 hatte die Regierung in Tokio
5 Schwerverbrecher freigelassen, als Preis für die Räumung des
amerikanischen Konsulats in Kuala Lumpur, Malaysia, das zuvor
von Terroristen der japanischen Roten Armee besetzt worden
war. Daß die deutsche Bundesregierung kurz vor dem japanischen Nachgeben in Bangla Desh Passagiere und Besatzung der
entführten Lufthansamaschine »Landshut« durch die Sondertruppe GSG 9 im Gewaltstreich befreien ließ, war, zeitlich gesehen, reiner Zufall, ein Zusammentreffen, das allerdings die unterschiedlichen Verhaltensweisen überdeutlich bloßlegte. Den
Deutschen wie Israelis und Amerikanern ging es wieder um ein
Prinzip, nämlich um eine Politik, die langfristig dem Terrorismus
ein Ende setzen soll. Jede Nachgiebigkeit im Einzelfall rückt dieses Ziel in weitere Ferne. Die japanische Regierung dagegen hielt
es für dringender, in einer konkreten Situation gefährdete Menschen zu retten, gemäß einem Ausspruch des damaligen Ministerpräsidenten Takeo Fukuda, »ein Leben wiegt schwerer als die
ganze Welt«. Für die massive ausländische Kritik an Fukudas
Verhalten fehlte daher den Politikern in Tokio zunächst das Verständnis, hatten sie doch aus ihrer Sicht keineswegs opportuni-
stisch und prinzipienlos gehandelt, sondern der Rettung unersetzlicher Menschenleben den Vorrang gegeben vor der Terrori-
stenbekämpfung als langfristiger Aufgabe. Dem Argument, daß
jede Nachgiebigkeit mit Sicherheit nur neue Terrorakte provozie-
ren müsse, hielt die japanische Regierung entgegen, daß kein

Einzelfall dem anderen gleiche und daß man in einer neuen Krise eben aus der neuen Situation heraus entscheiden müsse, was übrigens im Einzelfall ein Eingreifen nach dem Vorbild der GSG 9 keineswegs ausschlösse. Eine ähnliche Eliteeinheit wird seitdem ausgebildet.

Sicher war die japanische Entscheidung auch von buddhistischen Vorstellungen beeinflußt, die jeglichem Leben, dem von Menschen und Tieren, Unverletzlichkeit zuerkennt, doch kann man einer Regierung in Tokio keinen Vorwurf daraus machen, daß sie sich im eigenen Kulturkreis bewegt. Das Gelingen der Befreiungsaktion von Mogadischu löste in Japan viel spontane Anerkennung für die Deutschen und manche Kritik an den eigenen Politikern aus, vor allem in der breiten Bevölkerung, doch wer bereits darin Japans traditionelle Wertordnung wanken sieht, sollte über die möglichen Reaktionen in Japan nachdenken, wenn das Unternehmen von Mogadischu in einer Katastrophe geendet hätte. Rechtlich ist eine Befreiung von Schwerverbrechern durch eine japanische Regierung nicht gedeckt. Die Gesetze erlauben eine solche Freilassung nicht, ganz abgesehen davon, daß auch die bestehende Gewaltenteilung der Regierung derartige Anordnungen an die Justiz verbietet. Doch kein Gericht und keine Gefängnisverwaltung zog die im Grunde rechtswidrigen Anordnungen der Regierung in Zweifel, was bestätigt, daß die hohe Einschätzung von Menschenleben noch immer von einem breiten Konsensus getragen wird, und was erneut zeigt, wie abstrakte Gebote ihre Verbindlichkeit verlieren, wenn sie im konkreten Einzelfall für unvermeidlich gehaltene Entscheidungen blokkieren.

Die Neigung, abstrakte Normen primär als eine Art Notbehelf zu betrachten und sich vorwiegend auf die pragmatische Lösung konkreter Konflikte zu konzentrieren, macht nicht einmal vor der Verfassung halt, wie sich an dem berühmten Antikriegs-Paragraphen 9 der Nachkriegsverfassung von 1947 darlegen läßt. Dessen Wortlaut ist klar:

»Das japanische Volk, im ernsthaften Streben nach internationalem Frieden auf der Grundlage von Gerechtigkeit und Ordnung, verzichtet für alle Zeiten auf den Krieg als souveränes Recht der Nation und auf die Androhung oder den Gebrauch von Gewalt als Mittel zur Regelung internationaler Streitigkeiten. Daher, um diese Absicht zu verwirklichen, wird Japan niemals mehr Land-, See- und Luftstreitkräfte oder anderes Kriegspotential unterhalten. Ein Recht eines Staates, Krieg zu führen, wird nicht anerkannt.« (Inoffizielle Übersetzung.)

Ebenso unbestreitbar ist, daß Japan in eindeutigem Widerspruch zu dieser Verfassungsbestimmung heute über eine vollausgerüstete Freiwilligenarmee aller drei Waffengattungen verfügt. Deren politische Berechtigung, ja Notwendigkeit, sei hier unterstellt, trotzdem bleibt ihre Rechtsbasis problematisch. Beim Aufbau der Armee, die nach dem Koreakrieg auf Druck der Amerikaner begann, weil die Vereinigten Staaten jeder kommunistischen Expansion in Ostasien einen Riegel vorschieben wollten, berief sich die japanische Regierung auf das naturgegebene Recht eines jeden Staates auf Selbstverteidigung. Streitkräfte, die ausschließlich der Verteidigung des Landes dienten, seien daher vom Verbot durch die Verfassung nicht betroffen, eine Auslegung, der im wesentlichen auch das Oberste Gericht später folgte. Wie schwach dieses Argument in Wahrheit ist, geht daraus hervor, daß jeder Staat, auch der aggressivste, immer behauptet, seine Armee diene allein dem Schutz, der Abwehr von Angriffen, während die Grenze zwischen militärischem Verteidigungs- und Angriffspotential keineswegs klar zu ziehen ist. Was zur Verteidigung gegenüber einem mächtigen Gegner unbedingt notwendig sein mag, reicht hinlänglich zum Angriff auf einen schwach gerüsteten Feind aus. Daß Japan seine heutige Armee nicht beim wahren Namen nennt, sondern als »Selbstverteidigungsstreit-

Kadetten der Marine-Akademie in Kure beim Morgenappell. Die laut Verfassung verbotenen Streitkräfte werden in der Realität systematisch ausgebaut.

kräfte« (jieitai) deklariert, ändert an dem juristischen Problem nichts, zumal in der ganzen Welt die früheren Kriegsministerien längst in Verteidigungsministerien umbenannt wurden.

1956 ließ der damalige Ministerpräsident Ichiro Hatoyama im Parlament erklären, wenn ein Gegner die Zerstörung Japans durch Fernraketen vorbereite, sei Japan nicht verpflichtet, den Raketenangriff abzuwarten, sondern dann habe die Regierung das Recht, einen präventiven Schlag zur Vernichtung der Raketenbasen des Gegners anzuordnen. Inzwischen argumentieren sogar japanische Militärs, daß die Verfassung keine taktischen Atomwaffen verbiete, wenn nur durch sie eine wirkungsvolle Verteidigung garantiert werde. Dies alles zeigt, wie weit sich auch ein reines Verteidigungskonzept dehnen läßt.

Der Aufbau der japanischen Nachkriegsstreitkräfte hat sich somit im klaren Widerspruch zum eindeutigen Text der Verfassung vollzogen, die keinen Unterschied zwischen einem Angriffs- und einem Verteidigungskrieg erkennen läßt. In anderen Staaten hätte in einer solchen Situation die Regierung den Versuch unternommen, die Verfassung zu ändern und somit Rechtslage und tatsächliche Entwicklung in Übereinstimmung zu bringen. Ein derartiges Bemühen mag vor Jahren zunächst aussichtslos gewesen sein angesichts des erbitterten Widerstandes der Opposition gegen den Aufbau der neuen Armee, doch hat sich inzwischen die Bevölkerung weitgehend mit den Streitkräften abgefunden, und auch die Oppositionsparteien der Mitte denken mittlerweile realistischer. Trotzdem beläßt es die Regierung bei der dubiosen Rechtslage, was nur damit zu erklären ist, daß jene Verfassungsbestimmung sie im Grunde nicht stört. Das konkrete Problem – Aufbau einer Armee – wurde gelöst, abstrakte Verfassungsgebote, die diese Entwicklung hätten verhindern können, wurden umgangen, und dabei kann man es vorerst belassen.

Unklar bleibt auch bis heute die Rechtslage im Falle eines überraschenden Angriffs auf Japan, wenn der Ministerpräsident als Oberster Befehlshaber in der Eile nicht sofort erreichbar ist. Unter den verschiedensten Theorien, von denen sich die meisten an das Notwehrrecht des einzelnen anlehnen – was bedeuten würde, daß ein Kompaniechef ohne Wissen seines Generals militärische Aktionen anordnen könnte –, verdient der Ratschlag des einstigen Staatssekretärs der Verteidigungsbehörde, Ko Maruyama, festgehalten zu werden. Der hohe Beamte empfahl 1978 der Truppe, falls der Oberbefehlshaber bei einem Überfall nicht erreichbar sei, solle sie zunächst einmal die Flucht ergreifen.

Japans Oberster Gerichtshof hat 1952 in einem Grundsatzurteil festgelegt, daß er nicht abstrakte verfassungsrechtliche Probleme, sondern konkrete Einzelfälle zu entscheiden habe. In dieser Haltung schwingt die Überzeugung mit, daß eben abstrakte Normen, selbst solche der Verfassung, keinen alles andere überragenden Rang genießen, sondern daß im realen Leben daneben politische, soziale, wirtschaftliche Aspekte jedes einzelnen Konflikts mitberücksichtigt werden müssen. Japans Oberstes Gericht beansprucht also keine abstrakte Normenkontrolle wie das deutsche Bundesverfassungsgericht in Karlsruhe, es hält sich nur in seltenen eindeutigen Ausnahmefällen für befugt, Gesetzesbeschlüsse des Parlaments zu überprüfen. Daher besteht auch in Japan nicht die Gefahr, daß der Oberste Gerichtshof das Parlament weitgehend entmachten und sich als Ober-Gesetzgeber etablieren könnte. Wer die Einstellung der Japaner zu Gesetz und Recht verstehen will, darf nie übersehen, daß sie in erster Linie an pragmatischen Lösungen interessiert sind und abstrakten legalistischen Prinzipien und Theorien wenig Verständnis entgegenbringen.

Scham statt Schuld
oder
Warum Psychiater überflüssig sind

Es kann nach all diesen Erläuterungen nicht mehr überraschen, daß Sanktionen gegen soziales Mißverhalten in Japan weniger aus generellen Prinzipien als aus der Praxis des alltäglichen Zusammenlebens hergeleitet werden. Scham verhindert hierzulande wirkungsvoller unsoziales Verhalten als Schuld.

Schuldig macht sich, wer gegen absolute Moralgebote verstößt, wie sie etwa in den christlichen Zehn Geboten formuliert sind. Schuld ist eine individuelle Belastung, sie folgt aus der Verletzung moralischer, meist religiöser Pflichten, wobei es keinerlei Rolle spielt, ob es für solche Verletzungen Zeugen gibt oder Teilnehmer. Schuld ist also eine höchst individuelle Empfindung. Scham dagegen verlangt Mitbeteiligte, Mitwisser, sie erweist sich als Reaktion auf die Mißbilligung durch Mitmenschen, meist Nahestehende, also Angehörige der eigenen Gruppe. Wo für eine Tat Zeugen fehlen und Kritiker, mögen Schuldgefühle entstehen, kann sich aber keine Scham entwickeln. Der individualistischere Westen muß sich zwangsläufig überwiegend an absoluten Moralgeboten orientieren, während sich die mehr auf Gemeinschaften eingestimmten Japaner in erster Linie bemühen, den speziellen Verhaltensregeln ihrer Gruppen zu folgen, wobei sich Scham als eine stärkere Bremse gegen Verstöße erweist als Schuld. Diese Differenzierung mag akademisch klingen, ohne große praktische Konsequenz, zumal Scham als Reaktion auch dem Westen keineswegs fremd ist und die Japaner durchaus ebenso die Notwendigkeit allgemein verbindlicher Moralgesetze anerkennen. Trotzdem hilft die Hervorhebung unterschiedlicher Akzente, japanische Wirklichkeit zu verstehen. Die Schuld eines Bahnhofsvorstehers mag gering sein, wenn beim Rangieren ein Zug, den der Kaiser kurz darauf benutzen soll, aus den Gleisen springt, doch in einem Augenblick, in dem das ganze Volk auf den Bahnhof schaut, blamiert der unglückliche Mann schließlich die gesamte japanische Eisenbahn, so daß die Konsequenz, sich aus Scham das Leben zu nehmen, Japanern, zumal denen am Ende des vorigen Jahrhunderts, durchaus verständlich erschien.

Freud hat seine Psychoanalyse aus Schuldkomplexen hergeleitet, vor allem aus sexuellen Verdrängungen. Es kann kein Zufall sein, daß die Psychoanalyse in Japan fast keine Rolle spielt, daß Psychiater hierzulande kaum gefragt sind. In keinem anderen Industriestaat wird ihre Hilfe so wenig gebraucht, weil es eben weitgehend an Schuldgefühlen fehlt.

Sexualität wurde in Japan nie, wie in der christlich-abendländischen Welt, als etwas Schmutziges und Schlechtes verdrängt. Nicht, daß Exzesse gesellschaftlich akzeptiert worden wären, aber Sexualität gehörte nach japanischem Empfinden immer zur menschlichen Natur, und wenn erwachsene Menschen darin eine Quelle des Vergnügens und der Unterhaltung sahen, war das allein deren Sache und wurde von der Mitwelt weitgehend toleriert. Kein Volk hat derart abgestufte sexuelle Praktiken und Vergnügungen in relativer Offenheit entwickelt wie die Japaner, von der ordinären Prostitution bis hin zur sublimen Erotik von im ganzen Land berühmten Geishas; in keinem anderen Staat der jüngeren Geschichte existierte ein so riesiges, geordnetes und zugleich kultiviertes Freudenhausviertel wie Yoshiwara im alten Edo, und trotzdem schwappte die Freude an der Sexualität niemals über in eine »Sexwelle«, weil sie immer nur als zwar selbstverständlicher, aber nie als beherrschender Zug menschlicher Existenz empfunden wurde. Ähnlich haben die Japaner auch die Homosexualität mit derselben menschlichen Gelassenheit akzeptiert. Wahrscheinlich ist es gerade das Fehlen moralischer Verklemmungen in der Vergangenheit, das in der Gegenwart leidenschaftliche Diskussionen über sexuelle Befreiung, wie etwa in Amerika, gar nicht erst aufkommen läßt.

Die Anpassung Japans an die Moralregeln des Westens seit den Meiji-Reformen geht sicher nicht nur auf sich wandelnde Grundüberzeugungen zurück, sondern auch auf die taktische Erkenntnis, daß man sich als ein empordrängender Staat nur dann den vollen Respekt der christlichen Großmächte erwerben werde, wenn man die von christlichen Missionaren beklagte »Unmoral« der Bevölkerung ausmerze. Erst 1958 wurde die Prostitution offiziell abgeschafft, doch aus dem Unterschlupf, den sie in vielen »türkischen Bädern« fand, wurde sie nie ernsthaft vertrieben. Auch die verfeinerten Formen haben in modernen Anpassungen überlebt, beispielsweise in den von außen mit ihren Türmchen und Balustraden an europäische Schlösser erinnernden Love Hotels an den Ausfahrten der Autobahnen, mit ihrer totalen Diskretion und ihren technischen Spielereien, von den Schaukelbetten bis zu Videokameras samt Aufzeichnungsgeräten.

Oberflächlich präsentiert sich Japan heute als ein prüder Staat, mit Film- und Buchzensur und eng gefaßten Gesetzen, in auffälligem Kontrast zu den Zeitströmungen des Westens. Doch was Außenstehende zu sehen bekommen, gehört weniger in das Kapitel Volksmoral als in das über politische Heuchelei.

Religion
oder
Es geht auch ohne

Die Statistik läßt vermuten, daß irgend etwas nicht stimmt. Über 80 % der Bevölkerung werden als Buddhisten bezeichnet, über 70 % gelten als Schintoisten, knapp 1 % wird den Christen zugerechnet. Das ergibt zusammen über 150 % – eine statistische Unmöglichkeit. Der Fehler dieser Berechnung liegt in der westlichen Denkweise, die als selbstverständlich unterstellt, daß ein Mensch sich nur zu einer Religion bekennen könne. Man ist Katholik oder Protestant, Christ oder Mohammedaner oder Jude. Ein religiöses Bekenntnis schließt das andere aus.

Im Gegensatz dazu finden die Japaner nichts dabei, sich aus dem Angebot der Religionen und Weltanschauungen das herauszuholen, was den jeweiligen Bedürfnissen entspricht, selbst wenn dies zum Ergebnis führt, daß man gleich mehreren Religionen zugerechnet wird. Die meisten Japaner heiraten nach schintoistischem Ritual und lassen sich buddhistisch beerdigen, gelten also als Schintoisten und Buddhisten zugleich. Und viele schicken ihre Kinder auf eine christliche Universität und feiern neuerdings mit den Kleinsten Weihnachten. Japaner sehen darin keinen Bruch.

Daraus allerdings den Schluß zu ziehen, Japaner seien religiös besonders aufgeschlossen, sie würden bereitwillig, ja gierig, soviel Religion wie möglich aufnehmen, wäre total falsch. Religion spielt im Leben der Japaner nur eine sehr geringe Rolle, und schon die Frage nach seiner religiösen Zugehörigkeit bringt einen

Japaner leicht in Verlegenheit. Da ihn das Thema nicht besonders beschäftigt, weiß er oft nicht, was er antworten soll.

Religion als Frage nach dem Sinn des Lebens und damit nach dem Wesen des Todes beansprucht keinen zentralen Platz im Denken und Empfinden der Japaner, ähnlich übrigens wie in China und Korea und in auffälligem Kontrast zur tiefen Religiosität Südostasiens. Dies geht wahrscheinlich auf die Morallehre des Konfuzius (551–479 v. Chr.) zurück, die von China aus ganz Ostasien prägte und die in ihrer ursprünglichen Form, ähnlich dem europäischen Humanismus, ohne den Glauben an göttliche Kräfte auskam. Hinzu kommt ein spezifisch japanischer Grund. Da in der sich auf Gruppen aufbauenden japanischen Gesellschaft Scham an die Stelle von Schuld tritt, bedarf es auch keiner Erlösung. Die Rechnung wird bereits auf Erden ausgeglichen, hier, unter uns, sind Himmel und Hölle. In den Beziehungen zu den Mitmenschen, nicht zu Gott, muß man für seine schlechten Taten bezahlen, wird man für Gutes belohnt. Außerdem lehrt die Natur täglich neu, daß die ganze Welt sich im Zyklus des Geborenwerdens und Sterbens bewegt, daß in jedem Anfang schon das Ende vorgezeichnet ist. Der Mensch, der nichts anderes ist als ein Teil dieser Natur, kann keine Ausnahme verlangen.

Selbstverständlich wollen die Japaner, wie alle Menschen, glücklich werden und lange leben. Nur erscheint ihnen der Tod eher als ein naturgegebener Abschluß und nicht als Übergang in ein ungewisses, schreckliches Jenseits. Nach einem einfachen Trauerritual werden die meisten Toten verbrannt und in fast schmucklosen Gräbern auf buddhistischen Friedhöfen beigesetzt. Mit dem Tod hört alles auf. Man fürchtet den Tod, weil mit ihm alles zu Ende geht, nicht aber, was bei den westlichen Hochreligionen hinzukommt, wegen der Prüfungen, die den erwarten, der durch das Tor des Todes eine dunkle, neue Welt betritt.

Daß die meisten Japaner ohne tiefe Religiosität sich trotzdem sogar zwei Religionen gleichzeitig zurechnen lassen, mag auf den ersten Blick paradox erscheinen. Doch liegt darin kein Widerspruch, weil Schintoismus und Buddhismus in der pragmatischen Welt der Japaner in erster Linie praktische soziale Bedürfnisse erfüllen, wobei das eigentlich Religiöse, die Sinndeutung menschlicher Existenz, in den Hintergrund gedrängt wird. Dies hat zu einer Aufteilung geführt, wobei der Schintoismus bei den frohen Ereignissen im Leben dominiert, während der Buddhismus Trost für die schweren Stunden bietet.

Alljährlich in der Neujahrsnacht und in den ersten Tagen im neuen Jahr pilgern Millionen Japaner zu den Schintoschreinen. Der Jahresanfang, in dem sich die Natur verjüngt, gilt auch für die Menschen als neuer Beginn. Vorher müssen deshalb die Schulden des alten Jahres bezahlt werden, was geschickte Käufer auszunützen wissen, denn da jeder Geld braucht, geht mancher hartnäckige Verkäufer plötzlich mit seinen Preisen herab. Zugleich hebt überall im Land ein großes Reinemachen an. Was das ganze Jahr nicht gesäubert wurde, schwimmt nun in Seifenschaum, abgeblätterte Farbe wird nachgestrichen, und Hausbesitzer lassen die verrotteten Bambuszäune durch frische grüne Stangen ersetzen. Neujahr feiern die Japaner mit derselben Hingabe wie Christen Weihnachten und Ostern, wobei besonders deutlich wird, daß der Schintoismus ein Reinigungsritual darstellt und keine Glaubenslehre.

Auch bei der Hochzeit, mit der ebenfalls ein neuer Lebenszyklus beginnt, bevorzugen die meisten Japaner schintoistisches Ritual. Zahlreiche Schreine, viele große Hotels und einige Privatunternehmer haben sich auf die Organisation von Hochzeiten spezialisiert. Vom Brautkleidverleih über das Festbankett samt den obligaten Geschenken an die Gäste bis hin zur Hochzeitsreise bieten sie Pauschalarrangements für jeden Geldbeutel, selbstverständlich einschließlich der Trauungszeremonie. Die findet häufig in einem zum Schintoschrein umdekorierten Hotelsaal statt, wobei es vorkommt, daß Studenten im Nebenjob als Schintoprie-

Jeder Wohnbezirk feiert alljährlich sein schintoistisches Schreinfest. In den letzten Jahren haben die Gerichte häufig die Frage prüfen müssen, ob es sich bei solchen Überlieferungen um religiöse Akte oder um von der Religion losgelöstes Brauchtum handelt.

ster auftreten. Und die große Hochzeitstorte, deren Anschneiden von dem pauschal mitgebuchten Fotografen im Bild festgehalten werden muß, besteht oft aus einer Gipsattrappe, bei der in eine Aussparung ein kleines echtes Stück Kuchen hineingeschoben wird, damit an dieser Stelle das Brautpaar das Messer ansetzen kann. Schöner Schein ist alles. Schintoistische Hochzeiten – und mit wachsender Beliebtheit auch christliche Trauungen auf Hawaii, von dubiosen Pfarrern zelebriert – gelten den meisten nur als dekorative Überlieferungen oder als originelle Neuheiten, zumal die Rechtsgültigkeit einer Ehe vom Staat besiegelt wird.

Die Schreinfeste, die jedes Dorf und jedes Stadtviertel zu Ehren der jeweiligen Schutzgötter mit fröhlich-lauten Umzügen begehen, fügen sich ebenfalls in den Rhythmus der Natur und finden vorwiegend in den Zeiten der Aussaat und Ernte statt. Im Schintoismus wird vorwiegend Brauchtum gepflegt und Fruchtbarkeit verehrt, er bietet Anlaß zu lebensbejahender Geselligkeit. Mit der verzweifelten Suche des einzelnen und Einsamen nach Erlösung und Vergebung, also mit echter Religiosität, haben die schintoistischen Überlieferungen wenig zu tun.

Im Buddhismus, einer der Hochreligionen der Welt, nähern sich die Japaner echtem Glauben am dichtesten. Das Halbdunkel buddhistischer Tempel, die monoton-schwermütigen Rezitationen der Mönche, brennende Kerzen und duftende Räucherstäbchen und der schicksalsschwere dumpfe Ton der Trommeln schaffen eine Stimmung, welche die Menschen aus ihrer irdischen Gebundenheit löst. Hier wird verständlich, daß mit dem Tod die Stunde der buddhistischen Priester kommt. Allerdings hat die Verbundenheit der Japaner mit dem Buddhismus auch einen realpolitischen Hintergrund. Anfang des 17. Jahrhunderts ordnete der Schogun Ieyasu die Registrierung aller Personen im nächstgelegenen buddhistischen Tempel an, um die Christen, die er ausrotten wollte, zu zwingen, sich zu ihrem Glauben zu bekennen. Damit bürgerte sich eine Zugehörigkeit jedes einzelnen zu irgendeinem buddhistischen Tempel ein, die, wenn überhaupt, heute noch darin überlebt, daß die Familiengräber auf den Friedhöfen jener Tempel liegen.

Gewiß haben sich im Lauf der Jahrhunderte unzählige buddhistische Priester und Gelehrte auch in Japan mit dem Nirwana beschäftigt, mit der Erlösung aus dem Kreislauf des Leidens, aber die überwiegende Mehrheit der Bevölkerung ist ihnen dabei nicht gefolgt. Am Anfang galt der aus Nordindien stammende und über China nach Japan gekommene Buddhismus ohnehin nur als Lehre für den Kaiserhof, den Adel und die Beamten, während dem Volk der Schintoismus blieb. Später dann, um 1200, bei der Ausbreitung über das ganze Land, stutzte sich das Volk diesen schwierigen Glauben auf seine einfachen irdischen Bedürfnisse zurecht. Die Angst vor gräßlichen Höllenstrafen und vor unzähligen Wiedergeburten auf dem leidvollen Weg ins Nirwana hat die Japaner nie sonderlich beunruhigt. Daher haben hier auch nur selten Menschen dem Leben entsagt und sich als Eremiten in Berghöhlen zurückgezogen oder durch Selbstkasteiung das Rad des Lebens aufzuhalten versucht. Jeder konnte in Japan zum Buddha werden, also Erlösung finden, durch die Praktizierung simpler Rituale, womit sich die meisten zufriedengaben. Noch heute stehen in den meisten japanischen Wohnungen Familienschreine, in denen die Verstorbenen verehrt werden, indem man ihnen täglich frische Nahrung anbietet, fast so, als weilten sie noch unter den Lebenden. Doch weil es kein Wiedersehen mit den Toten geben kann, verblaßt die Erinnerung nach wenigen Generationen, während jüngere Verstorbene neue Aufmerksamkeit verlangen.

Die Bedeutung des Buddhismus für Japan liegt deshalb vor allem darin, daß mit ihm und durch ihn im 7. Jahrhundert die chinesische Kultur Eingang in Japan fand, ein Ereignis, das sich in seiner Bedeutung nur noch mit der Öffnung Japans zum Westen in der zweiten Hälfte des vergangenen Jahrhunderts vergleichen läßt und das damals Japan nicht weniger radikal veränderte als auf der anderen Seite der Erdkugel der römisch-christliche Einfluß die Welt der Germanen. Auch der Zen-Buddhismus mit seinen Konzentrations- und Meditationspraktiken, mit seiner Naturnähe und seiner Ästhetik der Schlichtheit diente mehr der Selbstverwirklichung der Samurai auf Erden als der Vorbereitung auf das Jenseits und hat sich bis in die Gegenwart als eine Methode der Entspannung und der Regeneration erhalten, weithin losgelöst von transzendentalen Bezügen, denn auch Christen und Atheisten finden heute in Zen-Meditationen eine Quelle für neue Kraft. Daneben hat der Buddhismus die japanische Kunst auf unvergleichliche Weise geprägt, wobei gerade die zen-buddhistischen Kunstwerke japanische Originalität und Stilsicherheit auf das eindrucksvollste belegen.

Beachtung verdient die seltsame Faszination, die ein freiwilliger Tod, also der Selbstmord, seit je auf die Japaner ausübt. Wo kein Jüngstes Gericht auf die Menschen wartet, verliert der Tod sicher manches von seinem Schrecken. Bemerkenswert bleibt, daß weder Schintoismus noch Buddhismus in Japan den Freitod je verdammten, im Gegensatz zum christlichen Abendland, in dem erfolglose Selbstmörder oft sogar noch vom Staat bestraft wurden. Ein Freitod galt und gilt in Japan als honoriger Weg aus einer verfahrenen Lage, als ein Schritt, der Respekt gebietet, nicht Verdammung, und der keineswegs seltene doppelte Freitod unglücklicher Liebespaare gehört zu den ewigen Themen der japanischen Literatur. Nur in Japan hat sich der Freitod zum ritterlichen Ritual entwickelt. Um der Schande der Gefangenschaft zu entgehen und als Beweis unverbrüchlicher Treue entleibten sich die Samurai im seppuku, einer grausamen Prozedur, die ungeheure Willenskraft erfordert, weil sich der zum Tod Entschlossene nach einer rituellen Reinigung und Vorbereitung langsam, ohne erkennbare Zeichen von Schmerz, den Bauch mit einem Dolch aufschneidet, bis ihm, während er bei vollem Bewußtsein nach vorne überkippt, ein Gehilfe mit scharfem Schwert den Kopf abschlägt. Mag sich das formelle seppuku überlebt haben, geblieben ist die Achtung vor einem Freitod als legitime individuelle Entscheidung. Zwei der berühmtesten japanischen Dichter der Nachkriegszeit, das Jugendidol Yukio Mishima und der Nobelpreisträger Yasunari Kawabata, haben ihrem Leben selbst ein Ende gesetzt, der eine in theatralisch-dramatischer Pose, der andere aus stiller Resignation.

Die friedliche Koexistenz zwischen Schintoismus und Buddhismus stellt ein in der Weltgeschichte seltenes Beispiel jahrhundertelanger religiöser Toleranz dar. Gewiß hat es in den gegenseitigen Beziehungen nicht an Spannungen gefehlt, anfangs im Versuch der mächtigen buddhistischen Tempel in Nara und Kyoto, über ihren Einfluß auf das Kaiserhaus den Schintoismus zu verdrängen, zuletzt im vergangenen Jahrhundert, als die Nationalisten den Kaiser in die Rolle eines lebenden Schintogottes drängten und den Schintoismus zum patriotischen Sammelbekken erklärten, was auf eine Auszehrung des Buddhismus hinauslief. Festzuhalten bleibt aber, daß die japanische Geschichte keine haßerfüllten, blutigen Religionskriege zwischen Schintoisten und Buddhisten kennt. Der prächtige Asakusa-Kannon-Tempel in Tokio, dem Touristen nur selten ansehen, daß es sich um eine Nachbildung aus Beton handelt, weil der würdevolle alte Holzbau im Zweiten Weltkrieg den Brandbomben zum Opfer fiel, geht der Legende nach auf Fischer zurück, die eines Tages in ihrem Netz eine Statue der Kannon, der buddhistischen Göttin der Barmherzigkeit, fanden. Auf demselben Gelände, direkt nebenan, genießen jene Fischer in einem Schintoschrein göttliche Verehrung.

Dem Christentum ist es bis heute nicht gelungen, sich als Volksreligion in Japan durchzusetzen, obgleich es an intensiven und langen Missionsbemühungen nicht gefehlt hat. Es war der später heiliggesprochene Franziskus Xavier, der 1549 den katholischen Glauben nach Japan brachte und dem es gelang, das Christentum rasch über Südjapan zu verbreiten, da sich einige der mächtigen Feudalherren der Gegend bekehren ließen. Gleichzeitig öffnete sich Japan damals auch dem westlichen Handel, wobei sich die Daimyo besonders an Waffen interessiert zeigten. Das anfängliche Entgegenkommen, die Bereitwilligkeit der Elite in Kyoto christliches Gedankengut aufzunehmen, schlug jedoch bald um. Schuld daran waren zum Teil die katholischen Missionare selbst, da unerfreuliche Machtkämpfe zwischen Jesuiten und Franziskanern sowie die Intoleranz aller europäischen Missionare gegenüber den Buddhisten Abneigung und Widerstand provozierten. Hinzu kam, daß die damaligen Herrscher in Kyoto mit Unbehagen beobachteten, wie die Regionalfürsten im Süden dank europäischer Waffen immer mächtiger wurden und daß sie plötzlich argwöhnten, die Missionare könnten sich als Vorboten kolonialistischer europäischer Eroberer entpuppen – eine keineswegs unberechtigte Sorge, wenn man bedenkt, wie die Verbreitung des christlichen Glaubens von den europäischen Seemächten damals zur Legitimierung einer im Grund menschenverachtenden Kolonialpolitik mißbraucht wurde. Der Feldherr Hideyoshi ordnete die gnadenlose, blutige Unterdrückung der Christen an, und es kam zu grausamen Verfolgungen, vor allem in der Gegend um Nagasaki. 1639 war der erste christliche Missionsversuch in Japan gescheitert. Winzige Splittergruppen überlebten auf der Insel Kyuschu im Untergrund, mußten aber zur Tarnung ihren christlichen Glauben derart verwässern, daß er nach über 200 Jahren, als die Missionare wiederkommen durften, kaum noch zu erkennen war.

Ausgerechnet auf Nagasaki, wo Hideyoshi die Missionare und die ersten japanischen Christen hatte kreuzigen lassen und wo wie in keiner anderen Stadt Japans Märtyrer des christlichen Glaubens verehrt wurden, warfen die Amerikaner 1945 ihre zweite Atombombe.

Die zweite Missionswelle, in der Zeit, als sich Japan im vorigen Jahrhundert dem Westen öffnete, wurde von protestantischen Missionaren, die vorwiegend aus Amerika kamen, angeführt. Denen ging es nicht allein um den Glauben, sondern auch um praktische Hilfe. Sie gründeten Krankenhäuser, Kindergärten und Schulen, darunter höhere Schulen für Mädchen, sowie Universitäten und Heime für Behinderte, machten sich also verdient im Erziehungswesen und bei der Betreuung Benachteiligter. Aus der Modernisierung Japans ist dieser christliche Beitrag nicht wegzudenken, weswegen es auch zu keiner Christenverfolgung mehr kam. Im Zweiten Weltkrieg zwang der Staat nur die vierunddreißig verschiedenen protestantischen Sekten in einen Dachverband (nihon kirisuto kyodan), um sie besser kontrollieren zu können.

Berücksichtigt man, daß seit Ende des Zweiten Weltkrieges

völlige Religionsfreiheit herrscht, eine Missionstätigkeit also keinerlei Einschränkungen unterworfen ist, dann erweisen sich die Resultate von über 100 Jahren ununterbrochener Missionsbemühungen als sehr bescheiden. Etwa 500 000 Protestanten und ungefähr 400 000 Katholiken ergeben zusammen weniger als 1 % der japanischen Bevölkerung. Allerdings ist diese Zahl irreführend, weil der tatsächliche Einfluß christlicher Ideen weit darüber hinausreicht. Denn zu jener knappen einen Million gehören unverhältnismäßig viel Professoren, Ärzte, Rechtsanwälte, Wirtschaftsführer, hohe Beamte, Künstler und Politiker. Außerdem darf unterstellt werden, daß die Christen in Japan insgesamt ihren Glauben ernster nehmen als Buddhisten und Schintoisten. »Christlich« gilt als eine Art Gütesiegel. Die Ausbildung in einer christlichen Schule garantiert solide Wissensvermittlung und dazu eine Charakterbildung nach klaren moralischen Prinzipien. Die katholische Sophia-Universität, weitgehend gefördert von deutschen Katholiken, und die International Christian University (ICU), vorwiegend betreut von amerikanischen Protestanten, beide in Tokio, gehören zu Japans renommiertesten Hochschulen. Doch bekennen sich nur etwa 10 % der jeweiligen Schüler und Studenten zum Christentum. Die meisten kommen, weil sie sich hier eine Ausbildung erhoffen, die ihnen einen besonders guten Karrierestart ermöglicht. Radikale Studentenbewegungen haben daher auch vor den Toren der christlichen Hochschulen nicht haltgemacht, gerade weil dort geistige Auseinandersetzung besonders ernst genommen wird.

Alles Ansehen, das die Christen heute in Japan genießen, täuscht jedoch nicht darüber hinweg, daß es der Missionsarbeit nicht gelungen ist, aus einem kleinen, begrenzten Kreis auszubrechen und in die Breite des Volkes hineinzuwirken. Erfolgreich und beispielgebend waren die Christen bislang nur in der praktischen Lebenshilfe, doch gemessen an der Absicht, dem ganzen japanischen Volk die christliche Erlösungsbotschaft zu bringen, also über den elitären Bereich hinaus ganz Japan zum christlichen Glauben zu bekehren, sind sie gescheitert. Den Hauptgrund für diesen Mißerfolg sollte man allerdings nicht im Christentum

suchen, wenngleich die Anpassungsschwierigkeiten einer aus
dem Westen kommenden Religion in Ostasien nicht unterschätzt
werden dürfen. Man denke nur, welche Mühe es Japanern bereiten muß, den Begriff Sünde zu verstehen, der doch nur als Verstoß gegen göttliche Gebote begreifbar wird, wo sie selbst mit
relativierten Moralvorstellungen aufwachsen, deren Verletzung
eher Scham erzeugt. Letzten Endes mußte das Christentum in
Japan genauso erfolglos bleiben wie der Buddhismus, weil dem
diesseitigen japanischen Volk ein Grundbedürfnis nach Erlösung
weitgehend fehlt und weil sich den Japanern die Frage nach der
Bedeutung des Todes nicht mit unerbittlicher Radikalität auf-
drängt, wogegen sich die meisten noch immer aus einer heute
sicher weitgehend unbewußt gelebten schintoistischen Grundstimmung heraus in den Zyklus der Natur einbezogen fühlen. In
die moderne Handelssprache übersetzt könnte man auch sagen,
wo keine Nachfrage besteht, muß jedes Angebot scheitern.

Allerdings könnte es sein, daß die Stunde des Christentums in
Japan erst begonnen hat. Denn da die Japaner zutiefst von ihrer
Einmaligkeit überzeugt sind, liegt ihr größtes unbewältigtes Zu-
kunftsproblem darin, Anschluß an die family of man zu finden,
wobei es nicht darum geht, die nationale Identität aufzugeben,
sondern sich zu einer die nationalen Besonderheiten überwölben-
den und von allen Völkern getragenen Wertordnung zu bekennen. Die sozialen und menschlichen Postulate jener Wertordnung, wie sie beispielsweise in der UN-Erklärung der Menschenrechte formuliert sind, decken sich nicht nur weitgehend mit der
Sozialethik und den Geboten des Christentums, sie sind sogar in
entscheidenden Teilen daraus hervorgegangen. Deshalb könnte
das Christentum, dank seinem bereits vorhandenen beträchtlichen Einfluß auf die Eliten, Japan helfen bei der Einstimmung
auf die universale Zusammengehörigkeit der Völker. So wie die
eigentliche Leistung des Buddhismus in Japan darin besteht, die
chinesische Kultur ins Land gebracht zu haben, könnte sich das
Christentum als Geburtshelfer erweisen bei der noch ausstehen-
den, aber unaufhaltsamen geistigen Eingliederung Japans in die
Welt.

Seit dem Beginn der Industrialisierung und der Öffnung zum Westen entstehen immer wieder neue religiöse Gruppen, von denen manche gleichsam über Nacht millionenfachen Zulauf finden, von denen viele aber ebenso rasch in die Bedeutungslosigkeit absinken. Häufig von Frauen gegründet mischen einige dieser neuen Religionen schintoistisches und buddhistisches Gedankengut mit bäurischen Überlieferungen und mit Aberglauben. Obgleich sie sich als Religionen präsentieren, dienen sie vorwiegend dem unteren Mittelstand der Gewerbetreibenden, Handwerker und Händler und vereinsamten Ehefrauen mittlerer Angestellter, deren Männer frühmorgens die Wohnung verlassen und erst spätabends zurückkehren, also jenen, die durch Industrialisierung und Urbanisierung aus ihrer gewohnten Welt herausgerissen wurden und keinen Anschluß an neue Gruppen gefunden haben, als Auffangbecken, womit sie in Wahrheit mehr soziale als religiöse Bedürfnisse erfüllen. Der buddhistischen Soka Gakkai (etwa: Gesellschaft, die neue Werte hervorbringt) als Sammlungsbewegung des entwurzelten Kleinbürgertums sollen sieben Millionen Familien angehören. Sie schaffte nach dem Zweiten Weltkrieg auch den Sprung in den Reichstag durch ihren politischen Zweig Komeito (Partei für eine saubere Regierung), von dem sie sich später formal trennte. Rituale und Programme der neuen Religionen sind ganz darauf abgestellt, ihren Anhängern das Leben auf der Erde zu erleichtern. Konsequenterweise überlassen sie daher die Toten den alten buddhistischen Tempeln zur Bestattung.

Kunst
oder
Mit den Augen sehen kann jeder

Japans Kunst drängt sich nicht auf. Sie hält sich zurück, so wie auch die Menschen ihr Herz nicht auf der Zunge tragen. Um so lohnender ist es, dem Japanischen in der japanischen Kunst nachzuspüren, weil sich hier unausgesprochen die Seelenlage des Volkes offenbart. Mögen sie ihre Worte auch noch so behutsam wählen, vor allem gegenüber Fremden, in ihrer Kunst geben sich die Japaner unbeobachtet, ungehemmt, frei und ehrlich wie sonst kaum. Allerdings muß man diese Kunst entdecken, denn über dem Japanischen liegt eine dicke chinesische Schicht: Tuschemalerei, vor allem die Kalligraphie, auch die Kunst, Zwergbäume zu züchten, Tempelarchitektur, buddhistische Figürlichkeit, Gartenkunst und selbst der Kimono wurden meistens bereits vor mehr als tausend Jahren aus China übernommen.

Nie hat es den Chinesen an Selbstbewußtsein gefehlt, bis heute schreiben sie ihren Staat mit den Zeichen »Reich der Mitte«, was immer auch der Bedeutung von Zentrum der Welt entsprach. Diese Haltung spiegelt sich auch in ihrer Kunst, in den prächtigen Goldschnitzereien der Tempel, im aggressiven Rot der Lackierungen, in den gewaltigen Dimensionen der Paläste. Japanisch ist von alldem das Gegenteil. Denn während die Chinesen ihr Können stolz zur Schau stellen, als älteste und noch immer unverbrauchte Hochkultur der Welt, haben die Japaner die Einfachheit, Schlichtheit, das Understatement, zur unnachahmlichen Kunstform entwickelt. Gerade daß sich in der japanischen Kunst höchste Raffinesse und verfeinerte Ästhetik hinter gewollter Schlichtheit verbergen, und zwar bis zur Unsichtbarkeit, macht ihren einmaligen Reiz aus. Nichts täuscht leichter als die »Selbstverständlichkeit« eines Blumenarrangements, die sparsame Pinselführung auf einem Rollbild, das auf wenige Worte reduzierte Kurzgedicht, denn je konzentrierter ein Künstler sich zurückhält, je weniger Striche er zieht, je sparsamer er Farben andeutet, je weniger Worte er wählt, desto mehr muß jedes De-

Oben: Feldarbeit am Fuße des Berges Fuji. Tuschemalerei im Zen-Stil von Buncho Tani (1763–1840).

Unten: Die 47 Ronin rächen ihren Herrn und töten sich anschließend selbst im rituellen Seppuku (1703). Aus einem späteren Farbholzschnitt.

tail stimmen. Die kleinste Unsicherheit zerstört sofort das Ganze. Was vordergründig einfach wirkt, verbirgt perfektes Können, ja ein Werk ist um so besser gelungen, je weniger man ihm künstlerische Absicht ansieht.

Zu Unrecht stehen die Japaner im Ruf, Ausländisches blind zu kopieren. Was immer sie an geistigen Einflüssen und künstlerischen Impulsen im Laufe der Jahrhunderte übernommen haben, wurde langsam und beharrlich in die eigenen Überlieferungen eingeschmolzen. Mag etwa die Technik der Tuschemalerei aus China stammen, die Inhalte, die Ideen, die sie damit ausdrücken, sind urjapanisch. So deutet ein Maler den Berg Fuji an, mit nur zwei Strichen, dem absoluten Minimum (Abbildung). Was der unerfahrene Betrachter kaum wahrnimmt, ist die blaßgraue Farbe, die den Berg in dunstige Ferne rückt und dem Bild Tiefe gibt. Die Linie, die die linke Flanke zeichnet, wird kurz vor dem Gipfel unterbrochen, durch Leere; Japaner »sehen« an dieser Stelle Wolken, die am Berg hängen, obwohl das Gewölk nicht einmal angedeutet wird. Im Vordergrund steht rechts ein Baum, daneben die Andeutung eines Zauns, links trottet, winzig, fast wie eine Miniatur gemalt, ein Bauer mit seinem Wasserbüffel dahin. Feldarbeit am Fuße des Berges Fuji, von Buncho Tani, 1763–1840, für Europäer ein fast leeres, ein ziemlich nichtssagendes Bild, eher eine Skizze. Ganz anders die Wirkung auf Japaner, denn bei ihnen lösen die wenigen Pinselstriche, die das Auge aufnimmt, Impressionen und Assoziationen aus, so daß sich erst in ihrer Vorstellung, in ihrer Phantasie, das Werk verwirklicht. Mit anderen Worten, nicht die sparsamen Striche stellen das fertige Bild dar, sie wirken eher wie Signale, die beim Zuschauer eine geistige Umsetzung auslösen. Er »sieht« mehr, als der Maler gezeichnet hat.

Auch hier erweist sich wieder die Stärke eines geschlossenen Kulturkreises, der vieles unausgesprochen voraussetzen kann, dank langer gemeinsamer Erfahrungen. So wie innerhalb der Gruppen Mitteilungen häufig ohne Worte ausgetauscht werden, durch Gesten, selbst durch Schweigen, durch wortlosen Gleichklang (haragei), und wie in der japanischen Sprache mit Vorliebe

Stichworte und Satzanfänge an die Stelle von kompletten Erklärungen treten, weil sofort jeder weiß, was gemeint ist, genauso begnügt sich der Maler mit der Andeutung, weil er sicher ist, daß jeder ihn versteht, ja weil er befürchten muß, daß jedes Zuviel als Aufdringlichkeit oder als Unterschätzung des Betrachters ausgelegt werden könnte.

Nur auf den ersten Blick wirkt die Szene am Fuji fast primitiv. Allein aus der abgestuften Auflösung der schwarzen Tusche entsteht eine Farbkomposition, von dunklen Stämmen über lichtes Laub bis zur flirrenden Hitze am Berg. Der Büffel ist mit prallen Säcken bepackt, also zieht der Bauer mit seiner Tagesernte nach Hause, und daß er einen Regenumhang aus Stroh trägt, läßt auf launisches Wetter schließen.

Klein, allzu klein, scheint der Mensch geraten, und da er überdies von hinten gezeichnet ist, fehlt ihm jede Individualität. Doch liegt auch in dieser Darstellung künstlerische Absicht, denn im Weltverständnis Ostasiens steht eben der Mensch nicht im Mittelpunkt, gehört er zur Natur, zum Ganzen, als ein wichtiger, aber keineswegs zentraler Teil. Selbst im heutigen kommunistischen China ziehen auf Bildern noch die Revolutionäre mit ihren roten Fahnen, winzig wie Zwerge, über die Felder und klettern Lastwagen, klein wie Wanzen, auf neuen Straßen über die Berge, was belegt, wie tief selbst dort die neue Kunst in den alten Traditionen wurzelt. Jene christliche Lehre, wonach Gott den Menschen nach seinem Ebenbild geschaffen habe, mit dem Auftrag, sich die Erde untertan zu machen, wirkt auf die meisten Ostasiaten, vor allem auf die Japaner, anmaßend. Menschen und Tiere, Pflanzen und Flüsse, Berge und Täler erscheinen ihnen als gottgewollte Ganzheit, und daher wird ihr Verhältnis zur Natur nicht von dem Ehrgeiz bestimmt, sie zu unterwerfen, sondern von der Bereitschaft, sich einzufügen und anzupassen. Die Schintoschreine und viele buddhistische Tempel im Lande ducken sich unter alten Bäumen und suchen Schutz und Geborgenheit im Wald, als Sinnbilder jener Haltung.

Wie anders hätten europäische Künstler ein solches Thema behandelt. Da wäre jeder Quadratzentimeter der Leinwand mit

Ölfarbe bedeckt, da hätten echte Farben die Grauabstufungen verdrängt, da würde vor allen der Bauer mit seinem Ochsen die Blicke auf sich ziehen, ein Mann mit müdem, gekerbtem Gesicht. Und an den Flanken des Berges hingen sichtbare Wolken. Kurzum, der Phantasie des Betrachters bliebe nicht viel auszufüllen.

Auch in der Maltechnik zeigt sich der Gegensatz zwischen Ost und West. Das japanische Bild muß in den Vorstellungen seines Erschaffers fertig existieren. Der reine Malvorgang dauert wenige Minuten, vielleicht nur Sekunden, denn der feuchte Pinsel muß rasch, kräftig und sicher über das Papier geführt werden. Jedes Zögern, jede Unsicherheit wäre in den wenigen Strichen sofort zu erkennen. Jede nachträgliche Korrektur ist unmöglich.

Tuschemalereien entstehen mit explosionsartiger Spontaneität in einem kurzen Moment höchster Konzentration, wobei das Papier vor dem knienden Maler auf dem Boden liegt. Sein europäischer Kollege, der Ölfarben benutzt, darf sich Zeit lassen, er kann das Motiv auf der Staffelei vorskizzieren und langsam vervollkommnen. Er kann Farbwirkungen ausprobieren und sogar Korrekturen anbringen, ihn jagen weder Zeit noch das Wissen, daß ein winziger Ausrutscher beim letzten Strich das gesamte Werk unheilbar ruiniert.

Selbstverständlich kennt auch die japanische Malerei zahlreiche Schulen und Moden, doch haben sie alle in der schwarzen Tusche ihren Ausgangspunkt. Viele Richtungen, vor allem in der Gegenwart, werden von fremden Einflüssen beherrscht. Der dominierende Stil der sparsamen, fast abstrakten Pinselführung entstammt dem Zen-Buddhismus, in dem sich im frühen Mittelalter in Japan buddhistische Vorstellungen aus China mit Japans ritterlichen Tugenden vereinigten zu einer Ästhetik der Naturnähe, der Zurückhaltung, die in den kleinen, einfachen Dingen, in Kirschblüten und der natürlichen Maserung des Holzes und selbst noch in der Häßlichkeit einer angestoßenen Keramikschale die einzige und wahre Schönheit sah.

Um die Trostlosigkeit eines Wintertages darzustellen, braucht ein japanischer Künstler keine Schneelandschaft zu malen mit fröstelnden Menschen, die schutzlos einem eisigen Wind ausgeliefert sind. Er erzielt dieselbe Wirkung mit einem kahlen Zweig, auf dem ein einsamer Vogel hockt.

Zum Gesamtbild gehört, daß auch in der japanischen Kunst bunte Farben und dekorative Spielereien mit wertvollen Materialien nicht fehlen. Es waren vor allem die aufsteigenden Kaufleute von Edo vor 150 Jahren, die ihren neugewonnenen Reichtum und ihre wachsende Macht präsentieren wollten.

Japaner besitzen nicht nur die Begabung, im Detail bereits das Ganze zu sehen, sie können umgekehrt auch selektiv schauen und dabei unerwünschte Nebenerscheinungen aus dem Blickfeld und Bewußtsein verdrängen. Im klassischen Bunraku-Theater werden die Puppen, die zwei Drittel der Menschengröße erreichen, von schwarz vermummten Spielern bewegt. Diese Puppenspieler, oft drei für eine der Hauptpuppen, arbeiten auf offener Bühne, doch ihre schwarzen Kutten und Masken entziehen sie der Aufmerksamkeit des Publikums, das sie einfach nicht wahrnimmt. Ähnliches passiert im Kabuki-Volkstheater. Ausländer reagieren oft enttäuscht und verärgert, wenn sich direkt neben einem herrlichen alten Schrein ein hoher Dreckhaufen wölbt, wenn sich hinter einem gepflegten Park eine häßliche Fabrikmauer erhebt. Japaner nehmen daran viel seltener Anstoß, sie schaffen es, die Schönheit ungestört auf sich wirken zu lassen und die Häßlichkeit zugleich zu übersehen, wie die vermummten schwarzen Gestalten auf der Bühne.

Kunst darf sich nach japanischem Empfinden nicht weit von der Natur entfernen. In keinem Land der Welt wird Keramik so hoch geschätzt, weil in allen Teeschalen, Vasen und Eßgefäßen die Erdschwere des Tons erhalten bleibt, wogegen die Chinesen bezeichnenderweise das verfeinerte Porzellan, das seinen Ursprung verbirgt, vorziehen. Daß die Chinesen Tempelschnitzereien und Säulen bemalen und lackieren, zerstört für japanisches Empfinden die natürliche Schönheit der Maserung und damit den ursprünglichen Reiz. Perfekte Symmetrie und Makellosigkeit, wie im chinesischen Porzellan, wirken auf Japaner eher langweilig, denn nichts was die Natur hervorbringt, ist absolut spiegelgleich und völlig fehlerfrei. Jede Kunst aber, die sich von der Natur und damit von der Wirklichkeit löst, erscheint ihnen steril und leblos.

Japan darf den Ruhm beanspruchen, als erstes Land die Kunst unter das breite Volk gebracht zu haben. Denn die Farbholzschnitte mit Darstellungen aus der vergänglichen Welt der Kurtisanen von Yoshiwara und der Kabuki-Schauspieler (Ukiyo-e), die Bilder und Szenen aus dem Volksleben und der Geschichte, die alle heute zu teuren Sammelobjekten geworden sind, stellten im 18. Jahrhundert und danach die erste Massengrafik dar. In unzähligen Exemplaren von den geschnitzten Holzblöcken abgezogen und für wenige Pfennige verkauft, konnte jeder sich die Bilder leisten, um Kunden werbende Händler, verträumte Studenten und vernachlässigte Ehefrauen.

Heutzutage begeistern sich Millionen Japaner besonders für klassische westliche Musik und für die Fotografie. Der Schlußchor aus Beethovens Neunter hat sich zur inoffiziellen Neujahrshymne des Landes entwickelt. Kaum kündigt ein westliches Orchester eine Konzertreise an, sind alle Karten ausverkauft. Nirgendwo sonst nehmen so viele Kinder Musikunterricht, und japanische Musiker fehlen inzwischen in kaum einem großen Orchester der Welt.

In keinem anderen Land wird die künstlerische Fotografie in den Massenpublikationen derart gepflegt. Während die großen Illustrierten der westlichen Welt vorwiegend dokumentarische Belege ohne künstlerischen Anspruch drucken, von den Grausamkeiten, die sich Menschen gegenseitig zufügen, bis zum Staatsmann, der sich in der Nase bohrt, veröffentlichen Japans Zeitschriften neben solchen Bildern zahlreiche meisterhaft fotografierte Reportagen, über Grabsteine oder Wolken bis hin zu Lokomotiven im Winter.

Wahrscheinlich ist die Begeisterung breiter Bevölkerungskreise für Musik und Fotografie damit zu erklären, daß beide Kunstformen die Möglichkeit bieten, Empfindungen, Stimmungen und Überzeugungen indirekt auszudrücken, also nur anzudeuten. Das Bedürfnis zu derart verschlüsselten Bekundungen in einer Gesellschaft, die unbekümmert Offenheit, eindeutige Werturteile oder gar unmißverständliche Kritik im persönlichen Umgang weitgehend verpönt, sollte nicht unterschätzt werden.

Genauso wie sich Japan auf wissenschaftlichen und technischen Gebieten dem Westen öffnete, wurden auch sämtliche westlichen Kunstformen übernommen. Die Galerien in Tokio hängen voll mit von Japanern gemalten Ölbildern im westlichen Stil, japanische Bildhauer, Grafiker und Komponisten streben modernen amerikanischen und europäischen Vorbildern nach. Den Besten von ihnen gelingt es, westliche Kunstrichtungen mit japanischen Traditionen zu verschmelzen. Der Architekt Kenzo Tange begründete seinen Weltruf, weil sich in seinen Gebäuden aus Beton, Stahl und Glas die natürliche Spannung und die einfache Klarheit japanischer Holzkonstruktionen erhalten, und der junge, weithin unbekannte Noriyuki Haraguchi überraschte 1977 die Avantgarde auf der Kasseler Documenta, weil die spiegelglatte undurchsichtige schwarze Oberfläche seiner mit Öl gefüllten Wannen in ihrer extrem vereinfachten Symbolik zugleich den Geist des Zen ahnen ließ.

Unbekannten jungen Künstlern fällt es schwer, sich durchzusetzen, denn die Japaner lassen sich von großen Namen faszinieren. Kunsthändler überzeugen ihre Kunden weniger mit einer Schilderung der Bedeutung oder Originalität eines Werkes als mit der Aufzählung, wie oft der Künstler bereits ausgestellt habe und wo überall und welche Zeitschriften über ihn berichten. Wahrscheinlich geht die Hemmung vor eigenen Werturteilen auf die japanische Gewöhnung an Gruppen zurück, denn wenn alle einen Künstler gut finden, »muß schon etwas dran sein«, und sicher wirkt sich dabei gegenüber ausländischen Künstlern auch die kritiklose Verehrung des Westens aus. In jedem Fall führt der Verzicht auf eigenes Urteil zu dem beklagenswerten Ergebnis, daß in Japan der Markt mit zweitrangigen Werken erstrangiger Künstler blüht. Auch importierte Modeartikel lassen sich in Japan am besten verkaufen, wenn sie ein berühmtes Namenszeichen tragen, sei es auch nur, daß der Namensträger seinen Ruf für Massenprodukte vermarktet. Der Preis spielt in solchen Fällen nur eine zweitrangige Rolle.

Kunst gilt in Japan nicht als separater Lebensbereich, sondern als eine Einstellung, eine Haltung, die das gesamte Dasein durchdringt. Nirgendwo sonst arbeiten Handwerker mit einer derartigen Liebe am Detail, und wenngleich Massenproduktion und Plastikindustrie in den letzten Jahrzehnten ganze Handwerkszweige vernichtet haben, bleibt den Schreinern, die in Maßarbeit dünne Schiebewände bauen, den Herstellern von Strohmatten und von handgeschöpftem Reispapier, den Töpfern und Webern, Bambusflechtern und Lackkästchenbauern noch immer ihr Auskommen. Wo sonst in der Welt könnte die Art, in der Bauern früher rohe Eier verpackten, als Kunstwerk bestehen? Wo sonst würden Bambuskörbe, hölzerne Wasserkannen und Papierleuchten jede moderne Design-Konkurrenz aus dem Feld schlagen? Wo sonst werden erfahrene Handwerker und berühmte Darsteller klassischer Künste als »lebende Denkmäler« unter staatlichen Schutz gestellt, damit sie ihr Können an Jüngere weitergeben? Wo sonst mißt man dem Anrichten einer Speise, ihrer farblichen Zusammenstellung, der optischen Abstimmung aufeinanderfolgender Gänge denselben hohen Wert zu wie dem Geschmack? Wo sonst zeigt ein junger Mann hinter der Theke eines Sushi-Restaurants beim Zerlegen von rohem Fisch dieselbe Hingabe und Meisterschaft wie ein Konzertgeiger? Wo sonst muß sich ein neugewählter Ministerpräsident mit Pinsel und Tusche den Massenmedien stellen und als Kalligraph beweisen? Wo sonst findet im Namen des Kaisers alljährlich im ganzen Land ein Wettbewerb für Kurzgedichte statt, zu dem der Kaiser das jeweilige Stichwort ausgibt und an dem er sich selbst beteiligt?

So schrieb Kaiser Hirohito nach dem Krieg, 1946:

»Die Menschen sollten wie Kiefern sein, die selbst unter dikkem Schnee ihre Farbe nicht wechseln.«

Jeder Japaner verstand diesen Appell an die alten Tugenden der Treue und Standfestigkeit. Jeweils am Jahresanfang werden im

Palast in Anwesenheit des Kaiserpaares die preisgekrönten Gedichte verlesen. Am Schluß der würdevoll-steifen Zeremonie trägt ein Sprecher das kurze Werk des Kaisers vor – dreimal hintereinander. Ordnung muß sein. Wo sonst?

Die Sprache
oder
Wie man hinter Worten Gedanken versteckt

Je besser sich Menschen gegenseitig kennen, je näher sie einander stehen, desto weniger sind sie auf die Sprache als Mittel der Verständigung angewiesen. »Vielsagende« Blicke, Gesten, Andeutungen ersetzen dann das gesprochene Wort. Diese Erfahrung gilt weltweit, in allen Familien, für alle Liebespaare, für Fußballteams und Klostergemeinschaften. In Japan gilt sie für ein ganzes Volk. Als Folge der Geschlossenheit der japanischen Gesellschaft sind im Laufe der Geschichte die sozialen Spielregeln jedem derart in Fleisch und Blut übergegangen, daß jeder weiß, was von ihm in bestimmten Situationen erwartet wird, ohne daß es ausdrücklicher Aufforderungen und langer Erklärungen bedarf.

Wer sich mit der japanischen Sprache beschäftigt, muß davon ausgehen, daß sie als Kommunikationsmittel keine allein entscheidende Rolle spielt wie etwa das Amerikanische, mit dem sich Menschen verschiedenster geographischer Herkunft und unterschiedlichster kultureller Prägung miteinander verständigen.

Vieles kann in Japan ungesagt bleiben, schon weil man sich innerhalb des geschlossenen Volksganzen wiederum meist in festgefügten Gruppen bewegt. Schweigen innerhalb eines japanischen Personenkreises erzeugt daher keineswegs jene peinliche Leere, die man im Westen fürchtet, denn auch das Nichtreden ist hier mit Inhalt gefüllt. Japans Schöpfungsgeschichte könnte nicht, wie die Bibel, mit dem Satz beginnen »am Anfang war das Wort«, denn Worte werden für Japaner erst ersatzweise notwendig, wenn haragei versagt.

Das Grundbedürfnis aller Japaner, zur Harmonie ihrer Gesellschaft beizutragen, beherrscht ihre Kommunikation. Keine andere Sprache der Welt läßt soviel Behutsamkeit im Umgang miteinander, soviel Rücksicht aufeinander erkennen, was Japanisch zugleich zu einer der schwersten Sprachen der Welt macht, weil sie ohne das Verständnis der komplizierten Hintergründe nicht zu erfassen ist.

Ein Ja auf japanisch, *hai*, bedeutet infolgedessen keineswegs immer Zustimmung, sondern oft nur ein »ich verstehe, warum du das vorträgst«. Echte Zustimmung dagegen müßte meist von zusätzlichen, verstärkenden Signalen begleitet sein. Dies ist für Japaner eine Selbstverständlichkeit. Sie halten es nicht für unlogisch, wenn beispielsweise bei einer telefonischen Anfrage, ob Herr X im Büro sei, dessen Sekretärin antwortet, »ja, er ist heute leider nicht hier«. Denn das Ja soll in diesem Fall nur Entgegenkommen ausdrücken, »ich verstehe, daß Sie Herrn X suchen, und will Ihnen gerne nach Möglichkeit helfen. Leider ist er nicht da.« Genauso korrekt wäre selbstverständlich auch eine Erwiderung »nein, er ist nicht hier«, doch klänge diese Formulierung in japanischen Ohren um eine Spur weniger höflich, da sie nicht mehr beinhaltet als eine nüchterne Mitteilung, wogegen ihr das im Ja ausgedrückte Hilfsangebot, also die Sympathiebekundung, fehlt.

Ohne unterstützende und ergänzende Hinweise würde niemand ein bloßes *hai* als bindende Festlegung überschätzen, ein Ja für mehr halten als eine verständnisvolle Ermunterung. Mißverständnisse mit Ausländern, die in dieser Welt subtiler Signale nicht zu Hause sind, erscheinen daher geradezu vorprogrammiert.

Als beispielsweise der frühere Ministerpräsident Eisaku Sato vor Jahren mit Präsident Nixon zusammentraf, bat der amerikanische Präsident den japanischen Regierungschef, Japans Textilexporte nach Amerika zu bremsen, ein Wunsch, den Sato mit dem vieldeutigen Ausdruck *zensho shimasu* zur Kenntnis nahm, was die Amerikaner als Zustimmung verstanden, was jedoch je nach den Umständen auch nur ein unverbindliches »ich will mein bestes versuchen« bedeuten kann. Als daraufhin nichts geschah, mußten sich die Japaner den amerikanischen Vorwurf gefallen lassen, ein Doppelspiel zu treiben und Zusagen zu brechen. Dabei hatte Sato nur ausdrücken wollen, daß er Nixons Situation verstehe, daß jeder Politiker unter den Druck von Interessenverbänden gerate und sich gelegentlich zu deren Wortführer machen müsse, in Amerika wie in Japan. Jeder Japaner hätte Satos Zustimmung von Anfang an als Sympathiebekundung und nicht als konkretes Versprechen aufgenommen. Was Nixon und seine Berater nicht begriffen hatten, war, daß eine wirkliche Zusage präziser und erheblich formeller ausgefallen wäre. Was Sato übersehen hatte, war, daß man mit dem amerikanischen Präsidenten nicht per *haragei* kommunizieren kann.

Ausländer in Japan fühlen sich oft unbehaglich, wenn sich Japaner zu einer Besprechung anmelden, weil dann häufig zunächst lange über das Wetter und die Lebenshaltungskosten und die Gesundheit gesprochen wird, bevor deutlich wird, was den Gast herbeigeführt hat. Ausländische Kaufleute – und immer mehr japanische Kaufleute – halten solche zeitraubenden Einführungen für Zeitverschwendung. Doch traditionsverhaftete Japaner mögen darauf nicht verzichten, weil dadurch zunächst in unverfänglichen Themen Übereinstimmung erzielt wird, womit sich eine positive Grundstimmung für die bevorstehende ernsthafte Diskussion bereiten läßt. Mit Recht gehen sie davon aus, daß auch in Sachfragen neben den Argumenten Stimmungen und Gefühle die Entscheidungen beeinflussen.

Wichtig ist, dem anderen entgegenzukommen, sich selbst nicht in den Vordergrund zu schieben. Wer sich mit jemandem verabreden will, wird auf die Frage, wann es ihm denn passe, antworten, ihm sei jeder Tag recht. Wenn sich dann der Eingeladene etwa für einen Termin am Freitag entscheidet, zu dem der Einladende ausgerechnet nicht kann, wird dieser höflich bemerken, »also wissen Sie, dummerweise, gerade dann...«, worauf der Eingeladene sofort von sich aus einen neuen Vorschlag macht. Westliche Art wäre es, zu sagen, es passe die ganze Woche, außer am Freitag. Doch viele Japaner finden es zuvorkommender, dem anderen absolute Freiheit in der Terminwahl zuzugestehen, in der Hoffnung, daß der Eingeladene sich nicht den einzigen unpassenden Zeitpunkt aussucht, statt den Eindruck zu erwecken, sie würden sich wichtig machen durch eine Aufzählung, wie ausgebucht sie seien.

Auch eine japanische Ablehnung will verstanden sein. Wenn es irgend geht, vor allem in folgenreichen Situationen, vermeiden Japaner ein klares und hartes Nein, iie, nicht aus Entschlußlosigkeit, sondern weil jede deutliche Ablehnung, jede negative Entscheidung, die bestehende Harmonie gefährdet. Einen Gesprächspartner auf ein klares Nein hinzudrängen, beweist einen außerordentlichen Mangel an guten Manieren. Die Kunst des Dialogs besteht darin, gar nicht erst eine Situation aufkommen zu lassen, in der ein Nein unvermeidlich wird. Statt dessen sollte man eine Frage nur als Möglichkeit anklingen lassen, was dem anderen die Chance gibt, im Falle seiner Bereitschaft von sich aus das Thema zu konkretisieren, oder, bei negativer Einstellung, die Andeutung zu überhören, womit sich die Frage erledigt, ohne daß ein Nein formuliert werden muß. Wer in einem Warenhaus vergeblich nach einem Artikel sucht, dem wird man erklären, leider sei jenes Produkt gerade ausgegangen, selbst wenn das Geschäft die Ware gar nicht führt, weil das verbindlicher klingt.

In Deutschland würde ein Bürochef seiner Sekretärin sagen, »bitte bringen Sie diesen Eilbrief auf dem Nachhauseweg zur Post«. Sein japanischer Kollege formuliert diese Bitte lieber vager, »es wäre gut, wenn dieser Eilbrief noch zur Post käme«, was der Sekretärin die Möglichkeit offenläßt, negativ zu reagieren mit »schade, aber ich habe gerade heute nach Dienstschluß eine Verabredung«, ohne daß sie eine konkrete Bitte ablehnen müßte. Die offene Konfrontation wäre vermieden. Japaner sind weit besser als Europäer auf Nuancen und Zwischentöne geeicht.

Eine häufige Quelle für Mißverständnisse zwischen Japanern und Ausländern sei mehr als Kuriosität erwähnt. Im Japanischen antwortet man auf negative Fragen umgekehrt wie im Deutschen. Auf »haben Sie das nicht gewußt?« erwidern Japaner »ja«, was heißen soll, der Fragende vermute richtig, man habe leider keine Ahnung gehabt, während die deutsche Antwort bekanntlich »nein« lautet, man sei nicht informiert gewesen. Selbst erfahrene Dolmetscher geraten da leicht ins Stolpern.

Wo immer Japaner zusammenkommen, bekunden sie sich gegenseitige Rücksichtnahme. Ihre häufigen und tiefen Verbeugungen, die die Funktion unseres Händeschüttelns erfüllen, sind Demutsgebärden. Wer einen Bekannten auf der Straße trifft oder in ein Zimmer eintritt, ruft nicht unbekümmert hallo, sondern murmelt shitsurei shimasu, entschuldigen Sie, daß ich Sie belästige. Wenn die Verkäuferin die verpackte Ware aushändigt oder die Gastgeberin das Essen auf den Tisch stellt, folgt unweigerlich die Entschuldigung omatase itashimashita, es tut mir leid, daß ich Sie warten ließ. Ein so befehlendes, hartes Verb wie »müssen« ginge den Japanern gegen die Natur, daher formuliert, wer etwa früh gehen muß, »wenn ich nicht früh gehe, wird das nichts«, was auf dasselbe hinausläuft, jedoch viel verbindlicher klingt.

Keine andere Sprache der Welt reicht an das Japanische heran, wenn es darum geht, Höflichkeit und Respekt auszudrücken. Für das Verb »sich aufhalten« zum Beispiel kennt die japanische Sprache drei verschiedene Wörter, je nachdem ob man bescheiden von sich selbst redet (orimasu), ob ganz neutral von irgend jemand gesprochen wird (imasu), oder ob es sich um eine Respektsperson handelt oder um einen Gleichrangigen, dem aus der Situation heraus Höflichkeit zukommt (irasshaimasu). Für jedes dieser Verben, wie für alle japanischen Verben, existieren eine gewöhnliche und eine formelle Ausdrucksweise, wobei selbstverständlich die letztere als höflicher gilt, und zahlreiche an sich neutrale Verben lassen sich wiederum in abgestufte Höflichkeitsformeln verwandeln, wobei zum Beispiel aus dem neutralen Wort für »essen und trinken«, taberu, das höflichere o tabe ni naru wird, das jedoch immer noch nicht an das bereits in sich höfliche Verb für »essen und trinken«, meshiagaru, heranreicht. Solche kurzen Beispiele vermitteln nur einen blassen Eindruck von den vielfältigen Abstufungen und Möglichkeiten, wobei es zum guten Ton gehört, für jeden die angemessene Form zu finden. Wer sich in den Formulierungen nach oben vergreift, macht sich ebenso lächerlich, wie jemand, der den gebührenden Respekt verweigert.

Als Ausdruck der Höflichkeit wird oft Hauptwörtern ein o vorangesetzt. Wer sich nach der Gesundheit (genki) eines anderen erkundigt, redet von o-genki. Wer über seine eigene Gesundheit mit o-genki spräche, beginge einen derartigen Formverstoß, daß viele Japaner nicht einmal begreifen würden, wovon die Rede wäre. Ebenso wird aus dem Gast, kyaku, sobald es sich um einen willkommenen Besucher handelt, ein o-kyakusama, ein geschätzter Herr Gast, und aus dem Auto, kuruma, wenn es einem Bekannten gehört, ein o-kuruma, wobei es wiederum unverständlich und unverzeihlich wäre, dem eigenen Auto ein o voranzusetzen. Doch hat sich überdies eingebürgert, das o nicht nur als Höflichkeitszeichen, sondern auch zur Aufwertung gesellschaftlich unfeiner Ausdrücke zu benutzen, so daß von Geld, kane, über das früher ein Samurai nicht redete, nur als o-kane die Rede ist, auch wenn es ums eigene Geld geht, was Sprachstudenten mit Recht verwirrt, weil es keine Regel gibt, an die man sich halten könnte.

Von sich selbst redet man am besten nie direkt. Japaner kommen weitgehend ohne das Wort »ich« aus. Den Umständen, der Wahl der Verben und den Höflichkeitsabstufungen ist fast immer zu entnehmen, von wem die Rede ist. Wer sich selbst möglichst klein macht, beweist besseren Stil als derjenige, der seinen Partner hochlobt. Aufschlußreich für das fortdauernde hierarchische Denken sind die noch immer benutzten, vielfältigen Bezeichnungen für die einzelnen Familienmitglieder. Ob es sich um den eigenen Vater, chichi, oder den Vater Dritter, otosan, um die eigene Mutter, haha, oder die Mutter Dritter, okasan, um die eigene ältere Schwester oder den jüngeren Bruder Dritter handelt, jeden kennzeichnet ein anderes Wort. In der japanischen Gesellschaft möchte jeder genau wissen, welchen Platz der andere einnimmt, welcher Rang dem anderen zukommt.

Sprachliche Kürzel genügen oft anstelle kompletter Sätze. In ihrer perfekt aufeinander eingespielten Gesellschaft werden lange Erläuterungen überflüssig. Dozo yoroshiku heißt ein beliebter Abschiedsgruß, obwohl diese beiden Worte nur einen Satzbeginn darstellen, »bitte Gutes . . .«. Vom kompletten Satz, der etwa bedeutet, »bitte bleiben Sie mir weiterhin freundlich gesonnen«, wird die zweite Hälfte einfach weggelassen. Daß die beiden Worte einen ganz anderen Sinn bekommen, daß ein völlig anderes Ende hinzugedacht werden muß, wenn man die Ehefrau des Angesprochenen vorweg erwähnt – »bitte empfehlen Sie mich herzlich Ihrer Frau« –, versteht jeder Japaner ohne weiteres.

Wer einen Gast zum Tee einlädt, pflegt zu sagen, »der Tee ist fertig, daher ...« oder »der Tee ist fertig, allerdings ...«. Im ersten Fall ergänzt man gedanklich »daher bedienen Sie sich«, während die zweite Formulierung bedeutet »allerdings ist es aufdringlich, wenn ich Sie belästige, trotzdem möchte ich Sie bitten, sich zu bedienen«. Selbstverständlich gilt die zweite Fassung als höflicher und sollte von Jüngeren gegenüber Älteren und bei einem formellen Besuch angewandt werden, während das neutrale »daher« unter Bürokollegen am Platz ist.

Eine populäre Art sich zu bedanken, lautet okagesama de, deren exakte Übersetzung »im Schatten des Herrn« keinen Sinn ergibt. Das Wort Herr steht hier für Buddha, und die komplette Floskel in ihrer früheren Vollständigkeit bedeutete »im Schatten Buddhas fühle ich mich geborgen«.

Obgleich sich in Europa noch immer das Mißverständnis hält, Japanisch und Chinesisch seien miteinander verwandt, bleibt festzuhalten, daß beide Sprachen nicht das geringste miteinander zu tun haben. Jener Irrtum kam auf, weil die Japaner in ihrer Vorzeit keine eigene Schrift entwickelt hatten und daher mit der Übernahme der chinesischen Kultur im siebten Jahrhundert auch die chinesischen Schriftzeichen einführten. Zu diesen hinzu mußten sie dann allerdings zwei japanische Silbenalphabete entwickeln, weil sich die chinesischen Zeichen als ungeeignet erwiesen, die völlig anders aufgebaute japanische Sprache mit ihren vielen verbindenden Partikeln und Endungen wiederzugeben. (Hier sei daran erinnert, daß die Japaner mit den chinesischen Schriftzeichen in zahlreichen Fällen neben den japanischen Wörtern auch die chinesische Aussprache mit übernahmen, weshalb es heute noch für viele japanische Begriffe zwei verschiedene Wörter gibt, ein ursprünglich japanisches und ein japanisiertes chinesisches.)

Wer eine Sprachverwandtschaft sucht, findet einige Gemeinsamkeiten mit dem Koreanischen, obgleich die Koreaner eine eigene Schrift besitzen, die weder dem Chinesischen noch dem Japanischen ähnelt.

Die japanische Sprache unterscheidet bei Hauptwörtern weder Geschlecht noch Zahl. Yama heißt ebenso Berg wie Berge. Die einzelnen Fälle (des Berges, dem Berge usw.) werden durch dem Hauptwort nachgestellte Silben ausgedrückt. Für Verben gibt es keine Konjugation. Arimasu bedeutet ich habe, du hast usw. bis zu sie haben.

Erweist sich das Japanische einerseits als überaus komplizierte Sprache, so ist es andererseits dank der beiden Silbenschriften, von denen heute hiragana vorwiegend grammatikalischen Erfordernissen dient, während in katakana vor allem aus fremden Sprachen übernommene Wörter ausgeschrieben werden, ungewöhnlich flexibel. Die Chinesen, die nur ihre Schriftzeichen besitzen, tun sich außerordentlich schwer, moderne Technologie oder westliche Wissenschaft zu verarbeiten, weil sich Begriffe wie radioaktive Isotope oder Computerprogrammierer nicht in jahrtausendealten Symbolbildern wiedergeben lassen. Dies ist einer der Gründe, warum die Volksrepublik China langfristig die Abschaffung der chinesischen Schrift und die Einführung des lateinischen Alphabets anstrebt, so wie sich bereits die Vietnamesen auf lateinisch umgestellt haben. Den Japanern zwingt sich das Problem nicht auf, da sie mit ihren Silbenschriften Laute, also Aussprachen ausdrücken können. Der Tag mag kommen, an dem die Chinesen lateinisch schreiben, während die Japaner als einziges Volk nach wie vor chinesische Schriftzeichen benutzen, womit sich ihr Beharrungsvermögen erneut bewiesen hätte.

Seit der Öffnung Japans im vorigen Jahrhundert saugt die japanische Sprache aus dem Englischen, Französischen, Deutschen und Holländischen ständig neue Begriffe auf. Zwar erreicht die Japanisierung dieser Fremdwörter nur selten den genauen fremden Originalklang, weil in den japanischen Alphabeten nur komplette Silben und nicht einzelne Buchstaben zur Verfügung stehen (mit Ausnahme der Vokale und des Konsonanten »n«), doch läßt sich mit dieser Methode ausnahmslos jedes fremde Wort übernehmen, wenngleich es Ausländern gelegentlich schwerfällt, den Ursprung noch zu erkennen.

So wird aus dem englischen Weihnachten (Christmas) kurisumasu, der Verkäufer (engl. salesman) verwandelt sich in einen seerusuman, da das Japanische kein »l« kennt, basukon bleibt übrig, wenn man die Anfangssilben des Englischen für Geburtenkontrolle (birth control) zusammenzieht, und der Sandwich schrumpft zum japanisierten sando zusammen.

Auch die Deutschen haben den japanischen Sprachschatz bereichert mit arubaito, der Nebentätigkeit von Studenten, aus dem Wort Arbeit, mit noirooze für Neurose, arerugii für Allergie, oodekoron für Kölnisch Wasser und manchem anderen. An der Katakana-Schrift ist jeweils zu erkennen, daß es sich um japanisierte Lehnwörter handeln muß, doch wer würde schon hinter rabu die Liebe auf englisch, love, vermuten und hinter einem Schild, das paama anpreist, die japanisierte Abkürzung von Dauerwellen auf englisch, permanent waves, und folglich den Damenfrisör?

3. Teil: Die Praxis

Demokratie auf japanisch
oder
Personen als Programme

Als das norwegische Preiskomitee am 8. Oktober 1974 dem früheren japanischen Ministerpräsidenten Eisaku Sato den Friedensnobelpreis verlieh, verschlug es dem Sprecher des japanischen Außenministeriums zunächst die Sprache. Ihm fiel keine Begründung ein, mit der er die ebenso unerwartete wie erfreuliche Nachricht hätte kommentieren können. Gewiß war Sato ein erfolgreicher Politiker gewesen, er hatte den Amerikanern die Kriegsbeute Okinawa abgehandelt, den japanischen Wirtschaftsaufschwung gefördert, die Verlängerung des umstrittenen Sicherheitsabkommens mit den Vereinigten Staaten durchgekämpft, die Beziehungen zu Südkorea normalisiert und die Amerikaner im Vietnamkrieg indirekt unterstützt, als geschickter Wahlkämpfer war es ihm gelungen, der Opposition den Weg zur Macht zu versperren, und bei alldem hatte er seine Freunde und Gönner nie vergessen, doch irgendeine besondere Leistung für den Weltfrieden, vergleichbar Willy Brandts Ostpolitik, vermochten nicht einmal seine Freunde zu erkennen. Die Vermutung liegt nahe, daß das Preiskomitee im fernen Norwegen nach der Auszeichnung von Willy Brandt, die zugleich symbolhaft die Rückkehr der Deutschen in die weltweite Friedensgemeinschaft ausdrückte, eine ähnliche Geste gegenüber Japan angebracht fand, wobei dann mangels überzeugenderer Kandidaten Sato übrigblieb. Zugleich lehrte der Vorgang wieder einmal, wie wenig die Welt bis zu diesem Tag von der japanischen Politik versteht.

Japanische Inhalte in westliche Formen gegossen, in dieser Kurzformel läßt sich das Wesen der japanischen Demokratie zusammenfassen. Die Äußerlichkeiten ähneln den Demokratien Europas und Amerikas: ein Zweikammern-Reichstag, geheime

Wahlen und politische Parteien, die das gesamte Spektrum an
Überzeugungen von der äußersten Rechten bis zur extremen
Linken abdecken. Doch die Entscheidungsprozesse innerhalb der
politischen Organisationen und die Ziele, die sie verfolgen, haben
sich aus der gesellschaftlichen Tradition Japans heraus entwickelt,
sind also nicht importiert.

So gilt die Loyalität japanischer Politiker in erster Linie Personen und nicht Programmen. Daß sich die Parlamentsfraktionen
der großen Parteien aus einzelnen Gruppen zusammensetzen,
findet man auch außerhalb Japans (siehe die »Kanalarbeiter« der
SPD-Fraktion oder den Arbeitnehmerflügel der CDU im Deutschen Bundestag), doch während sich anderswo die einzelnen
Gruppen innerhalb der Fraktionen aus ideologischen, zumindest
aus programmatischen Gründen zusammenschließen, also um
bestimmte politische Ziele durchzusetzen, scharen sich die Gruppen innerhalb der Fraktionen des japanischen Unterhauses um
Führerpersönlichkeiten, wobei Programme nur eine zweitrangige
Rolle spielen. Deshalb redet man auch nicht vom rechten oder
linken Flügel der Liberaldemokraten, sondern von der Tanaka-
Gruppe, der Miki-Gruppe, der Nakasone-Gruppe usw., jeweils
benannt nach ihrem Führer. Historische Überlieferung wird hier
sichtbar, das alte Treueverhältnis aus der Feudalzeit zwischen
dem Daimyo, dem Fürsten, und seinen Rittern, den Samurai.

Ebenso wie beim Daimyo, dessen Nachkommen sein Erbe übernahmen, treten heute häufig Familienmitglieder das politische
Erbe eines erfolgreichen Parlamentariers an. Wahlkreise wirken
auf diese Weise wie Erbhöfe. Bei einer der letzten Unterhauswahlen
bewarben sich 136 meist konservative Kandidaten als Söhne,
Schwiegersöhne, Neffen oder Enkel von verstorbenen oder aus-
scheidenden Abgeordneten um einen Sitz im Parlament.

Die veröffentlichten Programme der einzelnen Gruppen unterscheiden sich in der Praxis, wenn überhaupt, nur minimal, denn
was jede Gruppe um ihren Führer zusammenhält, ist ausschließlich
der Wille zur Macht. Programmatische Fragen schrumpfen dabei
zusammen zu taktischen Überlegungen im Ringen um Einfluß,
die Führerpersonen selbst werden zum Programm. Gelegentlich

heißt es, eine bestimmte Gruppe gehöre zur Chinalobby oder zur Südkorealobby, doch sind damit nur Abhängigkeiten von bestimmten Wirtschaftsmächten umschrieben, die im Zweifelsfall aus dem Hintergrund ihre politischen Fürsprecher kräftig finanziell unterstützen. Von keiner Gruppe läßt sich mit Sicherheit vorhersagen, wie sie sich etwa in künftig aufkommenden Streitfragen des Verbraucherschutzes, des Kartellrechts, der Einschränkung von Verteidigerrechten verhalten wird. Solche Kontroversen werden taktisch entschieden, ob sie die Machtposition der Gruppe im politischen Ränkespiel stärken oder schwächen, wobei selbstverständlich von großer Bedeutung ist, welche Haltung die Öffentlichkeit erwartet; folglich basieren die Entscheidungen der Gruppen auf allen möglichen Erwägungen, doch am wenigsten auf einer klaren, konkreten politischen Planung. Dies erklärt die resignierende Klage von Henry Kissinger, er könne die Japaner nicht begreifen, weil ihrer Politik keine Konzepte zugrunde lägen.

Besonders die konservativen Liberaldemokraten stellen keine einheitliche Partei dar. Sie lassen sich eher verstehen als eine Koalition konservativer Einzelgruppen, jeweils geschart um einflußreiche Führer, die folglich die japanische Politik weitgehend unter sich aushandeln. Alleinregierungen der LDP sind daher in der politischen Wirklichkeit Koalitionsregierungen der einzelnen LDP-Gruppen. LDP-Ministerpräsident wird man, indem man neben der eigenen Gruppe, auf die man sich bedingungslos verlassen kann, möglichst viele andere Gruppen zu Verbündeten gewinnt, vorwiegend durch das Versprechen künftiger Posten und Pfründe. Die Folge ist ein außerordentlich häufiger Wechsel in den Spitzenpositionen der japanischen Politik. Die Ohira-Gruppe stimmt für Fukuda als Ministerpräsidenten, weil sie davon ausgehen darf, daß sich bei der nächsten alsbald fälligen Wahl die Fukuda-Gruppe für Ohira als Nachfolger entscheidet.

Zu den größten und einflußreichsten Gruppen der LDP gehört nach wie vor die Gefolgschaft des früheren Ministerpräsidenten Kakuei Tanaka, selbst nachdem dieser über den Finanzskandal gestürzt war. Auch dann reichte der Einfluß dieser Gruppe innerhalb der Liberaldemokratischen Partei noch immer aus, jedem ihr mißliebigen Kandidaten den Weg nach oben zu versperren. Dagegen landete ein unbestechlicher Politiker wie Takeo Miki, den sich die LDP in ihrer Verzweiflung geholt hatte, um ihr zerkratztes Ansehen aufzupolieren und der als Ministerpräsident bestrebt war, das Cliquen-System aufzubrechen, nach kurzer Amtszeit an der politischen Peripherie.

Auf den wachsenden Unmut der Öffentlichkeit über derartige Praktiken reagiert das politische Establishment bislang mit Verschleierungstaktiken. Wiederholt haben sich die einzelnen Gruppen als Fraktionen innerhalb der Parlamentsfraktionen formal aufgelöst. Bald darauf meldete die Presse, daß sich um einzelne Politiker neue »Studiengesellschaften« gebildet hätten, was heißt, daß nur die Schilder ausgewechselt wurden und ansonsten alles beim alten blieb. Auch die inzwischen üblich gewordenen Versicherungen von Ministerpräsidentschaftsaspiranten, sie seien entschlossen, dieses ganze System abzuschaffen, nimmt die in diesem Punkt längst zynisch gewordene Öffentlichkeit nicht mehr ernst. Ohne die Intrigen der einzelnen Gruppen hinter den Kulissen wird bislang niemand Ministerpräsident. Bei einer Abschaffung der Gruppen würden deren Führer ihre Machtbasis verlieren, und wer ist schon bereit zu politischem Selbstmord?

Außerdem müßte das Wahlsystem geändert werden. Die größeren Wahlkreise entsenden nämlich jeweils mehrere, bis zu vier, Abgeordnete ins Unterhaus. Folglich stellt oft eine Partei in einem Wahlkreis mehrere Kandidaten auf. Besitzt sie dort zahlreiche Anhänger, kann sie damit gleich mehrere Unterhaussitze gewinnen. Doch ist das ein riskantes Spiel. Wenn sie nämlich die Zahl ihrer Wähler vorher zu hoch einschätzt, kann es passieren, daß jeder der eigenen Kandidaten nicht genügend Stimmen für einen Sieg auf sich zieht, während zugleich Kandidaten, die sich als einzelne im Wahlkreis für eine andere Partei bewerben, zwar weniger Stimmen als ihre auf einer Liste nebeneinander kämpfenden Gegner erreichen, aber doch mehr als jeder einzelne von

Beginnt mit Ministerpräsident Yasuhiro Nakasone ein neuer Stil
in der japanischen Politik?

ihnen – und damit in den Reichstag einziehen. Die Tücke dieses Systems liegt also darin, daß eine Partei möglicherweise einen Parlamentssitz verschenkt, wenn ihr überraschend so viel Stimmen zufallen, daß mehr Kandidaten durchgekommen wären, als sie aufgestellt hat, daß sie aber andererseits sichere Plätze verliert, wenn sie zuviel Kandidaten vorschickt und damit die Wählerstimmen verzettelt. In den meisten großen Wahlkreisen müssen also die Kandidaten nicht nur gegen die Opposition, sondern auch gegen konkurrierende eigene Parteifreunde kämpfen, ein Verfahren, das die Gruppenbildung innerhalb der Parteien geradezu zementiert.

Der in allen demokratischen Verfassungen formulierte Grundsatz, jeder Abgeordnete sei Vertreter des ganzen Volkes, ist, obgleich er auch in der japanischen Verfassung steht, bislang Theorie. Nicht dem abstrakten Volksganzen, sondern allein ihrem Wahlkreis fühlen sich die Abgeordneten, die direkt gewählt werden, verantwortlich. Jeder Parlamentarier betrachtet sich als der persönliche Abgesandte seines Wahlkreises und sieht es infolgedessen als seine Hauptaufgabe an, möglichst viele Segnungen, die in Tokio verteilt werden, in seinen Heimatbezirk zu lenken. Wieviel Steuergelder er für seinen Wahlkreis abzweigen kann, daran wird letzten Endes sein politischer Erfolg gemessen, dies allein entscheidet über seine politische Zukunft. Ein klassisches Beispiel lieferte wiederum Kakuei Tanaka, dessen Skrupellosigkeit und Bestechlichkeit Millionen Japaner mit Scham erfüllte. Doch der Wahlkreis Niigata 3 in Nordjapan wählte Tanaka nach seinem Sturz erneut mit überwältigender Mehrheit ins Parlament zurück, denn nie hatte Tanaka im fernen Tokio Niigata vergessen. Betonierte Straßen, neue Eisenbahnstrecken, moderne Schulen und Krankenhäuser, imposante Brücken, modernisierte Bauernhöfe, verbesserte Agrarstruktur – wo immer der Regierung Mittel zur Verfügung standen, hatte Tanaka einen Teil nach Niigata geschleust, von den vielen Zuschüssen zu Vereinsfesten und Familienfeiern gar nicht zu reden. Daß es dabei nicht immer ganz legal zuging, daß zum Beispiel rieselnde Bäche sich auf dem Verwaltungsweg in reißende Ströme verwandelten, um in Uferschutz- und Brückenbauprojekte einbezogen werden zu können, sprach aus der Sicht der Wähler von Niigata für Tanaka, für seine ungebändigte Fürsorge. Mochten auch Presse und Fernsehen im ganzen Land Tanaka verdammen, für die Wähler von Niigata lautete die Parole Treue um Treue, und so stand der Sieger im Wahlkreis Niigata 3 in der ersten Unterhauswahl nach Tanakas Sturz von vornherein fest, Kakuei Tanaka. Der Justizminister Osamu Inaba dagegen, ohnehin auf einem Posten, auf dem man einem Wahlkreis wenig Gutes tun kann, rutschte als Wahlkreis-Nachbar von Tanaka nur noch mit knappen 93 Stimmen Mehrheit ins Parlament, weil ihm, während er in ganz Japan als Held gefeiert wurde, sein Wahlkreis übelnahm, daß er Tanaka ins Gefängnis gebracht hatte, da er doch Tanaka sein erstes Ministeramt verdankte und also den Fall aus Dankbarkeit hätte vertuschen sollen. Die Führung der Liberaldemokratischen Partei nahm dies alles schweigend hin, denn einen Kampf mit der nach wie vor mächtigen Parteigruppe von Tanaka hätte sie nur verlieren können.

Gute Politik ist eine Politik, die sich auszahlt, in Macht und Einfluß für den Politiker, in handfeste Vorteile für die Wähler. Daß ein Minister zurücktritt, weil er die Politik des Regierungschefs nicht länger vertreten mag und damit vorsätzlich Macht und Einfluß aufgibt, daß eine Gruppe, ja eine ganze Partei, lieber in die Opposition geht, statt sich unter Selbstverleugnung an der Macht zu halten, wäre gegen alle Tradition. Politische Entscheidungen aus Prinzipientreue sind die Wähler nicht gewohnt.

Goto sanraku, auf diese Kurzformel brachten die Zyniker den Unterhauswahlkampf 1976, »5 gewinnt, 3 verliert«. Auf deutsch, wer umgerechnet fast 5 Millionen Mark für den Wahlkampf ausgeben kann, erobert einen Sitz im Reichstag, doch wer nur knapp 3 Millionen Mark zur Verfügung hat, fällt durch. Wer den Sprung ins Unterhaus schafft, erhält Abgeordnetendiäten von monatlich weniger als 10 000 Mark, doch ein konservativer Abgeordneter, so hat es einer von ihnen im Fernsehen preisgegeben, muß monatlich 40 000 bis 50 000 Mark ausgeben, wenn er wiedergewählt werden will. Abgeordneter zu werden und zu bleiben, ist teuer. Der Kandidat muß seine Wahlpropaganda bezahlen, Plakate, Anzeigen, Broschüren, er muß Versammlungen organisieren, Wahlhelfer finanzieren, vor allem aber muß er beweisen, daß er nicht kleinlich ist und seine Wähler verwöhnt. Also spendiert er großzügig, für Volksfeste, Sportveranstaltungen, wohltätige Zwecke und Familienfeiern, immer gewahr, daß seine Konkurrenten dasselbe tun, daß er sie folglich übertreffen muß. Später, im Reichstag, braucht er als Abgeordneter einen Stab von Mitarbeitern, nicht zur Vorbereitung der Gesetzgebungsarbeit, sondern zur Betreuung des Wahlkreises. Wer als Unternehmer lukrative Staatsaufträge sucht, wer als Gemeinde Zuschüsse für Bauprojekte braucht, wer mit der Sozialversicherung Ärger hat, wendet sich an seinen Abgeordneten, am besten, indem er gleich nach Tokio reist. Reichstagsabgeordnete führen ein offenes Haus, viele empfangen Tag für Tag in ihrer Stadtwohnung ganze Ströme von Besuchern aus dem Wahlkreis, bewirten sie, hören sich deren Sorgen an und, vor allem, kümmern sich anschließend darum. Dazu gehören Mitarbeiter, Zeit und Geld. Ferner dürfen sie bei ihren häufigen und regelmäßigen Besuchen im Wahlkreis nie mit leeren Händen ankommen.

Die eigentliche Gesetzgebungsarbeit, die Beratung in den Ausschüssen, nimmt relativ wenig Zeit in Anspruch, denn nicht jeder Abgeordnete muß präzise informiert und überzeugt werden. In den einzelnen Fraktionsgruppen werden die Probleme diskutiert, bis sich ein allgemeiner Konsensus herausbildet. Dem stimmen am Ende dann alle Mitglieder der Gruppe zu. Nie kommt es vor, daß, wie etwa im Deutschen Bundestag, in wichtigen Fragen engagierte einzelne Abgeordnete von der Haltung der Gesamtfraktion oder der Fraktionsgruppe, der sie angehören, abweichen. Das japanische Gruppenprinzip duldet keine Einzelgänger.

Die Abgeordneten der Linken werden weniger als ihre bürgerlichen Kollegen von finanziellen Sorgen geplagt. Als gut organisierte Massenpartei nehmen die Kommunisten erhebliche Mitgliedsbeiträge ein, wobei sie überdies mit ihrer populären Tageszeitung Akahata, Rote Fahne, ein gutes Geschäft machen. Hinter den Sozialisten steht ein einflußreicher Gewerkschaftsverband.

Da die Linksparteien schließlich seit Menschengedenken in der Opposition leben, erwarten die Wähler auch weniger von ihnen. Die neubuddhistische Sammlungsbewegung Komeito, in der politischen Mitte angesiedelt, weiß eine wohlhabende buddhistische Sekte, die Soka Gakkai, hinter sich. Speziell für die Liberaldemokraten erweist sich die Parteifinanzierung als heikles Problem, als Quelle nie endender Versuchungen, als Ursache einer undurchschaubaren Korruption. Politik, so wie sie von den konservativen Abgeordneten betrieben wird, ist teurer als die Geldmittel, die ihnen dafür offen und offiziell zur Verfügung stehen. Die Gruppen innerhalb der LDP müssen daher vorwiegend als finanzielle Interessengemeinschaften gesehen werden. Der Einfluß, den die Tanaka-Gruppe ausübte, ging letzten Endes auf die unerschöpflichen Geldmittel zurück, die Kakuei Tanaka mobilisieren konnte. Was Tanaka glaubwürdig gegen den Bestechungsvorwurf hätte vorbringen können, statt ihn unglaubwürdig abzustreiten, wäre gewesen, daß er die Bestechungsgelder nicht zur persönlichen Bereicherung, sondern zur Finanzierung seiner Anhänger und seiner Parteipolitik verwendete. Nur in Ausnahmefällen laufen unsaubere Finanzgeschäfte durch die Hände des Politikers selbst. Das Kassieren von Spenden und die Verteilung der Mittel übernehmen Mitarbeiter, die dabei wiederum für angeblich selbständige Vereine und Clubs zur Förderung des betreffenden Politikers tätig werden, damit dieser vor der Öffentlichkeit seine Unwissenheit laut beteuern kann, wenn einmal etwas herauskommt.

In der Vergangenheit, bis zur Ölkrise, deckte die Industrie das Defizit der Konservativen ohne Skrupel. Bis dahin teilte die LDP dem Keidanren, dem Bundesverband der japanischen Industrie, ihren Finanzbedarf mit, und der schlüsselte die Summe in Forderungen an seine einzelnen Mitgliedsverbände auf (Stahlindustrie, Schiffsbau, Automobilindustrie usw.), die wiederum ihre einzelnen Mitgliedsfirmen mit festgelegten Beträgen zur Kasse baten. Doch staute sich unter den Wählern immer heftigerer Ärger gegen dieses Verfahren auf, weil die Regierung auf diese Weise Gefangener der Großindustrie blieb und weil die Industrie

selbstverständlich solche Kosten auf die Preise umlegte, womit
schließlich alle Japaner die LDP finanzierten, ob sie LDP wählten
oder nicht. Daraufhin gingen immer mehr Bürger dazu über, von
den Strom-, Gas- und Wasserrechnungen der öffentlichen Monopolbetriebe, die sich ebenfalls an dieser dubiosen Parteifinanzierung beteiligten, kleine Beträge abzuziehen, also nicht zu bezahlen, mit dem Argument, wenn die Monopolbetriebe sich nicht
derartiger illegaler Methoden bedienen würden, könnten sie ihre
Leistungen billiger erbringen. Dies brachte die Versorgungsbe-
triebe in die peinliche Lage, sich mit nicht vollbezahlten Rech-
nungen abzufinden oder Tausende von Prozessen um Pfennigbe-
träge führen zu müssen, worauf sie diese Parteisubventionierung
schließlich einstellten.

Private Großbetriebe fanden lange nichts dabei, konservative
Kandidaten für die Dauer eines Wahlkampfes zu »adoptieren«,
das heißt deren Wahlkampf zu finanzieren und zugleich ihre
Belegschaften, Lieferanten, Händler und Kunden nachdrücklich
zu bitten, für jene Kandidaten zu stimmen. Auch hier zeigten
sich die Wähler über diesen Druck auf ihre verfassungsrechtlich
garantierte Entscheidungsfreiheit überwiegend verärgert, wie das
schlechte Abschneiden der »adoptierten« Kandidaten bewies.
Neuerdings halten konservative Politiker und Wirtschaftsführer
auf Distanz, nachdem die enge Verfilzung in Skandalen sichtbar
geworden war und die Liberaldemokraten Gefahr liefen, von den
erbosten Wählern aus den Regierungssesseln verjagt zu werden.

Im Frühjahr 1973, als sprunghaft die Preise in Japan in die
Höhe schnellten, konnte die LDP-Regierung nicht länger ver-
heimlichen, daß sechs der größten, angesehensten und mächtigsten Handelshäuser des Landes in vorgeplanten Manövern durch
Spekulationen und Hortungen die Preise für Grundstücke, Lebensmittel, Bekleidung und Aktien künstlich in die Höhe trieben.
Dank der staatlich geförderten aggressiven Exportoffensiven hatten die Firmen enorme Finanzreserven angesammelt und benutzten die Gelder nun dazu, möglichst alles, was ihnen noch nicht
gehörte, unter ihre Kontrolle zu bringen. Fast war es ein Tag der
nationalen Schande, als die Präsidenten dieser Handelshäuser,

der vornehmsten Adressen Japans, vor dem Parlament öffentlich ihre Schuld bekennen und um Vergebung bitten mußten. Der sorgfältig gepflegte Nimbus, der sie als eine Art gemeinnütziger Institutionen erscheinen lassen sollte, war dahin.

Zur selben Zeit sickerte langsam durch, daß sich die Liberaldemokraten auch nicht scheuten, von fremden Regierungen Gelder zu akzeptieren. Japanische Großfirmen, wiederum mit respektierten Namen, lieferten Anfang der siebziger Jahre der südkoreanischen Regierung für die neue U-Bahn von Seoul Wagen zu kräftig überhöhten Preisen, die von den Koreanern anstandslos bezahlt wurden. Bei den Lieferanten landete im Ergebnis jedoch nur der angemessene Preis. Bald danach verstärkten sich Vermutungen, daß ein großer Teil der Differenz in die Kassen liberaldemokratischer Politiker geflossen sei. Die LDP hat gegen derartige Gerüchte nichts unternommen, sie schienen ihr offenbar weniger gefährlich als eine energisch betriebene Aufklärung. Als dann schließlich noch der Lockheedskandal bekannt wurde und sich herausstellte, wie hier Millionen amerikanischer Dollar in Koffern und Kisten hin- und hergeschoben worden waren und daß in die schmutzige Affäre neben höchsten Regierungsbeamten und einflußreichen Parlamentariern der Ministerpräsident persönlich verwickelt war, blieb den Liberaldemokraten keine Wahl, als auf Distanz zu ihren traditionellen Geldgebern, den Großfirmen, zu gehen. Seitdem begrenzt ein neues Gesetz die Geldspenden, die ein Politiker akzeptieren darf, doch lassen Vertuschungsversuche und Verzögerungstaktiken den Schluß zu, daß der Stilwandel hinter den Kulissen bescheidener ausgefallen ist, als die Öffentlichkeit glauben gemacht werden soll. Als ein kommunistisches Mitglied des Oberhauses 1978 elf konservative Parlamentsmitglieder, darunter mehrere Minister, beschuldigte, von einer umstrittenen Verbraucherkredit-Firma Beraterhonorare zu kassieren, dementierten alle Genannten. Doch keiner versicherte, daß derartige Zahlungen auch nicht an einen seiner Förderclubs geleistet worden seien.

Nach amerikanischem Vorbild haben sich als neueste Finanzierungsmethode »fund raising parties« eingebürgert, Festessen oder

Empfänge, auf denen die eingeladenen Gäste aus Wirtschaft und Industrie pro Person jeweils mehrere hundert Mark als Unkostenbeitrag an den gastgebenden Politiker spenden, dem nach Abzug seiner tatsächlichen Ausgaben meist ein ansehnlicher Betrag verbleibt. Der nicht seltene Fall von dreitausend Personen auf einer Party, von denen jeder zweihundert Mark bezahlt, erbringt immerhin sechzigtausend Mark Roheinnahmen. Weniger bekannte Politiker holen sich für solche Veranstaltungen die Prominenz zur Verstärkung, was zur Folge haben kann, daß sich in einem Ballsaal unter dreitausend Gästen sowohl der Ministerpräsident als auch Gangsterbosse befinden, so geschehen in Tokio im Juni 1978.

Verbindungen zwischen konservativen Politikern und Gangsterbossen haben Tradition, was nicht zu dem Irrtum verleiten darf, Gangster beeinflußten die japanische Politik. Gangsterorganisationen beherrschen vorwiegend die halblegale Vergnügungsindustrie, Glücksspiel, »Türkische Bäder«, Spielhallen, Prostitution und neuerdings auch den Rauschgifthandel. Um nicht von der Polizei oder den Gewerbe- und Steuerbehörden belästigt zu werden, haben sich die Gangster in der Vergangenheit möglichst politische Protektion gesucht, die sie am ehesten bei den Konservativen fanden und für die sie mit Geldern nicht sparten. Bis heute dauern solche Beziehungen fort, doch glaubt inzwischen nur noch eine kleine Zahl konservativer Politiker, auf diese Einnahmequelle nicht verzichten zu können.

Politik wird in Japan an vielen Orten gemacht, in äußerlich unscheinbaren, verschwiegenen Geisha-Restaurants, auf Golfplätzen, in den Bankettsälen und Konferenzräumen der Hotels, nur nicht im Plenarsaal des Unterhauses. Die wirklichen Entscheidungen fallen hinter verschlossenen Türen, abgeschirmt von der Öffentlichkeit, und was das Publikum später im Plenarsaal zu sehen bekommt, sind Drehbuch-Inszenierungen, ist die formale Besiegelung faktisch längst getroffener Entscheidungen. Hier schlägt die Abneigung der immer um Ausgleich besorgten Japaner durch, Kontroversen öffentlich auszutragen. Sowenig das in der Firma geschieht, vor Gericht, unter Freunden, so wenig gehören nach dem Empfinden der meisten Japaner, vor allem der älteren, harte politische Auseinandersetzungen vor die Fernsehkameras im Reichstag. Wer seinen Gegner öffentlich und direkt angreift, zerstört die Brücke, auf der am Ende die Kompromisse ausgehandelt werden müssen.

Die Neigung der Japaner, Konflikte im verborgenen auszuhandeln, hat in der Vergangenheit auf der politischen Rechten Männer zu Einfluß und Wohlstand gebracht, die als Vermittler zwischen Industrie und Politik und zwischen einzelnen konservativen Gruppierungen Ministerpräsidenten kürten und stürzten. Als nationalistische Fanatiker bereits vor 1945 dank guter Beziehungen zu den Militärs in den besetzten Gebieten zu Vermögen gekommen, gelang es ihnen nach dem Zusammenbruch den alliierten Kriegsverbrecherprozessen zu entgehen und später bei der Neugründung der Parteien ihre Macht und ihr Geld zur Stärkung der Konservativen einzusetzen, angetrieben von Kaiserverehrung, Antikommunismus und einer Abneigung gegen westliche »Dekadenz«. Kuromaku, schwarzer Vorhang, nennt der Volksmund einen solchen politischen Makler. Der Ausdruck stammt aus dem Kabuki-Theater und bezeichnet auch die unsichtbare Macht hinter dem Thron. Yoshio Kodama, der im verborgenen wirkte und dessen Einfluß erst als Folge des Lockheedskandals zerstört wurde, gehörte zu den letzten dieser Spezies, die im Scheinwerferlicht der Medien und einer argwöhnisch gewordenen Öffentlichkeit ausstirbt.

Keine der entscheidenden Fragen der japanischen Nachkriegspolitik ist in leidenschaftlichen Tag- und Nachtdebatten im Reichstag ausgekämpft worden, keine Fraktion hat die Nation faszinierende, mitreißende Redner hervorgebracht. Wortduelle im Reichstag klingen farblos oder schneidend gehässig, weil ohnehin kein Redner glaubt, daß er den politischen Gegner vor der Öffentlichkeit auch nur zum Nachdenken bringt.

Selbstverständlich fallen auch in den westlichen Parlamenten die Entscheidungen nicht allesamt in den Plenarsälen, auch dort haben die Fraktionen meist ihre Beschlüsse vor den Schlußdebatten gefaßt. Aber zum einen empfinden die Parteien der westli-

chen Demokratien zumindest das Bedürfnis, vor wichtigen Ab-
stimmungen ihre eigene Haltung der Öffentlichkeit zu begründen und die Argumente der Gegner zu widerlegen, und zum
andern beweisen die großen Debatten im Deutschen Bundestag,
daß die Haltung besonders engagierter Einzelgänger oft bis zur
letzten Minute offenbleibt. Derartige Einzelgänger gibt es in Japan nicht.

Selbst politische Mehrheitsentscheidungen widerstreben den
Japanern, die sich in ihren Gruppen so intensiv um die Zustim-
mung aller Beteiligten bemühen. Man lehnt die »Diktatur der
Mehrheit« ab, was heißen soll, daß man, selbst wenn man eine
Mehrheit besitzt, weiterverhandelt, um auch die Minderheit zu
überzeugen. Auch wenn es lange dauert, die Zustimmung aller
Mitglieder einer Parlamentsfraktion zu erreichen, nehmen dies
die Japaner in Kauf.

Sechs Jahre brauchten liberaldemokratische Regierungen, bis
der Freundschaftsvertrag mit der Volksrepublik China abgeschlossen werden konnte, wobei sie nicht etwa die meiste Zeit auf
Verhandlungen mit den Chinesen über die von Peking erstrebte,
gegen die Sowjetunion gerichtete Antihegemonieklausel verwenden mußten, sondern in denen sie vorwiegend damit beschäftigt
waren, widerstrebende LDP-Gruppen, hinter denen an Taiwan
oder an der Sowjetunion interessierte Wirtschaftskreise oder na-
tionalkonservative Bedenken standen, zu überzeugen. Während
eine LDP-Mehrheit schon früh zu erkennen war, was nach westlichen Vorstellungen ausgereicht hätte, zumal alle Oppositionsparteien außer den Kommunisten den Vertrag unterstützten,
nahm die Regierung jahrelange Verzögerungen in Kauf, bis endlich die gesamte LDP zustimmte.

Welche verheerenden Folgen es dagegen hat, wenn eine Regierung meint, auf die Einwilligung aller Beteiligten verzichten zu

*Bürgerkriegsähnliche Kämpfe brachen 1971 beim Bau des Groß-
flughafens Narita bei Tokio aus, als sich radikale Linke und
konservative Bauern zum Widerstand gegen die selbstherrliche
Bürokratie vereinigten.*

können, beweist die teuerste Fehlleistung der japanischen Nachkriegsgeschichte, Tokios neuer Auslandsflughafen Narita, der
fünf Jahre betriebsfertig zur Verfügung stand und nicht eröffnet
werden konnte, weil eine Allianz aus konservativen Bauern, deren Land enteignet worden war, und radikalen Linken, die nach
dem Ende des Vietnamkrieges eine neue Zielscheibe für ihren
Haß gegen das konservative Establishment brauchten, die Inbe-
triebnahme verhinderte. Die Sünde wider den Geist der japanischen Gesellschaft lag darin, daß die Ministerialbürokratie in
Tokio aus Überheblichkeit die Bauern durch Gerichte und Polizei
einzuschüchtern versucht und sie damit in die Arme der Radikalen getrieben hatte. Geduldige Verhandlungen mit den Landbe-
sitzern paßten nicht in die ursprünglichen hektischen Planungen,
doch wie das Ergebnis zeigte, hätte der Flugplatz um Jahre früher
in Betrieb genommen werden können, wenn man sich einige
Monate Zeit genommen hätte, die Bauern zu überzeugen.

Aus alldem folgt, daß von einem japanischen Politiker andere
Führungsqualitäten verlangt werden als von seinen europäischen
und amerikanischen Kollegen. Gefragt sind nicht entscheidungs-
freudige, energische, zielstrebige Männer – für Frauen ist in den
Höhen der japanischen Politik ohnehin kein Platz –, sondern als
erfolgreich erweisen sich hierzulande Politiker, deren Stärke im
Ausgleichen, in der Überbrückung von Gegensätzen, in der Her-
stellung breiter Übereinstimmung liegt. Deshalb ist es kein Zufall, daß japanische Regierungs- und Parteichefs auf das Ausland
meist konturlos und farblos wirken, daß Japan in seiner demokratischen Nachkriegsgeschichte keinen Churchill und erst recht
keinen de Gaulle hervorgebracht hat, denn an redegewaltigen,
eigenwilligen, starken Führerpersönlichkeiten besteht im japanischen System kein Bedarf. Einer der klügsten Köpfe im Regie-
rungslager, Kiichi Miyazawa, hat von sich selbst gesagt, daß er
wahrscheinlich nicht Ministerpräsident werden könne, weil er zu
direkt und zu deutlich sei, weil ihm jene Verschwommenheit
fehle, die ein Regierungschef als »gemeinsamer Nenner« brau-
che. Japans Politiker führen nicht, indem sie sich mit einem klaren Konzept sichtbar an die Spitze stellen, sondern indem sie

indirekt, durch sorgsam dosierte Signale, eine Diskussion aller Beteiligten anregen und dann diese Diskussion auf einen Konsensus hinsteuern.

Ein Ministerpräsident, der eine konservative Rückbesinnung für notwendig hält, wird also, wie geschehen, den umstrittenen Yasukuni-Schrein besuchen, dessen 1945 erfolgte Privatisierung die Nationalkonservativen rückgängig machen möchten. Dort wird er im Dienstwagen vorfahren, sich mit anderen Ministern treffen und sich in das Gästebuch als Ministerpräsident eintragen. Anschließend läßt er erklären, daß er lediglich als Privatmann erschienen sei. Eine derartige absichtliche Widersprüchlichkeit entfacht zwangsläufig die erwünschte Diskussion und bringt damit die Meinungsbildung in Gang, ohne ihn selbst festzulegen. Was ausländischen Beobachtern inkonsequent erscheint, ist in Wirklichkeit wohlüberlegte Taktik.

Japans Parteiensystem wird gekennzeichnet durch eine extreme Polarisierung. Auf deutsche Verhältnisse übertragen würden die Liberaldemokraten (Jiminto), die seit Wiedererlangung der Souveränität ununterbrochen und seit 1955 in einer Partei vereinigt regieren, aufgrund ihrer wirtschaftlichen und sozialen Vorstellungen an den rechten Flügel der CDU gehören, während neben den Kommunisten auch die Sozialisten (Shakaito) links von der SPD ihren Platz hätten. In der Bundesrepublik stützen sich die beiden großen Parteien weitgehend auf dieselben Wählerschichten, läßt sich der linke Flügel der CDU vom rechten Flügel der SPD kaum unterscheiden. In Japan liegen zwischen der bürgerlichen LDP und den Sozialisten Welten. Die politische Mitte wird hier ausgefüllt von mehreren schwächeren Gruppierungen, von denen einige überdies unter Spaltungsprozessen und Profilierungsproblemen leiden. Neben Absplitterungen der großen Rechts- und Linksparteien halten sich hier eine kleine Sozialdemokratische Partei westlicher Art (Minshato) und die buddhistische Komeito (Partei für eine saubere Regierung), hinter der die nach dem Zweiten Weltkrieg populär gewordene neubuddhistische Sekte Soka Gakkai steht und in der vor allem die Entwurzelten des unteren Mittelstandes Zuflucht suchen.

Die Liberaldemokraten, bislang weitgehend von der Industrie finanziert, verdanken ihre Macht den Stimmen der Landbevölkerung. Denn Japans Bauern, in der Feudalzeit jahrhundertelang von den Samurai unterdrückt und ausgebeutet, werden heute von der Regierung mit Subventionen und Steuererleichterungen in einem Maße verwöhnt, an das ihre Großväter nicht im Traum gedacht hätten. Hinter dieser Fürsorge, die Japan einen Reisberg beschert hat, dessen Höhe westliche Butter- und Schweineberge erreicht, steckt die verständliche Angst eines früheren Agrarstaates, der sich als Industriestaat nicht mehr selbst ernähren kann, vor weltweiten Krisen, auf die er keinen Einfluß hat. Zugleich handeln die Liberaldemokraten aus Selbsterhaltungstrieb, weil die Bauernstimmen als einzige verläßliche Stütze die Regierung tragen. Daher haben die Liberaldemokraten die einzelnen Wahlkreise kraft ihrer Mehrheit so zurechtgeschnitten, daß in dünnbesiedelten ländlichen Bezirken wenige Stimmen zur Wahl eines Kandidaten ausreichen, während in den von Arbeitern bewohnten Industrievierteln die dreifache, ja vierfache Zahl von Wählern für einen Kandidaten erforderlich ist. Mehrere Gerichte haben diese Ungleichheit, wonach eine Bauernstimme das Vielfache einer Städterstimme wiegt, für verfassungswidrig erklärt, allerdings mit der Einschränkung, daß es zum Chaos führen würde und daher nicht verlangt werden könne, die Wahlen zu wiederholen. Lange wird sich die LDP gegen gleichwertige Wahlkreise nicht sträuben können*.

Dem Umwerben der Bauern verdankt Japan auch die höchsten Rindfleischpreise der Welt, bis zu 40 Mark für 100 Gramm im Laden, wobei eine halbstaatliche Fleisch-Einfuhrbehörde den Druck ausländischer Konkurrenz abfängt, indem sie billiges

---

* Ein anderes Gericht, in einem abweichenden Urteil, stellte fest, angesichts der wirtschaftlichen und kulturellen Anziehungskraft der Großstädte sei es durchaus sinnvoll, den dünnbesiedelten Landbezirken eine stärkere Vertretung im Reichstag zu geben, damit die Interessen der ausblutenden Landstriche wirkungsvoller vertreten werden könnten. Damit hat sogar ein Gericht festgehalten, daß Reichstagsabgeordnete in erster Linie als Vertreter ihrer Wahlkreise und nicht des Volksganzen zu dienen hätten.

Rindfleisch aus Australien und Amerika künstlich verteuert und anschließend einem undurchsichtigen Netz von Großhändlern überläßt, die es unter sich hin- und herschieben, bis es um 300 % teurer als in den Vereinigten Staaten und um 500 % teurer als in Australien den Hausfrauen präsentiert wird. Der Verdacht, daß Millionenbeträge aus der absichtlichen Fleischverteuerung in die Kassen der Regierungspartei fließen, ist bisher nicht entkräftet worden.

Die Amerikaner, die schon lange auf eine Liberalisierung der japanischen Agrarimporte, vor allem zugunsten der kalifornischen Zitrusfrüchte, drängen, halten den hartnäckigen Widerstand der LDP-Regierungen für überlebtes Autarkiedenken. Sie übersehen, daß die LDP in diesem Konflikt um ihr Überleben kämpft, weil sie seit Jahren den Zitrusanbau in Japan fördert, um die Bauern von der Überproduktion von Reis abzubringen. Würden die LDP-Politiker der billigeren kalifornischen Konkurrenz ungebremst die Tore öffnen und damit den Zorn der eigenen Bauern riskieren, käme das einer politischen Selbstverstümmelung gleich. Den Verbrauchern bleibt nichts anderes übrig, als zu zahlen.

Von den Sozialisten haben die Verbraucher, die Städter, die Angestellten, nicht viel mehr zu erwarten, denn Japans Sozialistische Partei hält sich selbst gefangen in einem Elfenbeinturm weltfremder marxistischer Dogmen. Abgegriffene ideologische Schlagworte und utopistische Ideen von Neutralismus und Pazifismus versperren den Blick auf die soziale Wirklichkeit. So haben die Sozialisten in der Vergangenheit ihre Energien auf Kampagnen gegen den Vietnamkrieg, gegen den japanisch-amerikanischen Sicherheitsvertrag, gegen Japans Wiederbewaffnung und gegen das Wiederaufleben nationalkonservativer Ideen konzentriert, statt gegen Bodenspekulationen, gegen eine lückenhafte Altersversorgung oder gegen die Diskriminierung von Frauen in der Wirtschaft zu kämpfen. Antiamerikanische Demonstrationen der Linken haben zeitweise das ganze öffentliche Leben ins Chaos gestürzt, doch gegen die beklagenswerte Tatsache, daß ein normal verdienender, fleißiger Arbeiter im Laufe seines Berufsle-

bens nicht mehr genügend Geld zusammensparen kann, um sich
am Rand einer Großstadt ein Häuschen zu bauen, haben die
Sozialisten niemals einen vergleichbaren Feldzug organisiert, obwohl die Gründe dafür in der von den Liberaldemokraten gedul-
deten Bodenspekulation und in ihrem Desinteresse an einer zielstrebigen sozialen Wohnungsbaupolitik liegen*. Von all den linken Wortführern in der Politik und im akademischen Lager, die
während des Vietnamkrieges beschwörende Aufrufe zur Beendi-
gung des Leidens in Indochina veröffentlichten und in den De-
monstrationszügen an der Spitze marschierten, hat sich hinterher keiner um die Indochinaflüchtlinge gekümmert und hat keiner die Massenmörder von Kambodscha angeklagt, was beweist,
daß Ideologie sie motiviert hat, nicht menschliche Solidarität.

Als die Sozialisten, die immerhin der Sozialistischen Internationale der westlichen Demokratien angehören, 1977 einen
neuen Parteiführer gewählt hatten, reiste der als erstes nach
Peking und anschließend nach Nordkorea, wo er nichts dabei
fand, in Pyongyang ein Kommuniqué zu unterschreiben, das die
südkoreanische »Marionettenclique« und die »japanischen Reak-
tionäre« verdammte. Daß die Sozialisten seit Jahren den Liberal-

---

* Grundstückspreise von 1300 Mark pro Quadratmeter gelten in Tokio als ebenso
normal wie Grundstücksgrößen (nicht Wohnflächen) von wenig mehr als 100 Qua-
dratmetern. Fast alle Häuser bestehen aus dünnwandigen Fachwerkkonstruktionen,
nie sind sie unterkellert. Angesehene japanische Soziologen erklären die Unbekümmertheit, mit der viele ihrer Landsleute kostspielige Überflüssigkeiten kaufen, wie
europäische Lederhandtaschen, goldne Feuerzeuge oder teure Whiskysorten, mit der
unterschwelligen Resignation, daß alles Sparen doch nicht helfen würde, den größten
Wunschtraum zu erfüllen: das eigene Haus.
   Wie sich das Wohnungselend japanischer Großstädte in einen beneidenswerten
Glücksfall umdeuten läßt, bewies dagegen kürzlich ein japanischer Volkswirtschaft-
ler, der ernsthaft darlegte, Japaner brauchten keine gut ausgerüsteten Küchen, da
unzählige kleine Restaurants überall billige Mahlzeiten servierten, auch Kinderzim-
mer seien überflüssig, da die Jugend den ganzen Tag in Schulen verbringe, und
Wohnzimmer müßten als Luxus gelten, da man sich in vielen gemütlichen Cafés
niederlassen könne, so daß, kurzum, ein bequemer Schlafraum ausreiche, ähnlich wie
in einem Hotel. Klugerweise veröffentlichte der Verfasser seine kühne These in einer
englischsprachigen Zeitung Japans, denn in der großen japanischsprachigen Presse
wäre er sicher nicht mit dem Spott der Leser davongekommen.

demokraten Servilität vorwerfen – gegenüber den Amerikanern, selbstverständlich –, rundet das Bild einer Partei ab, der es neben einer überzeugenden Politik auch am Sinn für Ironie fehlt. Die Weltfremdheit der Sozialisten, in deren rechtem Flügel langsam Zweifel keimen, geht sicher darauf zurück, daß sie unter den gegebenen gesellschaftlichen und politischen Verhältnissen seit der Stabilisierung der japanischen Nachkriegsdemokratie keine Chance hatten, an die Macht zu kommen, was sie jeder Notwendigkeit enthob, realistische, praktikable Konzepte zu entwickeln. Und solange sie in ihrem pseudowissenschaftlichen Elfenbeinturm verharren, dürfen sie nicht hoffen – und brauchen sie nicht zu fürchten –, daß der politische Alltag die Umsetzung ihrer Ideen in die Praxis verlangt.

Die Kommunistische Partei Japans (Kyosanto) betrachtet sich als Sprecher all der kleinen Leute, die sich vom Wirtschaftswunder betrogen fühlen. Das sind nicht nur die sozial ungesicherten Arbeiter der Kleinbetriebe, sondern dazu gehören auch Angestellte, Einzelhändler, Kleinbauern, Fischer und viele Frauen. Mit etwa 400 000 Mitgliedern, der besten Parteiorganisation im Land, stellt die KPJ keine Kaderorganisation und keinen Klüngel weltfremder Sektierer dar, sondern sie speist sich zum Ärger ihrer Konkurrenten aus den unerfüllten Hoffnungen der Bevölkerung. Mutiger als andere Parteien deckt sie Korruptionsaffären auf, kämpft sie für Umweltschutz, bessere Sozialgesetze und Verbraucheraufklärung. Ihre Parteizeitung Akahata (Rote Fahne) gilt mit einer Wochenendauflage von über zwei Millionen als die erfolgreichste kommunistische Tageszeitung der nichtkommunistischen Welt.

Ihre Nachkriegsexistenz verdankt die KPJ paradoxerweise den amerikanischen Besatzungsoffizieren, weil sich die Kommunisten konsequenter und unter größeren Opfern als die bürgerlichen Gruppen der militaristischen Vorkriegsdiktatur widersetzt hatten. Ihre gemäßigte Nachkriegslinie führte früh zum Streit mit Stalin und kurz darauf auch mit Mao Zedong, der ihnen, weil er damals noch mit Stalin verbündet war, die Rückendeckung verweigerte. Nach einem Rückfall in den Radikalismus unter dem Druck von Moskau und Peking und den daraus folgenden Wahlniederlagen schwenkten die Kommunisten Mitte der sechziger Jahre endgültig auf den bis heute geltenden Reformkurs um und sind seitdem in erster Linie Japaner und danach erst Kommunisten.

Lange vor den Eurokommunisten hat sich die KPJ zur parlamentarischen Demokratie bekannt. Aus ihrem Parteiprogramm wurden alle Formulierungen gestrichen, die auf totalitäre Absichten hindeuten konnten. Von der Diktatur des Proletariats ist nicht mehr die Rede, und der Marxismus-Leninismus wurde durch »wissenschaftlichen Sozialismus« ersetzt, was eine undogmatische Betrachtung wirtschaftlicher Zusammenhänge erleichtern soll. Tausende von kommunistischen Abgeordneten sitzen in kommunalen und regionalen Parlamenten, in Stadtverwaltungen und Provinzregierungen, doch im Reichstag müssen sie sich als Splittergruppe bescheiden, dorthin schicken die Wähler vorwiegend bürgerliche Vertreter. Das läßt den Schluß zu, daß Millionen Japaner zwar Mißstände beseitigt sehen möchten, zugleich aber an der bestehenden Ordnung nicht rütteln wollen. Im japanischen Gesellschaftssystem ist, wie an anderer Stelle dargelegt, für Klassentheorien kein Platz. Nicht einmal auf die Beteiligung an einer Koalitionsregierung dürfen die Kommunisten hoffen, weil sich die anderen Oppositionsparteien vor einer derart mitgliedsstarken Organisation fürchten. So versperrt ihnen gerade ihre Stärke den Weg zu einer künftigen Mitbeteiligung an der Macht.

Mit den Terroristen der »Roten Armee« haben die japanischen Kommunisten nichts zu tun. Die Untergrundkämpfer der Linken rekrutieren sich aus fanatisierten Studentengruppen und lassen sich vom Haß antreiben gegen eine Gesellschaft, die von ihnen nicht verändert werden will. Die Wut, zu Hause nichts erreichen zu können, trieb Japans Terroristen in die Arme der Palästinenser und der europäischen Linksterroristen, denen sie sich andienten

Ein Rechtsradikaler schlägt 1975 den liberalkonservativen Ministerpräsidenten Takeo Miki nieder.

wie früher die Ronin, jene herrenlosen Ritter, die bereit waren,
ihr Leben zu riskieren, ganz gleich für wen. Ihr Selbstmord-
Kommando auf dem Flugplatz von Lod in Israel tötete 1972
sechsundzwanzig und verletzte über siebzig völlig unschuldige
Menschen, wobei nicht übersehen werden darf, daß Israel keinem Japaner je etwas angetan hatte. Das Selbstzerstörerische im
Verhalten der Roten Armee zeigte sich der Öffentlichkeit besonders, als sich, ebenfalls 1972, herausstellte, daß die Terroristen in
einem abgelegenen Haus in den japanischen Bergen Femejustiz
übten. Bis die Polizei eingreifen konnte, waren vierzehn Rotarmisten von anderen Rotarmisten getötet worden, in Flügelkämp-
fen, die eher einem Blutrausch als ideologischen Differenzen zu
entspringen schienen. Die Polizei mußte alle Macht aufbieten
und am Ende den Schlupfwinkel der sich gegenseitig umbringen-
den Terroristen buchstäblich zertrümmern, bevor sie die Überlebenden gefangennehmen konnte.

Vielleicht vermögen Japaner derartige Exzesse, denen jede ra-
tionale Grundlage zu fehlen scheint, eher verstehen als Ausländer, denn die Bereitschaft, das eigene Leben wie selbstverständlich wegzuwerfen, gehörte einmal zu den Tugenden der Samurai.
Und noch heute übt der Freitod auf die Japaner eine ähnliche
Faszination aus wie Gewaltkriminalität auf die Amerikaner. Der
extremen Rechten, die vor dem Krieg nicht weniger gefürchtet
war, gelang es bisher nicht, sich schlagkräftig auf einer breiteren
Basis neu zu organisieren. Doch beweisen Attentatsversuche einzelner Rechtsextremisten in der Nachkriegszeit auf die Ministerpräsidenten Kishi, Ikeda, Miki und Ohira, daß die Gefahren des
Rechtsradikalismus keineswegs gebannt sind. Die Kämpfer der
Roten Armee werden auf nicht mehr als vierzig Personen geschätzt. Daß sie sich in Japan nicht in einem Dunstkreis von
Sympathisanten verstecken können, macht sie vorwiegend zu
einem kriminalen, nicht zu einem gesellschaftlichen Problem. Da
jedoch den Terroristen das eigene Leben nichts bedeutet und sie
nichts zu verlieren haben, bleiben sie gefährlich und unbere-
chenbar.

Politiker genießen in Japan keinen guten Ruf. Meinungsumfragen belegen immer wieder, daß die Mehrheit der Bevölkerung den wiederholten Versprechungen der Konservativen, die Gruppen innerhalb ihrer Partei aufzulösen und trübe Finanzquellen zu verstopfen, ebensowenig Glauben schenkt wie den ideologischen Parolen der Sozialisten oder dem parlamentarisch-demokratischen Habitus der Kommunisten.

Trotzdem, so widersprüchlich es klingt, bleiben die meisten Wähler bei den etablierten Parteien, zeichnet sich keine Tendenz zu einem radikalen Wandel ab. Das liegt zum erheblichen Teil an der konservativen Grundhaltung der Japaner, die sich instinktiv vor extremen Experimenten scheuen. Hinzu kommt, daß trotz der im System begründeten Versuchungen eine Vielzahl von Politikern unbestechlich, mit strengen moralischen Ansprüchen gegenüber sich selbst, den Wählerauftrag zu erfüllen sucht. Entscheidend ist jedoch, daß die Japaner im Vergleich zur militaristischen Diktatur bis 1945 im ganzen gut regiert werden, überspitzt formuliert trotz der Politiker, von einer tüchtigen, selbstbewußten, sachkundigen Ministerialbürokratie. In den hohen Rängen der Beamtenschaft sitzen die besten Juristen und Verwalter des Landes, meist Absolventen der Elite-Universitäten. Hier herrschen Kompetenz, Corpsgeist, Verantwortungsbewußtsein, um so mehr, als die Minister an der Spitze häufig wechseln. Da auch die führenden Köpfe der Wirtschaft von den Elite-Universitäten kommen, existieren zu ihnen jene engen Beziehungen, die für Mitglieder derselben Gruppen (uchi) typisch sind. Kein Minister kann ohne oder gar gegen seine Beamten regieren. Seit der Entmachtung der Militärs 1945 ist der Einfluß der Verwaltung noch gewachsen, zumal sie selbst von den politischen Säuberungen nach der bedingungslosen Kapitulation unberührt blieb.

Drei Viertel aller Gesetzesentwürfe, die im Reichstag eingebracht werden, stammen von der Regierung und damit aus der Ministerialbürokratie. Über 25 % aller LDP-Abgeordneten sind ehemalige Beamte, sie stellen die meisten Ausschußvorsitzenden und Parlamentarischen Staatssekretäre. Selbst die meisten Führer der mächtigen Gruppen innerhalb der LDP kommen aus der Beamtenschaft, was dazu geführt hat, daß das Japan der Nach-

kriegszeit bislang überwiegend von Ministerpräsidenten regiert
wurde, die aus der Ministerialbürokratie hervorgegangen sind,
wie Yoshida, Ikeda, Kishi, Sato, Fukuda und Ohira.

Gemessen an westlichen Vorstellungen ist Japans politisches
Establishment total überaltert. Vierzigjährige Minister sind auf
wichtigen Regierungsposten kaum vorstellbar, Sechzigjährige
haben ihre politische Zukunft oft noch vor sich. Alle führenden
Regierungspolitiker wuchsen in der autoritären Beamtentradi-
tion der Kriegs- und Vorkriegszeit auf, doch rückt der Genera-
tionswechsel immer näher. Weniger als 10 % der Gesamtbevölkerung gehören noch zur alten Generation.

Es könnte sein, daß der Umbruch bereits stattgefunden hat. Denn
mit Ministerpräsident Yasuhiro Nakasone ist zum erstenmal in
Japans Nachkriegsgeschichte ein Regierungschef ins Amt gekommen, der es nicht als seine wichtigste Aufgabe betrachtet, Konsensus und Harmonie herzustellen, sondern der führen will. Die
gesamte politische Laufbahn des Berufspolitikers Nakasone war
ein Aufbegehren, kein Anpassen. Er demonstrierte schon Natio-
nalstolz, als noch Beflissenheit vor den Amerikanern Japans Politik bestimmte, und er bekannte sich zu einer engen Verteidi-
gungsgemeinschaft mit den Vereinigten Staaten, als sich Pazifismus und Neutralismus ausbreiteten. Nakasone will seinem Volk
die Richtung weisen. Doch bleibt zunächst abzuwarten, ob mit
ihm ein neuer Führungsstil in der japanischen Politik beginnt oder
ob sein Beispiel ohne Folgen und damit alles beim alten bleibt.

Ein Ende der Alleinherrschaft der Liberaldemokraten würde noch
nicht die Machtübernahme durch die Opposition bedeuten. Dem
vorsichtigen Verhalten der Wähler entspräche eher eine Koalitionsregierung mit den kleineren Parteien rechts der Mitte, in der
den Liberaldemokraten nach wie vor der entscheidende Einfluß
verbliebe. Wer überzeugt ist, daß die Nagelprobe einer funktio-
nierenden Demokratie in ihrer Fähigkeit liegt, eine Regierung
abzulösen und der Opposition auf parlamentarischem Weg die
Macht zu übertragen, wird in Japan auf diesen Test wahrscheinlich
noch lange warten müssen.

Wirtschaft und Staat
oder
Ein Ministerpräsident als Transistorradio-Verkäufer

Jeden zweiten Freitag im Monat um die Mittagszeit versammeln sich in einem Club in Tokios Bankenviertel Marunouchi etwa dreißig ältere Herren um einen langen Konferenztisch, ohne feste Tagesordnung, ohne strenge Sitzordnung. Das Treffen beginnt mit unverbindlichen Bemerkungen über das Wetter und das Tagesgeschehen und geht langsam über zu den Geschäften. Ähnliche Konferenzen finden tagtäglich überall in der Welt statt, in New York, London und Frankfurt, mit einem Unterschied: Jeder der dreißig Herren in Marunouchi spricht für eine Firma von Weltrang, und sie alle zusammen repräsentieren eine der mächtigsten Wirtschaftsgruppen der Erde, den wiedererstandenen Industriegiganten Mitsubishi. Am Konferenztisch vertreten sind neben Branchenführern aus Chemie und Maschinenbau eine der größten Werften der Welt, Japans bedeutendster Rüstungsproduzent, Japans populärste Bierbrauerei, das Handelshaus Mitsubishi, das allein über 10 % aller Exporte und Importe Japans abwickelt, die Schiffahrtsgesellschaft NYK, der 300 Ozeanfrachter gehören, Japans wohlhabendster Grundbesitzer und eine der mächtigsten Banken, ein Querschnitt durch die ganze Industrie. Den versammelten Firmen gehören Aktienpakete in über 1300 Tochtergesellschaften, mehr als 600 andere Betriebe arbeiten für sie als Zulieferer. Ein Viertel der Gesamtbevölkerung Japans, schätzungsweise, verdankt seinen Lebensunterhalt der Mitsubishi-Gruppe mit all ihren Verzweigungen. Mit der Bescheidenheit, die wirklich Mächtigen leichtfällt, nennt sich die allmonatliche Runde schlicht Freitagsclub (Kinyokai). Dank ihres eigenen Informationsnetzes, das die ganze Welt umspannt, sind die Herren nach der Überzeugung neutraler Kenner über die wirtschaftlichen, technologischen und politischen Entwicklungen irgendwo auf der Erde besser informiert als das amerikanische State Department oder als die großen internationalen Nachrichtenagenturen.

Erstaunlich ist, daß ihr Zusammenschluß ohne jede Rechtsbasis, ohne irgendeine Satzung funktioniert als informelles Treffen. Einige der Teilnehmer sind untereinander geschäftlich und finanziell eng verbunden, andere gehören der Runde nur lose an. Das liegt an der amerikanischen Besatzungspolitik, zu deren Hauptzielen es nach 1945 gehört hatte, die Macht der Zaibatsu, der berüchtigten Wirtschaftscliquen, zu zerstören. Japans heutiges Antikartellgesetz verhindert zwar den formalen Zusammenschluß von Großfirmen in einen marktbeherrschenden Konzern, doch ist es den einzelnen Firmen nicht untersagt, Aktien der anderen Firmen ihrer Gruppe zu besitzen, so daß jede formal unabhängig bleibt, sie sich aber faktisch gegenseitig und damit alle gemeinsam selbst gehören können.

Mitsubishi, mit dem traditionellen Gewicht auf Schwerindustrie und Chemie, ist kein Einzelfall. Zur Mitsui-Gruppe beispielsweise zählen neben Bergwerken, Banken, chemischen und pharmazeutischen Betrieben, Textil- und Papierfabriken und Nahrungsmittelproduzenten der Schiffs- und Industrieanlagenbauer Ishikawajima Harima, die Schiffahrtslinie O. S. K., Japans luxuriösestes Warenhaus Mitsukoshi, die Autofabrik Toyota, die Brauerei Sapporo, die Elektronikfirma Tokyo Shibaura Denki (Toshiba) und Japans größter Rohfilmhersteller Fuji. Auch die Mitsui-Gruppe übt ihre Macht nicht durch Kommandos aus, sondern durch inoffizielle Kontakte, durch persönliche Aussprachen in eher privater Atmosphäre, ähnlich dem Freitagsclub. Neun große Handelshäuser, jedes von ihnen ähnlich dem Handelshaus Mitsubishi mit Banken und Industriefirmen eng verbunden, wickeln zusammen mehr als die Hälfte der gesamten Importe Japans und fast die Hälfte aller japanischen Exporte ab. Allein das Handelshaus Mitsubishi beschäftigt insgesamt siebzehntausend Mitarbeiter und unterhält einhundertvierzig Auslandsvertretungen und verkauft und kauft und vermittelt auf diese Weise fünfundzwanzigtausend verschiedene Produkte, von Nudeln bis zu Atomreaktoren.

In einer solchen Wirtschaftsordnung, die von relativ wenigen Gruppen mit jeweils außerordentlichem Einfluß beherrscht wird, sind dem freien Wettbewerb Grenzen gezogen. Eine Firma der Mitsui-Gruppe wird ihre Waren auf die Exportmärkte in Übersee vorwiegend mit Schiffen einer Mitsui-Reederei transportieren lassen, selbst wenn im Einzelfall die Konkurrenz billigere Frachtraten zu bieten hätte, denn gewichtige Argumente mögen dafür sprechen, daß man innerhalb der Familie bleibt, vielleicht um einem Mitglied über Schwierigkeiten hinwegzuhelfen. Der in harter Konkurrenz erzielbare günstigste Preis gibt in einer solchen Ordnung nicht immer den Ausschlag.

Japans Kapitalismus hat sich nicht aus dem privaten Wettbewerb wachsender Industrien herausgebildet, sondern er geht auf staatliche Initiativen zurück, auf die Meiji-Reformen nach 1868. Damals erkannten wachsame Männer in der Umgebung des Meiji-Kaisers, daß der imperialistische Ehrgeiz der kapitalistischen Westmächte darauf hinzielte, China und Japan zu unterwerfen. Während China sich in dieser Lage weltfremd und hochmütig gegen den vordringenden Westen sträubte und dabei zerbrach, entschlossen sich die Japaner, dem Westen mit dessen eigenen Waffen zu widerstehen. Dies war die Geburtsstunde des japanischen Kapitalismus, der also konzipiert war als Abwehrmaßnahme des Staates zur Erhaltung der nationalen Identität. Japan begann sich zu modernisieren, nicht um der Modernisierung willen, nicht aus dem Wunsch nach wachsendem Lebensstandard, aus Begeisterung über die Wissenschaft und Technik des Westens, sondern, weil nur ein moderner Staat Hoffnung bot, die eigene nationale Unabhängigkeit gegenüber den Kolonialmächten zu behaupten. Von dieser politischen Motivierung hat sich Japans Wirtschaftsordnung nie völlig befreit.

Anfangs gründete die Regierung in staatlicher Regie eigene Firmen, und sobald diese Betriebe liefen, wurden sie für billiges Geld an wagemutige private Unternehmer verkauft, wobei natürlich jene belohnt wurden, die frühzeitig die Meiji-Reformen unterstützt hatten. Für das Haus Mitsui zahlte sich aus, daß es dem Meiji-Kaiser die entscheidende finanzielle Hilfe geleistet hatte bei der Entmachtung jener Regionalfürsten, die sich anfangs seinen Reformen widersetzt hatten.

Die Konzentration wirtschaftlicher Macht in wenigen Händen war damals gewollt, denn sie erleichterte die staatliche Steuerung. Ministerialbürokratie und Konzernverwaltungen verfolgten gemeinsam dieselben Ziele. Politiker, Beamte und Wirtschaftler empfanden sich als ein Team, und diese Grundüberzeugung von der gemeinsamen Sache, der gemeinsamen Pflicht, hat bis heute überlebt. Japans konservative Parteien und Regierungen, von der Meiji-Zeit bis in die Gegenwart, haben es nie als Makel empfunden, wenn die Industrie die Politik finanzierte, da sie Politik und Wirtschaft nicht als getrennte Bereiche mit gegensätzlichen Interessen, sondern als natürliche Partner einer Interessengemeinschaft sahen und sehen. Vor dem zweiten Weltkrieg beherrschten zwei konservative Parteien, Seiyukai und Minseito, das politische Leben. Jedermann wußte, daß die erstgenannte vom Mitsui-Konzern und die zweite von Mitsubishi finanziert wurde, so daß der Volksmund zwischen Mitsui- und Mitsubishi-Kabinetten unterschied.

Wo Wirtschaft und Politik so eng zusammenrücken, bleibt weniger Platz für die breite Bevölkerung, für Wähler und Verbraucher. Die unterentwickelte Verbraucheraufklärung ist dafür ebenso ein Beweis wie die lückenhafte Antikartellgesetzgebung. Derartige Mängel bedeuten jedoch keineswegs, daß die Mehrheit der Bevölkerung sich übervorteilt fühlt. Aus der Sicht der meisten Japaner haben sich die materiellen Lebensbedingungen in den vergangenen dreißig Jahren derart verbessert, daß viele an die Dauerhaftigkeit dieses Glücks noch immer nicht glauben mögen.

Ausländische Kritiker der japanischen Wirtschaftsordnung haben das Schlagwort »Japan Inc.« geprägt, die Japan A. G., das die enge Verfilzung zwischen Wirtschaft und Politik und den Einsatz der Wirtschaft als strategische nationale Waffe kennzeichnen soll. Japaner weisen die Unterstellung einer Hinter-den-Kulissen-Verschwörung entrüstet zurück. Der Streit wäre nie aufgekommen, wenn die Kritiker bedacht hätten, daß sich der japanische Kapitalismus bereits im Ursprung vom europäisch-amerikanischen Kapitalismus unterscheidet.

Wie jenes Zusammenwirken, jenes Wechselspiel zwischen Politik und Wirtschaft in Japan im Detail funktioniert, ist nicht einfach einzusehen. Fest steht, daß die Banken dabei eine Schlüsselrolle spielen. Die meisten Firmen im Lande verfügen nur über minimales Eigenkapital, finanzieren sich also zum größten Teil mit Fremdmitteln der Banken. Das gibt den Banken einen erheblichen, oft entscheidenden Einfluß auf Geschäfts- und Personalpolitik. Da die Banken wiederum das Kernstück der vorhin beschriebenen mächtigen Wirtschaftsgruppen bilden, geht ihr Einfluß auf Konjunktur und Produktion und auf die Abstimmung einzelner Firmen untereinander weit über ihre primären finanziellen Aufgaben hinaus. Entscheidend ist dabei, daß die Banken selbst nicht frei sind, denn sie wiederum unterliegen einer strengen, bis ins Detail gehenden Aufsicht der Staatsbank von Japan (Nihon Ginko), wodurch das ganze Bankensystem als Transmission fungiert, über die der Staat seine wirtschaftspolitischen Absichten in die Praxis umsetzen kann, indirekt, der Einsicht Außenstehender entzogen, ohne Parlamentsdebatten, ohne Befehle des Gesetzgebers. Was wie eine radikale Beschneidung von Unternehmerinitiativen aussieht, ermutigt statt dessen die Firmen zu Wagnissen und Experimenten, denn wenn die Banken und hinter ihnen die Staatsbank und damit die Ministerialbürokratie Risiken mit übernehmen, werden sie später in einer Krise alles unternehmen, um eine Firma aus Schwierigkeiten zu retten. Wie hoch der Staat die Banken in der Umsetzung seiner Wirtschaftspolitik einschätzt, läßt sich daran ermessen, daß in Japan noch nie eine Bank selbst Konkurs anzumelden brauchte, weil der Staat immer einsprang, wenn in einer Rezession als Folge der Konkurse von Industriebetrieben Banken Millionenkredite als Verluste abschreiben mußten.

Ähnlich wirkt ein zweiter Kommunikationsstrang zwischen Ministerialbürokratie und Wirtschaft, den die Japaner gyosei shido nennen, was sich annähernd als Verwaltungsempfehlung übersetzen läßt. Auch dabei ordnet der Staat nicht auf der Basis klarer Gesetze oder Verordnungen an, sondern er schlägt vor, er empfiehlt, er rät. Die Wirtschaft folgt freiwillig diesen Hinweisen, plant neue Kapazitäten oder baut alte ab, kalkuliert schärfer, fördert oder bremst Exporte, und das alles wiederum, ohne daß von außen Einblick zu nehmen ist. Selbstverständlich hat die japanische Wirtschaft rasch begriffen, daß auch das System der Verwaltungsempfehlung unerwünschte Konkurrenz von draußen vom Leibe hält. Doch erfunden wurde diese Art der Wirtschaftssteuerung wiederum nicht als Abwehrmaßnahme gegen Ausländer, sondern sie entspricht einfach den sozialen Verhaltensweisen der Japaner untereinander. Gesetze, Befehle, Kommandos haben für Japaner etwas peinlich Direktes, Unwiderrufliches. Sie reagieren lieber auf Andeutungen, auf vage formulierte Hinweise. Westliche Direktheit, die nichts dabei findet, bei einer Behörde einen Antrag zu stellen und dann, sollte der abgelehnt werden, mit Rechtsmitteln weiterkämpft, liegt den Japanern nicht. Hier reicht man Anträge erst dann ein und nur dann, wenn indirekt und inoffiziell vorgeklärt ist, daß sie auch genehmigt werden. Nur auf diese Weise lassen sich die Japanern überaus unangenehmen direkten Konfrontationen vermeiden.

Nicht zu unterschätzen ist der Nutzen einflußreicher, oft vorzeitig pensionierter Regierungsbeamter in Führungspositionen der Großindustrie, die auf besonders enge und gute Beziehungen zur Staatsverwaltung Wert legt. Daher haben hohe Beamte aus dem Bauministerium, dem Finanzministerium, dem Verkehrsministerium und dem Ministerium für Internationalen Handel und Industrie keine Schwierigkeiten, in hohe Stellungen der Privatwirtschaft überzuwechseln. Amakudari, Herabsteigen vom Himmel, heißt der Vorgang auf japanisch, wenn sich die Beamten aus den lichten Höhen des Staatsdienstes in die Niederungen der Wirtschaft herablassen – und sich auf diese Weise zur gesicherten Staatspension ein wohldotiertes neues Gehalt plus einer späteren zweiten Pension dazuverdienen. Der Industrie sind die Herabgestiegenen das Geld wert, denn auch nach dem Ausscheiden aus dem Staatsdienst bleiben diese Männer ihren früheren Kollegen als langjährige Mitglieder derselben Gruppe eng verbunden.

Mehr als zwei Dutzend frühere hohe Beamte aus dem Ministerium für Internationalen Handel und Industrie sitzen heute in Führungspositionen der Ölindustrie, wogegen das Ministerium nichts einzuwenden hat, da die rasch wachsende Ölindustrie auf gute Manager angewiesen sei und da die starke ausländische Konkurrenz eine enge Zusammenarbeit der japanischen Ölfirmen mit der Regierung erfordere.

In der kapitalistischen Welt gibt es kein zweites Beispiel für eine ähnlich enge Zusammenarbeit zwischen Wirtschaft und Staat, wobei nicht nachdrücklich genug hervorgehoben werden kann, daß diese Zusammenarbeit freiwillig erfolgt, aus historischer Überlieferung, und daß es sich um eine echte Partnerschaft handelt, zu der sich zwei Mächte zusammenfinden. Auch im heutigen Japan existieren inzwischen Unternehmen, die, auf sich allein gestellt, ausschließlich egoistische Ziele verfolgen, doch bilden solche Betriebe die Ausnahme. Je größer ein Unternehmen, je mächtiger die Industriegruppe, der es angehört, desto enger die Abstimmung auf die nationalen Interessen. Der Staat sieht in einer modernen, expansiven Wirtschaft die Basis seiner Existenz, und die Wirtschaft betrachtet es als ihre oberste Pflicht, durch ihre Erfolge staatliches Überleben zu sichern.

Japan hat seine Eroberungskriege seit Ende des vorigen Jahrhunderts gegen Korea, Rußland und China und den Zweiten Weltkrieg gegen Amerika und Südostasien nicht primär aus politischen Gründen geführt und nicht um seine militärstrategische Position auszubauen, sondern um sich in erster Linie Rohstoffe und in zweiter Linie Märkte zu sichern. Nicht Größenwahn und Machtgelüste, sondern Selbsterhaltungstrieb und Existenzangst trieben die Japaner in die Katastrophe. Geblieben ist die bittere Erfahrung, daß die Existenzprobleme des Inselstaates mit militärischer Macht nicht zu lösen waren. Seitdem versucht Japan, seine wirtschaftlichen Probleme vorwiegend mit wirtschaftlichen Mitteln zu bewältigen.

Exporterfolge auf den Weltmärkten und der Abschluß günstiger Rohstofflieferungsverträge gelten als nationale Taten. Lob gebührt weniger dem erfolgreichen Kaufmann als dem verdienten Staatsbürger. Japans Exporteure fühlen sich noch am Ende der Welt geborgen in der Überzeugung, daß nicht Egoismus, sondern Altruismus sie letztlich motiviert. Einem durchreisenden japanischen Parlamentarier erklärte einmal ein Landsmann in einem arabischen Land, »wenn ich das alles nur für meine

Firma täte, wäre es sinnlos. Das könnte ich nicht. Doch ich pfeife den alten Marinemarsch, und dann fühle ich mich gut. Ich kämpfe hier für mein Land, wie in alten Marinezeiten.«

Europäer mögen es würdelos empfinden, wenn japanische Kaufleute auf einer chinesischen Exportmesse in Kanton mit Mao-Plaketten herumlaufen, wenn Japan ohne Grund Israel schlecht behandelt und die Araber umschmeichelt. Doch die meisten Europäer übersehen dabei, daß die Japaner das nie für sich selbst und nicht einmal für ihre Firmen tun, sondern letztlich für ihren Staat. Wenn es um die nationale Existenz geht, gilt manches als erlaubt, was Privatleute als unfein verwerfen mögen, besonders in einem Land, das seine Rolle in der Welt als isolierter Einzelgänger sieht. Staatspräsident de Gaulle hat einmal einen durchreisenden japanischen Ministerpräsidenten – Hayato Ikeda – verächtlich »den Transistorradio-Verkäufer« genannt. Herrn Ikeda dürfte das nicht gestört haben.

Vergangenheitsbewältigung
oder
Der Kaiser heiligt die Mittel

In Pearl Harbor, dem Hafen von Honolulu, rostet unter einer schwimmenden, weißen Gedächtnishalle im Schlick das Wrack des amerikanischen Schlachtschiffes Arizona, versenkt am frühen Morgen des 7. Dezember 1941 von japanischen Kampffliegern, die mit diesem Überfall mitten im Frieden den Zweiten Weltkrieg in Ostasien eröffneten. Achtzehn Kriegsschiffe, den Kern der amerikanischen Pazifikflotte, setzten die Japaner damals in drei Stunden durch Kampfflugzeuge und Kleinst-U-Boote außer Gefecht. Die formelle Kriegserklärung, die dem Weißen Haus unmittelbar vorher übergeben werden sollte, war wegen Entschlüsselungsschwierigkeiten in der japanischen Botschaft in Washington hängengeblieben. Eintausendeinhundertundzwei Seeleute, die mit der Arizona untergingen, wurden nie geborgen.

Das Wrack ist ihr Grab. Rostige Eisenteile ragen aus dem Wasser, und noch immer steigt Maschinenöl aus der Tiefe auf.

Honolulu liegt mitten auf der Reiseroute der heutigen japanischen Politiker auf dem Weg nach Washington, doch in Pearl Harbor hat sich bislang kein einziges prominentes japanisches Mitglied der Regierung oder Opposition blicken lassen. Als Kaiser Hirohito 1975 auf seiner Amerikareise in Hawaii übernachtete, hieß es auf Nachfrage aus seiner Umgebung, die Zeit sei leider zu kurz für einen Abstecher zum Grab der Arizona. Andere prominente Reisende waren weniger in Eile. Ministerpräsident Kakuei Tanaka fand 1973 Zeit, in San Francisco Golf zu spielen. Zur Arizona zog es ihn nicht. Aus dem Abstand der Jahre beurteilen heute die Historiker Japans Aggressionspolitik mit nüchterner Objektivität. Für den Angriff auf China, der in der Mandschurei begann und 1937, nach einem Zwischenfall an der Marco-Polo-Brücke bei Peking, ganz China ins Chaos riß und letztlich den Kommunisten die Machteroberung erleichterte, für den hinterhältigen Überfall auf Pearl Harbor und für die militärische Besetzung ganz Südostasiens gab es aus der japanischen Interessenlage heraus gewichtige Gründe: die Angst, von den damaligen Industriemächten eingekreist und von den Rohstoffen und Absatzmärkten abgeschnitten zu werden. Doch entschuldigt das nicht, daß Japan seine Probleme durch Angriffskriege zu lösen versuchte und dabei unsägliches Elend über die Hälfte der Menschheit brachte. Millionen Soldaten und Zivilisten vieler Völker in Ost- und Südostasien und auf den Pazifischen Inseln kostete Japans Egoismus das Leben.

Vor einem internationalen alliierten Militärtribunal in Tokio, zusammengesetzt aus Richtern der Siegermächte, mußten sich nach der Kapitulation die Hauptschuldigen verantworten, eingeteilt in drei Kategorien, je nach der Schwere der Vorwürfe. Von den achtundzwanzig als Hauptkriegsverbrecher angeklagten Japanern wurden sieben mit dem Tod bestraft und gehängt. Alle übrigen, zu unterschiedlichen Freiheitsstrafen verurteilt, wurden 1952, nach dem Inkrafttreten des Friedensvertrages von San Francisco, begnadigt und freigelassen. Und damit war für die

Japaner das Kapitel Kriegsschuld abgeschlossen. Bereits am 25. Februar 1957 wählte die liberaldemokratische Parlamentsmehrheit Nobusuke Kishi zum neuen Ministerpräsidenten, einen Mann, der im Kriegskabinett des Generals Tojo eine Schlüsselrolle gespielt hatte und den die Amerikaner 1945 als einen der Hauptschuldigen drei Jahre lang in Untersuchungshaft genommen, jedoch danach, ohne gegen ihn den Prozeß zu eröffnen, freigelassen hatten.

Kein einziger Japaner hat sich nach dem Zweiten Weltkrieg vor einem japanischen Gericht wegen Kriegsverbrechen oder Verbrechen gegen die Menschlichkeit verantworten müssen. Kein japanischer Staatsanwalt hat je einen Japaner angeklagt wegen Untaten im Zweiten Weltkrieg, begangen an Soldaten oder Zivilisten, an Ausländern oder Japanern. Dabei hätten sich in einem Land, das seine Akten so sorgfältig führt, Täter leicht ermitteln lassen, brutale Lagerkommandanten, die Gefangene zu Tode quälten, Besatzungsbeamte, die in China und Südostasien Zivilisten ohne Prozesse erschießen ließen, Offiziere, die auf der philippinischen Insel Corregidor ihren Rekruten als Mutübung Bajonettangriffe auf an Pfähle gefesselte amerikanische Kriegsgefangene befahlen, Ärzte, die mit gefangenen Amerikanern experimentierten, ob Menschen ohne Teile des Gehirns und der Leber weiterleben könnten und die später ihre Opfer zynisch unter den Toten der amerikanischen Atombombe auf Hiroshima verbuchen ließen, oder die Folterer der Kempeitai, der berüchtigten Militärpolizei. Statt dessen benahm sich die Justiz, gedeckt von den Nachkriegsregierungen und der Ministerialbürokratie so, als gäbe es nicht den geringsten Anlaß, sich kritisch mit der jüngsten eigenen Vergangenheit auseinanderzusetzen. In der breiten Öffentlichkeit regte sich kaum Kritik an diesem Totschweigen, und es muß festgehalten werden, daß sich auch die Masseninformationsmittel an dem Komplott des Schweigens beteiligten. Bis zu diesem

Alliiertes Kriegsverbrechertribunal in Tokio 1946. Kein einziger Japaner wurde je vor einem japanischen Gericht wegen Kriegsverbrechen oder Verbrechen gegen die Menschlichkeit angeklagt.

Tag hat keine einzige japanische Fernsehanstalt in einer gründlichen, rücksichtslosen Dokumentation die blutige Geschichte der japanischen Chinapolitik, der Unterdrückung Koreas, der Ausbeutung Südostasiens nachgezeichnet, obgleich es an Bildmaterial nicht fehlt und viele Augenzeugen noch leben. Nie haben die großen japanischen Zeitungen versucht, ihre Leser umfassend über das Leid und Elend zu informieren, das Japan über seine Nachbarn gebracht hat und ohne deren Kenntnis die heutige Haltung jener Völker gar nicht zu verstehen ist. Kein Mahnmal erinnert in Japan an die Opfer der Aggression oder an mutigen Widerstand. Nicht einmal in der Kunst ist es zum Versuch einer Vergangenheitsbewältigung gekommen. Es kann nicht überraschen, daß auch die konservativen Erziehungsbehörden keinen Ehrgeiz entwickelten, die Jugend über die historische Wahrheit aufzuklären. Statt dessen sah sich die japanische Regierung 1982 einer massiven Kritik ihrer asiatischen Nachbarn ausgesetzt, als Schulbuchreformen die Absicht erkennen ließen, Japans Aggressionspolitik und die von Japan in den besetzten Ländern begangenen Grausamkeiten zu bagatellisieren.

Der Kontrast zur Bundesrepublik drängt sich auf. Auch wer der Meinung ist, daß es Westdeutschland keineswegs gelungen sei, die Verbrechen des Dritten Reiches juristisch und moralisch völlig aufzuarbeiten, kann doch die vielen Ansätze und gutgemeinten Versuche nicht bestreiten, die Wiedergutmachungsbemühungen, die leidenschaftlichen öffentlichen Diskussionen über Kriegs- und Kollektivschuld, die gelegentlichen Eingeständnisse eigenen Versagens, spontane Initiativen wie die Aktion Sühnezeichen, bis hin zu den unzähligen, in die Gegenwart reichenden Prozessen. In der Bundesrepublik zerstritten sich die Menschen über die Frage, ob ein einfaches, unbelastetes NSDAP-Mitglied Bundespräsident oder Kanzler werden dürfe, in Japan regte die Ernennung eines von den Amerikanern als Hauptkriegsverbrecher Festgenommenen zum Ministerpräsidenten nur die extreme Linke auf, unter deren Motiven jedoch die reine Moral nicht an erster Stelle steht.

Den Japanern hat die Indifferenz gegenüber den Sünden ihrer

Vergangenheit im Ausland mit Sicherheit erheblich geschadet, weil sie dazu beitrug, negative Vorurteile zu verstärken. Doch dürfte den meisten Japanern diese Tatsache verborgen geblieben sein, weil das, was die Welt so schwer versteht, aus japanischer Sicht geradezu selbstverständlich erscheint.

Wie könnte irgend jemand für Handlungen verantwortlich gemacht werden, so stellt sich das Problem von japanischer Seite her dar, die er nach bestem Gewissen uneigennützig auf Befehl des Kaisers begangen hat? Schließlich haben die Sieger des Zweiten Weltkrieges nicht nur Kaiser Hirohito nie angeklagt, sondern ihn sogar im Amt belassen. Jeder brutale Soldat, jeder unbarmherzige Kolonialbeamte wußte sich von seinen Vorgesetzten voll gedeckt, jeder General war überzeugt, im Namen des Kaisers zu handeln. Daher wäre es nicht nur unlogisch, sondern auch ungerecht gewesen, jene unteren Chargen, die sich die Hände blutig machten, zu bestrafen, zugleich aber den Letztverantwortlichen unbehelligt zu lassen. Wer am Verhalten von Kaiser Hirohito nichts Schuldhaftes fand, hatte kein Recht, diejenigen anzuklagen, die nichts anderes wollten, als ihm dienen. Daß Kaiser Hirohito als Ehrenmann im Amt blieb, heiligte die Mittel, die in seinem Namen angewendet worden waren.

An diesem Tatbestand ändert sich auch dann nichts, wenn man davon ausgeht, daß der Kaiser keineswegs ein brutaler Diktator war, der autokratisch seine Untertanen tyrannisierte. Die wahre Macht in den dreißiger und vierziger Jahren lag in den Händen der Militärs, die sich zwar auf den Kaiser beriefen, ihn aber in Wirklichkeit nur als Symbolfigur vorschoben. Doch wußte Kaiser Hirohito, daß er von den Militärs dem Volk als gottähnliche, absolute und höchste Instanz präsentiert wurde, daß die von den Militärs verfaßten und von ihm nur formal unterzeichneten Befehle dem Volk als die ureigensten Wünsche des Kaisers übermittelt wurden, und gegen diese verfälschte Rolle hat er sich nie aufgelehnt. Außerdem, selbst wenn er nicht gewußt haben sollte, mit welcher brutalen Rücksichtslosigkeit Japan seine imperialistischen Ziele in Ostasien verfolgte, konnte der Grund seiner Unkenntnis nur darin liegen, daß er nicht wissen wollte, denn ein

Minimum an Informationen, etwa die Auslandspresse, hätten ihm die Militärs nicht vorenthalten können, wenn er fest darauf bestanden hätte.

Die historische Schuld von Kaiser Hirohito, der seine Amtszeit unter das Leitwort showa, erleuchteter Friede, gestellt hatte, liegt weniger in unrechtem Handeln, um so mehr jedoch im Unterlassen, wo mutiges Tun geboten war. Juristen und Moralphilosophen waren sich immer einig, daß ein Unterlassen in Fällen, in denen eine Pflicht zum Handeln besteht, nicht leichter wiegt als eine unrechte Tat. Wer als Kaiser sieht – oder sehen könnte, wenn er wollte –, wie andere, sich auf ihn berufend, die Hälfte der Menschheit ins Elend stürzen, darf sich nicht damit abfinden, daß er selbst nicht aktiv beteiligt sei. Hirohito war sein Leben lang ein integerer, bescheidener, zurückhaltender Mann, nie berauscht von den Verlockungen der Macht. Seine Schuld liegt in seiner Schwäche, in einer tausend Jahre alten Tradition, derzufolge die Kaiser immer nur herhalten mußten, die Macht anderer zu legitimieren, wobei seine Herkunft als Nachkomme der ältesten Dynastie der Welt ihm nicht jene Vitalität und Entschlossenheit geben konnte, welche die Zeit erforderte. Er selbst ist sich offenbar dieser persönlichen Tragik nie bewußt gewesen, denn er hat nie den Versuch gemacht, aus seiner persönlichen Verstrickung heraus eine kritische Selbstbesinnung in Japan einzuleiten, obgleich nur von ihm allein der Versuch einer Vergangenheitsbewältigung hätte ausgehen können.

1945, kurz nach der Besetzung Japans, wagte Hirohito einen mutigen Schritt, indem er General Douglas MacArthur aufsuchte und dem amerikanischen Oberkommandierenden erklärte, er sei bereit, die Verantwortung für all das zu übernehmen, was in seinem Namen geschah. Doch so tapfer diese Haltung auch gewesen sein mag, ein Schuldeingeständnis, ein Bekenntnis rechtlicher oder moralischer Fehlbarkeit, lag darin nicht. Damals wurde Macht respektiert. Der Unterlegene hielt dem Sieger seinen Nacken hin, gewillt, sich selbst zu opfern, um seine Gruppe, sein Volk, zu retten. Ein Akt der Größe, gewiß, doch keine Sühnehandlung wie etwa der Kniefall von Willy

Brandt in Warschau, dessen Qualität gerade in der persönlichen Integrität des sich Beugenden lag und der völlig frei war von machtpolitischen Aspekten.

Bezeichnenderweise waren es keine Japaner, sondern ausländische Journalisten, die am 22. September 1975 auf einer außerordentlich seltenen Pressekonferenz Kaiser Hirohito kurz vor seinem bevorstehenden Staatsbesuch in Amerika über seine Einstellung zur jüngsten Vergangenheit befragten. Doch hier, wo ein klares, mutiges Bekenntnis vor einem bedeutsamen politischen Ereignis dem Kaiser weltweite Sympathie gesichert hätte, reagierte er nur mit farblosen Ausflüchten. Als einer der Journalisten wissen wollte, ob er persönlich einiges, was im Krieg geschehen sei, bedaure, erwiderte Hirohito, »es ist eine Tatsache, daß im Krieg viele Dinge passiert sind, aber an diesen Dingen und Ereignissen waren viele Leute beteiligt, und daher möchte ich zum gegenwärtigen Zeitpunkt nicht über die Dinge sprechen«. Ob er denn seinerzeit nicht selbst gemerkt habe, daß die Militärs Japan in aussichtslose Abenteuer treiben würden? Hirohitos Antwort: »Viele Personen leben noch, die damals in diese Angelegenheiten verwickelt waren. Würde ich jetzt irgend etwas sagen, dann könnte das eine Kritik an den damaligen Militärbehörden darstellen. Daher möchte ich davon absehen.« Man stelle sich vor, das Staatsoberhaupt der Bundesrepublik würde seine Meinung über das Dritte Reich zurückhalten, um den Überlebenden der damaligen Führung nicht zu nahe zu treten. Am deutlichsten wurde Hirohitos Haltung klar, als ein ausländischer Journalist um Auskunft bat, ob der Kaiser die Angriffspläne auf Pearl Harbor gebilligt habe: »In allen politischen Angelegenheiten und in denen, die das Oberkommando der Streitkräfte angingen, habe ich meiner Meinung nach in Übereinstimmung mit den Vorschriften der Verfassung gehandelt.« Ganz abgesehen von der Ähnlichkeit dieser Erklärung mit dem Argument aus den deutschen Entnazifizierungs- und Kriegsverbrecherprozessen, man habe nur Befehle ausgeführt, drängt sich die Erkenntnis auf, daß Kaiser Hirohito offenbar nie von Zweifeln geplagt wurde, ob denn eine Verfassung ihrerseits, bei der es sich nicht um etwas

Gottgegebenes, sondern um ein von Politikern umkämpftes und erkämpftes Gesetz handelt, nicht an höheren Prinzipien gemessen werden müsse, zumal von demjenigen, den sie zum Mittelpunkt erhebt. Wer sich Japans damaliger autoritärer Verfassung hinterher noch derart unkritisch unterwirft, ließe sich, nähme man ihn beim Wort, bei einem zugegeben unwahrscheinlichen Rückfall Japans in eine imperialistische Kriegspolitik erneut mißbrauchen, vorausgesetzt nur, daß die Verfassung entsprechend geändert würde. Wenn aber der Kaiser hier kein Problem sieht, kann man von seinen Untertanen mehr verlangen? Ob er befürchte, das japanische Volk könne erneut in den Militarismus zurückfallen? »Nein, diese Möglichkeit befürchte ich überhaupt nicht, denn dies verbietet die Verfassung.«

Für die Amerikaner gab es 1945 gute Gründe, Hirohito im Amt zu lassen. Damit haben sie wahrscheinlich verhindert, daß Japan ins Chaos abrutschte. Doch als Preis mußten sie hinnehmen, daß jeder Versuch einer selbstkritischen Rückbesinnung unterblieb. 1945 brachte Deutschland einen radikalen historischen Bruch, in Japan blieb die Kontinuität erhalten. So konnte dann 1975 derselbe Kaiser als Staatsoberhaupt in allen Ehren die Vereinigten Staaten besuchen, auf dessen Befehl hin die japanischen Kampfflugzeuge am 7. Dezember 1941 auf Pearl Harbor herabgestoßen waren.

Ernsthafte Überlegungen, wie man unter Bewahrung der Kontinuität, also unter Beibehaltung des Kaisertums, trotzdem eine Auseinandersetzung mit der Vergangenheit hätte wagen können, beispielsweise durch einen Rücktritt von Kaiser Hirohito und die vorzeitige Berufung des Nachfolgers, hat es kaum gegeben, denn ebensowenig wie der Kaiser selbst sah die breite Mehrheit seines Volkes 1945 und danach Anlaß, Bilanz zu ziehen.

Dieses Desinteresse dürfte eine seiner Hauptursachen im Denken der Japaner haben, in ihren relativierten Moralvorstellungen. Was immer Japaner im Zweiten Weltkrieg taten, geschah im Interesse der höchsten und umfassendsten Gruppe (uchi), in die sich jeder eingebettet weiß, zum Wohl des japanischen Volkes. Dem Volk tapfer und selbstlos zu dienen, stellt sich somit als Akt höchster Moralität dar, welche Folgen und Wirkungen das auch immer auf Nichtangehörige der Gruppe (soto), auf Außenstehende, auf Nichtjapaner gehabt haben mag. Hier zeigt sich mit unerbittlicher Konsequenz, wohin es letztlich führt, wenn eine Gruppe ihre Werte aus sich selbst heraus bezieht und sich nicht einer universalen, allgemeinmenschlichen Wertordnung unterworfen weiß. Gewiß verstoßen Gesellschaften, die diese allgemeine Wertordnung im Prinzip anerkennen, in der Praxis häufig dagegen, doch als Folge bleibt mindestens ein schlechtes Gewissen. Daß sich in Japan seit 1945 kaum ein schlechtes Gewissen geregt hat, kann als Indiz dafür gelten, wie stark das Gruppendenken noch immer die Wertordnung prägt.

Folgerichtig gilt daher, auch rückblickend beurteilt, jeder Widerstand gegen das militaristische Regime bis 1945 als verdammungswürdiges Verhalten. »Gute« Japaner sind und waren nicht diejenigen, die sich gegen den imperialistischen Militarismus wehrten, sondern solche, die gehorchten. Die Auflehnung einiger weniger gegen die Militärdiktatur ging bis zu Japans bedingungsloser Kapitulation über eine passive Verweigerung der Loyalität nie hinaus. Aktiven Widerstand aus humanitärer Verpflichtung, aus moralischem Abscheu, aus Freiheitsdrang hat es in Japan nicht gegeben. Jene weitverbreitete deutsche Überzeugung, daß die Soldaten der Wehrmacht in gutem Glauben der falschen Sache dienten, ist den meisten Japanern fremd. Willy Brandt hätte in Japan nie Ministerpräsident werden können.

Dies alles sind keine historischen Betrachtungen, sondern Überlegungen von politischer Aktualität. So zwang erst 1978, dreiunddreißig Jahre nach Kriegsende, der Oberste Gerichtshof in Tokio die Behörden, endlich koreanischen Kriegsopfern bislang verweigertes Recht zu gewähren.

Als 1945 die amerikanischen Atombomben auf Hiroshima und Nagasaki fielen, lebten in beiden Städten etwa hunderttausend Koreaner, von denen die meisten als Ersatz für die an den Fronten kämpfenden japanischen Männer in die Rüstungs- und Industriebetriebe zwangsverpflichtet worden waren. Viele dieser Koreaner wurden bei den Atombombenangriffen verletzt. Trotzdem

weigerten sich die japanischen Behörden, deren medizinische Betreuung zu übernehmen. Vom Argument, schließlich hätten die
Amerikaner die Atombomben geworfen (als habe nicht Japan
durch seinen Überfall auf Pearl Harbor den Krieg begonnen) bis
zur legalistischen These, mit dem Friedensvertrag von 1965 zwischen Japan und Korea seien alle Verantwortungen auf die koreanische Regierung übergegangen, waren den Ministerialbeamten
des Justizministeriums in Tokio alle Ausreden recht. Nur humanitäre Überlegungen kamen nicht auf. Schließlich verweigerte
das Justizministerium den Koreanern, von denen die meisten in
ihre Heimat zurückgekehrt waren, die Einreise nach Japan zur
medizinischen Behandlung, auch wenn jene Koreaner ihre Reise-
kosten selbst tragen wollten, mit der Begründung, Japans Einrichtungen zur Behandlung von Atombombenopfern würden
von den Steuerzahlern finanziert, und die Einwanderungsgesetze
würden keinen Aufenthalt erlauben, wenn der Betreffende der
Öffentlichkeit zur Last fallen könnte. Wer sich den Leidensweg
jener koreanischen Kranken vorstellen kann, von denen dreißig
Jahre danach noch immer etwa zwanzigtausend lebten, mag die
Verzweiflung ermessen, die einen dazu trieb, kurz vor seinem
Tod im Frühjahr 1975 testamentarisch zu verfügen, seine Leiche
solle vor der japanischen Botschaft in Seoul niedergelegt werden.
Andere prozessierten jahrelang vor japanischen Gerichten, bis
endlich am 30. März 1978 der Oberste Gerichtshof entschied,
auch die koreanischen Atombombenopfer hätten einen Rechtsanspruch auf medizinische Behandlung in Japan gemäß dem Son-
dergesetz zur Versorgung von Atombombenopfern, und zwar
selbst dann, wenn sie illegal, also unter Umgehung der Einwanderungsbehörden, ins Land gekommen seien. Presse und Fernsehen berichteten über den Prozeß, als habe er in einem fremden
Land stattgefunden.

Kein anderes Volk hat so lange und so schrecklich unter den
Japanern leiden müssen wie das koreanische, daher wären vor
allem gegenüber den Koreanern Selbstbesinnung und Mitempf-
finden zu erwarten. Vielleicht ist keine Bürokratie zu einer solchen menschlichen Verhaltensweise fähig, doch kommt im Falle

Japans hinzu, daß kein führender Politiker an der inhumanen Kaltherzigkeit der dem Justizministerium unterstehenden Einwanderungsbehörden Anstoß nimmt.

Über hunderttausend koreanische Männer wurden während des Zweiten Weltkrieges von den Japanern aus ihren Familien gerissen und in die primitiven Bergwerke der Insel Sachalin im kalten Norden verschleppt. Etwa vierzigtausend überlebten dort das Kriegsende, sehnlichst auf ihre Heimkehr hoffend, als Sachalin, das Japan dem zaristischen Rußland abgenommen hatte, an die Sowjetunion zurückfiel. Damals erlaubten die Sowjets den Japanern die Heimkehr ins Mutterland, doch um die Koreaner kümmerte sich niemand, am wenigsten diejenigen, die deren Elend persönlich zu verantworten hatten, denn trotz der Niederlage wurde Japan noch immer von denselben Ministerialbeamten verwaltet. Eine Rückkehr nach Nordkorea hätten die Sowjets gestattet, aber dorthin wollte fast niemand, zumal der Weg von Norden in den Süden versperrt war. Eine Ausreise nach Südkorea dagegen genehmigten die Sowjets nicht, weil sie diesen Staat nicht völkerrechtlich anerkannten. Der einzige Weg, den bedauernswerten unschuldigen und vergessenen Opfern der japanischen Kriegspolitik zu helfen, hätte darin bestanden, ihnen pauschal die japanische Staatsangehörigkeit zu verleihen, sie damit nach Japan zu holen und ihnen dann die freie Entscheidung über ihre Zukunft zu überlassen. Genau dies verhinderte die Bürokratie in Tokio, aus der Sorge, daß die als Menschen zweiter Klasse bereits in Japan lebenden sechshundertfünfzigtausend Koreaner dann ebenfalls die japanische Staatsangehörigkeit und damit ein Ende der Diskriminierung fordern würden. Wo großzügiges und rasches Handeln lebenswichtig gewesen wäre, vergruben sich die Verantwortlichen hinter rechtspolitischen Hürden.

Auch das Los jener Taiwan-Chinesen, die im Zweiten Weltkrieg für Japan in den Krieg hatten ziehen müssen, weil Japan damals Taiwan annektiert hielt, rührt Japans Politiker und die Öffentlichkeit nicht. Zweihundertzehntausend Taiwan-Chinesen waren von den Japanern damals zum Kriegsdienst gezwungen worden. Einunddreißigtausend kamen um, Zehntausende kehr-

ten verwundet und krank zurück. Doch weil Taiwan nach Japans
Niederlage im Friedensvertrag von San Francisco 1946 an
Tschiang Kai-scheks China zurückfiel, die japanischen Versor-
gungsgesetze aber nur für japanische Staatsangehörige gelten,
verweigert Japan bis heute jenen chinesischen Kriegsversehrten,
die einmal, meist unfreiwillig, als Japaner für Japan gekämpft
hatten, sowie deren Angehörigen und Hinterbliebenen, jede Hilfe. Zwar hatten die Regierungen von Tokio und Taipeh 1952
verabredet, eine Sonderregelung für jene Kriegsopfer zu treffen,
doch da Japan später die diplomatischen Beziehungen zu Taiwan
abbrach und statt dessen die kommunistische Volksrepublik in
Peking anerkannte, fehlt nach Ansicht der heutigen japanischen
Regierungsbürokratie inzwischen eine Rechtsgrundlage.

Nur wenn außenpolitische Zweckmäßigkeiten es erfordern,
bekennt sich das offizielle Japan zu seiner Schuld, jedoch selbst
dann nur in Formulierungen, deren distanzierende Wohlüber-
legtheit schon fast verletzend wirkt. Auf chinesisches Verlangen
fand Ministerpräsident Kakuei Tanaka am 25. September 1972
unmittelbar vor der Aufnahme diplomatischer Beziehungen zwischen Japan und der Volksrepublik China beim Festbankett in der
Großen Halle des Volkes in Peking zwischen Hauptgang und
Dessert die folgenden Worte: »Ich drücke unsere tiefe Selbstbesinnung darüber aus, daß wir in den Jahrzehnten unglücklicher
Beziehungen zwischen unseren zwei Ländern dem chinesischen
Volk großen Kummer bereitet haben. Ich muß freimütig zugeben, als eine historica Tatsache, daß sogar nach dem Ende des
Zweiten Weltkrieges ein unglücklicher Zustand fortdauerte. Es
ist Zeit, daß wir die Beziehungen zwischen unseren beiden Ländern normalisieren, damit wir auf einer sicheren Grundlage gute
nachbarliche und freundschaftliche Beziehungen aufbauen können. Wir sollten uns nicht in der dunklen Sackgasse der Vergangenheit verlaufen. Für die Führer unserer beiden Völker ist es
wichtig, die Zukunft zu planen, für unser gemeinsames Streben
nach Frieden und Wohlstand in Asien und in der Welt.« Daß ein
solcher Aufruf zum Vergessen eigentlich von der Seite der Opfer
her hätte kommen müssen, blieb in Japan unbemerkt.

Außenpolitik
oder
Von der Kunst, keine zu haben

Vor wenigen Jahren machte ein japanischer Außenminister, nachdem er vor der Generalversammlung der Vereinten Nationen die Politik seines Landes dargelegt hatte, auf unjapanische Weise vor einheimischen Journalisten seinem Herzen Luft. Es sei ihm peinlich gewesen, eine derartige gehaltlose Rede verlesen zu müssen und damit die gesamte Weltöffentlichkeit gelangweilt zu haben.

Widerspruch gegen diese Selbstkritik erhob sich nicht, zumal sie keinen Ausnahmefall betraf. Reden japanischer Politiker vor internationalen Foren zeigen Unverbindlichkeit und Blässe, kein Zuhörer braucht auf Überraschungen gefaßt zu sein. Höflichkeit, nicht Aufmerksamkeit, ist am Platz, wenn ein japanischer Außenminister auf einer Sondersitzung der Vereinten Nationen über Abrüstung »atomwaffenfreie Zonen in Gebieten, in denen geeignete Voraussetzungen bestehen«, fordert, ohne sich zu bemühen, solche Gebiete zu lokalisieren. Wer hofft, Japan, das einzige Land, das bisher Atombombenangriffe erleiden mußte, könne nützliche Ideen zur weltweiten Abrüstungsdebatte beitragen, wird enttäuscht feststellen, daß Abrüstungsprobleme weder die Regierungspolitiker beschäftigen, noch den Reichstag bewegen. Was bleibt dann einem Außenminister übrig, als die Flucht in Unverbindlichkeiten?

An den fehlenden Konturen der japanischen Außenpolitik trägt Japans Auswärtiger Dienst die geringste Schuld. Im Gegenteil, das Gaimusho, Japans Auswärtiges Amt, gilt unter Diplomaten weltweit als eine Behörde, die jeden Qualitätsvergleich besteht. Japans Diplomaten genießen den Ruf besonders geschickter Verhandler, die allen Japanern angeborene Behutsamkeit und Zurückhaltung macht sie zu angenehmen Partnern, und was ihnen gelegentlich an Weltläufigkeit und Unbefangenheit fehlt, machen sie durch Fleiß und Sachkunde mehr als wett. Die Tragik von Japans Auswärtigem Dienst, seit es ihn gibt, liegt darin, daß er von den eigenen Politikern nicht wichtig genug genommen wird, daß im Gaimusho Wissen und Erfahrungen verkümmern, während die Regierungschefs über die Köpfe der Diplomaten hinweg Außenpolitik mehr improvisieren als betreiben. Kein anderer leistungsfähiger Dienst wird derart schlecht genutzt.

Diese Vernachlässigung zeigt sich bereits in der personellen Besetzung. Japan, das als verletzbarer Industriestaat fast seine gesamte Energie und fast alle Rohstoffe aus fremden Ländern importieren muß und dafür mit weltweiten Exporten bezahlt, das also wie kein anderer Staat für sein Überleben auf vielfältige Auslandsbeziehungen angewiesen ist, beschäftigt in seinem Auswärtigen Dienst insgesamt rund 3500 Mitarbeiter, soviel wie Indien, nicht einmal soviel wie Italien (4900), nur gut halb soviel wie die Bundesrepublik (6000) und erheblich weniger als Großbritannien (fast 10 000) oder gar die Vereinigten Staaten (über 13 000). Eine solche Unterbesetzung verrät, daß die Politiker mit ihrem Diplomatischen Dienst nichts anzufangen wissen, eine Tatsache, die nicht neu ist und für die Japan letztlich teuer bezahlt hat. Denn es war das Gaimusho, das in den dreißiger und vierziger Jahren die regierenden Generäle vor den voraussehbaren Folgen ihrer Aggressionspolitik warnte und dringend von jeder Provokation Amerikas abriet, worauf die Militärs, von ihren Machtvisionen geblendet, die Diplomaten zu Statisten degradierten.

Die Generäle sind verschwunden, doch geblieben ist der Hochmut der Regierenden, die in Diplomaten nicht viel mehr sehen als Gala-Handlanger. Seit langem ist es japanische Praxis, daß Ministerpräsidenten wichtige internationale Sondierungen betreiben, indem sie hochrangige Politiker, auch aus der Opposition, zu Gesprächen ins Ausland reisen lassen, wobei sie ihnen als eine Art Akkreditierung persönliche Botschaften an die jeweiligen Gastgeber mitgeben, ohne daß die japanischen Diplomaten vor Ort, trotz ihrer unbestreitbar größeren Sachkenntnis, auch nur pro forma hinzugezogen würden. Jahrelang lief der Gedankenaustausch zwischen Tokio und Peking über derartige Mittelsmänner, längst nachdem beide Staaten volle diplomatische Beziehungen aufgenommen hatte. Da jeder dieser Sendboten als prominenter Politiker eigene Ziele verfolgt und entsprechend taktiert, läßt sich nicht verhindern, daß die Regierung unter Druck gerät, von häufigen Mißverständnissen ganz abgesehen, so daß die Umgehung des eigenen diplomatischen Apparates schwer zu begreifen ist. Wahrscheinlich trägt die japanische Vorliebe für Vermittler, denen sich alle Japaner gerne in heiklen Situationen anvertrauen, zu dem umständlichen und anfälligen Verfahren bei, weil sich auf diese Weise unverbindlich und behutsam entscheidende Punkte vorklären lassen, bevor sich die Partner offiziell zusammensetzen.

Das Amt des Außenministers genießt unter diesen Umständen keinen hohen Rang, weswegen es nur selten von einflußreichen, sachkundigen und welterfahrenen Persönlichkeiten übernommen wird. Während in der Bundesrepublik das Auswärtige Amt als prestigeträchtigstes Ministerium gilt, dessen Chef oft eine Anwartschaft auf den Posten des Bundeskanzlers besitzt, gelten in Japan das Finanzministerium und das Ministerium für Außenhandel und Industrie als die eigentlichen Vorzimmer zur Macht. Staatssekretär im Gaimusho zu werden, bringt keine politische Karriere voran und mag ihr sogar schaden angesichts der Isolation, in der sich die professionellen Außenpolitiker befinden.

In den Parlamentsferien allerdings, wenn die Reichstagsabgeordneten auf Steuerzahlerkosten in die weite Welt hinausströmen – 1980 waren es 172 Parlamentarier auf 35 Delegationen verteilt –, können sich Japans Botschafter, vor allem die in Nordamerika und Westeuropa, über mangelndes Interesse nicht beklagen. Dann sind sie als Fremdenführer gefragt, als spendable Gastgeber und besonders als Vermittler für Visiten bei den Staatsoberhäuptern und Regierungschefs ihrer Aufenthaltsländer. Nur widerwillig finden sich Japans Spitzendiplomaten mit dieser Besucherbetreuung ab, weil die Mehrheit der ungeladenen Gäste wenig Sachkunde mitbringt und noch weniger Interesse zeigt, sich gründlich informieren zu lassen, was den ausländischen Gesprächspartnern nicht verborgen bleibt. Als begehrtestes Reiseziel hält sich Washington, wobei ein Großteil der anreisenden Politiker zur Betretenheit der japanischen Botschaft recht vordergründige Ziele verfolgt, pressewirksame Treffen mit amerikanischen Spitzenpolitikern arrangiert haben will und, wenn es nur irgend geht, zusammen mit dem Präsidenten der Vereinigten Staaten fotografiert werden möchte, um sich dann später zu Hause den schlichten Wählern im Umgang mit den Großen der Welt – und als einer von ihnen – präsentieren zu können. Mit Besuchen in Kuala Lumpur oder Wellington ist wenig Ehre einzulegen, und Bonn rangiert hinter London und Paris.

Unter den Reichstagsabgeordneten gibt es keine weltweit bekannten und angesehenen Außenpolitiker, um so häufiger machen sie sich zum Fürsprecher mächtiger Außenhandelsinteressen und werden dann von den Medien und der Öffentlichkeit ebenso verkürzt wie zutreffend der Taiwanlobby, der Chinalobby oder einer anderen wirtschaftlich orientierten Gruppe zugerechnet.

Multilaterale Abkommen ratifiziert der Reichstag nur schleppend, so daß sich zeitweise um die hundert abgeschlossene und noch nicht gebilligte Verträge im Gaimusho stapeln, während bilaterale Abkommen normalerweise rasch die parlamentarischen Hürden nehmen. Auf die Gründe für diese Verzögerung hat das Gaimusho wiederum keinen Einfluß. Hinter allen wichtigen zweiseitigen Abkommen stehen einflußreiche Interessengruppen, die eine Ratifizierung vorantreiben, während die multilateralen Vereinbarungen, die häufig für die gesamte Völkergemeinschaft bedeutsame Probleme regeln, keine mächtigen parlamentarischen Fürsprecher finden.

Jene ungebrochene Faszination vom Westen, dessen Wissenschaft und Technik Japans Aufstieg vom ärmlichen Agrarstaat zu einer industriellen Supermacht bewirkte, treibt nicht nur die Politiker vorwiegend nach Amerika und Europa, sondern bestimmt auch die ungeschriebene Rangordnung in Japans diplomatischem Dienst. Ein Botschafterposten in einem europäischen Staat mittlerer Größe wie Italien verschafft mehr Prestige als ein Botschafterposten im viel größeren Indonesien, dessen Wirtschaftsbeziehungen mit Japan enger sind und das doch ebenso wie Japan in Asien liegt. An Washington, London und Paris als Diplomaten-Traumziele reicht keine Hauptstadt Asiens, Lateinamerikas oder gar Afrikas nur annähernd heran. Um einen Botschafter für den Irak zu finden, mußte das Gaimusho vor wenigen Jahren große Überredungskünste aufbringen, bis sich jemand fand, der bereit war, für zwei Jahre nach Bagdad zu gehen. Dort mußte der Unglückliche dann über vier Jahre ausharren, weil im ganzen japanischen Auswärtigen Dienst kein Nachfolger aufzutreiben war.

Das wesentlichste Merkmal der japanischen Außenpolitik liegt in der Tatsache, daß sie ohne durchdachtes Grundkonzept betrieben wird. Japans Staatsschiff steuert durch die Welt, nicht wie es einer industriellen Supermacht und großen Kulturnation zukäme, als Ozeanriese auf klarem Kurs, sondern als Trampdampfer, der je nach Bedarf hier und da anlegt, wo immer es etwas zu verdienen gibt. Was als Ziele der Außenpolitik verkündet wird, die Erhaltung des Weltfriedens, freundschaftliche Beziehungen zu allen Völkern der Erde, die Bereitschaft, den weniger Begünstigten zu helfen, sind Selbstverständlichkeiten. Westeuropas Völker versuchen, den nationalen Egoismus zu überwinden und sich in einem vereinten Europa zusammenzuschließen, Frankreichs Führung kämpft dafür, daß das große nationale Erbe Frankreichs in einem vereinten Europa nicht verblaßt, die Bundesrepublik Deutschland müht sich unter schmerzlichem Verzicht, die Spaltung Europas zu überbrücken, die Vereinigten Staaten als stärkste Macht der westlichen Welt ringen hartnäckig mit der kommunistischen Supermacht UdSSR um kontrollierte Abrüstung und weltweite Entspannung, und die vergleichsweise kleinen skandinavischen Staaten leisten beispielgebende Entwicklungshilfe. Japan dagegen hat der Völkergemeinschaft nichts anzubieten.

Kein richtungsweisendes Konzept zur Entwicklung Südostasiens, keine durchdachte Initiative im Ost/West- oder Nord/Süd-Konflikt, kein realistischer, von bitteren eigenen Erfahrungen geprägter Vorschlag zur Eindämmung der in der Kernenergie verborgenen Gefahren, kein mitreißender Plan zum Abbau rassischer Vorurteile oder zur Überwindung kultureller Schranken ist bislang von irgendeiner japanischen Regierung oder Oppositionspartei vorgelegt worden. Vor allem das Desinteresse an der alle anderen Industriestaaten aufwühlenden Diskussion über die Risiken der Kernenergie ist schwer zu verstehen in einem Land, das als einziges bisher Opfer von Atombombenexplosionen wurde und das darüber hinaus wie kein anderes von Erdbeben bedroht wird.

Auch an der weltweiten Diskussion über Menschenrechte beteiligen sich japanische Regierungen nicht. Kein Wort der Ermunterung oder auch nur des Verständnisses hat das offizielle Japan je für die in den kommunistischen Ländern verfolgten Dissidenten gefunden, und wenn Tokio ausnahmsweise für die Palästinenser Freiheit und Selbstbestimmung fordert, drängt sich der Verdacht auf, daß damit in erster Linie nationale Interessen verfolgt werden, nämlich die arabischen Öllieferungen zu sichern. Auf den Massenmord in Kambodscha hat beispielsweise die britische Regierung mit amtlichen Veröffentlichungen reagiert, die dokumentarisch die Verbrechen der damaligen kambodschanischen Machthaber belegten, obwohl Großbritannien zu diesem Schritt, der zunächst nichts anderes bewirkte als üble Beschimpfungen aus Phnom Penh, in keiner Weise verpflichtet war. Großbritannien hat Kambodscha nie als Kolonie besessen und war überdies an den Indochinakriegen dieses Jahrhunderts weder schuld noch beteiligt. Allein aus humanitären Gründen zog sich die britische Regierung den voraussehbaren Zorn der kommunistischen Unterdrücker Kambodschas zu, ohne Rücksicht auf wirtschaftliche Nachteile, auf vielleicht entgehende Geschäfte. Ein ähnliches Verhalten japanischer Regierungen hat es bislang nie gegeben und ist auch künftig nicht bald zu erwarten. Japanische Delegationen besuchten zur selben Zeit Kambodscha, um die Handelsbeziehungen in Gang zu bringen.

Auf Naturkatastrophen in fremden Ländern reagieren japanische Regierungen mit administrativen Pflichtübungen und mit hohlen Sympathietelegrammen, die keinem Opfer helfen, doch selten aus spontanem Entsetzen. Die rasche Entsendung ärztlicher Hilfeteams oder großer Mengen von Medizin durch Transportmaschinen der japanischen Luftwaffe würde wahrscheinlich am Argwohn der linken Opposition scheitern, die darin ein militärisches Propagandamanöver sähe, und ist bislang von keiner Regierung ernsthaft versucht worden.

Manche Beobachter führen die Konzeptionslosigkeit der japanischen Außenpolitik und ihre fehlende Empfindsamkeit auf die überalterte Führungsgeneration zurück, deren Ausbildung noch in die Zeit der autoritären Herrschaft der Militärs fiel und deren Energie sich im zielstrebigen Aufbau nach dem Zweiten Weltkrieg verbrauchte. Doch muß auch hier daran erinnert werden, daß sich die amtliche Zurückhaltung, ihr mangelndes Gespür für Humanität, weitgehend mit dem breiten öffentlichen Bewußtsein deckt. Nur wenige Japaner beklagen diesen Mangel, infolgedessen sehen sich die Regierungen weder der Kritik der Medien noch dem Druck von Bürgerbewegungen ausgesetzt. Dies deutet darauf hin, daß die Gründe tiefer liegen. Was sich hier auswirkt, ist die noch immer unterentwickelte Vorstellung von der Menschheit als einer zusammengehörenden und aufeinander angewiesenen Schicksalsgemeinschaft, ist die überlieferte Idee von Japan als einem einmaligen Staat, der neben, nicht mit allen anderen existiert. Das historische Erbe erweist sich als eine schwere Bürde.

Am liebsten verfolgen japanische Regierungen auf pragmatische Weise begrenzte nationale, vorwiegend wirtschaftliche Interessen, was den Japanern den Ruf von »economic animals« eingebracht hat, von ausschließlich um ihren wirtschaftlichen Vorteil besorgten Wesen. Auf internationalen Konferenzen, auf denen für Japan nichts auf dem Spiel steht, halten sich japanische Delegationen überwiegend zurück, wobei gelegentlich Sprachschwierigkeiten eine Rolle spielen, aber manchmal auch als Vorwand dienen, denn wenn immer es um handfeste Interessen geht, stehen Kommunikationsprobleme einer Durchsetzung nicht im Weg.

Aus Abneigung, in internationalen Entwicklungen eine Führungsrolle zu übernehmen, ließen die Japaner den anderen großen Industriestaaten den Vortritt, bis sie sich zur Organisation einer Wirtschaftsgipfelkonferenz im Sommer 1979 bereit erklärten. Ihnen war bewußt, daß, anders als bei Olympischen Spielen oder einer Weltausstellung, in diesem Fall von ihnen mehr als Gastfreundschaft und perfektes Management, nämlich auch zukunftsweisende Ideen als Diskussionsbasis erwartet würden. Ihre außenpolitische Abstinenz verführt Japans Politiker gelegentlich zu elementaren Fehleinschätzungen. Seit Jahren fordert die Regierung für Japan einen ständigen Sitz im Weltsicherheitsrat der Vereinten Nationen, den sie allein mit der wirtschaftlichen Machtstellung des Inselreiches begründet. Dabei entgeht ihr, daß sich zugleich volkreichere Staaten wie Indien oder Indonesien, die in ihrer weit zurückreichenden Geschichte blühende Hochkulturen hervorgebracht haben, herabgesetzt fühlen müssen, daß also Japan, indem es seine Ansprüche wirtschaftlich untermauert, den Argwohn seiner asiatischen Nachbarn vor dem economic animal selbst bestärkt. Als im Herbst 1978 der frühere Außenminister Toshio Kimura zur Generalversammlung nach New York geschickt wurde und beim Werben um die Stimmen der Dritten Welt Japans Entwicklungshilfe und seine Rolle als drittgrößter Beitragszahler der Vereinten Nationen auszuspielen versuchte, zeigte sich die Mehrheit unbeeindruckt und wählte, eingedenk der dürftigen Beteiligung der Japaner an der tatsächlichen Arbeit der Vereinten Nationen, auf einen den asiatischen Staaten im Wechsel vorbehaltenen Sitz im Sicherheitsrat Bangla Desh. Nur in Tokio konnte dieses Ergebnis überraschen.

Japans auswärtige Kulturpolitik wirkt wie eine Umkehrung seiner Außenhandelspolitik. Während die japanische Industrie die Märkte der Welt mit ihren Gütern überschwemmt, hat Japan in der Vergangenheit nur minimale Anstrengungen unternommen, fremde Völker über die kulturellen Leistungen und die gesellschaftlichen Besonderheiten Japans zu informieren, und während sich Japan andererseits gegen die Aufnahme ausländischer Industrieprodukte zu sperren versucht, saugt es zugleich alle kulturellen Strömungen der Welt, besonders aus Europa und Amerika, bereitwillig, ja gierig auf. Die Japaner sprechen von ihrer eigenen Kultur als einer fukidamari no bunka, einer Kultur, die alles aufnimmt, was aus irgendeiner Ecke der Welt herweht und es wie in einem windstillen Winkel bewahrt. Eine solche Widersprüchlichkeit, der Verzicht auf eine planvolle auswärtige Kulturpolitik in der Vergangenheit, erscheint um so unverständlicher, als Japan der Welt ideelle Bereicherungen anzubieten hat, die hinter Kameras, Autos und Videorekordern nicht zurückzustehen brauchen. Japans traditionelle Kultur, wie sie sich beispielsweise in Zen-Malerei, Gartenarchitektur, Töpferei, Ikebana und Schintobauten entfaltet, ist breiten Kreisen des Westens bis heute unbekannt geblieben, obgleich die Stilelemente dieser Kunstformen, raffinierte Schlichtheit, handwerkliche Gekonntheit, Liebe fürs Detail, gewollte Sparsamkeit und Naturnähe, besonders den in den westlichen Massengesellschaften an grellen und lauten Reizüberflutungen leidenden Menschen neue Hoffnungen geben könnten. Daneben quirlt Tokio voller Lebensfreude und Modernität. Kellertheater, originelle Künstler, musikalische Experimente, gewagte Filme und ein unüberschaubarer Literaturbetrieb würden die Bewohner der meisten Hauptstädte der Welt vor Neid erblassen lassen – wenn sie davon wüßten.

Auch würde sich ein gründlicheres Studium der japanischen Gesellschaftsordnung für das Ausland lohnen, denn in ihren industriellen Superstaat haben die Japaner ein Gut relativ unversehrt hinübergerettet, das im Westen weitgehend verlorengegangen ist und dessen Fehlen die Existenzkrise Amerikas und Europas mitbedingt, nämlich die Geborgenheit des einzelnen in der Gesellschaft, sein Eingebettetsein in mitmenschliche Wärme und Anteilnahme. Fast nichts davon ist außerhalb Japans der breiten Öffentlichkeit bekannt.

An Japan hat die Welt in der Vergangenheit kein übermäßiges Interesse gezeigt. China, mit seiner Ausstrahlung über ganz Ostasien, mit seiner überzüchteten Hofkultur, seinem zarten Porzellan, seinen glänzenden Jadeschnitzereien, seinen buntlackierten, vergoldeten Tempeln und Palästen und den Lehren des Konfuzius und des Laotse sperrte Europa den Blick für die stille, zurückhaltende Kultur Japans, die sogar in Japan selbst derart von chinesischem Einfluß überlagert wurde, daß sie oft kaum noch zu erkennen war. Dazu kommt, daß die japanische Sprache im Westen bislang erheblich weniger Studenten reizte als das Chinesische, obwohl sie in der Gegenwart erheblich größere Nutzungsmöglichkeiten bietet. Nur eine Handvoll Europäer und Amerikaner beherrscht Japanisch, wodurch sich der Westen mangels guter Übersetzer den Blick in die vielfältige und eigenwillige japanische Literatur versperrt. Japanische Autoren, die direkt in weniger verbreitete Fremdsprachen übersetzt werden, ohne den Umweg über eine englische Fassung, die zwangsläufig einen Teil ihrer Originalität zerstört, gibt es kaum.

Der wichtigste Grund für die weltweite Unkenntnis der japanischen Kultur liegt jedoch unzweifelhaft in den Japanern selbst, an ihrem unterentwickelten Bedürfnis, sich mitzuteilen, an ihrer insularen Selbstgenügsamkeit. Von einem Land, in dem sich nicht einmal die Universitäten als weltoffene, intellektuelle Treibhäuser, sondern als hausbackene Paukinstitute betrachten, und in dem in der Vergangenheit die meisten Künstler und Intellektuellen sich mit der Anerkennung im eigenen Land zufriedengaben, war bislang nichts anderes zu erwarten.

Erst Japans weltweite Wirtschaftserfolge in der Nachkriegszeit haben diesen Mangel deutlich gemacht, als die Kritik in den asiatischen Nachbarländern an dem economic animal sich, wie in Südkorea, Thailand und Indonesien, in zerstörerischen antijapanischen Ausschreitungen entlud. Erschrocken erkannten daraufhin Außenpolitiker und Außenhandelskaufleute, also nicht die Akademiker und die Intellektuellen, welchen Schaden Japan sich selbst zufügte, solange es darauf verzichtete, der Welt zu beweisen, daß es mehr zu bieten habe als Massenkonsumgüter.

1972 gründete die japanische Regierung die Japan Foundation, eine Stiftung, die sich seitdem bemüht, den internationalen Kulturaustausch in Gang zu bringen, durch die Entsendung japanischer Künstler und Wissenschaftler, mit Büchern, Filmen und Fernsehprogrammen, durch Einladungen an Ausländer und vor allem durch die Förderung von japanischen Sprachstudien im Ausland. Verglichen mit ähnlichen Einrichtungen anderer großer

Staaten liegt die Japan Foundation in ihrer finanziellen und personellen Ausstattung noch weit zurück, doch ist immerhin der richtungsweisende erste Schritt getan. Geographisch konzentriert sich die Stiftung vorwiegend auf die Vereinigten Staaten, die bis dahin den gesamten japanisch-amerikanischen Kulturaustausch der Nachkriegszeit finanziert hatten, und auf Südostasien, also auf jene Länder, die besonders unter japanischer Besetzung zu leiden hatten und die heute zu den Hauptrohstofflieferanten gehören. Die Japan Foundation braucht nicht in erster Linie Geld, obgleich es sich nachteilig auswirkt, daß das japanische Steuerrecht keine Begünstigung von Spenden der Industrie für kulturelle Zwecke kennt, was die Spendenbereitschaft ausgerechnet dort bremst, wo der Wohlstand sitzt. In erster Linie herrscht ein erheblicher Mangel an auslandserfahrenen, sprachkundigen Lehrern und an jüngeren Künstlern und Wissenschaftlern, die nicht nach Amerika schielen, sondern bereit sind, für einige Jahre in bislang in ihren Kreisen nicht besonders geschätzte Entwicklungsländer zu gehen. Was noch immer fehlt, ist ein breiter Rückhalt in der Öffentlichkeit, ist die Erkenntnis an Universitäten, in Fernseh- und Zeitungsredaktionen, in Bürokratie, Parteien, Gewerkschaften, unter Künstlern, Wissenschaftlern und in Schulen, daß in der heutigen Welt, in der die Menschheit unaufhaltsam zusammenwächst, ein Kulturstaat nicht nur ein Recht zu nehmen, sondern auch eine Pflicht zu geben hat.

Im Sommer 1978 besuchte zum ersten Mal ein japanischer Ministerpräsident arabische Länder. Bei seinen Gesprächen ging es ausschließlich um Öl für Japan und um die Gegenlieferungen. Hätte er in seiner Delegation junge Forscher und Künstler mitgebracht, offen für die unvergleichlichen Leistungen der arabischen Kultur, neugierig auf arabische Architektur, Medizin, Astronomie, Mathematik und Dichtkunst und hätte er zugleich arabische Wissenschaftler nach Japan eingeladen, damit sie dort Kenntnis geben von Dingen, von denen die japanische Öffentlichkeit bislang nichts weiß, wäre er also nicht nur als Sprecher einer wirtschaftlichen Supermacht, sondern zugleich als Lernender gekommen, so hätte er bei den stolzen Arabern langfristig vielleicht

mehr für die Sicherung des japanischen Ölbedarfs erreicht als mit
all seinen wirtschaftlichen Versprechungen, ganz abgesehen davon, daß ihm damit auch eine eindrucksvolle Korrektur am negativen Japanbild vom economic animal gelungen wäre. Doch die
Gelegenheit blieb ungenutzt.

Von Staat zu Staat
oder
Alle sind gleich, doch einige sind gleicher als die anderen

Als Kaiser Hirohito im Herbst 1975 die Vereinigten Staaten besuchte, entschuldigte er sich gegenüber dem amerikanischen
Volk für den von Japan im pazifischen Raum entfachten Zweiten
Weltkrieg mit den Worten »ich bedaure zutiefst...«. Als Chinas
erster Stellvertretender Ministerpräsident Deng Xiaoping als erster prominenter Besucher der Volksrepublik China im Herbst
1978 nach Japan kam und dabei auch vom Kaiser empfangen
wurde, rang sich Hirohito dagegen lediglich die unverbindliche
Erklärung ab, daß es »unglückliche Ereignisse in der langen Geschichte der chinesisch-japanischen Beziehungen« gegeben habe.
Dieser bemerkenswerte Unterschied in der Bereitschaft, eigene
Schuld zuzugeben, gewinnt noch an Gewicht, wenn man bedenkt, daß sich der gewiß erbarmungslose Krieg gegen Amerika
auf den Kampf gegen eine Armee beschränkte, während im Falle
Chinas das gesamte chinesische Volk unter der Besatzung und
Kriegsführung der Japaner schrecklich zu leiden hatte. Wenn die
japanische Regierung schon Abstufungen für notwendig hielt –
solche Formulierungen kommen dem Kaiser selbstverständlich
nicht spontan über die Lippen –, wäre eine selbstkritischere Haltung gegenüber dem chinesischen Volk logisch und angebracht
gewesen. In der Öffentlichkeit regte sich daher der Verdacht, daß
überwiegend taktische Erwägungen die Äußerungen des Kaisers
veranlaßt hätten.
    Verwunderlich wäre das nicht, denn keinem anderen Land der

Welt bringt Japan einen derartigen Respekt entgegen wie den *Vereinigten Staaten*, keiner anderen fremden Regierung fügt sich Japan so willig wie dem Weißen Haus in Washington. Kein neugewählter japanischer Ministerpräsident, der nicht alsbald nach Washington reisen würde, um sich hier, ähnlich wie die deutschen Kaiser des Mittelalters in Rom, den Segen zu holen. Japans Verhältnis zu Amerika wird bestimmt von den Einsichten eines nüchternen, praktisch denkenden Volkes, das sich über die Machtverteilung auf der Welt keinen Illusionen hingibt. Ohne Amerika könnte Japan heute nicht existieren, zumindest nicht auf seine gegenwärtige Weise.

Es war der amerikanische Commodore Perry, der 1853 mit seinem Geschwader Japan zwang, sich dem internationalen Handel zu öffnen, wodurch die jahrhundertealte Isolationspolitik des Inselreiches zusammenbrach und die Modernisierung durch die Meiji-Reformen eingeleitet wurde. Fortan behandelten die Japaner Amerika mit jenem Respekt, der dem Mächtigen gebührt. Daß sie ein einziges Mal Amerika unterschätzten, 1941, beim Überfall auf Pearl Harbor, mußten sie mit den Atombomben auf Hiroshima und Nagasaki und mit der ersten Besetzung ihres Landes durch fremde Truppen in ihrer gesamten Geschichte bezahlen, eine Lektion, die seitdem nicht in Vergessenheit geriet.

Sodann war es der amerikanische Statthalter General MacArthur, der 1945 die autoritären Strukturen weitgehend zerstörte und Japan in eine Demokratie umwandelte, eine Entwicklung, die vom japanischen Volk bereitwillig akzeptiert wurde und die in ihrer Gesamtheit nicht mehr rückgängig zu machen ist. Schließlich, als sich Japan zur bedeutendsten Industriemacht Asiens hocharbeitete, erwiesen sich die Vereinigten Staaten als der mit Abstand wichtigste Wirtschaftspartner, als der ertragreichste Absatzmarkt für japanische Produkte und zugleich als unersetzlicher Lieferant von technischem Know-how. Endlich darf nicht übersehen werden, daß der japanisch-amerikanische Sicherheitsvertrag Japans Verteidigung durch die Vereinigten Staaten garantiert, daß Amerika es den Japanern ermöglicht, sich mit begrenzten eigenen Streitkräften (und begrenzten Militärausgaben) zu bescheiden, während sie sich unter dem atomaren Schutzschirm der stärksten Militärmacht der Welt geborgen wissen. Entsprechend intensiv haben sich die kulturellen Kontakte entwickelt. Amerikanische Fernsehserien verdrängen fast alle anderen ausländischen Programme, amerikanische Literatur dominiert unter den Übersetzungen, amerikanische Universitäten gelten als die besten Bildungsstätten, und unter der Bevölkerung behauptet sich seit Jahren Amerika als verlockendstes Touristenziel.

Nimmt man das alles zusammen, so klingt die Behauptung, Japans politische und wirtschaftliche Existenz hänge in erster Linie von den Vereinigten Staaten ab, nicht übertrieben. Daher bestimmt diese vielfältige und enge Abhängigkeit das Verhalten einer jeden japanischen Regierung. Mögen auch europäische Verkehrsflugzeuge sich als wirtschaftlicher und billiger erweisen, keine japanische Regierung wird sich dem Druck Washingtons zum Kauf amerikanischer Großraumflugzeuge entziehen, was den Erwerb einer geringen Anzahl europäischer Maschinen als Konzession gegenüber der Europäischen Gemeinschaft nicht ausschließt. Da mögen sich einzelne europäische Waffen amerikanischen Entwicklungen überlegen erweisen, Japan wird sorgfältig testen und vergleichen – und sich danach für die Amerikaner entscheiden. Und wenn sich die Amerikaner durch ihre Energieverschwendung und den Dollarverfall weltweiter Kritik aussetzen, überläßt Tokio es am liebsten den Deutschen und anderen Westeuropäern, die Wahrheit beim Namen zu nennen.

Dies bedeutet jedoch nicht, daß Japan in jeder einzelnen Frage sklavisch amerikanischen Wünschen folge, wie beispielsweise der Widerstand gegen das amerikanische Drängen auf die Liberalisierung der Einfuhr amerikanischer Agrarprodukte, vorwiegend von Rindfleisch und Zitronen, beweist. Hier sträubt sich die japa-

Der Sieger empfängt den Besiegten. Dieses Bild vom Antrittsbesuch des schmächtigen Kaisers Hirohito beim lässig-selbstbewußten amerikanischen Besatzungschef General Douglas MacArthur demonstrierte den Japanern 1945 deutlicher als alle offiziellen Verlautbarungen die neuen Machtverhältnisse.

nische Regierung aus Selbsterhaltungstrieb, aus der Angst, ihre verläßlichsten Wähler, die Bauern, zu verprellen. Doch angesichts der unübersehbaren Abhängigkeiten von den Vereinigten Staaten kann keine Regierung in Tokio ihre gelegentliche Opposition auf die Spitze treiben, und damit aus solchem Widerstand keine grundsätzliche und dauerhafte Verärgerung jenseits des Pazifik entsteht, gibt Tokio erfahrungsgemäß um so rascher dort nach, wo keine lebenswichtigen eigenen Interessen auf dem Spiel stehen, etwa bei Flugzeug- oder Waffenkäufen.

Was immer eine Regierung in Tokio beschließt, mit wem sie sich auch immer einläßt, zu den entscheidenden Grundüberlegungen gehört stets die Frage, wie Washington dazu steht. Selbstverständlich wäre es ungerecht, die Japaner dafür zu tadeln. An der Tatsache ihrer existentiellen Abhängigkeit von Amerika läßt sich nicht rütteln, und ebensowenig kann bestritten werden, daß sie diese Bindung nicht gesucht haben, sondern daß sie sich aus der historischen Entwicklung seit Commodore Perry und vor allem aus der Niederlage im Zweiten Weltkrieg zwangsläufig ergab. Auch Westeuropa muß sich in erster Linie nach Washington richten, doch fühlen sich die Europäer nicht in demselben Ausmaß den Vereinigten Staaten ausgeliefert. Schon die Europäische Gemeinschaft als Wirtschaftsraum bietet der europäischen Industrie einen riesigen Entfaltungsraum und verringert damit die Rolle der Vereinigten Staaten als zahlungskräftiger Absatzmarkt für europäische Produkte. Selbst die militärische Sicherheit wird von der NATO, also einem multinationalen Bündnis, garantiert, in dem zwar die Vereinigten Staaten die entscheidende Führungsrolle spielen, zu dem aber auch andere Partner beitragen, zum Beispiel die Bundesrepublik mit einem schlagkräftigen Heer und Großbritannien mit einer eigenen atomaren Abschreckung, so daß sich in der NATO Verbündete arrangieren müssen, ohne daß ein allzu Mächtiger einem total Abhängigen seinen Willen aufzwingen könnte. Für Japan, das in seiner Nachbarschaft in Ostasien weder einen ähnlich entwickelten wirtschaftlichen Partner noch einen militärischen Verbündeten finden kann, gibt es keine Alternative zu Amerika.

Nach *Europa* blicken die Japaner hingegen mit einer gewissen Sentimentalität, denn es waren vorwiegend Naturwissenschaftler, Ärzte, Juristen und Offiziere aus Deutschland, England, Frankreich und Holland, die ihnen in der zweiten Hälfte des vorigen Jahrhunderts bei ihrer Modernisierung halfen. Damals holten sich die Japaner für einzelne Fachgebiete jeweils Experten bestimmter europäischer Staaten, so daß sich die Engländer vorwiegend um Flottenbau und Eisenbahnwesen, die Franzosen um die Vermittlung europäischer Kultur- und Kunstvorstellungen und die Deutschen um Naturwissenschaften, Medizin, Philosophie und (konservatives) Staatsrecht kümmerten. In der neueren Geschichte, spätestens seit Ende des Zweiten Weltkriegs, spielt Europa machtpolitisch in Ostasien keine Rolle mehr, im Unterschied zu den Vereinigten Staaten, weshalb die Japaner heutzutage die Europäer mit zurückhaltender Hochschätzung behandeln, zumal zwischen Japan und Europa keinerlei schwerwiegende Probleme stehen, sieht man von der wirtschaftlichen Konkurrenz und ihren unvermeidlichen Zwistigkeiten ab.

London und Paris, das sind noch immer nach den Vereinigten Staaten die Traumziele japanischer Urlauber, die bevorzugten Plätze für japanische Zeitungs- und Fernsehkorrespondenten und die prestigeträchtigsten Auslandsposten im diplomatischen Dienst. So seltsam das bei einem asiatischen Volk anmutet, doch viel mehr Japaner kennen sich in den Antiquitätenläden und Kaufhäusern der britischen Hauptstadt und in den Feinschmekkerrestaurants und Modeboutiquen an der Seine aus als in den Museen von Seoul oder den buddhistischen Tempeln von Thailand.

Japans konservatives Establishment fühlt sich besonders der britischen Monarchie verbunden, die, jedenfalls aus fernöstlicher Sicht, dem japanischen Kaiserhaus am nächsten kommt: keine radelnde Königin, keine aus dem Unteroffiziersstand aufgestiegenen Emporkömmlinge, keine Vorstellung vom Monarchen als Job, statt dessen Distanz, Würde und Bewahrung der Tradition.

Mit dem Ruf von Paris als schablonisiertem Inbegriff für Lebensstil, Kunst und Kultur kann kein anderer Ort der Welt kon-

kurrieren, schon gar keine Stadt der *Bundesrepublik*. Trotzdem
brauchen die Deutschen nicht neidisch zu werden. Von London
und Paris schwärmen die Japaner, dort kaufen sie Regenmäntel,
Schmuck und Parfum, doch wenn es um Autos geht und medizinische Geräte, Werkzeugmaschinen und Chemikalien, kommen
sie meistens in die Bundesrepublik. Deutsch ist für die Japaner
noch immer ein Inbegriff für Zuverlässigkeit und Qualität, die
deutsche Wirtschaft gilt nicht nur als Konkurrenz, sondern auch
als Vorbild. Wie das allerdings mit den großen Lehrmeistern im
Leben ist, sie werden häufig mehr geachtet als geliebt, Qualitäts-
wettbewerbe können die Deutschen in Japan jederzeit bestehen,
doch bei Popularitätstests wären sie eher im Mittelfeld zu finden.

Die Liste der deutschen Lehrmeister in Japan ist lang. Sie
beginnt ein wenig obskur 1639 mit dem in holländischen Dien-
sten stehenden Wolfgang Braun aus Ulm, der in Südjapan drei
Mörser für die Schogunatsregierung goß. Ihm folgte wenig später ein weitaus bedeutenderer Mann, der Arzt Engelbert Kaempfer
(1651–1716) aus der westfälischen Stadt Lemgo, der, ebenfalls im
Dienste der Niederländisch-Ostindischen Kompanie, Japan berei-
sen durfte und sich dabei als der erste wissenschaftliche Erfor-
scher des in selbstgewählter Isolation verharrenden Inselreiches
betätigte. Den Schriften Kaempfers verdankt Europa nach den
phantastischen Berichten des Venezianers Marco Polo, der sich
jahrelang in China umsah, aber nie bis Japan kam, die ersten
präzisen Informationen über das unbekannte Nippon. Seine Arbeit setzte im 19. Jahrhundert der aus Würzburg stammende
Arzt Philipp Franz von Siebold fort, dem die Schogunatsregierung die Erlaubnis erteilte, in Edo Medizin zu lehren, womit er
zum Begründer der modernen japanischen Medizin wurde. Vor
allem an den Meiji-Reformen hatten Deutsche einen großen An-

Beschreibung der Moxibustion (Heilung durch das Verbrennen
von Kräutern, die dabei häufig auf Akupunkturnadeln aufge-
spießt werden).
Aus Engelbert Kaempfers Amoenitates exoticae, erschienen in
Lemgo, 1712.

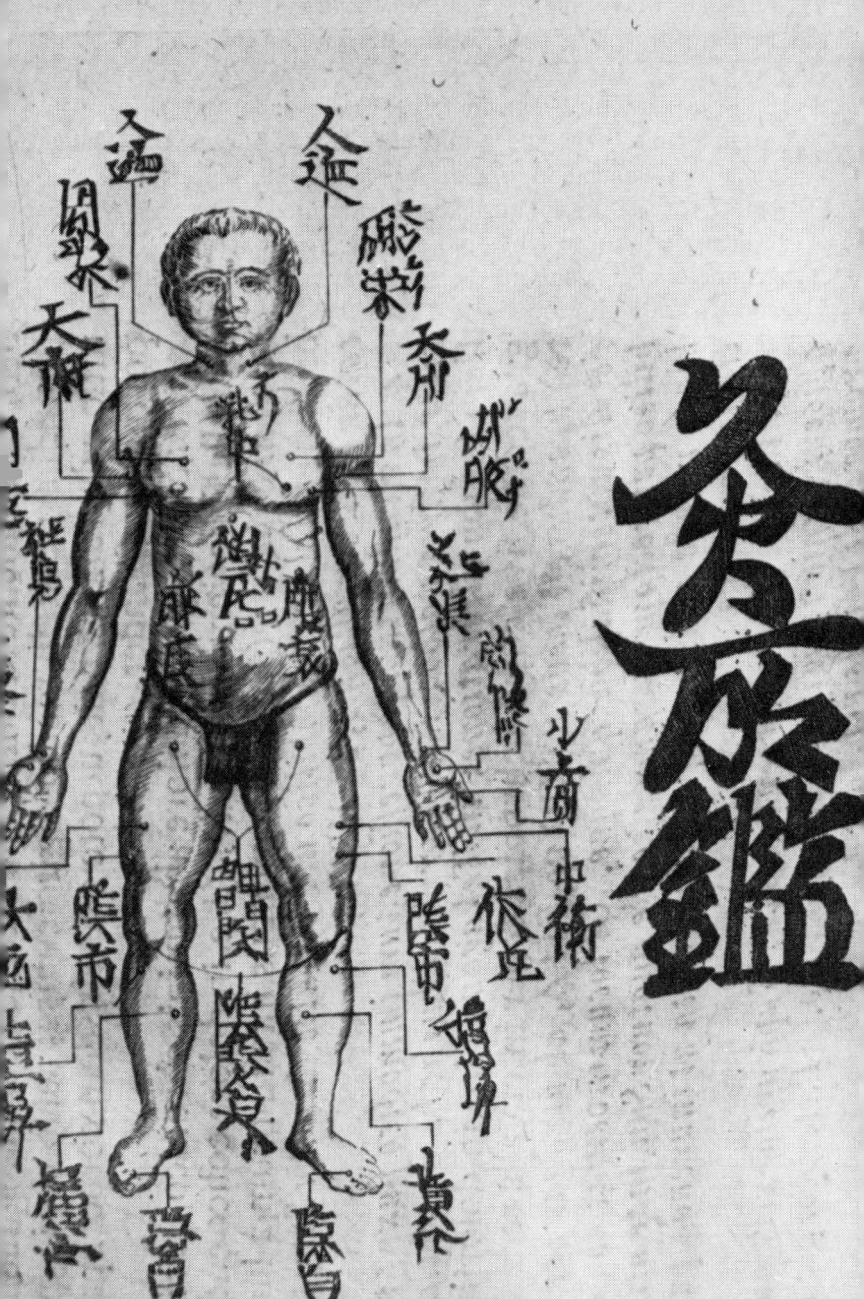

teil. Paul Mayer half bei der Organisation der Finanz- und Postverwaltung, Hermann Roesler entwarf Japans Handelsgesetzbuch und wirkte bei der Formulierung der neuen Verfassung mit, Ludwig Lönholm lehrte deutsches Recht an der kaiserlichen Universität von Tokio und beeinflußte Japans Bürgerliches Gesetzbuch, der Polizeihauptmann Wilhelm Höhn beriet die Japaner beim Aufbau ihrer Polizeiverwaltung, die Majore Meckel und Wildenbruch unterrichteten junge Heeresoffiziere, K. Hefele begründete die japanische Forstwissenschaft, Ferdinand Freiherr von Richthofen ermöglichte dank seiner geologischen Forschungen die Modernisierung des japanischen Bergbaus, Deutsche halfen den Japanern bei der Gründung der ersten Papierfabriken und Druckereien, Bierbrauereien und Schuhfabriken. Die meisten Namen dieser erheblich längeren Liste sind in ihrer Heimat längst vergessen, während sich die Gebildeten in Japan noch an sie erinnern. Doch darf bei einem derartigen Rückblick auch nicht der Hinweis fehlen, daß in der Gegenwart junge japanische Mediziner ihre Ausbildung am liebsten in den Vereinigten Staaten vervollkommnen, so wie fast alle jungen Wissenschaftler und Techniker nach Amerika blicken. Wer Beweise sucht, wie weitgehend Europa seine Weltrolle ausgespielt hat, findet sie in Ostasien.

Als populärstes Land behauptet sich unter den Japanern die *Schweiz*, oder genauer gesagt ein idealisiertes Traumbild der Schweiz, als ein Land des Friedens und des Wohlstands und der verschneiten Berge, gleichsam den irdischen Niederungen entrückt. Mit der Alpenrepublik geht es den Japanern ähnlich wie jenen Europäern, die von der Glückseligkeit in den abgelegenen Hochtälern des Himalaya schwärmen. Über den Kenntnisstand einzelner Völker sagen solche Vorstellungen nichts aus, um so mehr jedoch über ihre geheimen Sehnsüchte.

Wollte man eine Wertskala des Respekts aufstellen, den die Japaner fremden Staaten entgegenbringen, dann würde auf Amerika und Westeuropa China folgen, mit großem Abstand vor Südostasien, und in die Schlußposition könnten sich die Sowjetunion und Südkorea teilen.

Japans Verhältnis zu *China* ist vielschichtig und kompliziert. Denkt man sich von der japanischen Kultur all das hinweg, was im Laufe von Jahrhunderten von China übernommen wurde, dann bleibt ein einfaches Bauern- und Kriegervolk übrig. Japans Hochkultur stammt aus China, ähnlich wie die Germanen ihre prägenden kulturellen Impulse von Griechen und Römern und Christentum empfingen, wobei erneut daran erinnert sei, daß die Japaner die chinesische Kultur mit großem Geschick ihren eigenen Überlieferungen und sozialen Notwendigkeiten anpaßten und sie teilweise länger bewahrten als die Chinesen selbst. Wer chinesische Architektur der Tang-Periode (618–906) studieren will, findet Gebäude aus der damaligen Zeit nur noch im japanischen Nara. Folglich blickten die Japaner jahrhundertelang nach China als dem Zentrum der Welt. Bis ins Mittelalter schickten sie Tributdelegationen an den chinesischen Kaiserhof, dessen Oberhoheit sie damit anerkannten. In der Edo-Tokugawa-Zeit der selbstgewählten Isolation (1600–1868) durften neben den Holländern nur noch die Chinesen mit Japan einen begrenzten Handel treiben.

Als sich Japan dann am Beginn der Neuzeit zu einem modernen Industriestaat entwickelte, während China in degenerierten Traditionen verharrte und zum Spielball der europäischen Kolonialmächte wurde, schlug der Respekt gegenüber China um in Arroganz und Verachtung. Japan erwies sich als gelehriger Schüler der gierigen Europäer und machte sich selbst an den Aufbau eines Kolonialreiches, indem es seine Nachbarn zu unterjochen begann. Erst wurde China besiegt (1895), dann Rußland geschlagen (1905), schließlich Korea annektiert (1910). Japans Rohstoff- und Machthunger konzentrierte sich auf die Mandschurei, die von den japanischen Militärs von China abgetrennt und 1932 in den Satellitenstaat Mandschukuo umgewandelt wurde, mit dem chinesischen Prinzen Pu Yi als Marionettenkönig, der im Alter von drei Jahren 1909 als letzter chinesischer Kaiser in Peking auf den Thron gesetzt und 1912, noch als Kind, von Sun Yat-sen gestürzt worden war und der sein Leben später im kommunistischen China als Gärtner des inzwischen dem Volk geöffneten früheren Kaiserpalastes beenden sollte. Von der Mandschurei, nach einem von den Japanern 1937 provozierten Zwischenfall an der Marco-Polo-Brücke bei Peking, breitete sich der Krieg wie ein Flächenbrand über China aus. Mehr als neun Millionen Chinesen fielen der japanischen Aggression zum Opfer, über die Brutalität der Eroberer von Nanking empörte sich die gesamte zivilisierte Welt. Mao Zedong erklärte lange danach einmal ironisch japanischen Gästen, Chinas Kommunisten müßten eigentlich den japanischen Militaristen dankbar sein, denn durch deren gnadenlose Grausamkeit seien die Massen Chinas in die Arme der Kommunisten getrieben worden, so daß letztlich den japanischen Generälen der Sieg der Kommunisten in China zu verdanken wäre, ein Kompliment, das den konservativen Kräften in Japan nicht gerade Freude bereitet haben dürfte.

Was nach dem Zweiten Weltkrieg blieb, waren verdrängte Schuldgefühle und ein schlechtes Gewissen. Typisch dafür klingt der erleichterte Stoßseufzer des Präsidenten einer der einflußreichsten japanischen Banken, der nach einer Chinareise bekannte, »Japan hat eine große Zahl von Chinesen in Nanking und sonstwo umgebracht. Ich hatte Angst, sie würden auf die Vergangenheit zu sprechen kommen. Doch zu meiner Erleichterung taten sie das nicht. Auch haben die Chinesen keine Kriegsreparationen verlangt. Daher sollte die japanische Regierung prüfen, ob man ihnen Kredite zu besonders niedrigen Zinssätzen zur Verfügung stellen kann.«

Als Deng Xiaoping im Herbst 1978 in Tokio Kaiser Hirohito besuchte, als damit der Mann, in dessen Namen Japan China überfallen und ausgebeutet hatte, mit einem früheren Kommandeur kommunistischer Truppen zusammentraf, der jahrelang gegen die Japaner gekämpft hatte, sah noch immer keine Fernsehstation Japans den Anlaß gekommen für eine gründliche historische Dokumentation über Japans Verhalten in China. Einer der Sender hielt es dagegen für passend, zum ersten Tag des Deng-Besuches einen chinesischen Spielfilm über den Opiumkrieg auszustrahlen, also über das unrühmlichste Kapitel der Chinapolitik Großbritanniens.

Die Einstellung der Japaner gegenüber den Chinesen ist außerordentlich emotional befrachtet, während umgekehrt die Chinesen gegenüber den Japanern keinerlei Sentimentalität erkennen lassen und mit nüchternem Verstand jene japanische Gefühligkeit für ihre Politik zu nutzen wissen. Aus den Gefühlstiefen, aus dem unbewußten Bedürfnis zur Wiedergutmachung, floß wahrscheinlich vor der Normalisierung der Beziehungen zwischen Tokio und Peking die Bereitwilligkeit, mit der sich japanische Politiker aller Schattierungen und angesehene Wirtschaftsführer bei Besuchen in Peking zu Kronzeugen gegen ihre eigene Regierung entwürdigten. Auch die Kritiklosigkeit, mit der Presse und Fernsehen in Japan Chinas jeweiliger Propagandalinie folgen und somit weitgehend auf eine journalistische Chinaberichterstattung verzichten, dürfte darin ihren Ursprung haben, neben der Sorge, die Chinesen könnten einem kritischeren Korrespondenten die Aufenthaltsgenehmigung entziehen und damit der Konkurrenz zu einem Wettbewerbsvorteil verhelfen.

Taiwan schafft zusätzliche Komplikationen. Nach dem Sieg der Kommunisten 1949 verweigerte Japan auf Drängen der USA den neuen Machthabern in Peking die Anerkennung und hielt zu dem nach Taipeh geflüchteten Tschiang Kai-schek. An der Modernisierung Taiwans verdiente die japanische Industrie so gut, daß der Handel mit der kleinen Insel jahrelang die Geschäfte mit der riesigen Volksrepublik China weit übertraf. Nach dem Nixon-Schock, der überraschenden, mit Japan vorher nicht abgestimmten Chinareise des amerikanischen Präsidenten, begann Tokio umzudenken. 1972, bei einem Besuch von Ministerpräsident Kakuei Tanaka in der Volksrepublik, nahmen beide Staaten diplomatische Beziehungen auf, zugleich brach Japan seine diplomatischen Beziehungen zu Taiwan ab und erklärte den rechtlich unkündbaren Friedensvertrag mit der Tschiang-Kai-schek-Regierung als hinfällig. Da jedoch Taiwan ein lebenswichtiges Interesse daran hatte, seine Wirtschaftsbeziehungen mit Japan fortzuführen und weil die japanische Industrie sich neben dem neuen Markt der Volksrepublik China auch die Geschäfte mit Taiwan nicht entgehen lassen wollte, einigten sich Taipeh und Tokio auf

eine typisch asiatische Lösung. Die japanische Regierung gründete eine nach außen hin private »Gesellschaft für japanisch-
taiwanesischen Austausch«, und die taiwanesische Regierung
schuf eine »Gesellschaft für ostasiatische Beziehungen«. Beide
Institutionen wurden mit erfahrenen Diplomaten besetzt, die zu
diesem Zweck vorher formal von ihren jeweiligen Außenministerien beurlaubt worden waren. Seitdem nehmen beide Gesellschaften faktisch die Aufgaben der früheren Botschaften wahr.
Man könnte den komplizierten Vorgang auch einfacher beschrei-
ben. Trotz des Abbruchs der diplomatischen Beziehungen blieb
alles beim alten, nur die Türschilder an beiden Botschaften wurden ausgetauscht. Ähnlich verfuhr die japanische Großindustrie.
Während die Firmen mit den weltberühmten Namen ihre Vertreter zu Antrittsbesuchen ins kommunistische China schickten,
gründeten sie zur selben Zeit Strohfirmen, über die sie bis heute
den nach wie vor florierenden Handel mit Taiwan abwickeln.
Japan Air Lines fliegt in die Volksrepublik China, Japan Asia
Airways, eine Tochtergesellschaft von JAL, macht das Geschäft
mit Taiwan. Daß die kommunistische Regierung in Peking solches Verhalten schweigend billigt, bedeutet nicht, daß sie darüber
glücklich wäre. Dies wiederum kann den Japanern nicht verborgen bleiben und dürfte ihre Unsicherheit gegenüber den Chinesen – in Peking und Taiwan – noch verstärken.

Südostasien, Japans geografische Nachbarschaft, spielt in den
Vorstellungen der Japaner nur eine entfernte Rolle. Wer die Beziehungen der Japaner zu Fremden untersucht, der gelangt zu der
Erkenntnis, daß die asiatischen Japaner ihre asiatische Umwelt
weitgehend verdrängen und sich selbst am liebsten in der geistig-
kulturellen Nachbarschaft der Europäer und der Amerikaner europäischer Abstammung, also der Weißen, sehen. Wenn in Südafrika die Japaner nicht unter die diskriminierenden Rassenge-
setze fallen, sondern als eine Art Ehrenweiße den Weißen gleich
behandelt werden, dürfte sich dies weitgehend mit ihren eigenen
Rassenvorstellungen decken. Gewiß gibt es Gründe für das Über-
legenheitsgefühl, mit dem die meisten Japaner auf die anderen
Asiaten herabschauen, die Chinesen ausgenommen, doch bleibt

ein unerklärbarer Rest für das eigenartige Verhalten eines großen Kulturvolkes, das mit seinen Nachbarn so wenig anzufangen
weiß. Japaner, die ins Ausland reisen, erwarten funktionierende
Telefonverbindungen, pünktliche Züge, saubere Hotels, ehrliche
Taxifahrer und verträgliche Speisen, also das Zivilisationsniveau
ihrer Heimat. Dies aber finden sie im fernen Europa und Amerika eher als in der Nachbarschaft. Deshalb wirkt die relative
Unterentwicklung Südostasiens als trennende Barriere. Zur
Selbstbestätigung ihrer Rolle als Großmacht suchen sie überdies
die Gesellschaft Gleicher – daher ihr Streben nach einem ständigen Sitz im Weltsicherheitsrat –, was wiederum Distanz zu den
schwächeren Nachbarn erzeugt. Wem es ausnahmsweise gelingt,
Japaner zu diesem heiklen Thema zum Sprechen zu bringen, der
wird auf dieselben Vorurteile stoßen, wie sie auch in Europa
nicht auszurotten sind, von der Faulheit in südlichen Ländern
und der Disziplinlosigkeit und der Unzuverlässigkeit ihrer Bewohner, vom Schmutz ganz abgesehen ... Wobei in Japan genau
wie in Europa meistens übersehen wird, daß andere Klimazonen
andere Lebensverhältnisse bedingen, daß andere Kulturen sich
andere Werte setzen, daß sich Wertordnungen wandeln, etwa
vom Arbeitsethos zur »Lebensqualität«, und daß Kolonialismus
und Imperialismus die Entwicklung Südostasiens jahrhundertelang blockierten oder in die falsche Richtung lenkten. In der
Erinnerung der Südostasiaten zeichnet sich Japans Kolonialismus
besonders deutlich ab, weil er am kürzesten zurückliegt, denn
dort erreichte er seinen Höhepunkt erst im Zweiten Weltkrieg,
als Japan versuchte, sich Südostasien als Rohstoffbasis zu unterwerfen. Nichts kennzeichnet Japans damalige Geisteshaltung
deutlicher als die Begründung des Ministerpräsidenten Hideki
Tojo, warum anstelle des Außenministeriums ein Sonderministe-
rium für Südostasien notwendig sei. Diplomatie finde zwischen
gleichrangigen Nationen statt. In Südostasien jedoch gäbe es
keine Nation, die Japan gleichkomme, daher könnten die Beziehungen dieser Region zu Japan nicht über das Außenministerium
abgewickelt werden.
    Im Gegensatz zu den Japanern selbst haben viele Südostasiaten

die damalige Besatzungspolitik nicht vergessen, die Ermordung von sechstausend Chinesen durch die Kempeitai, die japanische Militärpolizei, gleich nach der Eroberung von Singapore, die mehr als zehntausend asiatischen Zwangsarbeiter, die neben siebentausend britischen und australischen Kriegsgefangenen beim Bau einer Eisenbahnlinie von Thailand nach Südburma (über die »Brücke am Kwai«) elend zugrunde gingen, die wirtschaftliche Ausplünderung und die Bombardierung friedlicher Städte und Dörfer. Spätere Reparationszahlungen konnten diesen Schaden nicht wiedergutmachen. Skeptische Südostasiaten warfen den Japanern sogar vor, ihre Reparationen bestünden ausschließlich aus japanischen Produkten und aus Geldern, mit denen die Empfänger nur in Japan einkaufen könnten, so daß letztlich die japanische Industrie am meisten davon profitiere.

Auch die heutigen Wirtschaftsbeziehungen tragen wenig zum Abbau des Argwohns der Südostasiaten bei. Als hochindustrialisierter Staat ohne nennenswerte eigene Rohstoffe braucht Japan nun einmal die Naturschätze Südostasiens, Öl aus Indonesien, Holz von den Philippinen und aus Thailand, Zinn und Kautschuk aus Malaysia, und bezahlt dafür mit Fertigprodukten wie Autos, Uhren, Fernsehgeräten und Textilien, also vorwiegend mit Konsumgütern. Die Länder Südostasiens können dagegen aus ihrer wirtschaftlichen Unterentwicklung nur herauskommen, wenn sie Arbeitsplätze schaffen, also die eigene Industrialisierung vorantreiben, genau dabei aber helfen die Japaner nur zögernd mit, denn wenn moderne Fabriken auf den Philippinen das Holz dort bereits zu Möbeln verarbeiten, wenn Ölraffinerien in Indonesien bereits Chemikalien, Farben und Medikamente produzieren, entsteht japanischen Firmen Konkurrenz, und damit geraten nach heutiger japanischer Vorstellung japanische Arbeitsplätze in Gefahr. Südostasiatische Firmen, die in Japan Zweigbetriebe mit japanischen Partnern aufbauen wollen, stoßen auf mehr Schwierigkeiten als Europäer oder Amerikaner.

Angesichts ihrer wirtschaftlichen Abhängigkeit vom Industriegiganten Japan halten sich die meisten Politiker Südostasiens mit Kritik vorsichtig zurück, doch wie dünn der Boden ist, auf dem sich beide Lager zu arrangieren versuchen, wurde schlagartig 1974 sichtbar, als Ministerpräsident Kakuei Tanaka auf einer Südostasienreise in Thailand und Indonesien mit antijapanischen Massendemonstrationen und Ausschreitungen gegen japanische Großfirmen empfangen wurde.

Ein junger japanischer Lehrer an einer Universität in Bangkok sammelte damals Urteile von Thailändern über die Japaner:

»Sie sind immer in Eile, selbst auf dem Golfplatz.«

»Sie essen so schnell.«

»Sie vergleichen Thailand mit Amerika und Europa und übersehen die Tatsache, daß Thailand ein asiatisches Land ist.«

»Sie versuchen nicht, mit uns Freundschaft zu schließen!«

»Sie sagen, wir seien faul. Aber arbeiten sie nicht zu viel?«

»Sie machen oft Überstunden, selbst sonntags.«

»Sie reden über ihre Arbeit selbst auf Parties.«

»Sie zwingen uns, Firmen-Uniformen zu tragen.«

»Wenn sie zusammen in einem Restaurant essen, wählen alle dasselbe Gericht, und uns erlauben sie nicht, zu essen, was wir wollen.«

»Wenn sie uns einen Gefallen tun oder uns etwas geben, erwarten sie, daß wir ewig dankbar sind.«

»Sie versuchen nicht, unsere Sprache zu lernen.«

»Sie reden zu laut. Wir vermuten, daß sie schlecht hören.«

Das Urteil der meisten Filipinos über die Japaner fällt nicht viel anders aus. Japanische Geschäftsleute seien Roboter, nur auf Profite aus, ohne Interesse an den Philippinen, loyal nur gegenüber ihrer Firma und ihrem Staat. Eine neuere philippinische Untersuchung beginnt mit dem Satz, »es dürfte nur wenige Filipinos geben, die den Freundschaftsbeteuerungen eines Japaners ohne Vorbehalte glauben«.

Die japanische Regierung macht sich über die Anfälligkeit ihrer Beziehungen zu Südostasien keine Illusionen, doch kommt sie an den wirtschaftlichen Realitäten nicht vorbei. Was die Forderung auf eine breitere Öffnung des innerjapanischen Marktes betrifft, steht Japan schon lange unter dem viel stärkeren Druck der Vereinigten Staaten, der Europäischen Gemeinschaft und von Australien und Neuseeland. Würde Japan seine Investitionen in Südostasien gewaltig steigern, kämen überdies die alten Ängste vor dem Wirtschaftsimperialismus der Besatzungsjahre wieder hoch. Auch daß sich die Japaner in Südostasien vorwiegend mit den Auslandschinesen einlassen, die nun einmal das Wirtschaftsleben der meisten Länder dieser Region beherrschen und die sich zudem als die zuverlässigsten Geschäftspartner erwiesen haben, nehmen ihnen viele südostasiatische Politiker übel, die diese Wirtschaftsmacht der Auslandschinesen zu brechen versuchen.

Die Südostasiaten selbst hätten Anlaß zu kritischer Selbstbesinnung. ASEAN, der Versuch eines wirtschaftlichen Zusammenschlusses zwischen Thailand, Malaysia, Singapore, Indonesien und den Philippinen, erweist sich als überaus langsam bei der Entwicklung wirtschaftlicher Grundvorstellungen, vor allem bei der Erarbeitung von Plänen zur Arbeitsteilung, was es den Japanern fast unmöglich macht, sich ihrerseits anzupassen. Politische Unsicherheiten, wie etwa die häufigen, schwer durchschaubaren Regimewechsel in Thailand, fördern ausländische Investitionen ebenfalls nicht. Inzwischen verschlimmert sich, von Japan her gesehen, die Lage. Singapore, Hongkong, Taiwan und Südkorea stehen an der Schwelle zur Industriegesellschaft, Indonesien, Malaysia, Thailand, die Philippinen und nicht zuletzt die Volksrepublik China könnten bald folgen. Billige Konsumgüter, Halbfertigwaren und verarbeitete Agrarprodukte drängen nach Japan und verdrängen zugleich die Japaner aus bislang sicheren Exportmärkten. Begrüßenswert wie diese Entwicklung für die Völker Südostasiens ist, zerstört sie doch das bisherige Grundkonzept, wonach Japan in der Welt Rohstoffe einkauft und an die Welt mit Fertigwaren bezahlt.

Damit kommt auf die Japaner ein Problem zu, das sie bislang aus ihrem Bewußtsein verdrängten, weil es die Fundamente ihres überlieferten Weltverständnisses ins Wanken bringt. In einem langwierigen und schmerzhaften Anpassungsprozeß wird Japan im Laufe der nächsten Jahrzehnte seine gesamte Industrie- und

Agrarstruktur umbauen müssen, vom bisherigen Prinzip der nationalen Eigenständigkeit auf das Konzept weltweiter internationaler Arbeitsteilung. Vorerst sperren sich die Politiker und Wirtschaftsführer gegen die Einsicht, daß eine Industrialisierung Südostasiens langfristig keineswegs eine Bedrohung der japanischen Wirtschaft darstellen muß, weil sie doch die Kaufkraft der dortigen Bevölkerung und damit zugleich die Absatzchancen für japanische Exporte erhöht. Der Beweis für diese These ist in Europa zu besichtigen, wo die hochindustrialisierte Bundesrepublik ihre meisten Erzeugnisse in die ebenfalls hochindustrialisierten und deshalb zahlungskräftigen Nachbarländer exportiert und nicht in die bedürftigeren, aber armen Staaten der Dritten Welt.

Ohne eine Korrektur zählebiger sozialer Vorurteile wird die wirtschaftliche Anpassung an die sich rasch ändernden Verhältnisse in Südostasien nicht gelingen. Bislang finden Studenten aus Südostasien in Japan nur mit großer Mühe Unterkünfte, und noch haftet Eheschließungen mit anderen Asiaten ein sozialer Makel an. Wie tief verwurzelt rassistische Vorurteile sitzen, läßt sich daran ablesen, daß in der Zeit der Edo-Tokugawa-Isolation den holländischen und chinesischen Kaufleuten, denen als einzigen der Aufenthalt in Nagasaki gestattet war, auch die Freudenhäuser der Hafenstadt offenstanden, während den südostasiatischen Besatzungen der Handelsschiffe dieses Privileg versagt blieb.

Informierte Japaner geben zu, daß die Europäer und Amerikaner sich intensiver mit den Kulturen Südostasiens beschäftigt haben und mehr davon verstehen als die Japaner. Leitartikler beklagen das Desinteresse der japanischen Wirtschaft an dieser Region, die Dürftigkeit der wenigen wissenschaftlichen Arbeiten und die kaum vorhandenen Möglichkeiten, in Japan südostasiatische Sprachen zu lernen. Nur wenige Studenten aus Südostasien drängt es an die japanischen Universitäten. Die Zahl der japanischen Studenten, die es an die Universitäten Südostasiens zieht, ist noch viel geringer. Um Japan und seine Nachbarn endlich einander näherzubringen, verkündete Ministerpräsident Takeo Fukuda im Sommer 1977 auf einer Südostasienreise eine neue

Politik, eine Diplomatie von »Herz zu Herz«. Gleichzeitig bewilligte seine Regierung fünfzig Millionen US-Dollar zum Ausbau
der Kulturbeziehungen mit den ASEAN-Staaten. Das klang nach
einem eindrucksvollen Neubeginn. Doch diese Summe, über fünf
Jahre auf die fünf ASEAN-Mitglieder verteilt, ergab pro Land
pro Jahr ganze zwei Millionen Dollar, ein Betrag, der nicht annähernd ausreicht, Studentenstipendien und den Austausch von
Wissenschaftlern und Künstlern, Kulturinstitute und Sprachschulen, Forschungsprojekte, Journalistenreisen, Filmproduktio-
nen und Buchübersetzungen zu finanzieren.

Die gegenseitige Abneigung zwischen *Koreanern* und Japanern, ja der Haß, der beide Völker trennt, reicht tief in die Vergangenheit zurück. Vor wenigen Jahren, 1974, demolierten südkoreanische Demonstranten die japanische Botschaft in Seoul,
während überall im Land auf Massenversammlungen die Japaner
beschimpft und beleidigt wurden. Kurz zuvor hatte ein in Japan
lebender Südkoreaner die Frau des südkoreanischen Staatspräsi-
denten Park Chung Hee erschossen. Die Japaner hatten damit
nicht das geringste zu tun, auch nicht inoffiziell oder indirekt,
doch heizte Südkoreas Regierung nach der Tat den ohnehin ständig schwelenden Haß auf die Japaner auf, womit sie zugleich von
der weltweiten Kritik am südkoreanischen Geheimdienst ab-
lenkte, der kurz zuvor mit Gewalt den südkoreanischen Opposi-
tionsführer Kim Dae Jung mitten aus Tokio nach Seoul verschleppt hatte. Es gibt nichts Schlimmes und Schlechtes, was sich
Koreaner und Japaner nicht gegenseitig zutrauen.

Die Erbfeindschaft geht zurück auf den japanischen Feldherrn
Hideyoshi, der Ende des 16. Jahrhunderts Korea eroberte und
von dieser Landbrücke aus sich China zu unterwerfen versuchte.
Hideyoshi scheiterte – er starb während des zweiten Feldzuges –,
doch bevor die japanische Streitmacht sich nach Hause zurück-
zog, brandschatzte sie die Halbinsel mit einer solchen erbar-

Bei den antijapanischen Demonstrationen in Südkorea 1974
hackt sich ein Südkoreaner aus Protest gegen die japanische Poli-
tik einen Finger ab.

mungslosen Gründlichkeit, daß sich Korea von diesem Niedergang bis zum Anfang des 20. Jahrhunderts nicht mehr erholte. Zwei Drittel aller Felder der vordem blühenden Landwirtschaft lagen zerstört, Königspaläste, Tempel und Adelshäuser, Getreidespeicher und Viehställe ausgeplündert und niedergebrannt, weshalb im heutigen Korea kaum noch Holzgebäude aus der Zeit vor Hideyoshis Invasion zu finden sind. Was die Soldaten zurückließen, war Haß, der sich tief in die Koreaner einfraß, weil sich ihre Kultur vor dem Überfall nicht nur der Japans als ebenbürtig, sondern teilweise sogar als überlegen erwiesen hatte.

Über die Halbinsel Korea, die als natürlicher Mittler zwischen China und Japan liegt, fand die chinesische Kultur Zugang nach Japan. Häufig waren es Koreaner gewesen, die die Staatsideen, konfuzianischen Gesellschaftsideale und verfeinerten Künste des Reiches der Mitte und den buddhistischen Glauben auf die japanischen Inseln weitergereicht hatten. Davon unabhängig hatte das koreanische Volk außerdem eindrucksvolle eigene schöpferische Leistungen hervorgebracht. In der Astronomie, im Schiffsbau, in der Architektur und der buddhistischen Kunst konnten die Nachbarn von den Koreanern lernen. Blaßgrünes koreanisches Seladonporzellan zählt zur hervorragendsten Keramik der Welt, und es waren koreanische Töpfer, während der Feldzüge Hideyoshis nach Japan umgesiedelt, denen die japanische Töpferei ihren Aufstieg zu einer der typischsten und aussagestärksten japanischen Kunstformen verdankt. Koreaner erfanden bewegliche Metallettern zweihundert Jahre vor Gutenberg, und im 15. Jahrhundert entwickelten sie unabhängig von den chinesischen Schriftzeichen ein eigenes, heute offiziell und überall benutztes Alphabet, Hangul, wogegen den Japanern eine derartige kulturelle Schöpfung nie gelang. Nur vor diesem Hintergrund sind die Empfindungen der Koreaner zu verstehen, die sich von Hideyoshi um das Erbe einer großen Vergangenheit und zugleich um ihre Zukunft gebracht sahen.

Die Tragödie wiederholte sich zum Beginn der Neuzeit, als Japan, durch die Modernisierungen der Meiji-Reformen erstarkt, seinen Nachbarn dieselben ungleichen Verträge aufzuzwingen begann, durch die zuvor die europäischen Kolonialmächte Japan zu fesseln versucht hatten. Japans Ziel um die Jahrhundertwende war es, sich als wachsende Industriemacht die rohstoffreiche Mandschurei zu unterwerfen, und das Opfer, das geographisch dazwischen lag, hieß, wie bei Hideyoshi, Korea.

Ebenso zielstrebig wie rücksichtslos zwangen die Japaner Korea zunächst, sein über tausend Jahre altes Tributverhältnis zu China aufzulösen. Als sich die China zugeneigte koreanische Königin Min dagegen auflehnte, wurde sie am 8. Oktober 1895 von einer Gruppe von Japanern in ihrem Palast überfallen und schwer verletzt, aber noch lebend mit Kerosin übergossen und verbrannt. Dieser barbarische Akt löste eine weltweite Empörung aus, worauf die japanische Regierung einen ihrer hohen diplomatischen Vertreter in Seoul zusammen mit anderen Japanern festnahm und vor ein Gericht stellte, das bald darauf alle Angeklagten wegen angeblich mangelnder Beweise freisprach. Noch heute glauben viele Koreaner, daß auch König Kojong, der Ehemann der Königin Min, der sich später zum Kaiser erheben ließ und 1907 abdanken mußte, 1919 nicht eines natürlichen Todes starb, sondern von den Japanern vergiftet wurde. Am Ende zerstörten die Japaner jede Eigenstaatlichkeit Koreas und gliederten sich das Land als Kolonie an. Während die Chinesen in all den vorangegangenen Jahrhunderten sich damit zufriedengegeben hatten, daß Korea symbolhaft, vorwiegend durch die Entsendung von Tributdelegationen, die Oberhoheit des Reiches der Mitte anerkannte, lief die japanische Kolonial- und Besatzungspolitik im Ergebnis nicht nur auf die Abschaffung des koreanischen Staates, sondern, schlimmer noch, auf die Zerstörung der koreanischen Kultur hinaus. Jedem koreanischen Minister wurde ein japanischer Staatssekretär als eigentlicher Machtträger zugeordnet, und Korea mußte seinen diplomatischen Dienst auflösen und sich von Japan mitvertreten lassen. Dem koreanischen Volk wurden Schintoglauben und japanische Kaiserverehrung aufgezwungen, die Familien mußten ihre koreanischen Namen gegen japanische Namen tauschen, und schließlich durfte in den Schulen Koreas nur noch in japanischer Sprache unterrichtet werden, was, da jede Kultur hauptsächlich aus ihrer Sprache lebt, der koreanischen Eigenständigkeit ein für allemal das Rückgrat brechen sollte.

Diesem zerstörerischen Vorgehen läßt sich entgegenhalten, daß Japan andererseits die längst fällige Modernisierung Koreas einleitete und sich damit auch Verdienste erwarb. So schafften die Besatzungsbehörden endgültig die Sklaverei ab, beseitigten die Sippenhaft, führten ein zeitgemäßes Währungssystem ein, bauten Eisenbahnen, gründeten Fabriken und modernisierten die Landwirtschaft. Doch läßt sich nicht übersehen, daß all dies im ausschließlichen Interesse Japans geschah, oft sogar zum Nachteil der Koreaner. Während die Reiserzeugung zunahm, ging zugleich der koreanische Reisverbrauch zurück. Das heißt, die Reiserträge wurden zunehmend zur Ernährung des japanischen Volkes außer Landes geschafft. Von der übrigen Welt im Stich gelassen – eine Erfahrung, die noch heute in Korea nachwirkt –, überlebten die Koreaner die Jahrzehnte bis zur Niederlage Japans im Zweiten Weltkrieg nur dank der Zähigkeit und Tapferkeit, mit der sie, ähnlich wie in Europa die Polen, ihre nationale und kulturelle Besonderheit gegenüber den Eindringlingen verteidigten.

Selbst die japanisch-koreanische Gegenwart ist noch immer nicht spannungsfrei, wie die Demolierung der japanischen Botschaft in Seoul 1974 erkennen läßt. Auch im Fall Südkoreas haben es die Japaner nach ihrer Niederlage 1945 vermieden, mit der Vergangenheit ins reine zu kommen. Das Desinteresse der japanischen Behörden am traurigen Schicksal der unter der heutigen sowjetischen Herrschaft auf Sachalin zugrunde gehenden Koreaner, die von den Japanern seinerzeit als Zwangsarbeiter in die dortigen Bergwerke verschleppt worden waren, muß leider als typisches Beispiel gelten.

Inzwischen gehört wieder ein Riesenanteil der neuen koreanischen Industrie den Japanern. Hunderte von japanischen Firmen produzieren heute in Südkorea, meist formal als koreanisch-japanische Gemeinschaftsunternehmen, doch in Wirklichkeit von japanischen Managern geleitet und von japanischen Banken finanziert. Denn Südkorea, das die Fundamente eines modernen Indu-

striestaates gelegt hat, will sich so rasch wie möglich wirtschaftlich entwickeln und fördert daher ausländische Investitionen. Das
lockt vor allem die benachbarten Japaner an, wegen der billigen
koreanischen Arbeitskräfte, wegen des billigen Industriegeländes
und weil die koreanischen Behörden vorerst die Industrialisierung für wichtiger halten als den Umweltschutz. Daß Südkorea
auf diese Weise erneut in eine starke Abhängigkeit von den Japanern geraten ist, hat einerseits zu äußerst engen Verbindungen
zwischen Politikern und Wirtschaftsführern beider Länder geführt (bis hin zu dem Verdacht, öffentliche Gelder aus Südkorea
seien konservativen japanischen Politikern als Wahlspenden zu-
geflossen), während andererseits der antijapanischen Grundstimmung der breiten Bevölkerung damit neue Argumente geliefert
werden.

Südkorea ist das beliebteste ausländische Angriffsziel der japanischen Medien. Die Anbiederung japanischer Journalisten und
Linkspolitiker an das totalitäre Nordkorea wird nur verständlich,
wenn man begreift, daß auf diese Weise Südkorea bis zur Weiß-
glut zu ärgern ist. Für ein unkritisches Interview mit Nordkoreas
Parteichef Kim Il Sung nahmen Japans Zeitungen in der Vergangenheit auch die Ausweisung ihrer Korrespondenten aus Südkorea gelassen hin, bot sich ihnen doch damit zugleich ein Anlaß,
den Südkoreanern Unterdrückung der Meinungsfreiheit vorzu-
werfen.

An der japanischen Schule in Seoul, 1972 gegründet für die
Kinder japanischer Kaufleute in Korea, werden nur junge Japaner
unterrichtet, keine anderen Ausländer und keine Koreaner. Von
Korea lernen diese Schüler so gut wie nichts. Das ist verständlich,
denn Japans Erziehungssystem steuert die Jugend vom Kindergarten an auf die alles entscheidende Aufnahmeprüfung für eine
der Elite-Universitäten hin, und wer als Schüler nicht sein Pen-
sum paukt, holt nie mehr auf. Trotzdem wird eine große Chance
vertan. Denn das Elend der japanisch-koreanischen Beziehungen
liegt gerade darin, daß sich bisher nur die Politiker und Kaufleute
darum gekümmert haben, denen es um Macht und um Rechtfertigung und um Gewinne ging und nicht um Wahrheit und Ver-

ständnis. Deshalb ist zu befürchten, daß es noch lange bei den
beiderseitigen Vorurteilen bleibt.

Die Haltung der Japaner gegenüber der *Sowjetunion*, der Er-
bin des Zarenreiches, schwankt zwischen Desinteresse und Verachtung. Gegenüber dem zaristischen Rußland fühlten sich die
Japaner nie in der Schuld. In der zaristischen Erschließung Sibiriens sahen sie statt dessen eine Bedrohung, und als sich Japan
um die Jahrhundertwende an die Unterwerfung der Mandschurei
machte, erwies sich Rußland dort als gefährlicher Konkurrent. Es
kam zum russisch-japanischen Krieg von 1904 bis 1905, in dem
die neuerstarkten Japaner mit der Eroberung von Port Arthur
und der Versenkung der aus Europa herbeigeeilten zaristischen
Kriegsflotte vor der Insel Tsushima als erste asiatische Nation
eine europäische Weltmacht in die Knie zwangen. Rußland war
damit für sie zum Beweis ihrer eigenen Überlegenheit geworden.
Die Kriegserklärung durch das inzwischen kommunistisch gewordene Rußland 1945, zwei Tage nachdem die amerikanische
Atombombe auf Hiroshima gefallen und Japans Niederlage damit
besiegelt war, halten die Japaner verächtlich für Leichenfledderei.
Um so hartnäckiger bestehen sie seitdem auf der Rückgabe von
vier kleinen von der Sowjetunion besetzten Inseln nordwestlich
von Hokkaido.

Amerika gab mit Okinawa seine unter großen Opfern er-
kämpfte Hauptkriegsbeute an die Japaner zurück. Indem die Sowjetunion auf den ihr kampflos zugefallenen und nicht sehr bedeutsamen Inselchen kompromißlos beharrt, beweist sie nicht
nur einen Mangel an Kenntnis japanischer Mentalität, damit
bestätigt sie auch das gängige japanische Vorurteil, daß man mit
den Russen nicht reden könne. Dies schließt gemeinsame Geschäfte, etwa bei der Entwicklung Sibiriens, nicht aus, doch ver-
spielte die Sowjetunion mit ihrer Nachkriegspolitik in Ostasien
die Chance, sich den Japanern attraktiv als ein China gleichwerti-
ger Partner zu präsentieren.

Ein Überblick über Japans Auslandsbeziehungen darf die *weißen Flecke* im Weltbild der Japaner nicht übersehen. Ganz Afrika
gehört hierzu, und man wird auch Lateinamerika sowie die kom-

munistischen Staaten Europas und Australien und Neuseeland dazurechnen müssen. Diese Generalisierung gilt selbstverständlich mit Einschränkungen, denn zu allen Ländern der Erde baut Japan seine Wirtschaftsbeziehungen kräftig aus. Zunehmend berichten Zeitungen und Fernsehen aus den für die Japaner abgelegenen Teilen der Welt. Doch beschränken sich die Berichte und Filme weitgehend auf Exotik und Folklore, im Falle von Afrika also auf wilde Tiere und Negertänze. An japanischen Universitäten werden weder die religiösen Vorstellungen und künstlerischen Ausdrucksformen Afrikas erforscht, noch gibt es wissenschaftliche Untersuchungen über soziale Strukturwandlungen in Australien oder die nationalen Entwicklungen im kommunistischen Osteuropa. Die Aufmerksamkeit, soweit sie über die wirtschaftlichen Beziehungen hinausgeht, bleibt oberflächlich und vordergründig und erreicht nicht annähernd Umfang und Niveau der Bemühungen europäischer Hochschulen, von den inzwischen weltweit führenden amerikanischen Universitäten ganz zu schweigen. Letzten Endes reflektiert das verbreitete akademische Desinteresse die Grundhaltung der Öffentlichkeit.

Ein geographischer Bereich allerdings darf sich seit wenigen Jahren, seit der Ölkrise von 1973, wachsender Aufmerksamkeit erfreuen: *Arabien.* Vorbei ist die Zeit der sechziger Jahre, in der ein japanischer Außenminister bei einem Besuch des Ministerpräsidenten von Kuweit in ein Mittagsschläfchen fiel, worauf der stolze Araber nur mit Mühe davon abzuhalten war, die diplomatischen Beziehungen zu Japan abzubrechen. Heute wird selbst ein Verteidigungsminister der Vereinigten Arabischen Emirate vom Kaiser empfangen, eine Ehre, die normalerweise nur fremden Staats- und Regierungschefs widerfährt. Bereits während der Ölkrise reisten japanische Politiker in die ihnen bis dahin unbekannten Ölstaaten des Nahen und Mittleren Ostens und versprachen dabei den Gastgebern großzügig Entwicklungshilfe im Gesamtwert von umgerechnet siebeneinhalb Milliarden Mark. Mit Bestürzung stellten später die zu Hause nachrechnenden Beamten fest, daß der Umfang dieser bereitwillig gemachten Zusagen weit über Japans tatsächlichen Möglichkeiten lag.

Nur die wenigsten der damals zugesagten Projekte wurden realisiert, worauf im Herbst 1977 der von der japanischen Regierung eingeladene saudiarabische Prinz Nayef Ibn Abdul Aziz vor seiner Rückreise in die Heimat in Tokio öffentlich beklagte, Japan habe bislang nicht einen einzigen seiner eigenen Entwicklungsvorschläge in Saudi-Arabien in die Tat umgesetzt. Im Herbst 1978, auf der ersten Reise eines japanischen Ministerpräsidenten in die Ölstaaten Iran und Arabiens, versicherte schließlich Takeo Fukuda, Japan werde nun definitiv dem Iran beim Aufbau einer großen Ölraffinerie und Saudi-Arabien bei der Errichtung eines petrochemischen Kombinats helfen. Neben den Wirtschaftsbeziehungen entwickeln sich die kulturellen Kontakte bislang nur dürftig. Keine japanische Universität gründete zur Aufarbeitung des Wissensdefizits nach der Ölkrise einen Lehrstuhl für islamische Kultur, und an Japans Universitäten sind nach wie vor fast keine Studenten aus Ölländern immatrikuliert.

Als Sonderfall muß in diesem Zusammenhang *Israel* erwähnt werden. Jüdische Japaner gibt es nicht, und fremde Juden wurden in Japan nie schlechter behandelt als andere Ausländer. Antisemitismus war und ist in Japan unbekannt.

Ende des vorigen Jahrhunderts, während des russisch-japanischen Krieges, besorgte der jüdische New Yorker Bankier Jakob H. Schiff, nicht zuletzt aus Abscheu über die Pogrome im zaristischen Rußland, dem japanischen Staat die ersten Auslandsanleihen, die Japan zum Ausbau seiner Kriegsmarine verwendete. Schiff öffnete damit den Japanern den Zugang zum amerikanischen und europäischen Kapitalmarkt, weshalb sich bei den Japanern, neben aller Dankbarkeit, die Vorstellung von einer gewaltigen jüdischen Finanzmacht festsetzte. Demzufolge erhoffte sich Japan später von einer wohlwollenden Behandlung jüdischer Bankiers die duldende Zustimmung von Amerika und Großbritannien bei der Unterwerfung Ostasiens.

Als in Europa die Juden dem Terror der Nazis entflohen, gewährten die Japaner, trotz ihres Bündnisses mit Deutschland, vielen jüdischen Verfolgten Zuflucht in der chinesischen Hafenstadt Schanghai, die damals von ihnen kontrolliert wurde.

Schanghai als größte Handelsmetropole des Westens in Asien galt zu dieser Zeit als »offene Stadt«, für die kein Ausländer Einreisepapiere oder eine Aufenthaltserlaubnis benötigte. Viertausend überwiegend russische Juden lebten dort bereits unter den insgesamt einhunderttausend Ausländern, als sich nach der »Reichskristallnacht« die deutschen Bürger jüdischen Glaubens verzweifelt auf die Suche nach einer neuen Heimat machten. Vor der Ansiedlung von fast vierzehntausend jüdischen deutschen Flüchtlingen verschlossen die Japaner ihre Augen, trotz der Beschwerden der reichsdeutschen Behörden, bis sie beim Ausbruch des Zweiten Weltkrieges, im Herbst 1939, die jüdische Einwanderung begrenzten. Vor ihrem Überfall auf Pearl Harbor ließen die Japaner noch einmal drei- bis viertausend Juden aus Deutschland und Osteuropa nach Schanghai. All dies ereignete sich als eine Art Rückversicherung, zu einer Zeit, in der Japans Regierungen noch auf gute Beziehungen zu Amerika Wert legten. Doch auch das später auf Druck des nationalsozialistischen deutschen Verbündeten in Schanghai eingeführte Ghetto wurde von den Japanern nicht besonders streng kontrolliert und galt überdies nur als Pflichtaufenthalt für Juden deutscher Herkunft.

Mut und Menschlichkeit bewies beim Ausbruch des Zweiten Weltkrieges im Herbst 1939 der japanische Diplomat Chiune Sugihara, der nach Kaunas in Litauen geschickt worden war, um dort ein japanisches Konsulat zu eröffnen. Tausende von polnischen Juden waren damals vor den heranrückenden Deutschen nach Litauen geflüchtet und suchten nun in Todesangst irgendein Aufnahmeland, weil vorauszusehen war, daß die mit dem nationalsozialistischen Deutschland verbündete Sowjetunion, die damals bereits die Einverleibung Litauens vorbereitete, ihnen keinen Schutz gewähren würde. Jeden Morgen, noch in früher Dunkelheit, drängten sich Hunderte jüdischer Männer, Frauen und Kinder im Garten des neuen japanischen Konsulats, belagerten Sugihara, bettelten um Hilfe, boten ihm weinend ihre Habseligkeiten und versuchten sogar seine Schuhe zu küssen.

Betroffen von soviel Elend entwickelte der Japaner zusammen mit einem ebenfalls in Kaunas anwesenden holländischen Diplo-

maten einen Plan: Der Holländer stellte den Juden fiktive Einrei-
sevisen für die niederländische Besitzung Curaçao in der Karibi-
schen See aus, worauf der Japaner entsprechende »Durchreisevisen« für Japan erteilte, was den Inhabern die Möglichkeit gab,
durch Sibirien über Wladiwostok nach Japan auszureisen und
dort nach Möglichkeit zu bleiben. Korrekt bat Sugihara sein Außenministerium in Tokio telegrafisch um Genehmigung für diese
Nothilfe, worauf ihm das Gaimusho jedoch eine Ablehnung ka-
belte. Sugihara telegrafierte erneut, doch das Gaimusho blieb
hart. Weil aber die Zeit drängte, machte er sich, alle Anweisungen mißachtend, an die Arbeit, stempelte Pässe und unterschrieb.
Wie viele Durchreisevisen er erteilte, weil er die Not um sich
herum nicht teilnahmslos zu ertragen vermochte, konnte er nicht
zählen, es mögen etwa viertausend gewesen sein. Die letzten
Pässe stempelte er noch auf dem Bahnhof von Kaunas, längst
nicht mehr prüfend, ob alle auch ein Visum für Curaçao enthiel-
ten, als er Litauen auf Anweisung verlassen mußte. Alle Flüchtlinge gelangten mit ihren neuen Papieren nach Japan und fanden
dort bis zum Kriegsende Unterschlupf, zumeist in Kobe. Trotz
wiederholter Proteste der reichsdeutschen Botschaft in Tokio
überlebten sie auf diese Weise die Verfolgung.

Sugihara blieb während des Krieges als japanischer Diplomat
in Europa, zumal mit dem deutschen Überfall auf die Sowjetunion der Reiseverkehr nach Ostasien unterbrochen wurde, bis
er schließlich 1947, nachdem ihn die Alliierten noch einige Monate als japanischen Diplomaten in ein Internierungslager in Ru-
mänien gesteckt hatten, nach Hause zurückkehrte. Dort erwartete ihn eine böse Überraschung. Seine Vorgesetzten im Gaimusho eröffneten ihm, daß im japanischen Auswärtigen Dienst
kein Platz für Diplomaten sei, die den Anweisungen der Zentrale
zuwiderhandelten. Er möge die Konsequenz ziehen und seine
Entlassung beantragen. Daß Sugihara viertausend polnischen Juden das Leben gerettet hatte, rührte Japans Außenministerium
selbst 1947 nicht; daß er in einer einmaligen Notlage auf sich
allein gestellt den Telegrammen seiner um die Zusammenarbeit
mit den Nazis bemühten Vorgesetzten nicht gefolgt war, gab im

Nachkriegsjapan den Ausschlag, ihn aus dem Auswärtigen Dienst zu verstoßen. Sugihara hatte es anschließend schwer, sich als Kaufmann eine neue Existenz aufzubauen, und zu Wohlstand hat er es nie gebracht. Noch in hohem Alter stellte er sich immer wieder selbstquälerisch die Frage, ob sein Verhalten nicht doch falsch gewesen sei, zumal er mitansehen mußte, wie Kollegen, die damals an der Botschaft in Berlin um die Gunst der Nazis geworben hatten, im Nachkriegsjapan als Botschafter in höchste Ränge aufgestiegen waren. Als er einmal Israel besuchte, eingeladen von einigen jener Juden, die er seinerzeit gerettet hatte und von denen einer später Religionsminister und ein anderer Vizebürgermeister von Tel Aviv geworden war, nahm die japanische Botschaft in Israel von seinem Aufenthalt keine Notiz.

Es fällt schwer, zu begreifen, warum das Gaimusho im Nachkriegsjapan, unter amerikanischer Besatzung, einen Mann wie Chiune Sugihara nicht auszeichnete, sondern ihn hinauswarf, warum seine Geschichte nicht als Vorbild in die Schulbücher geriet (zumal es kaum ähnliche Beispiele gibt), warum kein Bühnenautor sein Schicksal dramatisierte, keine Zeitung und keine Fernsehstation sein Leben nachzeichnete. Sicher trug zu seiner Ächtung bei, daß jene Diplomaten, die 1947 Japans Nachkriegsdemokratie aufbauten, noch immer dieselben Leute waren, deren Anweisungen er vorher nicht befolgt hatte. Außerdem hatte er Flüchtlingen die Einreise nach Japan ermöglicht und damit gegen ein Grundprinzip der japanischen Politik verstoßen und einen Präzedenzfall geschaffen. Am schwersten aber dürfte gegen ihn gewogen haben, daß er eigenmächtig gehandelt, daß er gegen den Gruppenkonsensus verstoßen hatte – und das nicht einmal aus nationalem Interesse. Auf herausstehende Nägel wird eingehämmert ...

Um Arabien kümmerte sich Japan bis in die Nachkriegszeit hinein, auch während der Entstehung Israels, überhaupt nicht. Erst als die Araber begannen, ihre Ölmacht auszuspielen, schlug sich Japan rasch auf die Seite der Gegner Israels. Schon im Mai 1972, japanische Linksterroristen hatten gerade auf dem israelischen Flughafen Lod ein Blutbad angerichtet, versicherte die japanische Regierung beflissen den arabischen Staaten, nachdem sie sich zunächst spontan bei den Israelis entschuldigt hatte, daß sie an ihrer proarabischen Politik festhalten werde, ohne ein Wort darüber zu verlieren, daß die japanischen Terroristen und ihre palästinensischen Mitkämpfer weitgehend von arabischen Regierungen finanziert wurden. Kalte Zurückhaltung bestimmt seitdem Japans Israelpolitik.

So wurde der jüdische Staat von den Internationalen Karate-Meisterschaften in Tokio vom Veranstalter mit dem Vorwurf ausgeschlossen, der Karatesport in Israel sei nicht richtig organisiert, während in Wahrheit die Abweisung auf Druck der japanischen Behörden erfolgte. Als sich im Dezember 1977 der Vorsitzende der israelischen Arbeiterpartei Shimon Peres zu einer Sitzung der Sozialistischen Internationale in Japan angesagt hatte, konnte die israelische Botschaft in Tokio in der japanischen Presse lesen, »aus Sicherheitsgründen« empfehle die japanische Polizei dem angekündigten israelischen Besucher, alle Auftritte in der Öffentlichkeit zu vermeiden, was die mit japanischen Gepflogenheiten vertrauten israelischen Diplomaten als indirekte Mitteilung des japanischen Außenministeriums verstanden, Peres möge weder Pressekonferenzen veranstalten noch im japanischen Fernsehen auftreten. Peres gab daraufhin seine Reisepläne auf, zumal sich inzwischen der ägyptische Staatspräsident Sadat in Jerusalem angesagt hatte.

Zu einem Abbruch der diplomatischen Beziehungen zu Israel, wie ihn eine japanische Regierungserklärung vom 27. November 1973 verhüllt androhte, wird sich Japan jedoch nie entscheiden, um seinen wichtigsten Partner in der Weltpolitik nicht zu verprellen, die Vereinigten Staaten, in denen nach japanischer Überzeugung Juden auf Parlament und Regierung einen entscheidenden Einfluß ausüben.

Entwicklungshilfe
oder
Japan hilft Japan

Der Untertitel dieses Kapitels vergröbert und simplifiziert, dies sei vom Verfasser vorweg zugestanden, doch falsch ist er nicht. Kein sachkundiger japanischer Politiker bestreitet, daß Japan die Entwicklungshilfe bislang vorwiegend von seinen eigenen nationalen Wirtschaftsinteressen her betrachtet hat, als Mittel der Absatzförderung für japanische Produkte und, mehr noch, als eine Methode zur Rohstoffversorgung Japans, kurzum, wie ein früherer Außenminister einmal selbstkritisch feststellte, als die Rückseite der Handelsmedaille.

Zahlen machen das deutlich. Unter den in einer Arbeitsgruppe der OECD zusammengeschlossenen 17 wichtigsten demokratischen Geberländern liegt Japan im Hinterfeld, indem es 0,29 % seines Bruttosozialproduktes für Entwicklungshilfe aufbringt, während der Durchschnitt der Geberländer über 0,3 % liegt und 0,7 % als Fernziel angesteuert wird (Bundesrepublik 0,48 %, Schweden 1 %, Sowjetunion 0,04 %). Über die Exaktheit dieser Zahlen läßt sich streiten, sie hängt davon ab, was ein Staat alles als Entwicklungshilfe rechnet, doch spiegeln sie die Gesamtentwicklung richtig wider. Pro Kopf der Bevölkerung gibt Japan alljährlich erheblich weniger Geld für Entwicklungshilfe aus als die Industriestaaten Westeuropas. Diese negative Bilanz verschärft sich noch, wenn man berücksichtigt, daß Japan sich seine Verteidigung relativ wenig kosten läßt und überdies weniger als andere moderne Industriestaaten für soziale Leistungen aufbringt. Das winzige Israel mit 3,5 Millionen Einwohnern gab bis vor kurzem fast ebensoviel Geld für militärische Zwecke aus wie der 120-Millionen-Staat Japan, und die Verteidigungslasten der Bundesrepublik betragen pro Kopf der Bevölkerung das Mehrfache des ostasiatischen Inselreichs.

Statt eine Führungsrolle auf dem Gebiet der Entwicklungshilfe zu übernehmen, haben sich die Japaner in der Vergangenheit weitgehend ihrer internationalen Verantwortung entzogen und sich überdies bei der tatsächlich geleisteten Hilfe als kleinlicher

Geber erwiesen. Der Anteil von echten finanziellen Zuwendungen, also Spenden, im Verhältnis zu rückzahlbaren Krediten war in Japan bislang geringer als bei anderen Geberländern, dazu verlangten die Japaner für ihre Entwicklungshilfe-Darlehen oft höhere Zinsen und kürzere Rückzahlungsfristen als andere Industriestaaten. Da ihre Kredite meist streng liefergebunden waren, die Empfängerländer also mit den Geldern nur in Japan einkaufen konnten, floß Japans Entwicklungshilfe prompt immer wieder nach Japan zurück. Verärgert rechnete der neuseeländische Ministerpräsident Robert Muldoon im Frühjahr 1978 den Japanern vor, daß 90 Cents von jedem US-Dollar, den Japan in die Asiatische Entwicklungsbank einzahlt, letztlich in Japan ausgegeben werden, während Neuseeland von jedem zur Verfügung gestellten Dollar nur 19 Cents wiedersieht. Dabei unterließ er auch nicht den Hinweis, daß als Präsidenten dieser Bank seit der Gründung immer nur Japaner gewählt worden seien. Den japanischen Banken insgesamt wird aus der Dritten Welt vorgeworfen, daß sie ihre Gelder lieber risikolos etablierten europäischen Kreditnehmern zur Verfügung stellten, als den jungen Industrien der Entwicklungsländer zu helfen.

Zwar klingen die Klagen aus den Entwicklungsländern selbst begreiflicherweise gedämpfter, doch sitzt die Verärgerung dort nicht weniger tief, wie die antijapanischen Ausschreitungen in Thailand und Indonesien 1974 erkennen ließen. Anfangs reagierten die Japaner auf die Kritik mit anderen, eindrucksvolleren Zahlen, indem sie die Kredite der Privatindustrie an Entwicklungsländer unbefangen ihrer Entwicklungshilfe zurechneten. Doch lenkte das nicht von der Tatsache ab, daß die Industrie – legitimerweise – nur solche Projekte in Entwicklungsländern finanziert, die Gewinn versprechen, die also den Großfirmen in Japan neue Rohstoffe und Absatzmärkte erschließen. Häufig leistete der japanische Staat in der Vergangenheit dabei als Entwicklungshilfe flankierende Unterstützung, indem er den Ausbau von Straßen und Häfen zum Transport der Rohstoffe nach Japan finanzierte, womit als eigentliche Begünstigte am Ende wiederum die japanischen Firmen dastanden. Zurückhaltung übten die Japaner statt dessen bei Projekten, die ihnen selbst wenig Vorteile brachten, im sozialen Bereich, beim Bau von Krankenhäusern und Kanalisationen, beim Aufbau landwirtschaftlicher Genossenschaften, und am wenigsten Begeisterung zeigten sie für die Industrialisierung ihrer südostasiatischen Nachbarländer (denen der weitaus größte Teil der japanischen Entwicklungshilfe zufließt), aus Sorge, sich hier eine Konkurrenz zur eigenen Industrie heranzuzüchten. Gegen das Konzept einer wachsenden internationalen Arbeitsteilung, das allein den Entwicklungsländern den Weg aus der finanziellen Abhängigkeit öffnet, sträuben sich die insularen Japaner, weil es von ihnen selbst langfristig grundlegende industrielle Umstellungen und damit Opfer verlangt. Daneben bleibt in den Entwicklungsländern nicht unbemerkt, zu welcher finanziellen Großzügigkeit sich Japan bereitfinden kann, falls es, wie bei der Volksrepublik China, um die Öffnung eines lukrativen Marktes geht.

Wenn somit die Japaner aus der ganzen Welt Vorwürfe einstecken müssen, darf doch nicht übersehen werden, daß keineswegs alle Kritiker aus moralisch unanfechtbaren Positionen heraus argumentieren. Schließlich leisten alle Geberländer qualitativ und quantitativ sehr unterschiedliche Beiträge. Auch die Bundesrepublik liegt mit ihrer Entwicklungshilfe unter dem internationalen Standard und, gemessen an ihrer wirtschaftlichen Kraft, weit hinter den Niederlanden und Belgien und den skandinavischen Staaten. Andere europäische Länder helfen hauptsächlich ihren einstigen Kolonien und setzen sich damit dem Verdacht aus, Entwicklungshilfe als Fortsetzung früherer Kolonialpolitik zu mißbrauchen, und viele Entwicklungsländer selbst, von Korruption zerfressen, von der Raffgier ihrer neuen Herrscher ausgebeutet und ohne solide Zukunftsplanung, fordern die Spendierfreudigkeit der wohlhabenden Staaten nicht gerade heraus. In Südostasien stecken die Japaner dazu in der Klemme, daß ihnen nicht nur zu wenig Hilfeleistung vorgeworfen wird, sondern oft auch, von denselben Politikern, zuviel, denn bei einem massiven Engagement bricht sogleich die Angst vor dem japanischen Wirtschaftsimperialismus wieder durch.

Doch die sorgfältigste Differenzierung ändert nichts daran, daß Japan auf dem Gebiet der Entwicklungshilfe die Nachhut deckt. Die Gründe hierfür rühren letztlich wieder an das Kernproblem des Inselstaates, an das unterentwickelte Bewußtsein, der Menschheit als Ganzes wie ein Familienmitglied anzugehören. Wie immer man Entwicklungshilfe betrachtet und so sehr sie von egoistischen, wirtschaftlichen und machtpolitischen Antrieben beeinflußt wird, der Hauptanstoß, der sie legitimiert, ist humanitärer und ideeller Art. Friede kann auf der Welt nur herrschen, wenn einigen wenigen wohlhabenden Industriestaaten nicht eine Masse verelendeter Völker gegenübersteht, wenn die Starken den entwicklungsfähigen Schwächeren helfen, sich aus ihrer Armut zu befreien, und wenn die Reichen denjenigen, denen jede Möglichkeit einer eigenen Entwicklung fehlt – auch solche Staaten gibt es –, unter die Arme greifen, so wie eine große Familie Kranke und Schwache mitversorgt. Japans eigentliche Schwierigkeit im Umgang mit der Dritten Welt liegt in dem Unvermögen, fremde Völker (soto) als nahe Verwandte zu sehen. Deshalb reduzierte sich Entwicklungshilfe bislang auf Rohstoffversorgung und Exportförderung oder auch auf eine lästige Pflicht, der man sich deswegen nicht entziehen kann, weil sich alle anderen ihr unterwerfen. Damit war Japans Entwicklungshilfe bislang ausschließlich von den wirtschaftlichen und politischen Interessen Japans her, also egoistisch bedingt, wobei das humanitäre Grundmotiv allenfalls in feierlichen Ansprachen der Politiker anklang. Bei einem Volk, das nie in seiner Vergangenheit eng mit anderen Völkern zusammengelebt und zusammengearbeitet hat, darf dieses Verhalten nicht überraschen.

Schwer tun sich die Japaner außerdem, weil sie zum erstenmal in der Geschichte vor dem Problem stehen, materiellen Wohlstand mit anderen Völkern teilen zu müssen. Was die Welt übersieht, ist, daß Japan in seiner gesamten Vergangenheit bis in die Mitte dieses Jahrhunderts ein armes Land gewesen ist, geplagt von Hungersnöten und heimgesucht von Naturkatastrophen. Japans Aufstieg nach dem Zweiten Weltkrieg brachte zum erstenmal in der Geschichte breiten Wohlstand. Bis heute wagt es ein großer Teil der älteren Generation nicht, diesen neuen Reichtum und Überfluß als dauerhafte Selbstverständlichkeit zu betrachten. Viele ältere Bürger, noch in Zeiten bitterer Not aufgewachsen, befürchten, daß der neue Segen genauso rasch verfliegen könnte, wie er gekommen sei. Glück ist launisch, und niemand zieht zweimal hintereinander das große Los. Daher kommt es, daß sich der zweitmächtigste demokratische Industriestaat selbst für einen auf wackligen Füßen stehenden Schwächling hält, der die Polster, die er sich anlegen konnte, voraussichtlich bald selbst dringend braucht. Zum großzügigen Verzicht auf einen Teil ihres Wohlstandes fehlt den Japanern nicht nur die bessere Einsicht, sondern auch der Mut.

Leider beschäftigen sich innerhalb Japans vorwiegend Leute mit der Entwicklungshilfe, die nichts zu entscheiden haben, Journalisten, Diplomaten, eine winzige Gruppe von Außenpolitikern und einige einsichtsvolle Kaufleute. Die Parteipolitiker jedoch, befangen im insularen Denken und weil sich erst recht in Japan mit dem Werben für Entwicklungshilfe keine Wahlen gewinnen lassen, drücken sich vor ihrer Pflicht, die Bevölkerung aufzuklären, obwohl es wichtiger als alles andere wäre, das Gefühl und das Bewußtsein für die internationalen Abhängigkeiten Japans und für das Zusammenwachsen der Welt zu stärken. Wo die Politiker versagen, bleibt die Zuständigkeit bei den Ministerialbeamten, besonders denen des Finanzministeriums, und die bilden keine Phalanx für weltoffenes, fortschrittliches Denken. Nachdem die übrigen Industriestaaten dazu übergegangen waren, den ärmsten Entwicklungsländern weitgehend die Rückzahlung früherer Kredite zu erlassen, indem Darlehen als Geschenke umgebucht wurden, folgte letztlich auch Japan, später als die meisten und mit kleineren Beträgen. Der frühere Außenminister Toshio Kimura hat gemeint, es sei höchste Zeit, daß Japan aufhöre, immerzu passiv das Verhalten der Vereinigten Staaten und der Bundesrepublik im Nord/Süd-Konflikt zu beobachten und anschließend der Führung der beiden nachzustreben. Doch ein eigenes japanisches Konzept zur Entwicklungshilfe ist bislang nicht zu erkennen und von Beamten auch nicht zu erwarten.

Die Firma
oder
Von der Pflicht eines Abteilungsleiters, Ehen zu stiften

Alljährlich am 1. Oktober bilden sich vor den angesehensten Großfirmen Japans lange Schlangen junger Leute, denn von diesem Tag an nehmen die Betriebe Bewerbungen für die im kommenden Frühjahr zu besetzenden freien Stellen entgegen. Vor der See- und Brandversicherung Tokyo Kaijo Kasai Hoken stellen sich die ersten Interessenten bereits nachts um halb drei an. Insgesamt bewerben sich hier um jede freie Position bis zu vierzig Kandidaten, College-Studenten kurz vor dem Examen, das dem deutschen Abitur vergleichbar ist.

Einer ähnelt dem anderen, frischgeschnittene, kurze Haare, dunkle Anzüge, gedeckte Krawatten, schwarze Halbschuhe. Daß mancher von ihnen noch gestern ausgefranste Jeans trug, zum struppigen Bart, ist vergessen. Einige Universitäten erinnern ihre Absolventen ausdrücklich daran, bei den Vorstellungsgesprächen keine bunten Hemden anzuziehen und grelle Krawatten im Schrank zu lassen. Den wenigen Studentinnen wird geraten, auf Make-up weitgehend zu verzichten, vor allem auf farbige Nägel und Augenschatten. Warenhäuser verkaufen in diesen Tagen an besonderen Ständen komplette Ausstattungen, zusammengestellt nach dem Prinzip, nicht aufzufallen. Keiner fällt aus der Rolle, denn der Anlaß ist wichtig genug. Wer in Japan die Universität verläßt und ins Berufsleben eintritt, stellt damit meistens unkorrigierbar die Weichen für sein gesamtes künftiges Leben.

Nur an der Oberfläche ähneln Japans Großfirmen der europäisch-amerikanischen Konkurrenz. Riesige Fabrikhallen, moderne Maschinen, fleißige Arbeiter, redegewandte Verkäufer, funktionierender Service – das alles gleicht auf den ersten Blick jedem

Die dunklen Anzüge, gedeckten Krawatten und weißen Hemden, in denen sich die Universitätsabsolventen alljährlich bei der Industrie bewerben, wirken uniform. Auf diese Weise dokumentieren die jungen Leute ihre Bereitschaft, sich einzufügen.

anderen modernen Industriestaat. Wenn dann die Japaner auf
den Weltmärkten zu Preisen verkaufen, die in den meisten Fällen
unter denen der ausländischen Konkurrenz liegen und die japanischen Statistiken ausweisen, daß japanische Fachkräfte heute
nicht weniger verdienen als deren ausländische Kollegen, drängt
sich rasch der Verdacht auf, daß es bei den Japanern nicht mit
rechten Dingen zugehe, daß da mit unsauberen Methoden, mit
unfairen Tricks, gearbeitet werde. Wer dieselben Kosten habe,
könne seine Konkurrenz nicht kontinuierlich unterbieten.

In Wirklichkeit bleiben derartige Vergleiche an der Oberfläche
hängen, denn nur das tote Inventar ähnelt sich. Die Belegschaften sind in Japan nach völlig anderen Prinzipien organisiert und
werden völlig anders motiviert, so daß sich im gesamten Ausland
keine Parallelen finden.

Dies zeigt sich bereits bei der Einstellung junger Mitarbeiter.
Japans Großunternehmen suchen sich ihren Angestelltennach-
wuchs aus den Absolventen der Universitäten in firmeneigenen
Tests, die zur selben Zeit von allen Großbetrieben im ganzen
Land durchgeführt werden. Dabei – und dies ist das Entscheidende – werden nicht spezielle Qualifikationen geprüft, ob sich
einer dank seiner Überredungsgabe als Verkäufer eignet, oder ob
seine Genauigkeit einen guten Buchhalter oder Revisor erwarten
läßt, getestet wird vielmehr die Gesamtpersönlichkeit, ob jemand
in schwierigen Situationen die Nerven behält, ob er bereit ist,
Fehler zuzugeben, ob er sich rücksichtslos nach vorne schiebt,
vor allem, ob er sich anpaßt, in ein Team einfügt.

Junge Mitarbeiter werden nämlich von den Großfirmen nicht
für spezielle Tätigkeiten gesucht, wie das in Europa und Amerika
geschieht, sondern man stellt sich als Kandidat hierzulande uneingeschränkt und vorbehaltlos der Firma zur Verfügung, überläßt es also dem Arbeitgeber, den genauen Arbeitsplatz auszu-
wählen. Nicht für eine festgelegte Beschäftigung bewirbt sich ein
Universitätsabsolvent bei Toyota oder Nissho-Iwai, sondern um
die Betriebszugehörigkeit ganz allgemein. Das Dazugehören, das
Aufgenommensein in die Betriebsgemeinschaft, gilt als wichtiger
als die jeweilige Tätigkeit am Arbeitsplatz, selbst bedeutsamer als

die Höhe des Gehalts. Daher antworten die meisten Japaner auf die Frage nach ihrem Beruf nicht etwa, sie seien Autoverkäufer oder Programmierer, sondern, sie arbeiteten »für Honda« oder »bei Komatsu«. Angesichts einer derart dominierenden Bedeutung der Firmenzugehörigkeit verliert der eigentliche Arbeitsplatz erheblich an Prestigewert. Ohne Komplikationen kann eine Firma intern Arbeitsplätze tauschen, Mitarbeiter in andere Bereiche versetzen und Funktionen ergänzen oder reduzieren, solange sie nur beachtet, daß in einem solchen Wechsel keine erkennbare Herabsetzung gegenüber den Kollegen liegt. Im Prinzip sind japanische Arbeitnehmer bereit, jede ihnen zugewiesene Tätigkeit zu übernehmen, jeden verfügten Wechsel bei bleibendem sozialem Status zu akzeptieren. Daß derartige Arbeitsplatzwechsel innerhalb eines Betriebes tatsächlich häufig stattfinden, also ein Angestellter im Laufe seiner Firmenzugehörigkeit vielerlei Funktionen ausübt, erklärt zusätzlich, warum die Firmen bei den Eintrittstests auf besondere fachliche Qualifikationen weniger Wert legen. Wer sich bei der Aufnahmeprüfung als intelligent erweist, als loyal, fleißig, anpassungsfähig und belastbar, dem lassen sich nach Arbeitsbeginn die für seinen Posten erforderlichen Spezialkenntnisse rasch vermitteln, durch Lehrgänge innerhalb der Firma, oft auch einfach durch die Arbeitskollegen. Die Gruppensolidarität beweist hier eine ihrer Stärken. Der Neuankömmling wird aufgenommen und so lange mitgezogen, bis er aus eigener Kraft mitlaufen kann. Die Firmen schauen sich alle Bewerber überaus gründlich an, denn es geht um mehr als einen Job. Studenten, die sich einmal als Radikale gebärdet haben, bleiben im Netz solcher Persönlichkeitsprüfungen und -überprüfungen hängen, mögen ihre fachlichen Qualifikationen noch so gut sein.

Als besonders wichtiges Indiz bewerten die Prüfer, welche Hochschule ein Bewerber besucht hat. Japans Universitäten, vor allem die vielen Privatuniversitäten, halten ein extrem unterschiedliches Niveau. Zwischen den Hinterhof-Titel-Fabriken, die von ihren Schülern wenig mehr verlangen als Geld, und den angesehenen und anspruchsvollen Ausbildungszentren Waseda, Sophia oder Keio liegen akademische Welten. Dagegen zeichnen sich die öffentlichen Staats- und Provinzuniversitäten generell durch einen hohen Standard und durch besonders niedrige Studiengebühren aus. Doch da in ganz Japan nur achtzig öffentlich-rechtliche Hochschulen existieren, neben dreihundertundvierzig anerkannten privaten Universitäten, können nur die Besten der Besten dort mit Aufnahme rechnen. Je besser eine Universität, desto schwerer die Aufnahmeprüfung als Voraussetzung für die Zulassung. Hierbei zeigt sich, wie weit Leistungsdruck gehen kann. Denn es gibt private Vorbereitungsschulen, die in monate-langen Kursen auf die Aufnahmeprüfungen der Prestigeuniversitäten hindrillen. Weil aber die besten jener Vorbereitungsschulen selbst wiederum überlaufen sind, sieben auch sie ihre Kandidaten aus, so daß wiederum Vorbereitungsschulen entstanden sind, die auf die Aufnahmeprüfungen der besten Vorbereitungsschulen vorbereiten!

Welche Universität ein junger Japaner besucht hat, läßt daher folgenreiche Schlüsse auf seine Intelligenz und Belastbarkeit zu. Wer einen Japaner nach seiner Universität befragt, muß wissen, daß er ihn damit zwingen kann, eine seiner empfindlichsten Stellen bloßzulegen. Wer in Japan einen schlechten Start hat, findet in seinem gesamten späteren Leben meist keine Möglichkeit mehr, diesen Mangel auszugleichen.

Für junge Japaner, die sich einer Firma so total ausliefern, erhält das Betriebsklima innerhalb eines Unternehmens einen entscheidenden Rang. In Studentenzeitungen, in der Presse werden alljährlich Listen veröffentlicht, in denen die sozialsten, mitarbeiterfreundlichsten Firmen der Popularität nach, die sie unter den Jugendlichen genießen, aufgeführt werden wie in einer Hitliste. Dabei stehen die größten und bekanntesten Firmen keineswegs unbedingt an der Spitze. Den ersten Rang hält seit Jahren die Versicherungsgesellschaft Tokyo Kaijo Kasai Hoken.

Für Klassenkampftheorien ist in dieser Wirtschaftsordnung wenig Platz. Wem die Zugehörigkeit zu einer großen Firma wichtiger ist als die Funktion, die er dort ausübt, wer sich folglich als Schlosser dem Buchhalter der eigenen Firma näher weiß als dem Schlosser im Nachbarbetrieb, wer sich nur in der eigenen

Gruppe wohl fühlt und sich von fremden Gruppen fernhält, der kann mit den Lehren von Karl Marx nichts anfangen.

Lebenslange unkündbare Anstellung winkt denjenigen, die sich vorbehaltlos an eine große Firma binden. Die Stammangehörigen der Großbetriebe bleiben traditionsgemäß ihr ganzes Arbeitsleben lang im selben Betrieb. Das gilt für die Arbeiter an den Maschinen genauso wie für die Angestellten in den Büros. Das Stammpersonal braucht keine Arbeitslosigkeit zu fürchten, keine Konjunkturflaute, keine Wirtschaftskrise, keine billigere Konkurrenz.

Ein junger Mann, der in eine Firma eintritt, geht davon aus, daß er bis zum Ende seiner Arbeitstage in dieser Firma bleibt, daß er von nun an bis ins Pensionsalter mit den Kollegen um sich herum auskommen muß. Das macht ihn anpassungsbereit und biegsam. (Nur von Männern ist hier die Rede, denn die meisten Frauen scheiden früh aus dem Berufsleben aus und werden daher nicht dem Stammpersonal zugerechnet.) Wer befürchtet, daß die Gewißheit von der Unkündbarkeit zur Trägheit führe, zu Interesselosigkeit und Bummelei, erlebt in Japans Großbetrieben das Gegenteil. Daß keine Job-Mentalität entsteht, jene Auffassung vom ebenso lästigen wie leider notwendigen Beruf, dafür sorgt bereits die Gruppe innerhalb eines Betriebes, in die ein Neuling aufgenommen wird. Schlechte Leistung, Faulheit, fällt hier nicht auf den einzelnen zurück, sondern blamiert das ganze Büro, die gesamte Werkstatt und stellt damit in einer Gesellschaftsordnung, die nicht Individualität, sondern Einordnung als höchstes Ziel anstrebt, einen schweren sozialen Makel dar.

Ein Großbetrieb erwartet, daß seine Mitarbeiter, oft unter schweren persönlichen Opfern, ihr Bestes geben. Deshalb empfand es die japanische Öffentlichkeit keineswegs als unbegreiflich, als sich Anfang 1979 das Vorstandsmitglied eines großen Handelshauses das Leben nahm, weil die Firma im Zusammenhang mit Flugzeugeinkäufen aus Amerika in Bestechungsverdacht geraten war. Im Konflikt, vor Gericht die Wahrheit sagen zu müssen und zugleich um das Wohl der Firma besorgt, sah jener Direktor offenbar keinen anderen Ausweg, als sich aus seinem Hochhausbüro nachts auf die Straße zu stürzen. Zu den

Mitteilungen, die er hinterließ, gehörte folgender aufschlußreiche Brief an die Belegschaft:

»Männer müssen Charakterstärke haben. Die Firma lebt ewig. Dieser Ewigkeit dienen wir. Wir arbeiten nur zwanzig oder dreißig Jahre für die Firma, doch das Leben der Firma dauert ewig. Um sie zu erhalten, brauchen wir als Männer Charakterstärke. Ich bin tief bekümmert über den Verdacht, der auf unsre Firma gefallen ist, und über den Schaden, der ihrem Ansehen droht. Ich übernehme die Verantwortung.«

Unbegreiflich muß den meisten Japanern ein Urteil bleiben, durch das im Frühjahr 1980 ein italienisches Arbeitsgericht elf japanische Mitarbeiter einer in Italien errichteten japanischen Reißverschlußfabrik dazu verurteilte, langsamer und weniger zu arbeiten, da der Fleiß der Japaner den italienischen Gewohnheiten nicht entspreche. Die Japaner hatten – für sie völlig selbstverständlich – bei der Erkrankung von Kollegen einfach deren Arbeitspensum miterledigt, sie hatten sich nicht an Streiks beteiligt, statt dessen aber alles getan, um die Produktion ungestört in Gang zu halten, wobei sie sich auch nicht scheuten, als Ingenieure und Vorarbeiter selbst die einfachsten Arbeiten auszuführen. Auf die Empörung der italienischen Arbeitskollegen hin über eine derart ungewöhnliche Arbeitsmoral hatten Gewerkschaften jene elf Japaner vor einem italienischen Arbeitsgericht verklagt, das den Japanern sogleich befahl, ihren Arbeitseifer zu zügeln. Die Meldung über dieses italienische Urteil lief durch alle japanischen Zeitungen und dürfte bei den meisten Lesern die Überzeugung bekräftigt haben, daß die Gründe für das von den Europäern so lautstark beklagte Vordringen der japanischen Konkurrenz letztlich bei den Europäern selbst zu suchen seien.

In einem wesentlichen Punkt unterscheiden sich auch die großen Privatunternehmen vom öffentlichen Dienst. Jeder Betrieb, im Gegensatz zum Staat, kann Konkurs machen. Dies aber träfe das Stammpersonal besonders hart. In einer Industriewelt, die auf dem Prinzip aufgebaut ist, daß qualifizierte Mitarbeiter im Regelfall nie die Firma wechseln, finden selbst vorzüglich ausgebildete Arbeitslose, zumal wenn sie älter sind, keinen gleichwertigen Arbeitsplatz mehr. Deshalb wird es für sämtliche Mitarbeiter zur Schicksalsfrage, daß die Firma im Wettbewerb besteht, daß sie wächst und verdient.

Wer sich einfügt – und das sind am Ende alle –, dem bietet die Firma weit mehr als berufliche Erfüllung. Als modernes Patriarchat übernimmt sie die Rolle der Großfamilie. Ihren Urlaub verbringen die Mitarbeiter im firmeneigenen Erholungsheim, wobei es sich bislang gehörte, den Urlaubsanspruch nie voll auszuschöpfen, um so zu dokumentieren, daß man die Arbeit wichtiger nehme als das Vergnügen. Eine Woche Urlaub im Jahr galt bis vor kurzem als Regel bei bis zu drei Wochen Urlaubsanspruch, wobei diese eine Woche häufig noch in Etappen von jeweils zwei oder drei Tagen aufgeteilt wurde. Den Rest ließ man verfallen, ohne besondere Abfindung. Die jüngere Generation ist inzwischen anspruchsvoller geworden, zumal sich außerdem eine neue Vergnügungs- und Urlaubsindustrie entwickelt hat, die von der zunehmenden Freizeit profitiert. Fünf-Tage-Woche, Abschaffung der Überstunden und längerer Urlaub werden langsam populär, ohne damit zugleich die loyale Grundeinstellung zur Firma zu unterminieren*. Für Freizeit und Hobbys stehen Firmenclubs zur Verfügung, für die Kranken sorgen Werksärzte, Werkswohnungen bieten billige Unterkunft, Betriebsausflüge und Wettkämpfe sorgen für Unterhaltung. Bei Sportveranstaltungen sind Gruppenkämpfe besonders beliebt, weil sich der einzelne dabei wieder als Mitglied eines Teams beweisen kann. So stellt sich der Betrieb als eine Schicksalsgemeinschaft dar. Daß die Belegschaft des Elektronikkonzerns Matsushita jeden Arbeitstag mit dem ge-

---

* Eine Untersuchung des Arbeitsministeriums ergab im Sommer 1978, daß nur 23 % der Beschäftigten ihren vollen Urlaub nehmen und daß vier von zehn Beschäftigten sich mit weniger als 30 % des ihnen arbeitsrechtlich zustehenden Jahresurlaubs zufriedengeben. Da die Gewerkschaften lieber für höhere Löhne als längere Freizeit kämpfen, fordert allein das Arbeitsministerium, gegen Unternehmer, Arbeitnehmer und Gewerkschaften, eine Verkürzung der Arbeitszeit durch umfassende Einführung der Fünf-Tage-Woche und durch die Propagierung der Idee eines zusammenhängenden langen Sommerurlaubs. Die Regierung will dadurch in einer Zeit des langsameren Wirtschaftswachstums neue Arbeitsplätze schaffen und zugleich der ausländischen Kritik an der Arbeitsbesessenheit der Japaner die Spitze nehmen.

meinsamen Singen der Firmenhymne beginnt, entspricht zwar
nicht allgemeinem Brauch, liegt aber in der logischen Konsequenz des Systems. Stolz tragen die Mitarbeiter aller Großbetriebe am Revers das Firmenzeichen, und zwar immer und überall. Die Anstecknadeln dienen dabei nicht nur der Werbung nach
außen, sondern als Symbole, an denen sich die vielen tausend
Angehörigen, die zudem oft in über das ganze Land verstreuten
Betrieben arbeiten, erkennen sollen. Zusammengehörigkeit wird
dadurch hergestellt, die Gewißheit, daß man einander vertrauen
kann, auch wenn man sich nicht kennt, vor allem, daß man ohne
komplizierte Formalitäten, ohne besondere Vorstellung und Einführung Kontakt aufnehmen kann, was eine kaum zu überschät-
zende Erleichterung darstellt in einer Gesellschaft, in der die
Menschen sich vorwiegend innerhalb geschlossener Gruppen bewegen und sich im Umgang mit Außenstehenden schwertun.

Nach Feierabend treibt es fast die Hälfte aller Angestellten
nicht gleich nach Hause. Gemeinsam trinken die Kollegen eines
Büros einen Whisky oder Sake in einer der vielen winzigen Knei-
pen und wachsen dabei, indem sie ihre Erlebnisse, Erfahrungen
und Sorgen teilen, immer enger in Gemeinschaften zusammen,
welche die individuellen Freundschaften des Westens ersetzen.
Die Vorgesetzten fördern diese Entwicklung nach Kräften und
organisieren Kinderfeste, Jubiläumstage und Sammel-Hochzei-
ten. Es ist keine Seltenheit, daß sie für ledige junge Männer ihres
Betriebes nach passenden Frauen Ausschau halten, selbstverständlich unter der eigenen Belegschaft, denn eine Ehefrau, die
selbst früher in der Firma arbeitete, wird für die Berufspflichten
ihres Mannes, für Überstunden, geopferte Wochenenden und
Dienstreisen, besonderes Verständnis aufbringen – ganz abgesehen davon, daß sich durch solche Ehestiftungen die traditionelle
Kündigung weiblicher Mitarbeiter, sobald diese älter werden, auf
elegante Weise erübrigt. Als Ehefrauen geben sie normalerweise
ihre Berufstätigkeit von selber auf.

Was Japans Industrie an Vorteilen zu bieten hat, gewährt sie
ausschließlich den Männern. Die Durchschnittseinkommen
weiblicher Arbeitnehmer liegen nur knapp über der Hälfte der

Verdienste der Männer, weil ihnen praktisch alle höheren Positionen versperrt sind. Nur für schlechtbezahlte Fließbandarbeit, für einfache Handreichungen und Hilfsdienste, also für die billigen Tätigkeiten, sind Frauen gesucht. Wer von ihnen nicht selbst resigniert und aufgibt, wird spätestens mit fünfzig Jahren pensioniert, lange bevor die staatliche Altersversorgung beginnt und mindestens fünf Jahre vor den Männern. Kein anderer Industriestaat behandelt seine weiblichen Arbeitnehmer so diskriminierend. In einem Werbespot im Fernsehen erklärten einmal zwei Mädchen, »wir kochen die Nudeln«, worauf ein Junge antwortete, »und ich esse sie«. Auf den massiven Druck zahlreicher Frauenverbände hin mußte der Nudelproduzent seinen Spot aus dem Programm nehmen, da schließlich mehr Frauen als Männer Nudeln kaufen. Doch noch immer ist Japan ein Männerstaat, und solange die Männer diese Diskriminierung der Frauen für normal halten, solange keine einzige Partei und keiner der Gewerkschaftsverbände den Frauen ernsthaft und machtvoll hilft, werden sie allein diesen Zustand nicht ändern können. Die Industrie aber muß sich fragen lassen, ob sie diese Ungleichheit nicht fördert, statt sie abzubauen, um sich ein riesiges Reservoir billiger Arbeitskräfte zu erhalten.

Alle Privilegien sind den Männern reserviert. Für sie ist es wichtig, ja lebenswichtig, in welche Firma sie aufgenommen werden. Wer nicht sogleich das Ziel seiner Träume erreicht, findet später keine Chance mehr. Wer einmal angefangen hat zu arbeiten, kann, wenn er zum Stammpersonal gehören will, später nicht mehr die Firma wechseln. Je angesehener ein Betrieb, desto weniger »Überläufer« wird er einstellen. Die europäische Vorstellung, daß man im Beruf auch weiterkommt, wenn man sich einmal in einer anderen Firma umschaut, daß man das eigene Unternehmen verläßt, um in fremden Betrieben seine Führungsqualitäten zu beweisen, bevor man, derart bereichert, wieder zurückkehrt, ist für Japaner unbegreiflich. Wer die Firma wechselt, läßt seine Gruppe im Stich, auf den ist im Zweifel kein Verlaß. Wer auch nur einmal kündigt und in eine andere Firma eintritt, gilt in Japan für die Aussteller von Kreditkarten bereits als Risiko. Mutiges Wechseln hilft der Karriere nicht, es schadet ihr. Das Prinzip der Unkündbarkeit erklärt die außergewöhnliche Betriebstreue und Leistungsbereitschaft japanischer Arbeitnehmer, ohne die Japans Wirtschaftserfolge nicht erreichbar wären.

Schließlich erleichtert die Unkündbarkeit den Großbetrieben jede Modernisierung, Rationalisierung und Automation, denn selbst die größten Umstellungen innerhalb eines Betriebes machen niemanden arbeitslos. Werden menschliche Tätigkeiten wegrationalisiert oder durch Automaten ersetzt, weist der Betrieb dem Betroffenen einen anderen Arbeitsplatz zu, zum mindestens gleichen Gehalt, was leicht zu arrangieren ist, weil die spezielle Tätigkeit in einem japanischen Betrieb erheblich weniger Prestigewert besitzt als die Betriebszugehörigkeit als solche. In der Flexibilität, mit der sich japanische Großfirmen technischen Neuentwicklungen anpassen können, liegt ein nicht unerheblicher Konkurrenzvorteil für den Weltmarkt.

Kritiker weisen mit Recht darauf hin, daß die jüngere Generation die überlieferten Werte nicht mehr bedingungslos akzeptiert. Umfragen ergeben, daß jüngere Menschen im Unterschied zu ihren Eltern der individuell-privaten Existenz einen höheren Wert beimessen. Trotzdem bedrohen solche Entwicklungen die Fundamente von Japans Wirtschaft noch lange nicht. Gerade im Bereich der Sozialleistungen, in der Krankenversicherung, bei Unfall- und besonders bei Altersrenten liegt Japan weit hinter den europäischen Industriestaaten zurück. Japanische Unternehmen rechnen mit Personal-Zusatzkosten, also mit gesetzlichen, tariflichen und freiwilligen Sozialleistungen, die eine Firma erbringt, ohne daß sie auf den Gehaltsabrechnungen der Mitarbeiter erscheinen, in Höhe von etwa 17 % der direkten Personalkosten. In der Bundesrepublik dagegen betragen die Personal-Zusatzkosten inzwischen 68 %. Dies bedeutet, daß japanische Betriebe selbst bei annähernd gleichen Löhnen und Gehältern in Wahrheit erheblich niedrigere Personalkosten erwirtschaften müssen. Wenn die jüngere Generation heute zunehmend versucht, sich neben dem Beruf einen größeren privaten Freiheitsraum zu schaffen, bleiben die Japaner trotzdem noch immer weit hinter den sozialen Errungenschaften der europäischen Industriemächte zurück, zumal überdies in Europa die Entwicklung nicht stehenbleibt und das dortige Netz sozialer Sicherheiten ständig weiter ausgebaut wird. Der Konkurrenzvorteil niedrigerer Personalkosten in Japan wird durch wachsende Ansprüche der jüngeren Generation folglich nicht aufgehoben. Am Prinzip der lebenslangen Beschäftigung, der Unkündbarkeit, will auch die verwöhntere Jugend nichts ändern. Die Arbeitsplatzgarantie soll bleiben, nur die langen Arbeitstage dürften kürzer und weniger werden.

Außerdem betrachten es die großen Firmen als eine lebenswichtige Aufgabe, den anspruchsvolleren und ungezwungeneren Nachwuchs umzuerziehen in den alten Opfergeist. Viele große Firmen organisieren Lehrgänge für die Neuaufgenommenen, die sowohl der körperlichen Abhärtung wie der Charakterbildung, der Eingliederung des einzelnen in die Betriebsgemeinschaft und der Verpflichtung auf die Traditionen dienen. Daneben läuft separat die fachliche Ausbildung. Einige Firmen schicken ihre jüngeren Mitarbeiter zu kurzen Lehrgängen zur Armee, damit sie dort jene Tugenden lernen sollen, die nach Meinung der Firmenleitungen von der Schule nicht mehr vermittelt würden und auf die auch ein moderner Betrieb nicht verzichten könne. Unter der Jugend regt sich gegen diese Umerziehung wenig Widerstand. Die neue Gruppe, die Firma, funktioniert nach anderen Prinzipien als die alte, aus der sie nun ausgeschieden sind, die Universität. Auf die unvermeidliche Anpassung hat sie ihre Sozialordnung längst vorbereitet.

Wie weit Japans Sozialleistungen hinter denen der Bundesrepublik herhinken, zeigt ein typisches Beispiel. Japanische Arbeitnehmer werden traditionsgemäß mit fünfundfünfzig Jahren pensioniert (in einem Alter übrigens, in dem japanische Politiker sich noch zum Nachwuchs rechnen und häufig am Anfang ihrer Karriere stehen). Aus diesem Anlaß zahlen die meisten Firmen anstelle monatlicher Renten eine einmalige Abfindung, die sich grob nach einem Monatsgehalt pro Dienstjahr berechnet. Die Folgen inflationärer Geldentwertung werden hierdurch einseitig

auf die alten Mitarbeiter abgeladen. Die Abfindungssummen reichen nicht annähernd aus, dem pensionierten Arbeitnehmer bis
zum fünfundsechzigsten Lebensjahr weiterzuhelfen, bis zum
Zeitpunkt, an dem die ohnehin bescheidene staatliche Rentenversicherung ihre Zahlungen beginnt. Einer Untersuchung des Büros des Ministerpräsidenten zufolge sind fast 30 % der mehr als
65 Jahre alten Männer darauf angewiesen, ihre Pensionen durch
Nebenarbeit aufzubessern. Häufig erklären sich die Firmen daher
bereit, ihre formal mit fünfundfünfzig Jahren entlassenen Mitarbeiter weiterzubeschäftigen – für das halbe Gehalt und ohne jeden Anspruch auf eine weitere Altersabfindung. Derartige Angebote gelten als großzügig, nicht etwa als unseriös. Ende des vergangenen Jahrhunderts, als die durchschnittliche Lebenserwar-
tung für Männer bei dreiundvierzig Jahren lag, während sie
heute dreiundsiebzig Jahre erreicht, konnte jemand mit vierzig
Jahren als verbraucht gelten. Heute hilft eine Pensionierung mit
fünfundfünfzig Jahren der Industrie, Personalkosten zu sparen,
auf Kosten von Menschen, die ihr ganzes Arbeitsleben ihrer
Firma gedient haben und die mit fünfundfünfzig Jahren, wenn
sie auf derartige entwürdigende Angebote nicht eingehen, keine
befriedigende andere Arbeit mehr finden. Die neueingestellten
Jungen beziehen niedrige Anfangsgehälter, so daß sich die möglichst frühzeitige Entlassung älterer Mitarbeiter, deren Bezüge
im Laufe ihres Arbeitslebens allmählich gestiegen sind, für die
Firmen finanziell rentiert. Ein ursprünglich vernünftiges Prinzip
ist zum sozialen Skandal pervertiert. Auch pensionierte Arbeitnehmer gelten als Kreditkarten-Risiko. Zwar setzen immer mehr
Betriebe langsam das Pensionsalter auf siebenundfünfzig oder
höchstens sechzig Jahre hinauf, doch solange sich Pensionierung
und Zahlungsbeginn der Altersrenten nicht nahtlos aneinander-
fügen, müssen Millionen Japaner im Alter harte Jahre überbrücken.

Wie rettet sich nun die japanische Industrie über wirtschaftliche Krisen, wenn sie keine Leute entlassen, ihre Kapazitäten nur
sehr schwer einer geringeren Nachfrage anpassen und ihre
Lohnkosten nicht drastisch senken kann? Die Antwort zeigt, daß

das Prinzip der Unkündbarkeit in der Praxis erheblich einge-schränkt ist. Zunächst bleibt festzuhalten, daß nur Großbetriebe von etwa eintausend Mitarbeitern an aufwärts in der Lage sind, lebenslange Beschäftigung zu garantieren. Kleine Unternehmen, vor allem die unzähligen Familienbetriebe mit nur wenigen fremden Hilfen, haben keine Möglichkeiten, Marktschwankun-gen und Konjunkturentwicklungen abzufangen und auszuglei-chen und die Zahl der Beschäftigten konstant zu halten. Nur Mitarbeiter von Großbetrieben kommen daher in den Genuß der Unkündbarkeit. Da aber die überwiegende Mehrheit aller Japaner ihren täglichen Reis in Familienbetrieben und in kleinen und mittleren Firmen verdient, bleibt der Mehrheit nur ein neidvoller Blick auf die Minderheit. Selbst in Großbetrieben genießt über-dies nur das Stammpersonal jenes soziale Privileg, dazu gehören jedoch in der Regel nur 50 % der tatsächlichen Belegschaft. Ge-rade weil die Unkündbarkeit die Beweglichkeit einer Firma hemmt, versuchen die Großbetriebe, die Zahl der Dauer-Mitar-beiter möglichst niedrig zu halten. In erheblich größerem Um-fang als in Europa holen sich die Firmen Saison- und Hilfsarbei-ter auf Zeit, die nicht nur auf jede Arbeitsplatzgarantie verzich-ten, sondern sich auch mit erheblich niedrigeren Löhnen zufrie-dengeben müssen. Das Heer dieser Unterprivilegierten, das in den Großbetrieben zahlenmäßig etwa den Privilegierten die Waage hält, läßt ahnen, welche sozialen Ungerechtigkeiten sich hier verbergen. Überdies vermeiden die Großfirmen Personal-probleme, indem sie ganze Betriebsbereiche oder Betriebsabläufe, wie etwa Reparatur- und Wartungsdienste, Werksverkehr oder Energieversorgung, an selbständige kleine Vertragsfirmen verge-ben, bei denen man notfalls die Preise drücken oder die man ganz abstoßen kann, ohne daß diese Kleinen sich zu wehren vermö-gen, weil derartige Service-Betriebe häufig nur für einen einzi-gen Großkunden arbeiten. Mit der Wartung oder dem Werksver-kehr kann man schließlich nicht ausgelastetes eigenes Stamm-personal beauftragen und über Wasser halten.

Ähnlichen Spielraum sichern sich die Großbetriebe bei ihren Lieferanten. Rund 50 % der Bestandteile eines japanischen Autos werden von Zulieferern produziert, so daß eine der wichtigsten Tätigkeiten einer japanischen Automobilfabrik im Zusammensetzen von Fremdteilen besteht. Bei einem westdeutschen Auto liegt dieser Anteil mit 30 % Fremdteilen erheblich niedriger. Während in der Bundesrepublik außerdem zahlreiche Lieferfirmen als Großunternehmen mit Weltnamen eine beträchtliche eigene Marktmacht ausüben und damit den Autofirmen nicht auf Gedeih und Verderb ausgeliefert sind, splittern sich die japanischen Autobauzulieferer in unzählige winzige Betriebe auf, was wiederum jeden dieser Kleinen in eine totale Existenzabhängigkeit von dem allmächtigen Großkunden bringt. Über achtzehntausend Kleinbetriebe gingen im Krisenjahr 1977 in Konkurs, die meisten vermutlich, weil sie von den Großen, von denen sie abhängig waren, als Krisenpuffer fallengelassen wurden.

Der Schluß drängt sich auf, daß das vielgerühmte System der lebenslangen Beschäftigung und Unkündbarkeit etwa 20 bis 30 % aller japanischen Arbeitnehmer privilegiert, auf Kosten der übrigen Mehrheit, die allerdings viel zu schwach und zu zersplittert ist, um dieses Privileg angreifen zu können. So sozial es sich für die Begünstigten erweist, so unsozial wirkt es gegenüber den Außenstehenden. Die eklatanten Ungerechtigkeiten, die eine Mehrheit ertragen muß, bilden geradezu die Voraussetzungen dafür, daß eine Minderheit neidenswerte Vorteile genießt.

Um dem privilegierten Stammpersonal seine Sonderrechte zu erhalten, scheuen die Firmen notfalls vor extremen Schritten nicht zurück. Firmen, die dabei versagen, verspielen die Loyalität ihrer Belegschaft. Der Stahlproduzent Kawasaki Seitetsu beispielsweise, von der weltweiten Flaute 1977 besonders schwer getroffen, lieh als Notlösung Stammbeschäftigte an den Automobilproduzenten Isuzu aus, der zur selben Zeit einen Nachfragestoß nach Lieferwagen kaum befriedigen konnte. Dabei galt die Hauptsorge der Personalmanager von Kawasaki Seitetsu dem heiklen psychologischen Problem, das Selbstvertrauen der betroffenen Arbeiter zu erhalten, ihnen die Überzeugung mitzugeben, daß man sie nicht etwa abschiebe, sondern geradezu bevorzuge. In vorbereitenden Gesprächen wurde den Arbeitern dargelegt, daß ihr »Ausflug« zu Isuzu ihnen selbst und ihrer Firma erheblichen Nutzen bringe. Als Stahlhersteller könnten sie nun sehen, wie ihr Stahl zu Autos verarbeitet werde, und die dabei zu gewinnenden praktischen Erfahrungen würden später nach ihrer Rückkehr dazu beitragen, noch besseren Stahl für die Autoindustrie zu produzieren. Um die ausgeliehenen Arbeiter am neuen Arbeitsplatz nicht in Loyalitätskonflikte zu bringen, machten Plaketten an ihrer Arbeitskleidung den Sonderstatus deutlich. Jeder Isuzu-Arbeiter sollte sehen, daß auf begrenzte Zeit Kollegen einer anderen Firma aushalfen, und von den Gästen sollte von vornherein jeder auch nur indirekte Druck genommen werden, sich bei Isuzu auf Dauer einleben zu müssen. Ihre Lohntüten erhielten die Stahlarbeiter genau wie bisher vom alten Arbeitgeber, der im übrigen die Differenz zu den etwas niedrigeren Isuzu-Löhnen draufzahlte, was in der Abwicklung mancherlei Buchungs- und Steuerprobleme verursachte, die jedoch von Kawasaki Seitetsu bereitwillig ertragen wurden. Die Beibehaltung der alten Lohntüten mit dem Kawasaki-Aufdruck, im Grunde eine belanglose Formalität, galt als besonders bedeutsam, als Beleg, daß die Arbeiter auch für die Dauer ihres Aufenthaltes bei Isuzu weiterhin uneingeschränkt und selbstverständlich zur Betriebsgemeinschaft von Kawasaki Seitetsu gehörten.

Im weltweiten Konkurrenzkampf der Industriestaaten zieht die japanische Wirtschaft aus dem Prinzip der lebenslangen, unkündbaren Beschäftigung des Stammpersonals erhebliche Vorteile. Daß dieses Prinzip nur für Großbetriebe gilt, schränkt seine positive Wirkung nicht ein, denn es sind nun einmal die Großen, die Japans Exporterfolge erkämpfen. Innerhalb dieser Großbetriebe hängt alles letzten Endes vom Arbeitswillen des Stammpersonals ab. Welche Mängel und Nachteile das Prinzip auch immer für die einzelnen Betriebe und für Japans gesamte Volkswirtschaft haben mag, die weltwirtschaftliche Stärke der bedeutendsten Industriemacht Asiens liegt hier verwurzelt. Daher kann es nicht überraschen, daß Japans konservative Regierung dieses Privileg einer Minderheit um jeden Preis zu erhalten sucht und nicht etwa einer größeren sozialen Ausgeglichenheit unter allen Beschäftigten des ganzen Inselreiches, zwischen Groß- und Kleinbetrieben, zwischen Fach- und Hilfsarbeitern, den Vorrang gibt. Seit 1975 subventioniert der Staat Löhne und Gehälter von Beschäftigten, die von Entlassungen bedroht sind, und zwar werden in Großbetrieben 50 % und in kleineren Unternehmen 75 % der Personalkosten ersetzt. Diese für sich genommen faire Regelung mindert allerdings die übrigen Risiken der Kleinen nicht, sonst wäre die Zahl der Konkurse unter ihnen nicht so dramatisch hochgeschnellt.

Zwangsläufig führt die Weiterbeschäftigung von eigentlich überflüssigen Mitarbeitern im Ergebnis zur Weiterproduktion nicht absetzbarer Waren. Der Druck japanischer Firmen auf die Exportmärkte, besonders in Zeiten wirtschaftlicher Stagnation, findet hier teilweise eine Erklärung. Wenn der Staat überdies einen erheblichen Teil der Personalkosten in Krisenzeiten als Subventionen zahlt, können die Exporteure ihre Preise senken und sich auf den stärker denn je umkämpften Märkten mit wachsenden Marktanteilen behaupten. Das ganze System verführt also zur Beibehaltung überflüssiger Kapazitäten und bremst deshalb die Selbstheilung der Weltwirtschaft. Länger als die ausländische Konkurrenz produzieren und exportieren die Japaner in Krisenzeiten auch um den Preis zeitweiliger Verluste. Zeitgewinn ist dann alles. Im Grunde wird damit eines der wichtigsten Regulative für das Funktionieren einer Wettbewerbswirtschaft, nämlich der Abbau von Überkapazitäten bei fehlender Nachfrage, außer Kraft gesetzt. Falls eine Rezession jedoch allzu lange andauert, geraten viele Firmenleitungen unter besonders schweren Druck, weil eben Stammitarbeiter kaum zu entlassen sind. Doch als Lehre aus der letzten Wirtschaftskrise wird Japan das System der lebenslangen Beschäftigung nicht aufgeben, sondern statt dessen den Kreis der Privilegierten noch enger als bisher halten. Auch in Zukunft wird das Stammpersonal in Japans Betrieben seine Arbeitskraft nicht als eine Ware betrachten, die man möglichst preiswert verkauft. Sobald sich eine Krise verzieht, brauchen Japans Firmen keine neuen Mitarbeiter zu suchen und anzulernen. Ohne Umstellungsschwierigkeiten können sie sofort den wachsenden Bedarf, die neue Nachfrage befriedigen, mit erheblichem Zeitvorsprung vor ihrer ausländischen Konkurrenz.

Individuelle Leistung wird in der japanischen Wirtschaft anders bewertet als in den westlichen Industriestaaten. Sie ist keineswegs die alleinige Voraussetzung für eine Firmenkarriere, sondern kann, im Gegenteil, den Aufstieg erheblich bremsen. Wer sich in der individualistischen westlichen Welt vital, intelligent und gelegentlich auch skrupellos nach vorne boxt, steigt auf. Wem es an Ehrgeiz fehlt, wer schwächer ist oder zögert, bleibt zurück. Ohne individuelle Konkurrenz würde die marktwirtschaftliche Ordnung Westeuropas und Amerikas nicht funktionieren. Doch genau das, was im Westen nützt, kann in Japan schaden. Denn Japans Betriebe werden wie die gesamte Sozialordnung des Landes nicht von starken Einzelpersönlichkeiten getragen, sondern von Gruppen. Gefragt sind Einordnung und Anpassungsfähigkeit, nicht Ellenbogen. Harmonie, das Ideal und Leitmotiv der gesamten japanischen Sozialordnung, setzt den Verzicht auf individuellen Ehrgeiz, auf egoistische Unbekümmertheit voraus, denn nur im individuellen Bescheiden läßt sich Gruppenharmonie verwirklichen. Das mag für Europäer wie harter Verzicht klingen, doch ist zu bedenken, daß Japans Wirtschaft dabei nur Gewohnheiten praktiziert, die das gesamte Leben in der Familie, in Kindergarten und Schule, im Freundeskreis und in der Dorfgemeinschaft und im Stadtbezirk prägen.

Wer aus seiner Gruppe, seiner Altersgruppe, der Werkstatt, der Betriebsabteilung, auszubrechen versucht, schon wer sich abheben möchte durch besonders originelle Vorschläge, laute Kritik, dominierende Beredsamkeit oder Besserwisserei, isoliert sich und schließt sich aus. Dies heißt selbstverständlich nicht, daß Originalität nicht gefragt sei, daß Vitalität und Kritik einer Firma nicht willkommen wären. Der Unterschied zum Westen liegt darin, daß all diese Energien, Ideen und Anstrengungen sich nicht durch einzelne, sondern als Aktivität der Gruppe verwirklichen. Wem etwas Neues einfällt, der läuft mit seinem Vorschlag nicht stolz zum Chef, sondern bemüht sich zunächst, seine

Gruppe von der neuen Idee zu überzeugen, damit aus dem »ich«
ein »wir« entsteht, so wie der Chef dann zu diesem Gruppenvor-
schlag nicht ja oder nein sagen, sondern sich darum kümmern
wird, innerhalb seiner Gruppe, etwa zusammen mit den anderen
Abteilungsleitern, eine allgemeine Übereinstimmung herbeizu-
führen.

Die Entscheidungsprozesse innerhalb der japanischen Betriebe
verlaufen völlig anders als im Westen. Ausländische Besucher
zeigen sich immer wieder überrascht, wenn sie die Präsidenten
japanischer Weltfirmen treffen. Anstelle der erwarteten agilen,
smarten Super-Manager sitzen ihnen häufig friedliche ältere
Herren gegenüber, in Sesseln mit weißen Schonbezügen, und
plaudern lieber mit Hilfe ihrer Dolmetscher über die Beschwer-
nisse der Reise des Gastes, über Golf und Geishahäuser als über
die Geschäfte. Verwirrt und betreten fragen sich die Besucher, ob
dies wirklich die Steuermänner der Weltfirmen seien. Die Antwort lautet nein. Doch sind die wirklichen Steuermänner nur
schwer auszumachen, denn in der nächsten Gesprächsrunde wird
der Gast meistens in einen Saal geführt, wo ihm gegenüber ein
Dutzend jüngerer Herren Platz genommen haben, bei denen
trotz Vorstellung und des Austausches von Visitenkarten keineswegs klar ist, wer das Wort führt. Was der nervöse Gast für einen
Verhandlungstrick, für Verunsicherungstaktik, halten mag, ist
japanische Normalität. Entscheidungen entwickeln sich in den
Betrieben nicht von oben nach unten, wie in der westlichen Welt,
sondern sie wachsen im Regelfall von unten nach oben. Der
Kapitän erteilt seiner Besatzung keine Befehle, sondern die
Mannschaft rauft sich zusammen, und ihr Konsensus steigt dann
langsam von Deck zu Deck nach oben, bis zur Steuerbrücke.
Mögen Ideen und Anregungen auch aus den höheren und mittleren Etagen des Managements kommen, zunächst werden alle
Projekte von unten her auf ihre Chancen, Kosten und Auswir-
kungen geprüft. Die japanische Besonderheit liegt darin, daß bereits auf der unteren Ebene weitgehende Einigung aller Beteiligten erarbeitet wird. Hier entstehen also nicht separate Papiere, in
denen Entwicklungsabteilung, Produktion, Finanzabteilung, Per-

sonalplanung und Verkauf, jeder für sich unter seinen speziellen Aspekten alle möglichen Alternativen prüft und zur Abstimmung und Entscheidung nach oben weiterleitet, sondern auf unterer und mittlerer Ebene entwickeln bereits alle betroffenen Bereiche ein gemeinsames Gesamtkonzept. Dieser unter allen Gesichtspunkten bedachte Gesamtvorschlag läuft sodann seinen Weg nach oben, wobei er durchaus ergänzt, begrenzt oder modifiziert werden mag, jedoch kaum radikal verändert wird, bis er die Firmenspitze erreicht, der dann meist nur noch die Aufgabe zukommt, das Projekt formal zu besiegeln. Dazu braucht man keinen Super-Manager.

Der Prozeß ist zeitraubend, denn wer abweichende Meinungen oder Pläne vertritt, muß überzeugt werden. Doch entspricht das Verfahren dem tiefsitzenden Bedürfnis der Japaner nach genereller Übereinstimmung. Europäer, auf präzise Kompetenzen und klare Entscheidungen bedacht, finden sich in dem System schlecht zurecht. Sie fühlen sich unsicher unter Partnern, deren exakte Zuständigkeiten sie nicht kennen, ja häufig nicht kennen können, weil präzise Entscheidungsbefugnisse oft gar nicht existieren. Mancher »Berater« einer Firma ist erheblich einflußreicher als ihr Chef. Für die Japaner birgt der komplizierte Entscheidungsprozeß einen alle Nachteile aufwiegenden Vorzug, daß nämlich jede Entscheidung, die auf diese Weise entsteht, von allen gedeckt wird. Geht die Sache schief und endet sie mit einem geschäftlichen Mißerfolg, gibt es keine Sündenböcke, muß keiner über die Klinge springen. Wenn das Projekt gelingt, haben alle teil am Erfolg.

Neuerdings existieren auch moderne japanische Großunternehmen, die im westlich-individuellen Führungsstil geleitet werden. Die Elektronikfirma Sony steht dafür als erfolgreiches Beispiel. Doch ist nicht zu erwarten, daß die gesamte japanische Wirtschaft auf westliche Führungsformen umschwenkt, weil sich das überlieferte Prinzip in Japan unbestreitbar bewährt, zumal es sich nahtlos in die Gesellschaftsordnung einpaßt.

Das Senioritätsprinzip reguliert konsequenterweise die Karriere des einzelnen, seinen Aufstieg im Betrieb. Die Dauer der

Firmenzugehörigkeit, das Lebensalter und vorhergehende Tätigkeiten, also objektive Faktoren, entscheiden, wenn mehrere Kandidaten für eine höhere Position zur Verfügung stehen. Eine
andere Möglichkeit gibt es nicht, denn wenn die individuelle
Leistung absichtlich nicht gefördert wird, wenn, im Gegenteil,
der einzelne möglichst total in seiner Gruppe aufgehen soll,
scheidet auch das Leistungsprinzip als wichtigster Bewertungs-
maßstab für die Eignung des einzelnen aus. Allzu gegensätzlich,
einander ausschließend, sollte man japanisches Senioritätsprinzip
und westliches Leistungsprinzip jedoch nicht betrachten. Leistungen werden schließlich auch von den Mitgliedern der Gruppe
verlangt, denn die Gruppe muß selbst ihren Nutzen für die Firma
beweisen. Nicht weniger, sondern andere Leistungen, andere
Qualitäten sind in der Gruppe gefragt.

Außerdem verengt sich zwangsläufig jede Führungspyramide
nach oben, nicht jeder junge Buchhalter wird, nur weil er lange
genug zum Betrieb gehört, zum Direktor aufsteigen. Daß eine
Betriebsleitung ihre besten Nachwuchskräfte besonders fördert,
versteht sich von selbst. Nur sind ihr in Japan engere Grenzen
gezogen, denn sie muß sozusagen objektive Faktoren schaffen,
die mit dem Senioritätsprinzip vereinbar sind. Das kann beispielsweise dadurch geschehen, daß aus dem Kreis der Gleichalt-
rigen der erfolgversprechendste junge Mann auf einen besonders
wichtigen Auslandsposten versetzt wird, während man seinen
Kollegen im Status gleiche, aber in der Sache eher routinemäßige
Funktionen zuteilt. Später läßt sich dann unter den Gleichrangigen, die alle formal denselben Aufstiegsanspruch haben,
jener Vielversprechende auf Grund seiner zusätzlichen Auslands-
erfahrung für die höhere Funktion auswählen, ohne daß die Kollegen Gesicht verlieren. Personalpolitik muß also behutsamer,
langfristiger, subtiler gehandhabt werden als anderswo, weil
sonst der Betriebsfrieden gefährdet würde. Kaum ein Unternehmen wird sich bereitfinden, einen hervorragenden jungen Mann
in einer Blitzkarriere zum Vorgesetzten erheblich älterer Kollegen zu berufen.

Genauso problematisch wäre es, wenn eine Firma versuchte,

erfolgreiche fremde Führungskräfte irgendwo abzuwerben. Solche Eindringlinge widersprechen dem Senioritätsprinzip, blockieren gewachsene und erdiente Ansprüche, können sich auf keine aus langer Gemeinsamkeit gewachsene Loyalität stützen, belasten also ein empfindliches soziales Gewebe und würden daher im Zweifel mehr Probleme schaffen als lösen.

Bedingungslos akzeptiert als eine Art Naturgesetz wird das Senioritätsprinzip allerdings nicht mehr, vor allem nicht von der jungen Führungsgeneration. Wer sich unter dem Druck eines wahren Leistungsterrors die Zulassung zu einer guten Universität erkämpfen muß, damit er später in eine der bevorzugten Firmen aufgenommen wird, dem kann es nicht leichtfallen, plötzlich die gegensätzlichen Tugenden zu pflegen. Zwischen den Zweifeln einzelner und der Änderung eines ganzen Systems liegt jedoch ein weiter Weg, vor allem weil das Senioritätsprinzip nicht für sich allein existiert. Wer westliches Leistungsdenken konsequent einführen wollte, würde damit das Gruppenprinzip unterminieren.

Betriebsgewerkschaften vervollständigen den einzigartigen Aufbau der japanischen Großindustrie. Daß sich die Arbeitnehmer in Japan vorwiegend in Gewerkschaften organisieren, deren Mitglieder ausschließlich aus den Angehörigen eines einzigen Betriebes bestehen, ergibt sich mit zwangsläufiger Konsequenz. Wo die Firma als modernes Patriarchat über die begrenzte Rolle des Arbeitgebers hinaus weitgehend zum Lebensinhalt wird, kann die Interessenvertretung der Mitarbeiter nicht außerhalb der Firma stehenden Funktionären überlassen werden. Viele Belegschaftsmitglieder sähen darin eine Illoyalität gegenüber »ihrem« Betrieb. Gewerkschaften, die auf nationaler Ebene jeweils ganze Industriezweige vereinen, beispielsweise den Bau, die Banken, die Chemie, haben sich in Japan bisher nur für Bergarbeiter, Metallarbeiter und Seeleute entwickeln können. Von diesen Ausnahmen abgesehen zersplittert sich die japanische Gewerkschaftsbewegung in über sechzigtausend einzelne Betriebsgewerkschaften, mit meistens nicht mehr als zweihundert Mitgliedern. Zwar schließen sich diese Kleinstgewerkschaften in Ar-

beitsgemeinschaften und Dachverbänden zusammen, doch bleibt
jede einzelne Gewerkschaft dabei unabhängig, weshalb die Dachverbände zwar für Millionen Mitglieder sprechen, in Wahrheit
aber keine eigene Macht ausüben. Von außen her gesehen wirkt
die japanische Gewerkschaftsbewegung stark, mit etwa zwölf
Millionen Mitgliedern. Der Prozentsatz der organisierten Arbeiter gleicht dem Westeuropas (über 30 %), wobei die Bauarbeiter
wegen der vielen Bauern, die im Winter aus den Dörfern in die
Städte als Saisonarbeiter kommen, nur zu weniger als 20 %, die
Arbeiter und Angestellten im Transport- und Versicherungsge-
werbe dagegen zu mehr als 50 % organisiert sind.

Die großen Dachverbände, von denen Sohyo sich an die Linkssozialisten anlehnt, während Domei die Demokratischen Sozialisten unterstützt, treten lautstark auf und stehen im Rampen-
licht, während sich im Hintergrund die winzigen Einzelgewerk-
schaften mit den jeweiligen Firmenleitungen weniger geräusch-
voll und weniger aggressiv verständigen. Am schlagkräftigsten
organisiert sind die Arbeiter und Angestellten des öffentlichen
Dienstes, vor allem die Mitarbeiter der Staatsbahn, der Post und
die Lehrer, weil in diesen Bereichen erheblich mehr Menschen
beschäftigt sind als in den größten Privatbetrieben, was ihren
Gewerkschaften Macht verleiht, und weil der Arbeitgeber Staat,
selbst wenn er sich überzogenen Forderungen beugt, nicht in
Konkurs gehen kann. Die alljährlichen Eisenbahnerstreiks, in denen die Mitarbeiter der Privatbahnen sich häufig den Arbeitsnie-
derlegungen der Staatsbahn-Bediensteten anschließen, täuschen
darüber hinweg, daß Streiks in der japanischen Industrie zu den
Seltenheiten gehören. Betriebsgewerkschaften sind ausschließlich an der wirtschaftlichen Entwicklung ihrer jeweiligen Betriebe interessiert, weil davon allein Lohnerhöhungen und sichere Arbeitsplätze abhängen. Das macht sie häufig zu geheimen
Partnern der Firmenleitungen, was die Belegschaften in still-
schweigendem Einverständnis tolerieren. Gesamtwirtschaftliche
Rücksichtnahmen, gar universalmenschliche Verantwortungen
gegenüber der Dritten Welt werden höchstens als Lippenbe-
kenntnisse formuliert. Die Unterdrückung freier Gewerkschafts-

bewegungen in linken oder rechten Diktaturen berührt Japans Gewerkschaftsfunktionäre ebensowenig wie das Los der Industriearbeiter in der Dritten Welt. Die Solidarität endet an der Grenze. Daher kann es passieren, daß die Gewerkschaftsmitglieder am Wochenende im Sprechchor hinter roten Fahnen auf Massenversammlungen gegen die Zerstörung der Umwelt, die Verpestung der Luft und die Vergiftung der Flüsse demonstrieren – und am nächsten Tag zusammen mit der Betriebsleitung einen Regierungskontrolleur, der die Abwässer und Kamine prüfen will, ablenken und täuschen, damit die Firma Gelder für Umweltschutz-Investitionen spart und die Konkurrenz unterbieten kann. Ihre Hauptaufgabe sehen die parteipolitisch gesteuerten Gewerkschaftsdachverbände darin, Wähler zu organisieren und die jeweilige Partei im Hintergrund zu finanzieren, häufig unter Vernachlässigung der eigentlichen Gewerkschaftsaufgaben. Gegen die Stationierung amerikanischer Truppen in Japan und gegen den Krieg in Vietnam haben Japans Gewerkschaften mehr Energien mobilisiert als für die Gleichberechtigung der Frauen und für eine angemessene Altersversorgung aller Arbeitnehmer.

Ausländische Firmen in Japan
oder
Bemerkungen über den Hürdenlauf

Japan präsentiert sich nicht nur als einer der erfolgversprechendsten Märkte der Welt, sondern zugleich als einer der schwierigsten. Die Chancen fallen ins Auge: 120 Millionen zahlungskräftige Käufer, deren Konsumlust mit wachsender Kaufkraft zunimmt. China, das mit seiner fast eine Milliarde Menschen westliche Kaufleute meist stärker fasziniert, braucht ausschließlich Investitionsgüter und moderne Technologie und fällt auf Jahrzehnte als Käufer großer Mengen von Konsumgütern aus. Denn nicht die Bevölkerungszahl eines Landes bestimmt den Verbrauch, sondern seine Kaufkraft. Wer Japaner in Massen sehen will, ohne nach Japan zu reisen, braucht nur die Parfümeriezentren in Paris oder die großen Schweizer Uhrenläden zu besuchen.

Japan bietet für elegante Modeartikel aus Frankreich und Italien, für ungewohnte Genußmittel aus Nordeuropa und für Prestigeautos aus der Bundesrepublik einen nicht annähernd ausgeschöpften Markt, neben den Investitionsgütern und der Technologie, die es außerdem in großem Umfang kauft. Zu den Besonderheiten dieses Marktes gehört es, daß die Japaner eine Vorliebe für große Namen besitzen und bereitwillig für Produkte mit weltbekannten Etiketten hohe Preise bezahlen. Selbst beste Qualität verkauft sich dagegen in Japan schlecht, wenn ihr der Markenname fehlt. In jedem Fall ist ausländischen Firmen jedoch der Weg zum Erfolg mit Hürden versperrt.

Die beginnen mit Personalproblemen. In einer Wirtschaftsordnung, die lebenslange, unkündbare Beschäftigung in einer Großfirma als Ideal versteht, die den risikobereiten Einzelgänger mit Argwohn beäugt, fällt es ausländischen Neuankömmlingen schwer, vorzügliche Mitarbeiter zu finden. Wie will ein junger Japaner wissen, ob die neue Firma nicht bald wieder aufgibt? Dann stünde er schutzlos mit erheblich verschlechterten Berufschancen da, weil Überwechslern als unzuverlässigen Außenseitern die Aufstiegschancen verbaut sind. Es paßt nun einmal nicht in die überlieferten Denkweisen, daß die bei einer ausländischen Firma zeitweise gewonnenen Erfahrungen eine besondere Qualifikation darstellen könnten. Nur wenige ausländische Firmen in Japan erreichen jene Mindestgröße von etwa eintausend Mitarbeitern, die erst lebenslange Dauerbeschäftigung für eine Stammbelegschaft möglich macht. Vor allem aber können ausländische Firmen nie jene Gruppengeborgenheit bieten, jenes Gefühl, unter sich zu sein, das Japanern über alles geht. Erschwerend kommt hinzu, daß in ausländischen Firmen die Entscheidungsprozesse nun einmal in gegensätzlicher Richtung verlaufen, als das Japaner gewohnt sind, daß Entscheidungen, die in der Tausende von Kilometern entfernten Zentrale in Westeuropa oder Amerika getroffen werden, die sorgsam entwickelte Übereinstimmung aller ersetzen. Für qualifizierte junge Japaner, die sich bei japanischen Prestigefirmen Chancen ausrechnen können, gehört Überwindung dazu, das beträchtliche Risiko einzugehen, sich an eine ausländische Firma zu binden. Je höher die Position, desto schwerer lassen sich dafür erstklassige Kandidaten finden. Deshalb müssen ausländische Arbeitgeber in Japan für gute Mitarbeiter beträchtlich höhere Gehälter zahlen.

Nicht übersehen werden darf auch, welche grundsätzliche Bedeutung der Auswahl der ausländischen Führungskräfte in Japan zukommt. Wer erfolgreich in Lateinamerika oder im Iran einen Zweigbetrieb aufgebaut hat, wird trotzdem in Japan scheitern, wenn es ihm nicht gelingt, sich auf die spezielle Denkweise der Japaner einzustellen. Das vom deutschen Auswärtigen Dienst gepflegte und von der Industrie oft übernommene Prinzip der häufigen Versetzungen von Mitarbeitern in die unterschiedlichsten Kulturbereiche, kann im Falle von Japan nur mit Enttäuschungen enden. Wer hier erfolgreich sein will, braucht Geduld und Zeit, beides nicht gerade Voraussetzungen, die in westlichen Vorstandsetagen geschätzt werden. Jemand, der auf kurzfristige Erfolge spekuliert, sollte gleich die Finger von Japan lassen. Wer kommt, muß bereit sein, lange zu bleiben. Daß japanische Sprachkenntnisse ebenfalls zu den unverzichtbaren Voraussetzungen für einen dauerhaften Erfolg gehören, sei nur deshalb angemerkt, weil sich auch diese Selbstverständlichkeit noch nicht überall im Westen herumgesprochen hat.

Neben den psychologischen und sozialen Hürden bleiben Probleme genug. Auf dem innerjapanischen Markt teilen sich häufig einige wenige Firmen in das ganze Geschäft. Neuankömmlinge, gar Ausländer, brechen nur schwer in solche Reservate ein. Verhältnisse wie in der europäischen Automobilindustrie, die zu einem erheblichen Teil Amerikanern gehört, sind in Japan vorerst unvorstellbar. Schließlich ist das Vertriebssystem im Lande derart kompliziert, verschachtelt und teuer, daß selbst die japanische Industrie inzwischen auf die Ausschaltung überflüssiger Zwischenhändler, auf Vereinfachung und Verbilligung drängt.

Japans Werbung appelliert mehr an Stimmungen und Gefühle als an den Verstand. Banken beispielsweise preisen nicht sachlich ihren Service an, sondern verkünden in Anzeigen »wir hoffen, daß Ihre Tochter die Aufnahmeprüfung zur Universität besteht«. Man will die Kunden nicht zum Vergleich mit der Konkurrenz anregen, sondern hier wird Sympathiegefühl erzeugt, kimochi, das den Japanern mehr bedeutet als alle Argumente. Wichtiger als Texte sind deshalb auf Reklameplakaten Bilder von Urlaubstraumzielen und fröhlichen Menschen. In den meisten Fernsehwerbespots wird diese Gefühlseinstimmung derart breit ausgespielt, daß für die Präsentation des eigentlichen Produkts nur wenig Zeit übrigbleibt. Doch ausländische Firmen arbeiten häufig aus Bequemlichkeit mit ausländischen Werbeagenturen in Japan zusammen und laufen dabei Gefahr, an der Mentalität der japanischen Kunden vorbeizuwerben.

Die Klagen über Japans indirekte Handelsbarrieren füllen Bände in den ausländischen Botschaften in Tokio, in den Außenministerien, bei Industrieverbänden und Großfirmen rund um die Welt. Jeder Geschäftsmann und jeder Diplomat kennt Beispiele. So gibt es in Japan, wie in jedem Land, Vorschriften für abzupackende Mengen und Maße, nur daß häufig nicht westliche Dezimalnormen, sondern traditionelle japanische Maß- und Gewichtseinheiten gefordert werden. Folglich muß, wer auf dem japanischen Markt ein westliches Produkt verkaufen will, dies anders verpacken. Also braucht er neue Verpackungsmaschinen, vielleicht anderes Verpackungsmaterial, für einen Markt, der sich wahrscheinlich nur langsam erschließt – wenn überhaupt. Jeder Kaufmann wird sich daher überlegen, ob es lohnt, Geld in Anlagen und Ausrüstungen zu investieren. Also fangen viele erst gar nicht an.

Die erneute japanische Nachprüfung eines Schiffsdieselmotors, der in Europa bereits geprüft wurde, kostet umgerechnet etwa zwanzigtausend Mark und verteuert damit zusätzlich neben den Transportkosten den Preis. Auch bei Lebensmitteln und Medikamenten werden häufig ausländische Tests, die die Ungefährlichkeit beweisen, nicht anerkannt. Japanische Labors müssen beauftragt werden, zu untersuchen, daß auch Übermengen Kleinkindern nicht schaden. Solche Tests dauern Monate, vielleicht Jahre, da die wenigen Labors überlastet sind. Liegt das Ergebnis vor, fällt den Behörden vielleicht ein, daß sie vergessen hatten, auch Tierversuche zu fordern, worüber wiederum Monate vergehen, bis dem ausländischen Importeur die Lust vergeht. Wer dagegen auf den Aufbau einer eigenen Firma verzichtet und einem der großen japanischen Handelshäuser sein Produkt zum Vertrieb anbietet, kann erleben, daß keine Behörde nach Tierversuchen und langen Labortests fragt – daß dann allerdings auch das Handelshaus die Hauptgewinne einstreicht.

Niemand hat bisher genau alle Ursachen, Verwicklungen und Zusammenhänge aufklären können, die zum bekanntesten Ärgernis führen, daß japanische Autos auf den Märkten Europas wenig mehr kosten als in Japan, während sich europäische Autos auf dem japanischen Markt um mindestens 50 % und mehr verteuern. Dazu hat in der Vergangenheit mit beigetragen, daß die in Japan für jeden neuen Typ vorgeschriebenen Zulassungsprüfungen oft so lange dauerten, bis die europäischen Produzenten mit neuen Modellen herauskamen, für die wiederum neue Zulassungsprüfungen erforderlich wurden, wodurch wenig Zeit blieb, der Öffentlichkeit ein Modell gründlich vorzustellen und es anschließend in Massen zu verkaufen. Auch verpuffen von den japanischen Behörden verkündete Erleichterungen in der Praxis oft wirkungslos. Da wird beispielsweise der Einfuhrzoll für gebrauchte Kraftfahrzeuge aufgehoben. Doch da der Zoll leider überlastet ist und die formale Abfertigung nicht vornehmen kann, muß ein importierter Wagen so lange im Freihafen in einem Lagerhaus untergestellt werden, für Lagergebühren von achtzig Mark pro Tag, bis diese Gebühren zufällig die Höhe des abgeschafften Zolls erreichen. Auch geschieht es, daß die Einfuhr von Obst liberalisiert wird, zugleich aber der Import untersagt bleibt, weil Gefahr bestünde, daß Insekten eingeschleppt würden, welche die einheimischen Obstkulturen bedrohen könnten, womit sich trotz Liberalisierung nicht das geringste ändert. Als sich die von einer amerikanischen Firma vor wenigen Jahren eingeführten Kartoffelchips als großer Verkaufsschlager erwiesen, stellten plötzlich die japanischen Zollbehörden fest, daß anstelle der bisherigen Zollvorschriften für verpackte Lebensmittel diejenigen für Konfekt anzuwenden seien, womit sich die Einfuhrzölle über Nacht von 15,5 auf 35 % erhöhten, zum Vorteil der japanischen Konkurrenz. Es bedurfte langwieriger Regierungsverhandlungen, bis die japanischen Zöllner zur ursprünglichen Regelung zurückkehrten. Für viele Erzeugnisse werden Sicherheitsmarken gefordert, die nur in Japan beantragt werden können, während solche Bestätigungen nach deutscher Vorschrift von vielen Exporteuren bereits in ihren Heimatländern, beispielsweise in 38 VDE-Kontaktbüros im Ausland, zu erwerben sind. Ein eindrucksvolles Beispiel hält auch die holländische Regierung parat: Japan exportiert Lilien in die Niederlande und verbietet zugleich die Einfuhr holländischer Tulpenzwiebeln nach Japan.

Häufig allerdings dienen Klagen über die indirekten Handelsbarrieren nur als Entschuldigung für eigenes Versagen. Wer jammert, daß japanische Behörden ihre komplizierten Prüfungs- und Zulassungsvorschriften für Autos in japanischer Sprache veröffentlichen, sollte sich erinnern, daß deutsche Behörden ihre Texte in deutsch und nicht japanisch verfassen. Wer als Ausländer in Japan dauerhafte Beziehungen aufbauen will, ohne die Sprache zu beherrschen, darf für die Folgen nicht die Japaner verantwortlich machen.

Immer wieder reisen ausländische Geschäftsleute nach Japan, von vornherein überzeugt, daß sie erfolglos bleiben werden, also mehr, um ihre negativen Erwartungen bestätigt zu finden, als hartnäckig Chancen aufzutun. Zum Programm solcher Besucher gehören dann regelmäßig die Tempel von Kyoto und die Schreine von Nikko, bei denen das halbherzige Engagement ganz verlorengeht. Nur ganz selten trifft man in Sendai oder Takamatsu unternehmende westliche Kaufleute, obgleich jede dieser Städte als Wirtschaftszentrum eine nach Millionen zählende Käuferschicht versorgt.

Wer sich in Japan durchsetzen will, braucht Geduld, Zeit, viel Kapital, ausgezeichnete japanische Mitarbeiter auch in den Führungspositionen, Sprachkenntnisse und Einfühlungsvermögen in das japanische Gesellschaftssystem. Gewinnträchtige Überraschungscoups sind hier nicht zu landen. Doch wer sich auf die Besonderheiten des japanischen Marktes einzustellen bereit ist, kann mit beträchtlichen Erfolgen rechnen.

Japaner im Ausland
oder
Die Musterknaben

Wenn die internationale Touristikindustrie Preise an Auslandsreisende vergeben würde, wäre den Japanern die Goldmedaille sicher, denn bessere Kunden gibt es für Hotels, Luxusläden, Restaurants und Fluglinien nicht. Drei Millionen Japaner reisen derzeit jährlich als Urlauber in die Welt, und wo immer sie auftauchen, ob am beliebtesten Ferienort Hawaii, in Paris oder in Peking, überall rollt dasselbe Programm ab. In Gruppen klettern sie vor den berühmten Sehenswürdigkeiten – und nur dort – aus den Bussen, folgen gehorsam ihren Führern, die fähnchenschwenkend ihre Scharen zusammenhalten*, fotografieren sich gegenseitig mit den Attraktionen im Hintergrund, drängen sich in die Läden, wo sie, beeindruckt von berühmten Namen, nur die teuersten italienischen Lederwaren, Schweizer Uhren, deutschen Füllfederhalter und schottischen Whiskys kaufen, geben sich in Restaurants damit zufrieden, daß allen dasselbe Essen und dieselben Getränke serviert werden, lassen sich so eng es geht in Hotelzimmer packen, sitzen geduldig stundenlange Verspätungen auf Flugplätzen ab, bezahlen anstandslos und ohne zu handeln jeden geforderten Preis, beschweren sich nie, randalieren nicht,

---

* Die Angst, von ihrer Gruppe abgesprengt zu werden, sitzt den Japanern auch in ihrer Heimat im Nacken. Auf der überfüllten Weltausstellung in Osaka 1970 trugen deshalb viele Gruppen als Erkennungszeichen identische farbige Papphüte, deren grelle Aufdringlichkeit zu Karnevalisten besser gepaßt hätte als zu der sich damit absichernden unbeholfenen älteren Landbevölkerung.

selbst wenn sie mehr getrunken haben, als sie vertragen können
– und die meisten vertragen sehr wenig –, kurzum, wenn die
Touristikindustrie ihren Idealkunden am Reißbrett entwerfen
würde, käme ein Japaner dabei heraus.

Ausländische Polizeibehörden sind des Lobes voll, denn japanische Touristen im Ausland begehen keine Straftaten, und die
Einwanderungsbehörden brauchen nicht auf der Lauer zu liegen,
denn Japaner schmuggeln sich nirgendwo auf der Suche nach
Arbeit als Touristen ein. Wenn deutsche Paßbeamte sie gelegentlich wie Pakistanis behandeln, schmerzt sie das tief, aus Gründen,
die im Kapitel »Von Volk zu Volk« nachzulesen sind.

Nicht nur Auslandsreisen sind für die Japaner neu und unge-
wohnt, sondern Urlaubsreisen überhaupt. Seit 1964, dem Jahr, in
dem die Ausstellung von Pässen erleichtert und die strengen
Devisenbestimmungen gelockert wurden, können Japaner zum
erstenmal in ihrer Geschichte frei und zum Vergnügen die Welt
besuchen. Daß sie seitdem überwiegend in Gruppen ausschwär-
men, erklärt sich nicht nur aus fehlender individueller Auslands-
erfahrung, sondern auch aus innerjapanischer Tradition. Weil sie
am liebsten in Gruppen leben, sind sie auch früher schon am
liebsten in Gruppen gereist, allerdings nicht zum Vergnügen,
wenigstens nicht offiziell. Dorfgemeinschaften machten sich auf
den beschwerlichen Weg zu entlegenen, wunderwirkenden Tempeln und Schreinen, gegen die Fährnisse ausgestattet von den
Zurückbleibenden mit Geld und Nahrung und somit verpflichtet,
sich später bei jedem Spender durch ein entsprechendes Reisege-
schenk zu bedanken. Der heutige Brauch, jedem Verwandten,
engeren Kollegen und Freund von jeder Reise ein Andenken mit-
zubringen, geht auf die damaligen Gepflogenheiten zurück und
erklärt, warum nach Japan heimkehrende Reisegruppen in ganzen Bergen von Paketen, Tüten, Körben und Taschen zu ersticken
drohen.

Vor dem Kaiserpalast in Tokio.
Innerhalb Japans ebenso wie im Ausland hält das Fähnchen die
Reisegruppe zusammen.

sreisen, wie sie das europäische Bürgertum im vorigen
.rt vorwiegend in die Mittelmeerländer unternahm, hat
.n nie gegeben. Heute genießt die erste Generation
japanischer Touristen die Welt in neugieriger Unbefangenheit,
kaum jemand bereitet sich lesend und studierend auf die fremden
Völker und Kulturen vor. Daher darf die gewaltig anschwellende
Zahl japanischer Auslandstouristen nicht zu dem Trugschluß
verleiten, auf diese Weise würden nationale Vorurteile abgebaut,
denn die meisten bringen nicht viel mehr als die Erkenntnis mit
nach Hause, daß Disney-Land und Eiffelturm und Loreley in der
Wirklichkeit genauso aussehen wie auf den Bildern in den Touri-
stenprospekten. Je mehr japanische Gruppen ins Ausland reisen,
desto mehr japanische Restaurants und japanische Hotels werden
an den Reisezielen von unternehmungsfreudigen japanischen
Geschäftsleuten eröffnet, deshalb zeichnet sich der Tag ab, an
dem die japanischen Gruppen in japanischen Flugzeugen nach
Amerika und Europa kommen, dort in japanischen Hotels wohnen, von japanischen Fremdenführern betreut werden, in Geschäften für Japaner einkaufen und in Sushi-, Tempura- und
Sukiyakirestaurants speisen, an dem sie also ins Ausland fahren
und eigentlich Japan nicht verlassen.

Im Gegensatz zu den vielen bunt zusammengewürfelten europäischen und amerikanischen Reisegesellschaften gehören die
meisten japanischen Gruppen auch zu Hause zusammen, als Fir-
menmitglieder, Bürgervereine, landwirtschaftliche Genossenschaften oder erfolgreiche Verkäufer eines bestimmten Fabrikats.
In der unbekannten fremden Welt (soto) draußen, in der die
Verhaltensregeln der eigenen Gruppen nicht gelten, bleibt man
auf die gewohnte Gemeinschaft besonders angewiesen. Auch in
der Ferne ist man damit immer irgendwie daheim. Und mangels
langerworbener Auslandserfahrungen benimmt man sich im
Zweifel wie daheim. Dort, in Japan, zieht man nach Möglichkeit
auch in der Eisenbahn die Schuhe aus. Dort knöpfen sich an
heißen Tagen auf einer Zugfahrt die Herren die Hosen auf – oder
ziehen sie ganz aus. In japanischen Gruppen ist manches erlaubt,
was die individualistischeren Europäer lieber hinter verschlos-

sene Türen verlegen. In der Provinz stört sich bislang niemand daran, daß in den öffentlichen Toiletten der Weg zu den »Damen« häufig durch die Sektion für Herren führt, und wenn in Japan Männer dringende kleinere Bedürfnisse am Straßenrand erledigen, schauen die Passanten einfach weg. In Amerika droht in solchen Fällen Festnahme durch die Polizei. Da fast kein Japaner einer fremden Sprache mächtig ist und in Europa und Amerika so gut wie niemand japanisch spricht, leben Gäste und Gastgeber freundlich aneinander vorbei. Die Europäer halten dann die Japaner für ungeheuer reich, wo die doch stets das Teuerste vom Feinsten kaufen, nicht wissend, daß die meisten Touristen für eine solche Reise monatelang gespart haben und daß die Japaner, da ihre eigene Modernisierung im vergangenen Jahrhundert durch die Übernahme von westlichem Wissen erfolgte, alles Westliche bis in die Gegenwart verherrlichen und häufig überbewerten, während die Japaner wiederum, staunend über die europäischen Prachtstraßen, die großzügigen Wohnviertel, die majestätischen Kirchen, die prunkvollen Schlösser und eingedenk ihrer eigenen engen Holzhäuser, einfachen Schreine und verstopften Gassen Minderwertigkeitsgefühle bekommen. So sieht keine Seite hinter der Fassade die Wirklichkeit.

Die Japaner als touristische Musterknaben – das makellose Bild, das sie im Westen bieten, wird in ihrer asiatischen Nachbarschaft durch ein paar Flecken getrübt. Während Amerikaner und Europäer die Abkapselung japanischer Gruppen gelassen als Eigenart eines fernen Volkes tolerieren, erblicken die Südostasiaten darin eher Überheblichkeit und Rassendünkel. So geht es den Japanern wie den Deutschen, ihr Ansehen wächst mit zunehmender Entfernung vom Mutterland. Ältere Japaner, die ihren Ehefrauen stolz zeigen wollen, wo sie während des Krieges in Manila oder Hongkong als Besatzer lebten, machen die Erfahrung, daß ihre inzwischen verklärten Kriegserinnerungen sich nicht mit denen der damals Besetzten decken.

Umgekehrt haben die Südostasiaten rasch begriffen, daß die von zu Hause an Ehrlichkeit und an korrekte Preise gewöhnten Japaner sich leichter als alle anderen fremden Touristen ausbeu-

ten lassen. Folglich operieren viele Andenken- und Schmucklä-
den mit dreifach gestaffelten Preisen. Die Einheimischen zahlen
normal, das heißt wenig, erfahrene ausländische Kunden müssen
höchstens den doppelten Betrag hinlegen, während den Japanern
das Dreifache abverlangt wird. Worauf die daheim an hohe Preise
gewöhnten, im Handeln unerfahrenen und um die Vermeidung
von unliebsamem Aufsehen bemühten Japaner widerspruchslos
ihre Brieftaschen zücken. Es fördert die Völkerfreundschaft
nicht, daß sich diese Bauernfängerei allmählich in Japan herum-
spricht.

Die schärfste Kritik müssen sich die Japaner wegen ihrer Sex-
ausflüge in die Nachbarländer gefallen lassen. An jedem Wochenende verstauen außergewöhnlich viele Herren mittleren Al-
ters Golfausrüstungen in den Gepäckschließfächern japanischer
Flughäfen. Zu Hause haben sie sich von Frau und Kindern für ein
Golf-Wochenende in der Provinz verabschiedet, doch in Wahrheit fliegen sie »alles inklusiv« nach Südkorea, Manila oder Taiwan. Alles ist im voraus gebucht und bezahlt, alles. Nach der
Ankunft im Hotel wird die Reisegruppe geschlossen ins Freuden-
haus transportiert. Dort tragen die wartenden Mädchen große
Nummern, so daß sich die Männer nur für eine Zahl entscheiden
müssen, wenn ihnen nicht gar schon vorher eine Ziffer zugeteilt
wurde. Jede Vorverhandlung, jedes Vorspiel entfällt. Primitiver
läßt sich Erotik nicht mehr vermarkten. Nicht einmal die Illusion
eines noch so kurzen Werbens wird vorgetäuscht, nicht einmal
theoretisch haben die Mädchen eine Chance, sich zu verweigern.
Kurze Zeit später versammelt sich die Männerrunde wieder zur
gemeinsamen Rückfahrt ins Hotel. Die bitteren Attacken in Japans Nachbarländern, die trotz aller Vertuschungsversuche der
Behörden häufig den Weg in die Öffentlichkeit finden, richten
sich daher auch nicht in erster Linie gegen die Tatsache, daß
japanische Männer erotische Abenteuer suchen, sondern gegen
die erniedrigende Weise, in der das geschieht. Diese Plumpheit
verletzt den Stolz der Koreaner, Taiwan-Chinesen und Filipinos, nicht nur die Mädchen der Vergnügungs-Etablissements
fühlen sich mißbraucht, und daß die Regierungen der betreffen-

den Staaten glauben, wegen der Deviseneinnahmen auf den modernen Sklavenmarkt nicht verzichten zu können, macht die Sache nur noch schlimmer. Die meisten Japaner wiederum merken von alledem nichts. Ein altes japanisches Sprichwort sagt, »solange man auf Reisen ist, braucht man sich nicht zu schämen«. Zu Hause, innerhalb der gewohnten Gruppen, muß man sich anpassen und einfügen, draußen erübrigen sich solche Rücksichten, da ist man frei. Was schon immer für Reisen innerhalb Japans galt, wenden die älteren männlichen Touristen heute auch auf das benachbarte Ausland an.

Als hoffnungsvolle Tendenz registrieren die Reisebüros neuerdings eine Zunahme der Einzelreisenden, vor allem unter der jüngeren Generation. Besonders für Japaner gehört Mut dazu, sich allein in die Welt mit all ihren Unwägbarkeiten und Unsicherheiten hinauszuwagen, doch dürfte jeder dieser Individualisten mehr an Erfahrungen mit nach Hause zurückbringen als eine dutzendköpfige Gruppe.

Auch über die japanischen Kaufleute, die sich in wachsender Zahl in den Wirtschaftszentren von Singapore über Düsseldorf bis San Francisco niederlassen, gibt es überwiegend Gutes zu berichten. Fleißig, höflich, unaufdringlich gehen sie ihren Geschäften nach, sitzen als erste morgens, vor ihren ausländischen Angestellten, hinter ihren Schreibtischen, und während die Wolkenkratzer in New York nachmittags um 17 Uhr ihre amerikanischen Belegschaften in den Feierabend ausspeien, bleiben die Japaner bis nach 19 Uhr, so wie sie oft auch das Mittagessen ausfallen lassen und sich mit einem Sandwich zufriedengeben. Auch im Ausland, ja gerade hier erst recht, hat die Firma Anspruch auf den ganzen Mitarbeiter.

Ihre freundliche Zurückhaltung, ihre Unermüdlichkeit, ihre makellose Zahlungsmoral, das alles verschafft den Japanern den Respekt ihrer Umgebung, doch herzliche Zuneigung entwickelt sich kaum. Denn die Beanspruchung der Kaufleute durch ihren Beruf läßt wenig Zeit für die private Existenz, für gesellschaftliche und freundnachbarliche Kontakte. Da sich Japaner ohnehin schwertun, mit fremden Menschen Bekanntschaften zu schließen, igeln sich die japanischen Kolonien im Ausland ein in unsichtbare Wagenburgen. Wenn japanische Kaufleute in Singapore Golf spielen, dann am liebsten mit anderen Japanern, wenn sie sich vergnügen, dann am liebsten unter ihresgleichen. Besonders die Ehefrauen halten sich zurück. In Japan vom gesellschaftlichen Leben nach Feierabend weitgehend ausgeschlossen, dazu erzogen, sich in die Unterhaltung von Männern nicht einzumischen, schon gar nicht mit einem eigenen Urteil, und der Landessprache fast immer unkundig, schaffen sie es nicht, als Gastgeberinnen Brücken zu schlagen zwischen ihren arbeitswütigen Männern und der fremden Umwelt.

Japanische Firmen, die im Ausland Zweigbetriebe errichten, bringen meistens nicht nur ihre technischen und kaufmännischen Kenntnisse mit, sondern auch ihre sozialen Vorstellungen. In Nordamerika oder Westeuropa passen sie sich infolgedessen nicht einfach der dortigen Praxis der Betriebsführung an, sondern versuchen, ihre ausländischen Mitarbeiter zur fast familiären Loyalität gegenüber der Firma zu erziehen und sie auch in die Entscheidungsprozesse einzubeziehen. Die Reaktion der amerikanischen oder europäischen Belegschaften fällt sehr unterschiedlich aus. Viele Mitarbeiter empfinden die Fürsorge des Arbeitgebers, darunter auch sein Bestreben, in Krisenzeiten lieber alle Löhne und Gehälter, auch die der Manager und Direktoren, zu kürzen, als Kollegen zu entlassen, als angenehm, andere dagegen irritiert die Erwartung der Firmenleitung, daß man dafür finanziell attraktivere Angebote der Konkurrenz ausschlägt. Die einen fühlen sich ernst genommen, wenn die Firmenleitung häufig ihre Meinung erfragt, den anderen sind klare Anweisungen von oben lieber, vor allem weil ihnen dadurch keine Mitverantwortung aufgebürdet wird. Immerhin beweist die Tatsache, daß die japanische Industrie es auch im Ausland zunächst mit ihren hauseigenen Methoden versucht, wie tief diese Verhaltensweise in den Denkvorstellungen verwurzelt ist, daß also die von manchen Beobachtern erwartete Abschaffung dieses Systems vorerst noch nicht zu sehen ist.

Das rasche Wachsen der japanischen Kolonien im Ausland hat

mittlerweile zur Gründung von japanischen Restaurants, Schulen, Hotels und sogar von örtlichen japanischen Zeitungen geführt, mit dem Ergebnis, daß eine immer größere Zahl von Kaufleuten immer weniger von der fremden Umwelt merkt. Nach drei oder vier Jahren verlassen die meisten Auslandsjapaner ihre Gastländer genauso uninformiert, wie sie gekommen sind.

Zum europäischen Außenposten der japanischen Wirtschaft hat sich Düsseldorf entwickelt. Alle großen Handelshäuser, Elektronikfirmen, Automobilfabriken, Stahlerzeuger und Banken haben hier ihre Quartiere aufgeschlagen. Über fünftausend Japaner gehören heute zur Düsseldorfer Bevölkerung, unter den rund zweihundertfünfzig Firmen fehlt keiner der großen Namen des Heimatlandes. Über zwölftausend Japaner insgesamt leben in der Bundesrepublik, während die Zahl der Westdeutschen in Japan nicht einmal dreitausend erreicht. Weil Nordrhein-Westfalens Hauptstadt kleiner ist als andere Wirtschaftszentren, fallen hier die japanischen Fischrestaurants, Hotels, Schulkinder und Lebensmittelläden deutlicher auf als in Seoul oder São Paulo, was dem neuen Beinamen Düsseldorfs als »Klein-Tokio am Rhein«, vom Lokalstolz abgesehen, eine gewisse Rechtfertigung verleiht. Zu Düsseldorfs Sehenswürdigkeiten gehört neuerdings ein japanischer Garten, 1975 von der japanischen Geschäftswelt gestiftet; und genauso wie die Düsseldorfer Stadtverwaltung ihre japanischen Mitbürger lobt, finden die Japaner für ihre deutschen Gastgeber nur anerkennende Worte. Doch ändert diese ungeteilte gegenseitige Sympathie nichts daran, daß die Japaner auch in ihrem bedeutendsten Handelsstützpunkt in Europa meistens unter sich bleiben.

Warum die Japaner ausgerechnet nach Düsseldorf geraten sind, ist nicht leicht zu erklären. Vielleicht haben am Anfang der Standortvorteil für Geschäftsbeziehungen mit der Schwerindustrie des Ruhrgebietes mitgespielt und die vom fernen Japan her verständliche, wenn auch irrige Vorstellung, das größte Industriegebiet der Bundesrepublik sei gleichzeitig auch das entscheidende Wirtschaftszentrum, doch ebensogut hätte die japanische Wahl auch auf Hamburg fallen können, über dessen Hafen ein großer Teil der japanischen Importe abgewickelt wird, oder auf Frankfurt, Westdeutschlands Finanz- und Bankenzentrum mit seinen idealen weltweiten Flugverbindungen. Wahrscheinlich gab bei der Wahl von Düsseldorf letztlich wieder die japanische Wagenburg-Mentalität den Ausschlag, jenes Urbedürfnis, draußen in der Fremde zusammenzurücken, sich zusammenzuscharen wie eine Touristengruppe um das Fähnchen des Reiseleiters. Zusammenhalt in der Fremde gibt Sicherheit, selbst wenn es sich beim Nachbarn um die heimatliche Konkurrenz handelt. Kurzum, nachdem, aus welchen Gründen auch immer, die ersten Japaner sich einmal in Düsseldorf angesiedelt hatten, folgten die anderen vor allem deswegen, weil sie hier wiederum auf Landsleute trafen. Die Mentalität gab den Ausschlag.

Eins haben alle japanischen Kaufleute im Ausland gemein, daß jeder von ihnen den Aufenthalt in der Ferne als eine Pflicht betrachtet, nicht als eine Verlockung, daß jeder am Ende wieder – und meist so bald wie möglich – nach Japan zurück will. Daß man sich in einem fremden Land ohne Not auf Dauer niederlassen, dort heimisch werden könnte, ist für Japaner schwer vorstellbar. Draußen leben heißt ausgesperrt sein. Deutsche mögen nichts dabei finden, sich auf ihre alten Tage in Südfrankreich, den österreichischen oder Schweizer Alpen oder in Norditalien zur Ruhe zu setzen. Käme ein Japaner auf die Idee, als Pensionär nach Südkorea oder in eine Bucht auf den Philippinen zu ziehen, würden seine Mitmenschen befürchten, er habe den Verstand verloren.

Die Medien
oder
Freiheit, die sie meinen

Von der verfassungsrechtlich garantierten Informations- und Meinungsfreiheit machen Presse, Fernsehen und Rundfunk in Japan nur beschränkten Gebrauch. Der Irrtum, bei den ausländischen Medien sei das nicht viel anders, kostete Ende 1974 den Ministerpräsidenten Kakuei Tanaka die Macht.

Im Sommer 1974 hatte die Wochenzeitschrift Bungei Shunju, sonst eher mit literarischen Themen befaßt, die Reportage eines freischaffenden Journalisten veröffentlicht, in der bis in die Einzelheiten nachzulesen war, wie der aus einfachen Verhältnissen stammende Kakuei Tanaka durch fragwürdige Grundstücksspekulationen, durch die Manipulationen von Scheinfirmen und durch Amtsmißbrauch zum Millionär aufgestiegen war. Für die Käufer von Bungei Shunju bedeuteten diese Enthüllungen eine Sensation, doch die Mehrheit der Bevölkerung erfuhr von den massiven Vorwürfen gegen den amtierenden Ministerpräsidenten fast nichts. Alle großen Tageszeitungen und alle Fernseh- und Rundfunkstationen schwiegen das Thema tot. Die Verleger hielten es nämlich für unpassend, der Öffentlichkeit die unerfreuliche Wahrheit über den wichtigsten Politiker des Landes mitzuteilen, und Japans Verleger haben die Macht, ihren Willen jederzeit durchzusetzen. Im Herbst 1974 besuchte Tanaka den Club der Auslandskorrespondenten in Tokio, um hier, wie es von Zeit zu Zeit üblich ist, den in Japan arbeitenden zweihundertfünfzig ausländischen Journalisten Rede und Antwort zu stehen. Tanaka ging offenbar davon aus, daß die Ausländer dieselbe taktvolle Zurückhaltung üben würden wie ihre japanischen Kollegen. Um so tiefer traf ihn der Schock, als unter dem Eindruck von Watergate stehende nordamerikanische Korrespondenten, zusammen mit Europäern, vorwiegend aus der Bundesrepublik, hartnäckig eine präzise Frage nach der anderen über sein Finanzgebaren stellten. Seine Wut nur mit Mühe unterdrückend, verließ Tanaka vorzeitig den Club. Für die ebenfalls anwesenden

Korrespondenten der großen japanischen Tageszeitungen und
Fernsehstationen war damit klar, daß der Tanaka-Skandal am
nächsten Vormittag in der gesamten Weltpresse nachzulesen sein
werde, und die Verleger mußten nun erkennen, daß die Affäre
doch nicht zu vertuschen war. Noch am selben Abend griffen alle
japanischen Medien das Thema auf, wenige Wochen später trat
Tanaka zurück, mit dem Versprechen, seine gesamten Geldge-
schäfte offenzulegen – eine Zusage, die er bis heute nicht gehalten hat und an die ihn bezeichnenderweise auch keine der großen
Zeitungen und Fernsehstationen nachhaltig erinnert.

Japans Tagespresse ist in mehrfacher Hinsicht beispiellos. Den
Markt beherrschen einige wenige über ganz Japan verbreitete
Tageszeitungen, mit Auflagen, von denen europäische Verleger
nicht einmal träumen. Die beiden größten Zeitungen, Yomiuri
Shimbun und Asahi Shimbun drucken täglich, rechnet man die
Morgen- und Abendausgaben zusammen, jeweils zwölf Millionen Exemplare, wobei zu berücksichtigen ist, daß es sich bei allen
großen Zeitungen nicht etwa um primitive Sensationsblätter,
sondern um seriöse, anspruchsvolle Publikationen handelt. Die
vergleichbaren ernsthaften großen deutschen Tageszeitungen erreichen nicht einmal annähernd Auflagen von einer halben Million. Damit erscheinen in Japan die auflagenstärksten Tageszeitungen der freien Welt. Die Statistik weist aus, daß jeder erwachsene Japaner täglich mehr als eine Zeitung liest. Daneben fördern
die Verlage mit erheblichen Mitteln als wirkungsvolle Werbung
und zugleich auch als Dienst an der Öffentlichkeit den Amateur-
sport, vor allem unter der Jugend, und kulturelle Ereignisse sowie Unternehmungen, von archäologischen Expeditionen über
Kunstausstellungen bis zu Kochkursen. Gerade diese Nebentätig-
keiten verdienen Anerkennung, weil sich der Staat und die Ge-
meinden um Kultur im breitesten Sinne kaum kümmern.

Inhaltlich drucken die Zeitungen alles, was Leser wissen möchten, von Politik und Wirtschaft über Sport bis zu Hobbys und
Kunst, wobei auch, da jede große Zeitung zugleich an mehreren
über das ganze Land verteilten Orten gedruckt wird, spezielle
Lokalteile nicht fehlen. Doch drängt sich bei dem umfassenden

Angebot ein Vergleich mit Japans Warenhäusern auf: vom Keller bis unter das Dach vollgepackt mit unzähligen Gütern bieten sie im Grunde alle dasselbe an. Während die Zeitungen in anderen demokratischen Ländern jeweils eine bestimmte Grundhaltung erkennen lassen, von rechtskonservativen bis zu linksliberalen Blättern, wirken die japanischen Tageszeitungen auffallend farblos. Wer täglich zwölf Millionen Exemplare verkaufen will, muß es allen recht machen, dem erschöpft heimkehrenden Arbeiter genauso wie dem informationshungrigen Universitätsprofessor. Doch selbst dort, wo die Redaktionen Kritik üben und eine Meinung vertreten, herrscht frappierende Uniformität. Alle großen Blätter berichten devot aus China, alle schmeicheln gleichzeitig den nordkoreanischen Kommunisten und attackieren die südkoreanische Regierung, alle schweigen über Tanakas Finanzaffären oder verdammen den Ministerpräsidenten ebenso pauschal, wobei die Moden sich rasch ändern können. Entscheidend ist, daß abweichende eigene Auffassungen nur auf Nebengebieten, zu zweitrangigen Problemen, vertreten werden, daß keine der großen Zeitungen aus dem jeweiligen Grundkurs ausschert.

Hinter dieser Konformität steckt keine geheime Verschwörung und auch keine indirekte Steuerung durch die Regierung, denn sie entspricht dem sozialen Verhalten der Japaner, ihrer Neigung und Bereitschaft, sich einzuordnen und auf abweichende Originalität zu verzichten. Ebenso wie in der Familie und in der Firma der einzelne nicht als Außenseiter dastehen will, versuchen auch Japans Medien, sich den jeweiligen Grundstimmungen anzupassen. Koreaner sind nun einmal unbeliebt und müssen immer wieder als Sündenböcke herhalten, das bekommt dann die südkoreanische Regierung in der japanischen Südkorea-Berichterstattung zu spüren. Wie wenig es den japanischen Medien mit ihrer Kampagne für die Menschenrechte in Südkorea wirklich um die Verfolgten in diesem Land, um so mehr aber um das Abreagieren von Ressentiments und das Verdrängen eigener Schuld geht, läßt sich daran ermessen, daß dieselben Medien an der Unterdrückung von Menschenrechten in Taiwan, auf den Philippinen oder gar in der Volksrepublik China nicht das geringste Interesse zei-

gen. Die jahrelange beflissene Umwerbung des nordkoreanischen
Diktators Kim Il Sung findet ihre Erklärung nicht nur in der
Irritation, die sich damit zugleich in Südkorea erzeugen ließ,
sondern auch im scharfen Wettbewerb der einzelnen Zeitungen
untereinander, die auf diese Weise die Stationierung eines ständigen Korrespondenten in Nordkorea absichern wollten. Ein solcher Außenposten gilt nach japanischem Medienverständnis als
Konkurrenzvorteil, ohne daß der Korrespondent ausführlich oder
gar kritisch zu berichten brauchte.

Aus westlicher Sicht hat die Konformität der japanischen
Presse für die Leser einen erheblichen Nachteil, denn indem man
ihnen einheitlich ausgerichtete Informationen und Meinungen
vorsetzt und Alternativen vorenthält, nimmt man ihnen die
Möglichkeit, sich selbst aus der Vielfalt ein eigenes Urteil zu
bilden. Doch darf man vermuten, daß das Bedürfnis zur eigenen
kritischen Prüfung aller Aspekte eines Problems in Japan weniger
stark entwickelt ist, sonst hätten die großen Zeitungen längst
stärkere Konkurrenz bekommen. Andererseits zeigt die Zunahme der kritischen Wochenschriften und der Erfolg der kommunistischen Akahata, deren Auflage erheblich höher ist als die
Zahl der Mitglieder der Kommunistischen Partei Japans, daß sich
eine wachsende Zahl von Lesern engagiertere und profiliertere
Publikationen wünscht.

Japans Presse sieht sich selbst als ein Spiegelbild der japanischen Gesellschaft, nicht als ein Medium, das dieser Gesellschaft
Ziele setzt und nicht als unabhängige und starke vierte Gewalt im
Staat, neben Gesetzgebung, Regierung und Rechtsprechung. In
Japan folgt die Presse der öffentlichen Meinung, sie führt sie
nicht an. Jahrelang haben sich die Zeitungen nicht um die Um-
weltvergiftungen gekümmert, bis die Angehörigen der Toten
und die überlebenden Opfer anklagend durch die Straßen zogen.
Und die Tatsache, daß die Atomkraftwerke im erdbebengefähr-
detsten Industriestaat der Welt weniger gegen Katastrophen ab-
gesichert sind als die Atomkraftwerke in Westeuropa, scheint so
lange kein Thema für die japanische Presse, wie nichts Schwer-
wiegendes passiert. Jener Journalismus, der sich nicht nur auf die

Vermittlung von Informationen beschränkt, sondern der den Schwächen und Fehlern der Gesellschaft, oft mit missionarischem Eifer, nachspürt, findet in Japan bislang nur in den journalistischen Randbezirken eine Heimstatt. Kakuei Tanaka wurde von einem nichtangestellten Mitarbeiter in einer Wochenzeitschrift und von der Auslandspresse gestürzt. Im Herbst 1974 behauptete der amerikanische Professor und Asienkenner Jerome Cohen von der Harvard-Universität, mehrere japanische Ministerpräsidenten hätten sich von der südkoreanischen Regierung mit Millionenbeträgen bestechen lassen, indem Südkorea beim Bau der U-Bahn von Seoul für die Wagen das doppelte des normalen Preises bezahlt habe, worauf die Überschußbeträge an die Spitzenpolitiker der Liberaldemokraten abgeführt worden seien. Zum Vorschlag des Professors Cohen, Japan möge diese Vorwürfe amtlich untersuchen, ließ die Regierung erklären, die Anschuldigungen träfen nicht zu und überdies mische sich Cohen unerlaubt in die inneren Angelegenheiten Japans ein. In jedem anderen Land mit einer freien Presse hätten sich in einem solchen Fall die geschicktesten Reporter auf die Suche nach der Wahrheit gemacht. In der japanischen Presse tauchen seitdem immer wieder bruchstückhafte Hinweise darauf auf, daß die Vorwürfe des Harvard-Professors nicht aus der Luft gegriffen waren, doch hat bislang keine einzige große Zeitung die Affäre gründlich untersucht.

Die Behutsamkeit, mit der die einflußreichen Medien die Herrschenden behandeln, ist verständlich, weil die Medien selbst sich als Teil des Establishments, als Verbündete und Partner der konservativen Führung Japans betrachten. Bei dieser Selbsteinschätzung gilt es als legitim, Einzelerscheinungen wie steigende Preise, illegale Parteifinanzierung, fehlende Stadtplanung und den Machtmißbrauch einzelner Beamter zu beklagen und zu kritisieren, solange das Establishment als solches nicht in Frage gestellt wird. Linksradikale Studenten haben durch ihre Terrorakte ursprünglich vorhandene Sympathien bei einflußreichen Medien verspielt. Bei allen Demonstrationen wacht die Polizei sorgfältig darüber, daß den anwesenden Reportern und Fotogra-

fen nichts passiert, da sie als selbstverständlich unterstellt, daß
Presse und Fernsehen auf der Seite der Ordnungshüter stehen.

Diese Identifizierung mit den Herrschenden entspricht der
Tradition. In ihrer etwa hundertjährigen Geschichte haben Japans große Zeitungen stets den Regierenden gedient, wenn auch
nicht immer gleich willig, als Sprachrohre für die Reformpolitik
der Meiji-Zeit, für die militaristisch-nationalistische Indoktrinierung der dreißiger Jahre und schließlich auch für die Kriegs- und
Greuelpropaganda des Zweiten Weltkriegs. Der Unterschied zu
Deutschland macht die Bedeutung dieser historischen Kontinuität besonders klar. Während dort nach dem Zusammenbruch das
gesamte Pressewesen neu aufgebaut wurde, mit neuen Verlagen,
neuen Zeitungen und vielen neuen Journalisten, blieb in Japan
alles beim alten. So wie der Kaiser nicht abgesetzt wurde und wie
sich der Staatsapparat nicht zu verantworten brauchte, konnten
auch die großen Zeitungen, nachdem einige wenige Journalisten
in Pension geschickt worden waren, weiter erscheinen. Dieselben
Blätter, die sich heute uneingeschränkt zur Demokratie bekennen, haben in der Vergangenheit lautstark die Diktatur gelobt.
Deshalb haben auch Japans Zeitungen nach dem Krieg, ebenso
wie die Politiker, keinen überzeugenden Versuch unternommen,
die dunklen Seiten der jüngeren Geschichte aufzuklären und mit
der Vergangenheit ins reine zu kommen, denn keine kritische
Analyse hätte das eigene Versagen aussparen, die eigene Schuld
verleugnen können.

Ebenso wie Schule und Politik der Jugend die Wahrheit über
die Zeit vor 1945 vorenthalten, drücken sich auch die großen
Medien vor diesem folgenreichen Thema. Niemand hat bis heute
gründlich die Ausplünderung und Unterdrückung Südostasiens
dargestellt. Folglich reist Japans Jugend jetzt in die Nachbarländer, ohne zu wissen, was dort vor nicht langer Zeit passierte und
welche Erinnerungen an die Japaner dort noch fortleben, während die Völker dieser Region das Nichtwissen der Jugend für
absichtliches Verleugnen, ja für Arroganz halten. Als im Herbst
1978 in japanischen Kinos ein deutscher Dokumentarfilm über
Adolf Hitler gezeigt wurde und starken Zulauf unter der Jugend

fand, bedauerte Asahi Shimbun, daß in Japan bisher kein ähnlicher Film hergestellt worden sei, der kompromißlos und ehrlich der jungen Generation die Fehler und Verbrechen der eigenen Vergangenheit schildere. Ein solcher Kommentar war gewiß vielen Lesern aus der Seele gesprochen. Doch gehört auch dies zum Wesen der japanischen Presse, daß sie weitverbreiteten Empfindungen Ausdruck gibt – und nicht einmal für sich selbst daraus Konsequenzen zieht. Denn eine Zeitung, die täglich in zwölf Millionen Exemplaren einen riesigen Teil der Bevölkerung erreicht, könnte in Wort und Bild durchaus selbst jenen Nachhilfeunterricht erteilen, den sie sich im Kino wünscht.

Die Identifizierung mit den Machthabenden führt überdies zu einer freiwilligen Zurückhaltung, einer Selbstbeschränkung, bei der Verbreitung von Informationen. Nicht, daß die japanische Presse die Wahrheit absichtlich unterdrückt, aber sie filtert sie doch durch Überlegungen, welcher Schaden oder Nutzen dem japanischen Volk (der Gruppe) durch eine Veröffentlichung entstehen könnte. So unterbleibt eine kritische Berichterstattung aus der Volksrepublik China nicht nur, um den prestigeträchtigen Korrespondentenplatz Peking nicht zu gefährden, sondern auch, weil chinesischer Unmut die außenpolitischen und außenwirtschaftlichen Beziehungen Japans beeinträchtigen könnte.

Als ein Asahi-Reporter vor einigen Monaten ausführlich die gegen völkerrechtliche Vereinbarungen verstoßenden Fangmethoden japanischer Fischer im nördlichen Pazifik beschrieb (die Verletzung festgelegter Fangzonen, die Verwendung nicht zugelassener Netze, die falsche Registrierung von 20-Tonnen-Booten als 9,9tonner, das Über-Bord-Kippen von billigen Fischsorten, sobald teurere ins Netz gegangen sind), zog er sich damit als »Nestbeschmutzer« nicht nur den Zorn der Fischereiwirtschaft zu, was ihm auch in anderen Ländern passiert wäre, sondern er fand zudem keinerlei Unterstützung in der übrigen Presse.

Im Juni 1975 wurde Ministerpräsident Takeo Miki bei der Trauerfeier für den verstorbenen Ministerpräsidenten Eisaku Sato vor dem Eingangsportal zur Trauerhalle von einem Rechtsextremisten niedergeschlagen. Das halbstaatliche Fernsehen

NHK, das die Szene gefilmt und mehrfach in ganz Japan ausgestrahlt hatte, weigerte sich später, ausländischen Fernsehanstalten diesen Film zu überlassen, mit der freimütigen Begründung, der Vorfall sei eine »Schande für Japan«. Auch die großen Zeitungen gaben ihre Fotos zunächst nicht an Ausländer ab. Als daraufhin die ausländische Presse verwundert diese Verweigerung registrierte, revidierte plötzlich NHK, das »Mißverständnis« bedauernd, seine Haltung, denn dem Ansehen Japans hätte der Verdacht, in der Nachkriegsdemokratie würden noch immer die Zensurmethoden der Vorkriegszeit praktiziert, mehr geschadet als ein wenige Sekunden langer Film vom Überfall auf einen Ministerpräsidenten.

Das Wir-und-die-anderen, jener geistige Graben zwischen Japan und der übrigen Welt, wird auch erkennbar in der moralischen Empfindungslosigkeit, mit der die japanische Presse ausländische Sprachregelungen übernimmt. In der Chinaberichterstattung gelten die Jahre vor 1949 als die Zeit »vor der Befreiung«. Japanische Reporter, nach Kambodscha eingeladen, schilderten die Lage in Phnom Penh »vor der Befreiung« durch das Pol-Pot-Regime, ohne sich daran zu stören, daß der Begriff Befreiung im Falle von Kambodscha eine Machtübernahme kennzeichnete, die sich als gräßlichste Mordorgie der modernen Geschichte vollzog.

Nur in wenigen anderen Demokratien genießen Presse und Fernsehen ähnlich ausgedehnte verfassungsrechtlich garantierte Freiheiten wie in Japan. Mit Stolz registrieren die Japaner, daß sie bei internationalen Vergleichen jeweils der Spitzengruppe der liberalsten Demokratien zugerechnet werden. Doch führen solche Feststellungen zu falschen Schlüssen, wenn ihnen die Ergänzung fehlt, daß in keiner anderen modernen Demokratie die Medien freiwillig ihre Rechte derart zurückhaltend nutzen. Ohne ausdrückliches Verbot folgen zum Beispiel die Frauenzeitschriften der Empfehlung des Kaiserhofs, kein Mitglied der kaiserlichen Familie abzubilden, wenn auf der Nebenseite ein nackter Frauenkörper oder Werbung für Unterwäsche zu sehen ist.

Für das Sammeln von Nachrichten haben Japans Medien ein

System entwickelt, das nirgendwo sonst eine Parallele findet, die Presseclubs. Allen wichtigen Institutionen, den Ministerien, den Parteien, dem Parlament, den hohen Gerichten, den Provinzregierungen, den Verwaltungen der Großstädte und den Polizeibehörden, sind Clubs angeschlossen, die aus Reportern der Tageszeitungen, Fernsehstationen und Agenturen bestehen und deren ausschließliche und hauptberufliche Aufgabe es ist, Informationen über den jeweiligen Bereich zu liefern. Die Reporter im Presseclub des Polizeipräsidiums von Tokio versorgen so zum Beispiel ihre Redaktionen nur mit Nachrichten über die Kriminalität in der japanischen Hauptstadt. Die Problematik dieser Clubs liegt vor allem darin, daß die Behörden durch sie Informationen nicht nur verbreiten, sondern auch steuern, weil das Clubsystem jede Eigeninitiative eines ehrgeizigen oder argwöhnischen Reporters unterdrückt. Alles, was Politiker oder Beamte veröffentlicht sehen wollen, teilen sie jeweils allen Clubreportern mit. Alle erhalten dieselben Informationen, alle Zeitungen berichten über das Ereignis – oder keine. Wenn nämlich die Clubreporter nicht informiert oder gar um Verschwiegenheit gebeten werden, riskieren sie ihren Arbeitsplatz (was in Japan vielfach heißt, ihre lebenslange Anstellung), falls sie eigenmächtig auf die Suche nach der Wahrheit gehen. Über kurz oder lang würden sie aus dem Club hinausgeekelt und, mit dem Makel der Illoyalität behaftet, danach keine Aufnahme im Presseclub einer anderen Institution finden. Damit erweisen sich die Clubs mit allen Vor- und Nachteilen als typische Produkte des japanischen Gruppenlebens. Im Ergebnis erniedrigt das System der Presseclubs die Reporter zu Erfüllungsgehilfen von Politikern und Bürokraten. Jedem Reporter im Presseclub des Ministerpräsidenten dürften die zweifelhaften Finanzaffären von Kakuei Tanaka bekannt gewesen sein, trotzdem brachte kein einziger seine Zentralredaktion dahin, dieses Wissen zu veröffentlichen. Und für eigenwillige Einzelgänger, also für nichtangestellte Reporter, ist im japanischen Zeitungssystem kein Platz. Etwa vierhundert Presseclubs existieren in Japan, einige davon seit über achtzig Jahren. Da die großen Zeitungen, Fernsehstationen und Agenturen praktisch in jedem einzelnen Club durch hauseigene Reporter vertreten sein müssen, beschäftigen Japans Medien mehr journalistische Mitarbeiter als vergleichbare ausländische Unternehmen. Bei Asahi Shimbun sind es fast dreitausend, rund zehnmal soviel wie bei großen deutschen Zeitungen.

Zum hierarchischen Empfinden der Japaner paßt es, zwischen den (niederen) Reportern und Redakteuren und den Spitzenjournalisten und Kommentatoren streng zu unterscheiden. Kein Reporter formuliert selbst die endgültige Meldung. Was er anliefert, sind die Informationen als Rohmaterial, das dann von Redakteuren in der Zentrale in druckreife Nachrichten umgeschrieben wird. Diese Redakteure, die oft zuvor lange im Außendienst gearbeitet haben, stehen dabei unter der Kontrolle der Redaktionsleiter, die Auswahl, Plazierung, Länge und Inhalt der Information festlegen. Völlig undenkbar wäre es in Japan, daß Reporter und Redakteure nach ihren eigenen Vorstellungen die Tendenz von Meldungen bestimmen oder gar Meinungen formulieren. Als Kommentatoren beschäftigen die Zeitungen spezielle Mitarbeiter, darunter mit Vorliebe Universitätsprofessoren, weil schon deren Titel dem Leser besondere Sachkunde suggeriert. Kein normaler Reporter hat die Chance, in diese Höhen aufzusteigen. Die Redaktionsleiter und die Kommentatoren sind voll in die politischen und wirtschaftlichen Führungskreise integriert und demonstrieren ihre hohe Stellung durch Dienstwagen mit Fahrern, pralle Spesenkonten und alle anderen Statussymbole des Establishments, wie vom Verlag bezahlte Golfclub-Mitgliedschaften. Im Gegensatz dazu muß sich die breite Mehrheit der Reporter und Redakteure mit einem niedrigen Rang abfinden. Für Politiker, Wirtschaftsführer und hohe Beamte lohnt es daher nicht, Reporter entgegenkommend zu behandeln oder gar zu umwerben, da jedermann weiß, daß sie keinen Einfluß auf das haben, was letztlich veröffentlicht wird. Journalisten werden deshalb normalerweise nicht als gleichberechtigte Partner akzeptiert. Journalismus als Beruf gilt in Japan nicht als angesehene, einflußgebietende Tätigkeit und schon gar nicht als angemessene Beschäftigung für einen Mann von Welt. Innerhalb der japanischen Journalisten wächst der Unmut über diesen Zustand, doch kann kein einzelner das System zerbrechen. Eine Auflösung der Presseclubs, die allein eine Reform ermöglichen würde, zeichnet sich bislang nicht ab.

Die Schwierigkeiten, denen sich unter diesen Umständen ausländische Korrespondenten in Japan gegenübersehen, liegen auf der Hand. Da sie nur in wenigen Presseclubs und dort nur als Gastmitglieder Aufnahme finden können und weil sie so auf den allgemeinen und breit angelegten Club der Auslandskorrespondenten angewiesen bleiben, sind ihnen zahlreiche Informationsquellen versperrt. Führende Japaner sind es außerdem nicht gewohnt, mit ausländischen Journalisten ihre Probleme freimütig zu erörtern. Diejenigen Prominenten, die überhaupt keine Vorstellung vom Wesen der Presse in anderen Demokratien haben, neigen schließlich dazu, ausländische Korrespondenten mit der gleichen Herablassung zu behandeln, die gegenüber japanischen Reportern als selbstverständlich gilt. Nimmt man die Sprachschwierigkeiten dazu – erst allmählich entdecken ausländische Heimatredaktionen, daß man in einem der bedeutendsten Länder der Welt keine Mitarbeiter beschäftigen sollte, die nicht japanisch sprechen – und die Neigung westlicher Redaktionszentralen, Ereignisse und Entwicklungen in Ostasien nicht nach ihrem Eigengewicht zu beurteilen, sondern auf Beiträge der Japan-Korrespondenten mit Vorliebe dann zurückzugreifen, wenn im Westen nichts Aufregendes passiert – was den Korrespondenten eine Art von antizyklischer Planung empfiehlt –, dann wird verständlich, daß nicht nur ausländische Kaufleute ihre Probleme mit der Erschließung Japans haben.

Fast jeder, der als Ausländer in Japan lebt, bildet sich seine Meinung aus der englischsprachigen Presse des Landes. Jeder der drei großen Verlage, Asahi, Yomiuri und Mainichi, gibt auch eine englischsprachige Tageszeitung heraus, neben der Japan Times, dem bedeutendsten Blatt, das in einem eigenen Verlag erscheint. Hier finden die Ausländer die wichtigsten Informationen über Japan, aus Politik und Wirtschaft über den Sport bis hin zu Einkaufstips und dazu Nachrichten aus ihrer Heimat. Während in der frühen Nachkriegszeit diese Zeitungen vorwiegend auf

eine amerikanische Leserschaft abgestimmt waren, haben sie sich
der zunehmenden Internationalisierung der Ausländerkolonie
angepaßt und veröffentlichen heute Fußballresultate aus England
genauso wie Landtagswahlergebnisse aus Rheinland-Pfalz. Da in
Japan nur relativ wenige Ausländer leben, erscheinen die englischsprachigen Tageszeitungen auch nur in kleinen Auflagen,
trotzdem üben sie einen beachtlichen Einfluß aus. Denn da fast
kein Ausländer Japanisch lesen kann, beziehen nicht nur die
fremden Kaufleute, sondern auch die meisten Diplomaten und
ausländischen Journalisten ihr Wissen über Japan zum größten
Teil aus jenen Blättern. Dagegen wäre nichts einzuwenden, wenn
es sich um Übersetzungen der japanischen Zeitungen handeln
würde, weil dann die Ausländer exakt dasselbe erfahren würden
wie alle Japaner. Statt dessen werden die englischsprachigen Tageszeitungen in Japan von eigenen Redaktionen gemacht, was
heißt, daß ihr Inhalt sich speziell an die Ausländer richtet. Innerjapanische Entwicklungen, an denen nur ein geringes Interesse
der Fremden vermutet wird, werden folglich nur kurz oder überhaupt nicht behandelt, während Ereignisse, welche die Durch-
schnittsjapaner wenig, die Ausländer dagegen besonders berüh-
ren, breiten Raum einnehmen. So sehr die englischsprachige
Presse Japans als Service für die Ausländer zu begrüßen ist (welcher andere Staat bietet seinen Gästen eine solche Annehmlich-
keit?), muß vor dem Irrtum gewarnt werden, wer diese Zeitungen aufmerksam studiere, wisse, was in Japan vorgeht und was
die Japaner beschäftigt.

Zum japanischen Fernsehen bleibt anzumerken, daß es die
These widerlegt, öffentlich-rechtlich betriebenes Fernsehen sei
mit privatem Fernsehen unvereinbar. Neben NHK, der halb-
staatlichen öffentlich-rechtlichen Hörfunk- und Fernsehanstalt,
die sich nur aus Gebühren finanziert und deren Präsident formal
von einem Ausschuß berufen wird, in dem faktisch die Regierungspartei bestimmt, existieren zahlreiche private Fernsehstationen, die ausschließlich von Werbeeinnahmen leben. Während
die privaten Stationen überwiegend leichte Unterhaltung aus-
strahlen, konzentriert sich NHK auf Informationssendungen und

auf die anspruchsvolle und die klassische japanische Unte
tung. Hausfrauen lassen ihre Fernsehgeräte täglich vier Stun.
lang laufen, berufstätige Männer bringen es an Wochentagen
immer noch auf drei und an Feiertagen auf über vier Stunden,
und zahlreiche Kinder hocken täglich fünf Stunden und mehr vor
dem Apparat. Einige Stationen beginnen ihr Programm um sechs
Uhr morgens, kein Sender hört auf vor Mitternacht. Typisch für
Japan ist wiederum, daß keine einzige Fernsehstation, weder
NHK noch ein privater Sender, regelmäßig zeitkritische Maga-
zine oder Streitgespräche oder Programme zum Verbraucher-
schutz ausstrahlt. Direkte Konfrontation verstößt gegen das
Grundgebot allen sozialen Tuns, Gräben zuzuschütten statt auf-
zureißen.

Von Volk zu Volk
oder
Möchten Sie, daß Ihre Tochter einen Koreaner heiratet?

Eine schlimmere Überraschung, als sich in einen Koreaner zu
verlieben, kann eine wohlerzogene junge Japanerin ihrer Familie
kaum bereiten. Die erschrockenen Eltern werden alles dranset-
zen, die Eheschließung zu verhindern. Mischehen, also Ehen von
Japanern mit ausländischen Partnern, gelten der breiten Mehrheit der Bevölkerung noch immer als suspekt, als ein unbere-
chenbares Wagnis. Das Gegenbeispiel stellen die Vereinigten
Staaten dar, die sich, sieht man von der Minderheit der Indianer
ab, völlig aus erst relativ spät eingewanderten Ausländern zusammensetzen. Auch die Europäer sind sich seit Jahrhunderten
im Guten und im Schlechten nahe. Römer am Rhein, Germanen
in Italien, Völkerwanderungen, Kreuzzüge, Fürstenhochzeiten,
Handelsströme, Kriegszüge aller Herrscher, Hunger und Vertrei-
bungen, Industrialisierung, Rassenwahn und Großmachtstreben
halten die Völker Europas seit Jahrhunderten in Bewegung und
fördern die Vermischung. Zwar haben auch heute noch viele
Europäer Vorbehalte gegen Ehen mit Ausländern, insbesondere

...opäischen Partnern, doch werden Verbindungen mit ... Nachbarländern von den meisten als Normalität ... keinesfalls als Katastrophen empfunden. Europas ... eb schon immer eine europäische Hochzeitspolitik, ...gedessen waren alle europäischen Fürstenhäuser eng miteinander verwandt.

Ganz anders in Japan. Mag es den Briten keine besondere Genugtuung bereiten, daß ihr Königshaus aus Deutschland stammt, grämen tun sie sich deswegen auch nicht. Die Japaner dagegen würden es als nationale Schande empfinden, wenn sich herausstellen sollte, was zu vermuten ist, daß ihr Kaiserhaus auch auf koreanische Ahnen zurückgeht. Nie vor 1945 haben fremde Heere ihre Füße auf Japans Boden gesetzt, nie in der Vergangenheit hat eine größere Zahl von Ausländern unter den Japanern gelebt. Persönliche Erfahrungen im Umgang mit Ausländern konnten sich nie herausbilden.

Den meisten Fremden, die inzwischen in Japan leben, wird nicht richtig bewußt, wie gering selbst heute noch die Zahl der Japaner ist, die mit Ausländern persönliche und direkte Kontakte unterhalten – die Mitarbeiter ausländischer Firmen, das Personal der internationalen Hotels und des Reise- und Touristengewerbes, Hausangestellte und Verkäuferinnen. Für die überwiegende Mehrheit der Japaner bleiben Ausländer nach wie vor abstrakte, unbekannte Wesen. So finden es Ausländer komisch, wenn sich selbst heute noch in den großen und berühmten Kaufhäusern auf der Ginza in Tokio junge Verkäuferinnen beim Auftauchen von gaijin (Ausländern) hinter den Pfeilern verstecken, aus Verlegenheit, während diese armen Mädchen doch aus Angst die Flucht ergreifen, selbst keiner Fremdsprache mächtig und zugleich wissend, daß der Kunde kein Japanisch kann, daß also Komplikationen und Mißverständnisse drohen und am Ende gar Blamage und Gesichtsverlust. Noch immer kommt es vor, daß die traditionellen japanischen Hotels, ryokan, Ausländer abweisen, mit der Begründung, sie seien leider ausgebucht, während in Wahrheit Zimmer leer stehen, denn mit den Ausländern ziehen die Probleme ein. Gaijin wissen häufig nicht, daß man im ryokan die eigenen Kleider ablegt und in den bereitliegenden dünnen yukata schlüpft und daß man sich im heißen, heute nach Geschlechtern getrennten Gemeinschaftsbad erst gründlich mit Seife reinigt, bevor man ins Wasser steigt. Gaijin kommen nicht mit dem Leben auf Strohmatten zurecht, ohne westliche Stühle und Tische, und bestellen zum Frühstück so ungewöhnliche Gerichte wie Spiegeleier mit Speck. Deshalb verzichten viele ryokan lieber auf Einnahmen, statt sich mit den Gästen Sorgen aufzuhalsen. Es mag überraschend klingen, doch in Japan, einer der größten Exportnationen der Welt, lebt nur eine winzig kleine Minderheit von Bürgern, die selbstsicher und kenntnisreich mit Ausländern umzugehen versteht.

Von Jahr zu Jahr lassen sich zwar mehr Ausländer in Japan nieder, auf begrenzte Zeit, als Geschäftsleute, Lehrer, Missionare, Diplomaten und Journalisten, und auch die Zahl der fremden Touristen steigt. Doch insgesamt bleibt Japan hinter anderen Industriestaaten noch immer weit zurück. Neben den etwa 650 000 Koreanern und den ungefähr 50 000 Chinesen leben in Japan zur Zeit etwa 60 000 Fremde aus der gesamten übrigen Welt, was zusammen 760 000 Ausländer ergibt. In der Bundesrepublik haben sich, zum Vergleich, knapp vier Millionen Ausländer niedergelassen. Etwa eine Million ausländischer Touristen und Geschäftsleute besucht jährlich Japan, in die Bundesrepublik hingegen kommen jährlich mehr als zehn Millionen. Diese Gegenüberstellung gewinnt noch an Gewicht, wenn man berücksichtigt, daß Japan sowohl an Bevölkerung als auch in der Industrieproduktion die Bundesrepublik übertrifft. Die Touristen in Japan drängen sich außerdem fast alle zu einigen wenigen historischen Plätzen, nach Kyoto und Nara, Nikko und Kamakura, und fast alle Ausländer, die vorübergehend in Japan seßhaft werden, siedeln sich in Tokio, in Osaka und Kobe an, also im Ballungszentrum von Honshu, und bewegen sich darüber hinaus in einem engbegrenzten Personenkreis. Sicher gibt es inzwischen viele Japaner, die irgendwo Ausländern begegnen, doch persönliche Kontakte entstehen nach wie vor nur selten. Fast alle Ausländer in Japan kommen aus einigen wenigen Gebieten, aus der asiati-

schen Nachbarschaft, aus den Vereinigten Staaten, aus Westeuropa, aus Australien und Neuseeland. Noch immer sind Schwarz-
afrikaner, Lateinamerikaner, Araber oder Angehörige kommunistischer Staaten in Japan eine große Seltenheit, in Tokio und
erst recht in der Provinz.

Es kann deshalb nicht überraschen, daß die meisten Japaner
nach wie vor instinktive Vorbehalte gegen Ehen mit Ausländern
hegen, denn Eheschließungen bewirken die engsten und dauer-
haftesten persönlichen Bindungen und stellen so die intensivste
Form sozialer Akzeptierung dar. Jede andere Reaktion wäre unverständlich, wo es doch bereits an den unverbindlicheren Vor-
stufen fehlt, an der Möglichkeit, auf der Universität mit Ausländern zusammenzuleben oder ganz einfach irgendwo als ihr Nach-
bar zu wohnen. Umfragen der letzten Zeit ergeben, daß die jüngere Generation langsam mehr Aufgeschlossenheit beweist und
daß die Städter fortschrittlicher denken als die Landbewohner.

Schwer zu begreifen ist dagegen, daß die Japaner, wenn sie
überhaupt Ehen mit Ausländern billigen, eindeutig weiße Partner, Europäer und Amerikaner, bevorzugen und somit auf ihre
asiatischen Nachbarn herabschauen. Für die Ablehnung von Koreanern, den Erbfeinden, läßt sich in Jahrhunderten aufgestauter
Haß als Ursache anführen, so wie es auch historisch zu erklären
ist, daß innerhalb der Asiaten wiederum die Chinesen am bereit-
willigsten aufgenommen werden. Doch daß die Japaner als ein
asiatisches Volk den Europäern und weißen Amerikanern mehr
Hochachtung und mehr Sympathie entgegenbringen als all ihren
Mitasiaten, ist nicht leicht zu verstehen. An der Tatsache selbst
läßt sich nicht rütteln.

Alle Modepuppen in japanischen Kaufhäusern stellen langbei-
nige, rundäugige, blonde Wesen dar, lediglich in den Kimonoab-
teilungen sind die Kleiderpuppen den kurzbeinigeren, mandeläu-
gigen Japanerinnen nachgeformt. Eine ganze Branche von
Schönheitschirurgen verdient in Japan blendend, indem sie jungen Damen die schmalen japanischen Augen zu runden westlichen Augen umoperiert. Wie sonst wäre zu erklären, daß japanische Sprachschulen und Universitäten nur Europäer und Ameri-

kaner als Englischlehrer einstellen, obwohl in Malaysia, Singapore, Sri Lanka, Indien und auf den Philippinen hervorragende Englischlehrer für billigere Gehälter zu finden wären? Kein Solidaritätsgefühl verbindet die Japaner mit dem übrigen Asien, obwohl es keineswegs an Gemeinsamkeiten, wie dem Buddhismus, fehlt. Offenbar hat die lange Isolation des japanischen Inselreichs die Entstehung eines über Japan hinausreichenden asiatischen Zusammengehörigkeitsgefühls verhindert. Das in den europäischen Einzelstaaten weitverbreitete Bewußtsein, einer übergeordneten Einheit, Europa, anzugehören, oder das nationale Grenzen überspringende wachsende Selbstbewußtsein der Schwarzen, wie es im Schlagwort »black is beautiful« Ausdruck sucht, findet in Japan keine Entsprechung. Unter den Träumen der japanischen Jugend beschäftigt sich keiner mit asiatischer Brüderlichkeit oder mit der Abschaffung nationaler Grenzen zugunsten einer größeren asiatischen Gemeinschaft. Die von den Japanern gelegentlich beschworene Menschheit erweist sich in der sozialen und politischen Wirklichkeit als ein blasses, undefinierbares, zu nichts verpflichtendes Ideal. In der Selbsteinschätzung der Japaner nimmt ihre zivilisatorisch-technisch-industrielle Leistung, die auf den Westen zurückgeht, einen höheren Rang ein als die überlieferte, zum großen Teil aus China stammende Kultur. Daß Japan sich selbst gerne als eine Art Europa im Fernen Osten sieht, mag überspitzt klingen und dürfte doch der Wahrheit nahe kommen.

Die tiefsitzende Hemmung gegen hautenge Kontakte mit Ausländern, also die Neigung, Fremde eher auf Abstand zu halten, macht allerdings Ausländern das Leben in Japan nicht schwer. Im Gegenteil, wer, vor allem als Weißer, auf begrenzte Zeit nach Japan kommt – und somit das soziale Gewebe nicht bedroht –, wird bereitwillig und freundlich aufgenommen. Kaum jemand käme auf die Idee, aus der Unkenntnis von Ausländern unfairen Profit zu ziehen. Wenn ein Tourist in Hongkong den Taxifahrer irrtümlich in teuren US-Dollars entlohnt statt in den geschuldeten billigeren Hongkong-Dollars, wird der Fahrer schweigend kassieren. Wenn sich ein Taxifahrer in Tokio verirrt und sein Ziel

dann mit einem Umweg erreicht, wird er dem Gast am Ende
weniger Geld abverlangen, als der Taxameter anzeigt, selbst
wenn der Gast als ortsunkundiger Ausländer den Umweg gar
nicht bemerkt hat. Auch daß es in den japanischen Städten friedlich zugeht, verglichen mit der Kriminalität in anderen Metropolen, hilft über manche Nachteile der übervölkerten Massensied-
lungen hinweg. Wo sonst noch außerhalb Japans könnte eine
Frau nachts mutterseelenallein durch halbdunkle Stadtviertel
laufen, ohne Angst, von irgend jemandem belästigt zu werden?
Es irritiert und ärgert Japaner auch nicht, daß sich fast alle Ausländer, die überwiegend in Spitzenpositionen hierhergeschickt
werden, einen höheren Lebensstandard leisten können als sie
selbst. In ihrer hierarchischen Gesellschaft sind sie daran gewöhnt, sich auf der gegebenen sozialen Stufe einzurichten.
Schließlich achten die Japaner noch immer mehr als andere Völker auf höfliche Umgangsformen, wozu es auch gehört, sich
Fremden nicht aufzudrängen. In keinem anderen Land kann man
sich in den Läden so ungestört umschauen, dürfen Kinder Spiel-
sachen erproben und Erwachsene in Antiquitäten stöbern, ohne
daß Verkäufer mit mißbilligenden Blicken daneben stehen oder
gar dem Besucher etwas aufzuschwatzen versuchen. Trotzdem
bleiben für einen Ausländer genügend Herausforderungen übrig: die Sprache, die fast kein Fremder beherrscht, die Schrift, die
fast keiner lesen kann, das Eingebettetsein der Japaner in Gruppen, in die so leicht kein Außenstehender, erst recht kein Ausländer, aufgenommen wird, was alles der Entstehung näherer Bekanntschaften und freundschaftlicher Nachbarschaft zäh entge-
genwirkt.

Die Schwierigkeit, Japaner zu begreifen, gehört zu den beliebtesten Partythemen der Ausländerkolonie, zumal es fast immer
neue eigene Erlebnisse beizusteuern gibt. So ist es in Japan nach
wie vor weitverbreitete Praxis, neugeborene Hunde und Katzen
einfach auszusetzen, vielleicht in einem Karton am Straßenrand.
Die meisten Ausländer, voran die Angelsachsen, halten dies für
grausam. Umgekehrt widerstrebt es den meisten Japanern, junge
Haustiere, für die kein Platz ist, schmerzlos zu töten. Die japani-

sche Haltung geht wahrscheinlich auf das Tötungsverbot des Buddhismus zurück*. Eine ertränkte junge Katze ist endgültig und für immer tot, doch hat kein Mensch das Recht, irgendeinem Wesen das Leben zu nehmen. Die Wahrscheinlichkeit, daß die an der Straße ausgesetzten jungen Tiere jämmerlich verenden, ist zwar sehr groß, doch besteht andererseits die geringe Hoffnung, daß sich irgendein Passant erbarmt und die Tiere mit nach Hause nimmt. Während sich Japaner und Angelsachsen gegenseitig Grausamkeit unterstellen, handeln in Wahrheit beide in humaner Absicht, aus unterschiedlichen kulturellen Wertvorstellungen.

Gerade das Verhalten gegenüber Tieren macht deutlich, wie oft sich Menschen in verschiedenen Wertordnungen bewegen. Als vor nicht langer Zeit Fischer in Südjapan Hunderte von Delphinen abschlachteten, erschrak ganz Japan bis hinauf in die Spitzen der Regierung über die Wogen des Protestes und der leidenschaftlichen Empörung, die aus Nordamerika und Westeuropa über den Inseln zusammenschlugen. Japan mußte sich an die Brutalitäten des Zweiten Weltkriegs erinnern lassen und wurde mit dem Boykott seiner Exportgüter bedroht. Dabei war es den Fischern nur ums eigene Überleben gegangen. In den weitgehend leergefischten Küstengewässern Japans jagen die Delphine auf der Suche nach Nahrung den Fischern die ohnehin schrumpfenden Fänge ab. Aus Selbsterhaltungstrieb und ohne Rücksicht auf die Abneigung gegen das Töten sahen die Fischer nur die Möglichkeit, die Delphine als »Gangster der Meere« umzubringen. Was sie dabei völlig außer acht ließen, war, daß in anderen Ländern Delphine vornehmlich als fast vernunftbegabte, gelehrige Tiere in Schaubecken possierlich ihre Akrobatik vorführen und ähnlich wie Haustiere verhätschelt werden. In der begreiflichen Notwehr der japanischen Fischer vermochten deshalb viele Aus-

---

* Das alte buddhistische Tötungsverbot wirkt möglicherweise sogar noch im heutigen kommunistischen China nach. Mao Zedong ließ, im Gegensatz zu Stalin, geschlagene Feinde nicht umbringen. Mao begründete seine Abneigung gegen die Todesstrafe – die er trotzdem nicht generell abschaffen ließ – mit dem Hinweis, Menschenköpfe seien etwas anderes als Kohlköpfe, sie wüchsen nämlich nicht nach.

länder nur eine mörderische Schlächterei zu erkennen. Wüßten die Japaner mehr von der übrigen Welt, hätten also die Fischer mit Rücksicht auf die Tierschützer im Ausland nicht von Gangstern des Meeres gesprochen, sondern ihr eigenes Verhalten als bedauernswerte Unvermeidlichkeit beklagt und sich zugleich auf die Suche nach unblutigeren Lösungen gemacht, wären sie wahrscheinlich ohne Kritik und Proteste davongekommen. Schließlich werden an Nordamerikas Küsten alljährlich weit mehr Delphine getötet als in Japans Gewässern. So gehört auch der Ärger mit den Delphinen zu den Spätfolgen von Japans langer Isolation.

Nicht unterschlagen werden darf, daß sich auch noch immer ein gewisser Argwohn der Obrigkeit gegenüber Ausländern hält, als Relikt der jahrhundertelangen Abschließung. Wer beispielsweise als Kaufmann oder Journalist aus Westeuropa nach Japan versetzt wird, erhält ein drei Jahre geltendes Aufenthaltsvisum, kann jedoch damit keineswegs drei Jahre lang ungehindert seiner Arbeit in Ostasien nachgehen. Zunächst muß er sich bei der Fremdenpolizei einen Ausweis besorgen, wobei man neben seinem Foto auch seine Fingerabdrücke zu den Akten nimmt. Anschließend muß er sich ein Visum für eine unbegrenzte Zahl von Wiedereinreisen ausstellen lassen, weil nämlich sonst das Dreijahresaufenthaltsvisum bei der ersten Ausreise verfallen würde. Das Multiple Re-Entry Permit wird nur Antragstellern gewährt, die eine spezielle Begründung vorlegen können (und neuerdings auch deren Familienangehörigen erteilt). Alle anderen Ausländer müssen sich vor jeder Ausreise, sei es auch nur für ein Wochenende auf Guam, ein Wiedereinreisevisum besorgen, selbst wenn das Aufenthaltsvisum noch auf Jahre gilt. Und das Multiple Re-Entry Permit für die Privilegierten muß wiederum alljährlich erneuert werden, im Gegensatz zu dem dreijährigen Aufenthaltsvisum, so daß ein Ausländer in der ständigen Sorge lebt, irgendeinen Behördentermin zu verpassen. Auf diese Weise, da alle Vorgänge in Formularen und mit Stempeln festgehalten werden, hat die japanische Polizei jeden Ausländer jederzeit lückenlos unter Kontrolle. Wer auch nur ein einziges Mal einen der zahlreichen Vorgänge nicht fristgerecht erledigt, wird von den

Einwanderungsbehörden derart schikaniert, daß ihm nie mehr eine ähnliche Nachlässigkeit unterläuft. Japanische Kaufleute und Journalisten in Westeuropa können mit ihrem mehrjährigen Aufenthaltsvisum gehen und kommen, sooft sie wollen, niemand verlangt von ihnen irgendwelche zusätzlichen Formalitäten. Seit Jahren begibt sich jeweils zum Jahresbeginn eine Delegation von Diplomaten der Staaten der Europäischen Gemeinschaft in Tokio ins Außenministerium, um sich über diese ungleiche Behandlung zu beschweren. Verlegen nehmen die japanischen Diplomaten die Klagen, deren Berechtigung sie nicht bestreiten können, zur Kenntnis und versprechen, sie an das zuständige Justizministerium weiterzuleiten. Doch die Beamten des Justizministeriums wissen, daß die Europäer niemals als Repressalie den in Westeuropa lebenden Japanern ähnliche bürokratische Fesseln anlegen würden, schon weil solche Gegenmaßnahmen Geld und neue Beamtenstellen kosten würden. Also bleiben die diplomatischen Vorstellungen der Westeuropäer unerledigt liegen bis zum nächsten Jahr und zum nächsten Protest. Wenn das Mißtrauen früherer Schogunatsregierungen gegen die von draußen, soto, irgendwo die Zeiten überdauert hat, dann in den Amtsstuben der Einwanderungsbeamten des Justizministeriums.

Ausländische Studenten
oder
Fremde statt Freunde

Der Sachverhalt ist eindeutig. An Japans Universitäten studieren etwa achttausend Ausländer. An den Universitäten der Bundesrepublik dagegen sind etwa fünfzigtausend ausländische Studenten immatrikuliert. Dabei ist zu bedenken, daß Japan mit 120 Millionen Bürgern die Bundesrepublik mit weniger als 70 Millionen erheblich übertrifft und seine Entwicklung zum mächtigsten Industriestaat Asiens einem ausgezeichneten, breiten Erziehungswesen verdankt, in dem das Analphabetentum bereits im vorigen Jahrhundert beseitigt werden konnte und dessen Spitze von vierhundertzwanzig anerkannten öffentlichen und privaten Universitäten gebildet wird, einige davon mit Weltruf. Kein anderer bedeutender Staat der Welt lockt so wenig wissensdurstige junge Ausländer an, obgleich sich in Japan eine der modernsten Zivilisationen mit einer der ausgeprägtesten Hochkulturen vereint. Warum? Liegt diese partielle Rückständigkeit in erster Linie an den Ausländern, die gegebene Möglichkeiten nicht nutzen, oder an den japanischen Universitäten, die zu wenig bieten, oder wirken sich andere, verborgene Ursachen aus?

Es läßt sich nicht leugnen, daß vom Ausland her gesehen eine ganze Reihe von Faktoren gegen die japanischen Universitäten sprechen. Unternehmungslustigen amerikanischen oder europäischen Studenten der Naturwissenschaften, der Technik, der Geisteswissenschaften können Japans Bildungsstätten wenig bieten. Die Japaner sind ein praktisch veranlagtes, kein theoretisierendes Volk, folglich wird an ihren Universitäten wenig Grundlagenforschung getrieben, während der Schwerpunkt auf der praktischen Anwendung liegt. Erst kürzlich hat die japanische Atomenergiekommission beklagt, daß sich Japan bei der Entwicklung der Kernenergie zu stark auf ausländische Technologie stütze und darüber die eigene Forschung vernachlässige. Aus Europa und Amerika zieht es fast nur Studenten nach Japan, deren Interesse der japanischen Sprache, der Geschichte, der Kunst und den Kulturen Ostasiens gilt, und dies ist verständlicherweise eine kleine Zahl. Solche Studenten bleiben im Durchschnitt nicht länger als ein Jahr, weshalb sich keine großen Anpassungsschwierigkeiten entwickeln, zumal ihnen ihre weiße Hautfarbe eine zuvorkommende, ja privilegierte Behandlung sichert. Die meisten dieser jungen Europäer oder Amerikaner kehren positiv beeindruckt in ihre Heimat zurück.

Um so schwerer tun sich die Asiaten, die fast 80 % aller ausländischen Studenten in Japan ausmachen. Das mag auf den er-

Auch Japans Studenten bleiben meistens unter sich. In keinem anderen modernen Staat studieren weniger junge Ausländer.

sten Blick schwer verständlich erscheinen, wo doch das Schwergewicht der japanischen Bildungsstätten auf Anwendung und Nutzbarmachung gerade den Bedürfnissen der Entwicklungsländer entgegenkommt. Von Japans hochmoderner, ertragreicher und rationeller Landwirtschaft kann ganz Asien lernen, zumal die Japaner eine vorwiegend subtropische Landwirtschaft betreiben, Asiens Krankenhäuser und Gesundheitsbehörden brauchen solide Praktiker, zur wirtschaftlichen und industriellen Entwicklung fehlen in ganz Süd- und Ostasien Techniker, Chemiker und Ingenieure. Im Bildungswesen bietet Japan also, was ganz Asien braucht. Trotzdem ist Japan unter Asiens Studenten nicht populär.

Wo immer die Gründe liegen mögen, amerikanische oder europäische Universitäten genießen in den Entwicklungsländern Asiens einen erheblich höheren Prestigewert als die Diplome japanischer Bildungsstätten. Ein Studium an der University of California, in Leyden, Lyon oder Erlangen fördert eine Karriere in Thailand, Indonesien oder Hongkong besser als dieselbe Zahl von Semestern in Niigata oder Takamatsu, ohne Rücksicht auf den tatsächlichen akademischen Standard der einzelnen Institutionen. Bindungen aus der Kolonialzeit wirken dabei offenbar noch immer zum Vorteil der Europäer, während die japanische Besatzungszeit im Zweiten Weltkrieg erhebliche Ressentiments zurückgelassen hat, obgleich sich die Kolonialmethoden der Europäer von den Besatzungsmethoden der Japaner keineswegs grundsätzlich unterschieden. Die geringe gegenseitige Wertschätzung erweist sich übrigens auch umgekehrt. Fast alle japanischen Studenten, die es ins Ausland zieht, gehen nach Amerika und Europa. Südostasiens Universitäten sind unter den jungen Japanern nicht gefragt, zumal die Japaner in ihrem Egozentrismus nicht einmal den Kulturen ihrer südostasiatischen Nachbarn außergewöhnliches Interesse entgegenbringen. Nur an drei japanischen Universitäten können Studenten die indonesische Sprache lernen, nur zwei bieten Kurse in Thailändisch, eine einzige hat Birmanisch auf dem Lehrplan. An keiner einzigen Universität in Japan kann man bislang Vietnamesisch, Kambodschanisch,

Malayisch oder die philippinische Nationalsprache Tagalog studieren. Zehn japanische Privatuniversitäten veranstalten zwar Kurse in asiatischer Literatur, bieten daneben jedoch keine Sprachlehrgänge an. Über französische Philosophen kann man an Japans Universitäten sehr viel erfahren, über indische Denker fast nichts. Um diesem Mißstand abzuhelfen, will das Erziehungsministerium fortan Zuschüsse an private Universitäten zahlen, die asiatische Sprachen in ihren Lehrplan aufnehmen.

Junge Südostasiaten wiederum tun sich mit der japanischen Sprache schwer, denn zu den Nachwirkungen der Kolonialzeit in Ostasien gehört, daß sich dort Englisch zu einem universalen Verständigungsmittel entwickelt hat. Gebildete Koreaner und Filipinos, Thais und Taiwanesen, Inder und Malayen und Singapore-Chinesen, sie alle können sich heutzutage untereinander englisch verständigen. Dies beeinflußt natürlich auch die Entscheidung zugunsten englischsprachiger Universitäten. Trotzdem trifft das Argument von den Sprachschwierigkeiten nicht den Kern, sonst würden nicht fünfzigtausend Ausländer in der Bundesrepublik studieren. Deutsch, wie Japanisch, gehört zu den am schwersten erlernbaren Fremdsprachen der Welt.

Die entscheidende Ursache liegt tiefer. Japans Universitäten und ihr soziales Umfeld sind bis heute nicht darauf eingestellt, ausländische Studenten in größerer Zahl aufzunehmen. Fast keine Universität bietet Einführungsvorlesungen für Ausländer an oder Sprachkurse zur Vorbereitung auf das Studium. Nur wenige angesehene Universitäten leisten sich Lehrer zur Betreuung fremder Studenten. Vor allem fehlt es an Studentenheimen, also an preiswerten Unterkünften, in denen junge Ausländer nicht in Ghettos, sondern in der Gemeinschaft mit japanischen Kommilitonen jene menschlichen Beziehungen entwickeln können, die zum Erfolg eines Auslandsstudiums mehr beitragen als der Erwerb von Fachwissen. Nur 20 % aller ausländischen Studenten in Japan kommen in Studentenheimen unter, die restlichen 80 %, weitaus die meisten, müssen sehen, wo sie bleiben. Wenn dann noch eines der größten Studentenheime trotz Überwachung durch das Außenministerium wegen Mißwirtschaft ge-

schlossen werden muß, wie das im Sommer 1977 in Tokio geschah, weil die Heimleitung die staatlichen Zuschüsse zur Auf-
besserung der eigenen Altersversorgung veruntreut hatte, verstärkt sich der Verdacht, daß selbst das Außenministerium die
Bedeutung von Studienaufenthalten nicht besonders hoch einschätzt.

Auf der Suche nach Studentenbuden machen viele junge Asiaten die schockierende Erfahrung, daß japanische Zimmervermie-
ter an Malayen, Filipinos oder Inder höchst ungern vermieten,
daß also Asiaten, nämlich Japaner, andere Asiaten diskrimini-
ren. Diese Erkenntnis verletzt um so tiefer, als sie sehen müssen,
daß sich diese Diskriminierung nicht schlechthin gegen Ausländer, sondern primär gegen dunkelhäutige richtet. Europäische
Studenten haben auf der Zimmersuche kaum Schwierigkeiten,
zumal sie neben der hellen Hautfarbe meistens eine erheblich
besser gefüllte Brieftasche vorzeigen können. Etwa 20 % der
Asiaten finanzieren ihr Studium mit einem japanischen Stipen-
dium.

Auch das Studium selbst erfüllt nicht immer die Erwartungen.
Die großen japanischen Firmen zum Beispiel suchen in erster
Linie Volks- und Betriebswirte mit guter Grundausbildung und
mit charakterlichen Qualitäten, da die meisten Jungakademiker
ihr ganzes Leben lang in derselben Firma bleiben und innerhalb
des Betriebes häufig die Tätigkeiten wechseln. Die jeweiligen
fachlichen Spezialkenntnisse werden am Arbeitsplatz vermittelt.
Südostasiens Unternehmen dagegen erwarten von einem Universitätsabsolventen, daß er sofort nach seinem Eintritt Entscheidungen trifft und Verantwortung übernimmt, doch darauf wird
er in Japan nicht vorbereitet. Kommt zu alldem noch die traditionelle Geschlossenheit der japanischen Gesellschaft hinzu (uchi),
die auch japanische Studenten gegenüber ausländischen Kommilitonen Distanz halten läßt, weil sie in ihnen eher Fremde als
Freunde sieht, so erklärt sich, daß zahlreiche asiatische Studenten
Japan enttäuscht verlassen, während die meisten Europäer und
Amerikaner in der Regel freundliche Erinnerungen mit nach
Hause nehmen. Japanische Soziologen haben herausgefunden,

daß vor allem ausländische Studenten mit guten japanischen Sprachkenntnissen schlechte Erfahrungen sammeln. Vielleicht machen Studenten mit nur geringen Sprachkenntnissen eben diesen Mangel für ihre Isolierung verantwortlich, während Kommilitonen, die gut Japanisch sprechen, erfahren müssen, daß die Gründe für ihre dürftigen Kontakte nicht bei ihnen selbst, sondern in der japanischen Sozialordnung liegen.

Ausländische Professoren bleiben ebenfalls Außenseiter, wenngleich erfreulicherweise deren Zahl an Japans Universitäten langsam zunimmt. Bislang kann kein Ausländer zum vollberechtigten ordentlichen Professor einer staatlichen Universität berufen werden, während zahlreiche japanische Wissenschaftler ohne jede Diskriminierung an staatlichen ausländischen Universitäten arbeiten. Zwar sieht ein neues Gesetz vor, daß ausländische Professoren als reguläre Mitglieder in die Fakultät einer staatlichen Universität geholt werden können, doch bleibt diesen ausländischen Lehrkräften das Stimmrecht bei Personalentscheidungen und in den Verwaltungsangelegenheiten der Universität verwehrt, wodurch am Ende den ausländischen Professoren noch immer die volle Gleichberechtigung verweigert wird.

Die meisten Universitätsetats enthalten bisher keine Gelder zur Bezahlung ausländischer Gastprofessoren, und selbst in den Universitätsgebäuden fehlen Zimmer oder sogar Schreibtische für fremde Gäste. Die wenigen ausländischen Universitätslehrer machen darüber hinaus die Erfahrung, daß ihre japanischen Kollegen, selbst wenn sie sich mit ausländischen Forschungsthemen beschäftigen, etwa mit französischer Philosophie oder englischer Literatur, kaum persönlich-privaten Kontakt zu ausländischen Kollegen aufnehmen.

Als Fazit bleibt, daß sich Japans Universitäten bislang nicht zu Stätten internationaler Begegnungen entwickelt haben, weil sie sich vorerst nicht als Partner einer unteilbaren Welt des Lernens begreifen. So ergibt sich ein Dilemma: Da den meisten Universitäten Japans die Weltoffenheit fehlt, bleiben die ausländischen Studenten aus, und weil die Ausländer ausbleiben, läßt die Öffnung zur Welt auf sich warten. Nur von außerhalb der Universi-

täten könnte daher der Anstoß zur Änderung kommen, durch die
großzügige staatliche Finanzierung von Studentenheimen, durch
das bereitwillige Angebot von Stipendien durch Industrie und
kulturelle Institutionen, durch den Ausbau von Sprachschulen
im Ausland, durch die Subventionierung von Vorbereitungsklas-
sen und Studienbetreuern, was alles voraussetzt, daß sich die
Grundeinstellung der Bevölkerung über Japans Rolle in der Welt
weitgehend ändern müßte.

Von der Universität der Vereinten Nationen, die im September
1975 unter einem amerikanischen Rektor in Tokio ihre Arbeit
aufgenommen hat, ist kein entscheidender Anstoß zu einem solchen Bewußtseinswandel zu erwarten. Diese Universität, deren
Gründung auf eine Anregung des früheren UN-Generalsekretärs
U Thant zurückgeht und um deren Plazierung sich Japan hartnäckig beworben hatte, kommt aus ihren Finanzierungsschwie-
rigkeiten nicht heraus, weil sich die meisten Mitglieder der Vereinten Nationen um die Zahlung von Beiträgen drücken. Bislang
sind viele Staaten von der Notwendigkeit einer solchen Bildungs-
stätte keineswegs überzeugt, zumal es weder der UN-Universität
selbst noch der japanischen Regierung gelungen ist, den Nutzen
zweifelsfrei zu begründen. Ursprüngliche Pläne, die eine Super-
Universität als Treffpunkt der Jugend der Völker zum Ziele hatten, wurden inzwischen durch ein bescheideneres Konzept ersetzt, das die Universität eher als Stätte des Austauschs zwischen
jungen Wissenschaftlern der Welt versteht und als Anreger und
Koordinator für Forschungen auf Gebieten, auf denen die Vereinten Nationen besondere Aktivitäten entfalten. Die um finanzielle Unterstützung gebetenen Regierungen konnten nicht
übersehen, daß zunächst die Errichtung der Universität beschlos-
sen wurde und erst danach die Diskussion über deren Aufgaben
begann, was bei vielen den Verdacht aufkommen ließ, daß es
Japan in erster Linie um ein Prestigeprojekt unter der Schirm-
herrschaft der Vereinten Nationen zur Bestätigung seines internationalen Ansehens gehen könne, so wie sich arme Entwicklungsländer zur Selbstbestätigung und als Beweise für ihr wach-
sendes internationales Gewicht Stahlwerke wünschen. Auch die

japanische Öffentlichkeit hat sich für die Universität der Vereinten Nationen bislang nicht begeistern können. Von Anfang an mußten überdies Zweifel bestehen, ob sich ein Staat, dessen eigene Universitäten sich bislang weitgehend der Jugend der Welt versperren, überhaupt als Standort einer internationalen Universität der Vereinten Nationen eignet. Hätte die japanische Regierung ihre Millionenzuschüsse statt in das UN-Projekt in die Internationalisierung ihrer eigenen Bildungsstätten gesteckt, wäre das Resultat vielleicht weniger spektakulär, in jedem Fall aber wirkungsvoller und nachhaltiger ausgefallen. Vorerst verpaßt Japan die Chance, Asiens Führungseliten von morgen zu Freunden zu gewinnen.

Die Volksrepublik China will in den nächsten Jahren Tausende von Studenten an japanischen Universitäten ausbilden lassen, ebenso wie in Amerika und Europa, eine Absicht, der sich Japan aus übergeordneten politischen und wirtschaftlichen Interessen nicht widersetzen kann. Vielleicht bricht dadurch endlich der nationalegoistische Panzer um Japans höhere Bildungsstätten auf. Es wäre nicht das erste Mal, daß Geschehnisse außerhalb der Landesgrenzen eine positive Entwicklung in Japan in Bewegung brächten.

Flüchtlinge
oder
Das traurigste Kapitel dieses Buches

Im Frühjahr 1977 begann plötzlich ein zweiter Exodus aus Vietnam. Auf verrosteten Fischdampfern, seeuntüchtigen Flußbooten und brüchigen Küstenschonern machten sich zigtausend Südvietnamesen, offensichtlich mit schweigender Duldung der kommunistischen Behörden, auf die verzweifelte Suche nach einem besseren Leben. Die genaue Zahl der Geflohenen wird sich nie feststellen lassen, weil viele hilflos auf hoher See ertranken. Für diejenigen, die von vorbeifahrenden ausländischen Frachtern

aufgefischt wurden, waren allerdings die Prüfungen nicht zu
Ende. Die meisten asiatischen Regierungen sträubten sich, die
Flüchtlinge von Bord zu lassen und aufzunehmen, angesichts
ihrer eigenen Unterentwicklung und ihrer Rassenprobleme und
weil die örtlichen Flüchtlingslager ohnehin seit dem Ende des
Vietnamkrieges überquollen. Einige hundert Vietnamesen setzten ihre Hoffnung auf Japan, den wohlhabendsten aller asiatischen Staaten, der in seiner ganzen Geschichte bislang von jeder
Flüchtlingswelle verschont geblieben war.

Im Juni 1977 fischte der griechische Frachter Krios, mit einer
Ladung Kohle von Polen nach Nordkorea unterwegs, vor der
vietnamesischen Küste zwanzig erschöpfte und in Seenot gera-
tene Männer, Frauen und Kinder auf. Da der Kapitän Flüchtlinge
aus einem kommunistischen Staat nicht im radikalen kommunistischen Nordkorea von Bord jagen wollte, bat er auf der Höhe
von Japan die japanischen Behörden um Erlaubnis, den Hafen
von Nagasaki anlaufen zu dürfen, um die Flüchtlinge dort abzu-
setzen. Drei Tage lang verweigerten die japanischen Hafenbeam-
ten der Krios das Einlaufen in japanische Hoheitsgewässer, wohl
wissend, daß solche Verzögerungen den Kapitän in arge Bedräng-
nis bringen mußten, denn es war klar, daß weder polnische noch
nordkoreanische Instanzen Mehrkosten übernehmen würden,
die aus einer Rettungsaktion für südvietnamesische Flüchtlinge
entstünden. Schwächere Naturen als der Kapitän der Krios hätten ihre Reise fortgesetzt. Am vierten Tag endlich, nach einer
umständlichen und teuren Prozedur, verpflichtete sich die griechische Regierung, die Verantwortung für die Flüchtlinge zu
übernehmen. Einen Tag später durften die um ihr Leben zittern-
den Vietnamesen an Land, in ein Lager.

In zahlreichen ähnlichen Fällen verfolgte die japanische Regierung dieselbe Politik. Vietnamesische Flüchtlinge durften erst
dann ihre ausländischen Rettungsschiffe verlassen, nachdem die
Staaten, in denen diese Schiffe registriert waren oder in denen
die Schiffseigentümer wohnten, sich ausdrücklich bereit erklärt
hatten, die Flüchtlinge am Ende aufzunehmen, falls sich kein
anderes Aufnahmeland fände. Als ein solches »anderes« Land

war immer an Amerika als Endstation gedacht. Mit anderen Worten, das einzig wirkliche, das entscheidende Interesse der japanischen Regierung bei der Behandlung der Flüchtlinge bestand darin, sie so rasch und billig wie möglich wieder loszuwerden, ganz gleich wohin. Humanitäre Gesichtspunkte blieben außer Betracht. Da sich diese Taktik auf japanische Schiffe nicht anwenden ließ, weil dabei letzten Endes Japan als Aufnahmestaat übriggeblieben wäre, was es doch unter allen Umständen zu verhindern galt, geriet mancher japanische Kapitän in Südostasien in einen tragischen Konflikt zwischen elementarer Menschlichkeit und dem Druck rücksichtsloser Reedereien. So gaben koreanische Besatzungsmitglieder eines japanischen Frachtdampfers im Hafen von Yokkaichi zu Protokoll (Koreaner wohlgemerkt, also keine Japaner), daß ihre japanische Reederei in Tokio alle Schiffe in Südostasien angewiesen habe, keine Flüchtlinge auf hoher See aufzunehmen. Den Besatzungen sei befohlen worden, nachts die Lichter zu verdunkeln, damit man die Schiffe nicht sehen und ansteuern könne, und tagsüber jedem Flüchtlingsboot nach Möglichkeit auszuweichen. Nur in unvermeidlichen Situationen solle man den Flüchtlingen Wasser und Nahrungsmittel geben. Vom Justizministerium in Tokio befragt, leugnete die Reederei jede Verantwortung. Mit dem Betrieb der Schiffe sei eine andere Firma beauftragt. Auch die gab vor, nichts zu wissen, deutete aber zugleich an, daß die gesamte Schuld beim Justizministerium liege, dessen Flüchtlingspolitik die Reeder zwinge, Menschen in Not auf hoher See ihrem Schicksal zu überlassen.

Japans Rechtsordnung mogelt sich am Flüchtlingsproblem vorbei, indem sie es verschweigt, indem sie von der Existenz von Flüchtlingen keine Kenntnis nimmt. Die Verfassung sieht kein Asylrecht vor, kein einziges Gesetz regelt Aufnahmeverfahren, Rechte und Pflichten oder Versorgung. Japan möchte mit politischen Flüchtlingen, mit den Opfern totalitärer Regime und kriegerischer Auseinandersetzungen, nichts zu tun haben.

Einige hundert ehemalige Studenten aus Südvietnam leben heute in Japan in ständiger Angst, von den Behörden ausgewiesen zu werden. Hoffnungsvoll waren sie vor Jahren an japanische

Universitäten gekommen, zu einer Zeit, als Südvietnam mit Amerika gegen die Kommunisten kämpfte. Als dann ihre Heimat von den Kommunisten erobert wurde, wollten die Studenten verständlicherweise nicht zurück, in Umerziehungslager. Jetzt erkennen die japanischen Behörden diese Vietnamesen nicht als Flüchtlinge an, da sie ja als Studenten gekommen seien. Ihre südvietnamesischen Pässe sind ungültig, kommunistische vietnamesische Papiere wollen sie nicht. Folglich besitzen sie überhaupt keine legalen Personalpapiere und können daher nicht einmal Japan korrekt verlassen, während dieses Land ihnen zugleich die Einbürgerung verweigert. Sie müssen froh sein, wenn man ihnen ein jeweils auf ein Jahr befristetes Aufenthaltsvisum erteilt. Da die großen Firmen in Japan ihr Stammpersonal auf Lebenszeit einstellen, kann keiner der gestrandeten vietnamesischen Studenten eine ordentliche Dauerstellung finden. Etliche halten sich nur mühsam über Wasser, oft illegal, ausgebeutet als Tellerwäscher, Nachtclub-Schlepper oder Schwarzarbeiter. Keine jener japanischen Großfirmen, die am Vietnamkrieg Millionen verdiente, hat bislang einem der ehemaligen vietnamesischen Studenten geholfen. Allein ein katholischer Pater spanischer Herkunft machte sich daran, die Öffentlichkeit aufzurütteln und Unterstützung zu organisieren.

In der breiten Bevölkerung fehlt weitgehend das Verständnis für Menschen, die aus politischen Gründen ihre Heimat verlassen. Japans abgeschiedene Insellage, die jahrhundertelange politische Isolation und die rassische Geschlossenheit des Volkes bewirken, daß es den meisten Japanern schwerfallen muß, sich in die Lage von Flüchtlingen hineinzudenken, zumal Japaner nie selbst Asyl im Ausland gesucht haben. Auch in den autoritären Zeiten der ersten Jahrhunderthälfte fanden liberal denkende Außenseiter es noch immer erträglicher, im polizeistaatlichen Japan zu bleiben, als die Geborgenheit im eigenen Volk gegen ein einsames Emigrantendasein einzutauschen. In diesem sozialen

Vietnamflüchtlinge landen in Japan. Die Schrecken der Flucht und Sorgen über die Zukunft prägen die Gesichter.

Klima gedeihen Vorurteile über ansteckende Krankheiten, immer
neu entfacht, wenn japanische Touristen aus Südostasien Cholera
einschleppen, bis zu Vorstellungen über die angebliche Unmoral
der Südostasiaten, vor denen es die Töchter zu schützen und die
Türen zu verriegeln gelte, gespeist aus Touristenerzählungen
und den Kriegserlebnissen japanischer Soldaten. Solche Ängste
verdienen ein gewisses Verständnis, denn ein einziger Cholera-
fall in einem kleinen Küstenhafen, der sich mühsam gegen berühmte Konkurrenten um den Aufbau einer bescheidenen Touri-
stenindustrie bemüht, würde über Nacht jahrelange Opfer und
Anstrengungen zerstören.

In der Praxis dagegen sind alle vorhergesagten Schwierigkeiten
ausgeblieben. Wo immer vietnamesische Flüchtlinge in Notla-
gern untergebracht wurden, gewöhnte sich die einheimische Bevölkerung rasch an die ungeladenen Gäste. Nirgendwo kam es zu
Spannungen, zu Prügeleien, Diebstählen oder Gewaltakten. Im
Gegenteil, trotz Verständigungsschwierigkeiten halfen häufig die
Nachbarn mit Lebensmittelspenden und Einladungen an die
Flüchtlingskinder. Sprecher des Justizministeriums trugen vor,
im ohnehin übervölkerten Japan sei leider kein Platz, wobei im
ganzen Jahr 1977 insgesamt eintausendzweihundert vietnamesische Flüchtlinge angekommen waren, von denen mehr als die
Hälfte bald nach Amerika und Europa weiterreisen konnten. Die
stärkste Industriemacht Asiens, so wurde also ernsthaft argu-
mentiert, gerate durch fünfhundert hilflose Flüchtlinge aus den
Fugen*.

Ihr eigentliches Argument behielten die Behörden für sich,
daß sie nämlich ein Prinzip verteidigten, aus der Sorge, die kleinste Nachgiebigkeit könne ein ganzes Gebäude zum Einsturz bringen. Noch immer verweigert die japanische Regierung der koreanischen und der chinesischen Minderheit im Lande, zusammen
etwa 700 000 Menschen, die volle Gleichberechtigung und die

---

* Vergleichbar wäre dem, wenn sich etwa die Stadt München weigern würde, fünf
oder sechs osteuropäische Flüchtlinge aufzunehmen, mit der Begründung, Versorgung, Arbeitsmarkt, Wohnungsangebot und soziale Sicherheit der Millionenstadt
gerieten sonst in schwere Gefahr.

japanische Staatsbürgerschaft, obgleich alle jungen Koreaner und
Chinesen in Japan geboren sind und die Heimat ihrer Eltern nie
zu sehen bekamen. Die Beamten in Tokio fürchten, daß jede
Konzession gegenüber Flüchtlingen aus Südostasien den in Japan
lebenden Koreanern und Chinesen neuen Mut machen würde,
für ihre Gleichberechtigung zu kämpfen, zumal sich nicht leugnen läßt, daß die meisten Koreaner und Chinesen sich nicht
freiwillig, sondern auf den Druck früherer japanischer Besatzungsbehörden hin in Japan ansiedelten. Zur unterschwelligen
Angst, selbst der kleinste Präzedenzfall könne unübersehbare
Folgen haben und am Ende die völkische Einheit und Geschlossenheit bedrohen, kommt noch ein verdrängtes schlechtes Gewissen.

Taiwanesen und Südkoreaner, die nach dem Zweiten Weltkrieg
auf der Flucht vor ihren autoritären Heimatregierungen vor japanischen Gerichten politisches Asyl einklagen wollten, wurden
ausnahmslos abgewiesen. Zwei Gesetzentwürfe zum Schutz politischer Flüchtlinge, von einzelnen Abgeordneten eingebracht,
scheiterten im Parlament.

Fehlende Rechtsgrundlagen und die engstirnige, inhumane
Auslegung der geltenden Normen blockieren die Aufnahme von
Menschen in Not, während im Gegensatz hierzu beispielsweise
die französischen Behörden bestehende Vorschriften so großzügig wie nur irgend möglich interpretieren, um möglichst viele
Indochinaflüchtlinge nach Frankreich hereinzulassen. Man mag
argumentieren, Frankreich trage als frühere Kolonialmacht in
Indochina besondere Verantwortung, doch darf dann auch nicht
übersehen werden, daß Japan am Indochinakrieg als Versor-
gungsbasis der Amerikaner Milliarden verdiente.

Um die vietnamesischen Flüchtlinge in Japan kümmerten sich
anfangs ausschließlich private christliche Organisationen beider
Konfessionen, vor allem die Mitarbeiter der katholischen Caritas.
Später halfen auch zwei buddhistische Gemeinschaften. Auslän-
dische Kinder der internationalen Schulen sammelten Spenden.
Doch die vielen Tausende japanischer Intellektueller, Studenten,
Gewerkschaftler und Linkspolitiker, die während des Vietnam-

krieges nicht müde geworden waren, gegen Amerika und für die
Menschlichkeit zu demonstrieren, schwiegen. Keiner öffnete den
Flüchtlingen seine Tür, keiner bot Hilfe an.

Die offizielle Betreuung übernahm das Büro des UN-Flücht-
lingskommissars, indem es die Kosten für die Unterbringung und
Verpflegung von acht Mark pro Person und Tag erstattete. Erwähnt werden muß, daß Japan seit Ende des Vietnamkrieges der
Flüchtlingsorganisation der Vereinten Nationen bis dahin fünf
Millionen Mark gespendet hatte, die drittgrößte Summe nach
den Vereinigten Staaten und der Bundesrepublik. Das Bestreben
der japanischen Regierung, sich mit Geldspenden »freizukau-
fen«, bleibt seitdem unverkennbar.

Als sich im Ausland immer mehr Kritik an der seelenlosen
Untätigkeit der japanischen Politiker und Beamten zusammen-
braute, als das amerikanische Außenministerium die japanische
Botschaft in Washington wissen ließ, Amerika fände mehr praktische Menschlichkeit angebracht, wurde endlich die Regierung
in Tokio aktiv. Im September 1977 berief Ministerpräsident Takeo Fukuda einen Kabinettsausschuß, der elementare Selbstverständlichkeiten als großzügiges Entgegenkommen verkündete,
daß nämlich die medizinische Betreuung und die Unterbringung
der Flüchtlinge verbessert werde und daß die Jüngeren unter
ihnen Gelegenheit erhalten sollten, ein Handwerk zu lernen.
Was den Daueraufenthalt der Flüchtlinge angehe, werde man
»weiterhin das Problem studieren« – eine typisch japanische Formulierung, die im Klartext hieß, daß damit auch in Zukunft nicht
zu rechnen sei. Wer sich die Mühe machte, die Gründung jenes
Kabinettsausschusses genau zu untersuchen, erfuhr, daß alle
sonst so kompetenzgierigen Behörden und Ministerien versucht
hatten, sich möglichst vor der Beteiligung zu drücken. Niemand
wollte die Verantwortung für die absehbare Ergebnislosigkeit
übernehmen. Als Fukuda ein Jahr später abgewählt wurde, war
erwartungsgemäß weder ein Ausbildungsprogramm noch eine
planvolle medizinische Betreuung in Gang gekommen.

Erst nachdem die Existenz eines Flüchtlingsproblems endlich
offiziell von der Regierung akzeptiert worden war, besannen sich

auch andere Organisationen auf ihre Pflicht. Jetzt versprach das wohlhabende japanische Rote Kreuz den Flüchtlingen bessere Unterkünfte, obgleich die Zeitungen seit Monaten über die armseligen Notlager der christlichen Hilfeorganisationen berichtet hatten. Eine Organisation, deren Aufgabe geradezu in der Praktizierung internationaler Humanität liegt, entdeckte ihr Gewissen erst, nachdem sich die Regierung außenpolitischem Druck beugte. Als das Jahr zu Ende ging, spendete schließlich auch einer der vier Gewerkschaftsdachverbände ganze 25 000 Mark.

Die bescheidene Erwartung, der eigens gegründete Kabinettsausschuß werde den Flüchtlingen wenigstens normale Arbeit ermöglichen, wurde ebenfalls enttäuscht. Statt regulärer Arbeitsgenehmigungen erteilte man ihnen nur zeitlich begrenzte Erlaubnisse, um gar nicht erst den Eindruck aufkommen zu lassen, man ebne einer Dauerlösung den Weg. Die Folge war, daß die großen japanischen Firmen, die von der lebenslangen Beschäftigung ihrer Mitarbeiter ausgehen, keinem einzigen Flüchtling einen Arbeitsplatz anboten.

Was wie der lang erwartete Durchbruch aussah, ereignete sich am 28. April 1978. Die japanische Regierung beschloß, künftig Flüchtlingen aus Indochina eine Daueraufenthaltsgenehmigung zu erteilen, falls Bürgen in Japan für sie garantieren würden. Doch schon die Umstände dieser Entscheidung weckten den Verdacht, daß es sich wiederum nur um ein Hinhaltemanöver handele, denn der Kabinettsbeschluß wurde gefaßt, unmittelbar bevor Ministerpräsident Fukuda nach Washington zu Gesprächen mit Präsident Carter aufbrach. Fukuda hoffte, auf diese Weise peinlichen Fragen in Amerika über Japans Flüchtlingspolitik auszuweichen. Es fällt schwer, die praktischen Folgen der bombastisch verkündeten »neuen Flüchtlingspolitik« anders zu deklarieren als eine Irreführung der amerikanischen Regierung und der Weltöffentlichkeit. Denn als Takeo Fukuda Ende 1978 von Masayoshi Ohira abgelöst wurde, hatte die japanische Regierung bis dahin insgesamt drei Personen, einem fünfunddreißigjährigen vietnamesischen Marineoffizier, seiner Frau und deren sechsjähriger Tochter, ein Daueraufenthaltsvisum erteilt. Japans

Presse feierte das Ereignis als Wendepunkt, kein einziger Reporter machte sich die Mühe, die Wahrheit hinter diesem dürftigen Durchbruch darzustellen: Was die japanische Regierung in ihren amtlichen Erklärungen eine »Daueraufenthaltsgenehmigung« nannte, war in Wirklichkeit ein auf drei Jahre begrenztes Visum. Während Hunderttausende von Indochinaflüchtlingen in Südostasien in primitiven Lagern verkümmerten und Tausende auf hoher See ertranken, gestattete Japan einer dreiköpfigen Familie einen dreijährigen Aufenthalt. Ministerpräsident Ohira folgte Fukudas Beispiel, als er ein Jahr später wegen der Verschlechterung der japanisch-amerikanischen Wirtschaftsbeziehungen ebenfalls nach Washington reiste. Kurz vor seinem Abflug ließ er erklären, Japan werde demnächst fünfhundert Vietnamflüchtlinge aufnehmen. Später war sogar von tausend Flüchtlingen die Rede. Inzwischen wurde einer Handvoll Vietnamflüchtlingen ein unbegrenztes Dauerwohnrecht in Japan (eiju) zugebilligt, womit sich die Kritik des Auslandes besser parieren läßt, doch die überwiegende Mehrheit muß in regelmäßigen Abständen eine Verlängerung der zeitlich begrenzten Aufenthaltsgenehmigungen (teiju-Status) beantragen, so daß sie nie wirklich in Japan heimisch werden kann. Die japanischen Behörden bleiben damit jederzeit in der Lage, die meisten Flüchtlinge irgendwann abzuschieben.

Anfang 1979 tauchte eine neue Kategorie von Vietnamflüchtlingen an den Küsten Südostasiens auf, Menschen, die sich ihre Ausreise auf schrottreifen Frachtern über korrupte vietnamesische Beamte und gewissenlose Hintermänner freigekauft hatten. Jeweils zwei- bis dreitausend Vietnamesen, vorwiegend chinesischer Herkunft, in qualvoller Enge zusammengepfercht, drängten an Land. Als die Bilder von diesem Elend um die Welt liefen, erklärten sich die Vereinigten Staaten und Kanada, Australien und Neuseeland und Westeuropa von Norwegen bis Österreich zur zusätzlichen Aufnahme von Flüchtlingen bereit, und Landesregierungen und Großstädte boten unbürokratisch Unterkünfte und Arbeitsplätze an. Nur ein großer Industriestaat schwieg, Japan. Gelegentliche Ausflüchte der Ministerialbürokratie, zu denen das Argument gehörte, die Flüchtlinge wollten ohnehin nicht nach Japan, wegen der Sprachschwierigkeiten, verdienen keine ernsthafte Beachtung. Als ob es Vietnamesen leichter fallen würde, sich in Niedersachsen oder Norwegen an Sprache, Klima und Lebensumstände zu gewöhnen. Japans Flüchtlingspolitik kann ohnehin schon lange nicht mehr an amtlichen Erklärungen und Argumenten gemessen werden. Nur durch eingetretene Tatsachen wird sich die Welt noch überzeugen lassen.

Man braucht die Rolle der helfenden Staaten nicht zu glorifizieren, denn sicher spielten bei den Entscheidungen der Regierungen auch außenpolitische Rücksichtnahmen und Werbewirksamkeiten eine Rolle, und überdies reichten alle Angebote zusammengezählt nicht annähernd aus, das Massenelend zu lindern. Doch läßt sich andererseits nicht übersehen, daß die Hilfe der nichtasiatischen Industriestaaten möglich wurde, weil sich in ihren Völkern Entsetzen und Mitleid ausbreiteten, weil unzählige einfache Bürger, religiöse Gruppen, Zeitungen und Fernsehen, politische und soziale Organisationen die Hilfe erbaten und forderten. In Japan dagegen blieb nicht nur die Regierung stumm, auch in der Bevölkerung regte sich kein Erbarmen. Die Regierung konnte sich intern gesehen ihre Teilnahmslosigkeit leisten, weil sie weder von den Medien noch durch Parteien oder religiöse oder soziale Organisationen unter Druck geriet. Kritische Bemerkungen einzelner Kommentatoren oder Oppositionspolitiker können nicht darüber hinwegtäuschen, daß sich keine Bürgerinitiativen bildeten, daß keine öffentliche Debatte in Gang kam. Wer bis dahin geglaubt hatte, die alte Vorstellung von der Besonderheit und der Abgesondertheit der Japaner sei längst ins Wanken geraten, das Weltbild von den insularen Japanern – uchi –, die sich den Erdbewohnern draußen – soto – menschlich nicht verbunden fühlen, löse sich rapide auf, und dahinter werde das Ideal von der Menschheit als einer großen Familie immer deutlicher sichtbar, fand hier das Gegenteil bestätigt. Noch immer herrscht in Japan jener Geist, zu dem sich der japanische Rundfunk bis vor wenigen Jahren unbekümmert in seinen Nachrichten bekannte: »Glücklicherweise befanden sich keine Japaner an Bord der abgestürzten Maschine.«

Ausblick
oder
Japans langer Marsch

Vor einigen Monaten benannte eine der weltoffensten europäischen Wochenzeitungen, Die Zeit, »die 100 Bücher der Weltliteratur«, ausgewählt von einer Redaktionskommission, die sich aus belesenen und liberalen Sachkennern zusammensetzte. Neunundneunzig der aufgezählten Werke entstammten dem westlich-abendländisch-christlichen Kulturkreis, ganz am Schluß fand ein einziges Buch aus der arabischen Welt Aufnahme, die Märchen aus Tausendundeiner Nacht. Am östlichen Ufer des Mittelmeers endete für die kritische Jury aus Hamburg die Weltliteratur, kein einziges Werk aus den jahrtausendealten Kulturen Indiens, Chinas oder Japans hielt sie der Aufnahme würdig, den »Traum der Roten Kammer« nicht, jenen Roman vom Niedergang eines Fürstengeschlechts aus dem China des frühen achtzehnten Jahrhunderts, in dem seither jede junge Generation Chinas ihre eignen Probleme wiedererkennt und über dessen Bedeutung selbst Mao Zedong mit seinen kommunistischen Mitstreitern diskutierte, und auch nicht die »Erzählungen des Prinzen Genji«, jenen frühen Roman vom japanischen Kaiserhof, der formal und inhaltlich belegt, daß Japans verfeinerte höfische Kultur vor einem Jahrtausend bereits den rauheren europäischen Sitten weit überlegen war. Unter der Weltkultur verstehen Westeuropa und Amerika vorwiegend sich selbst, und daß den Europäern und Amerikanern diese Nabelschau kaum bewußt wird, ändert daran nichts. Wer es beklagt, daß Japan sich noch immer nicht aus seiner völkischen Selbstisolierung zu lösen vermag, darf nicht übersehen, daß auch der Westen im Glashaus sitzt.

Nur wer nicht selbstgerecht, sondern im Bewußtsein der eignen Fehlbarkeit und Unvollkommenheit Japans langen Marsch in die Völkerfamilie zu verstehen versucht, wird den Japanern jene Hilfestellung geben können, die sie als Marscherleichterung benötigen.

Vor allem wird die Welt Geduld aufbringen müssen. Die vorliegende Untersuchung sollte deutlich machen, daß es keinem anderen großen Kulturvolk der Erde aus geographischen, religiösen, historischen, psychologischen und gesellschaftlichen Gründen so schwer fällt wie dem japanischen, sich der Welt zu öffnen. Außerdem verläuft ein solcher Prozeß, wie alle historischen Entwicklungen, nicht gradlinig. Fortentwicklungen werden durch Rückschläge unterbrochen, unbewußte Urängste und Hemmungen blockieren die Verwirklichung verstandesmäßig längst akzeptierter Konsequenzen. Weil immer mehr Japanern immer deutlicher bewußt wird, daß die Zeit der sozialen Abkapselung unentrinnbar zu Ende geht, regt sich zugleich um so heftiger bremsender Widerstand, aus Angst, der nationalen Identität drohe durch eine Internationalisierung Verwässerung oder gar Auflösung. Parallel zur Phase der Öffnung Japans verläuft daher zugleich mit entgegengesetztem Ziel eine Phase der nationalen Rückbesinnung, wie sich beispielhaft an der Diskussion über die Wiedereinführung des Kalendersystems Gengo erkennen läßt.

Japaner zählen die Jahre nicht nur nach der christlichen Zeitrechnung, die sich ohnehin von ihrem christlichen Ursprung weitgehend gelöst hat und selbst von den kommunistischen Staaten beibehalten wurde, sondern sie benutzen daneben weiterhin das vor Jahrhunderten von China übernommene Gengo-Zählsystem, das die Zeit in die Herrschaftsperioden der einzelnen Kaiser unterteilt. 1926, das Jahr, in dem Kaiser Hirohito unter dem Leitmotiv showa (erleuchteter Friede) den Thron bestieg, heißt folglich showa 1, das Ende des Zweiten Weltkrieges, 1945, gilt als showa 20, und wer ältere Japaner nach ihrem Geburtsdatum fragt, muß sich eine Antwort wie taisho 2 (1914) oder meiji 32 (1899) erst mühsam umrechnen. Es kann nicht bestritten werden, daß dieses Nebeneinander von zwei verschiedenen Zählsystemen, von denen das eine mehr dem äußeren und das andere mehr dem inneren Gebrauch dient, Japans Beziehungen zur Au-

ßenwelt nicht gerade erleichtert, weil praktisch die gesamte
Wirtschaft und der öffentliche Dienst beide Systeme nebeneinander verwenden müssen. Das Fortbestehen des Gengo-Systems
neben der christlichen Zeitrechnung beweist einmal mehr den
Beharrungssinn der Japaner. Logisch wäre es, wenn mit der fort-
schreitenden Eingliederung Japans in die weltweite Staatenge-
meinschaft das Gengo-System langsam absterben würde, zumal
Japans Nachkriegsverfassung die vormals gottähnlichen Kaiser
auf bescheidenere menschliche Dimensionen reduzierte. Doch
das Gegenteil ist eingetreten. Obgleich das Gengo-System im
Zuge der demokratischen Reformen nach dem Zweiten Weltkrieg
offiziell abgeschafft wurde, hat es sich zunächst als Brauch erhalten, und nun wird es sogar gesetzlich erneut verankert, auf
Grund parlamentarischer Initiativen der Parteien der Rechten
und der Mitte, die dabei noch von zahlreichen nationalkonservativen politischen und religiösen Gruppen unterstützt wurden.
Kommunisten, Linkssozialisten, liberale Gruppen und christliche
Kirchen, die diesen Schritt mit Recht für anachronistisch halten,
vermochten dagegen nur schwachen Widerstand zu mobilisieren.
Das Argument der Befürworter, auch nach einer offiziellen Wiedereinführung könne jeder Japaner frei zwischen dem Gengo-
System und dem christlichen Kalender wählen, dürfte eher der
Täuschung als der Überzeugung dienen. Denn auf die Sanktio-
nierung dürften bald die nächsten Schritte folgen, die Umstel-
lung der Schulbücher auf das alte System und die Ausfertigung
amtlicher Dokumente allein nach dem alten System, so daß sich
am Ende ein Japaner, der dem christlichen Kalender folgt, dem
Vorwurf unnationalen Verhaltens aussetzt. Yasuhiro Nakasone,
einer der führenden Politiker der Liberaldemokraten, begründete
die Notwendigkeit der Wiedereinführung des Gengo-Systems
mit dem Hinweis, Japans von den Amerikanern beeinflußte
Nachkriegsverfassung sei eine künstliche Blume. Echte Demokratie müsse im Nationalismus verwurzelt sein, und das Gengo-
System sei eine der wichtigsten Stützen, die diesen Nationalismus tragen. Die offizielle Wiedereinführung des Gengo-Systems
wertet im Ergebnis nicht nur die Stellung des Kaisers erneut auf,

was als innenpolitisches Problem vorwiegend eine Sache der Japaner wäre, sondern sie grenzt wieder einmal und erneut Japan von der Außenwelt (soto) ab, indem sie die Einmaligkeit und Besonderheit Japans (uchi) hervorhebt. Damit verfestigt sie genau jene Geisteshaltung, die es zu überwinden gilt.

Japans Rechtsordnung behandelt Ausländer nicht übermäßig wohlwollend. Was in zahlreichen Ländern Europas längst selbstverständlich geworden ist, nämlich Arbeiter, die jahrelang in einem fremden Land beschäftigt waren und dort ihre Steuern und Sozialbeiträge bezahlt haben, in sozialer Hinsicht den einheimischen Arbeitskräften gleichzustellen und ihnen Alters- und Unfallrenten zu gewähren, gilt nicht in Japan. Einem in Japan lebenden Koreaner, der vor Jahren irrtümlich in die staatliche Rentenversicherung aufgenommen worden war, verweigerten die Behörden später die Zahlung der Altersrente, weil er kein Japaner sei, obwohl dieser Koreaner korrekt viele Jahre lang alle Beiträge gezahlt hatte.

Das Staatsangehörigkeitsrecht spiegelt denselben Geist. Danach erwirbt grundsätzlich die japanische Staatsangehörigkeit, wer von einem japanischen Vater abstammt. Nur ausnahmsweise kann eine japanische Mutter ihrem Kind die japanische Staatsangehörigkeit vermitteln, wenn nämlich der Vater keine Staatsangehörigkeit besitzt oder unbekannt ist. Abgesehen davon, daß diese Regelung die Frauen benachteiligt und schwer mit der von der japanischen Verfassung garantierten Gleichberechtigung zu vereinbaren ist, führt sie zu harten Ungerechtigkeiten. Nach amerikanischem Staasangehörigkeitsrecht, beispielsweise, erwerben nicht alle Kinder, die von amerikanischen Vätern im Ausland gezeugt wurden, automatisch die amerikanische Staatsangehörigkeit. Dies hat zur Folge, daß zahlreiche Kinder amerikanischer Soldaten in Japan von ihren Müttern als Staatenlose geboren werden – mit all den Nachteilen und Erniedrigungen, die ein Staatenloser in Japan erdulden muß. Die Mütter können ihre eigene Staatsangehörigkeit nicht an die Kinder weitergeben, da ja die Staatsangehörigkeit des Vaters feststeht und die Sonderregelung folglich nicht anwendbar ist. Von japanischen Müttern in Japan geborene Kinder müssen ihr Leben in Japan als Außenseiter verbringen. An Bestimmungen, wie sie sich in Westeuropa immer mehr durchsetzen, wo man Eltern verschiedener Staatsangehörigkeit die Entscheidung überläßt, ob ein Kind die Staatsangehörigkeit des Vaters oder der Mutter erwerben soll, wird in Japan noch lange Zeit nicht zu denken sein.

Auch Japans Rechtsprechung bremst, wo mutige Markierungen hilfreich wären. In einem Grundsatzurteil gegen einen amerikanischen Englischlehrer, der in Japan an Demonstrationen gegen den Vietnamkrieg teilgenommen hatte und dem deswegen das Justizministerium die Aufenthaltsgenehmigung nicht verlängerte, stellte der Oberste Gerichtshof in Tokio am 4. Oktober 1978 fest, daß das Justizministerium jedem in Japan lebenden Ausländer nach Belieben die Verlängerung der Aufenthaltsgenehmigung verweigern dürfe. In der Begründung heißt es, zwar würden alle in Japan lebenden Ausländer für die Dauer ihres Aufenthaltes die von der japanischen Verfassung garantierten Grundrechte genießen (mit Ausnahme von politischen Rechten wie dem Wahlrecht, das an die japanische Staatsangehörigkeit gebunden sei), doch dürfe das Justizministerium bei einer Verlängerung der jeweils zeitlich begrenzten Aufenthaltserlaubnisse die an sich völlig legale Tätigkeit eines Ausländers als unerwünscht betrachten und ihn zum Verlassen des Landes auffordern. Mit anderen Worten, jeder in Japan lebende Ausländer, auch wenn er korrekt die Gesetze einhält, ist der totalen Willkür der Einwanderungsbehörden ausgeliefert, die ihm jederzeit den weiteren Aufenthalt verbieten können.

Die politische Tätigkeit von Ausländern in einem Gastlande wirft überall zahlreiche Fragen auf, wobei jeder Staat für sich das Recht beansprucht, Terroristen oder die Anführer von Gewaltdemonstrationen oder andere Rechtsbrecher des Landes zu verweisen. Das erheblich schwierigere Problem, welche Rücksichtnahmen ein Staat jenen Ausländern schuldet, die sich absolut korrekt und gesetzestreu verhalten, entschied Japans Oberster Gerichtshof ausschließlich zugunsten der Staatsräson. Das deutsche Bundesverfassungsgericht in Karlsruhe, das zufällig zur selben Zeit, ebenfalls im Oktober 1978, über die Rechte von Ausländern zu urteilen hatte, kam zu einem differenzierteren Ergebnis. Zwar stellte auch das Bundesverfassungsgericht fest, daß Ausländern kein Rechtsanspruch auf einen Aufenthalt in der Bundesrepublik Deutschland zustehe, fügte dem jedoch hinzu, daß der Ermessensspielraum der deutschen Ausländerbehörde bei einer Prüfung einer Aufenthaltsverlängerung stark eingeschränkt sei, wenn ein Ausländer bereits jahrelang rechtmäßig in der Bundesrepublik Deutschland lebe. Damit schloß das deutsche Gericht jede Willkürregelung ausdrücklich aus, indem es die Ausländerbehörden zwang, Gesichtspunkte der Staatsräson gegen die Interessen eines Ausländers, der in der Bundesrepublik heimisch geworden ist, abzuwägen. So werden hinter beiden Urteilen sehr verschiedene Grundeinstellungen gegenüber Ausländern sichtbar. Für Japans Obersten Gerichtshof sind sie nur Objekte, deren eigne Interessen keinerlei Berücksichtigung verdienen. Das deutsche Urteil mag Ungerechtigkeiten im Einzelfall nicht verhindern, doch stärkt es immerhin die Rechtsposition eines Ausländers gegenüber deutschen Behörden, während Ausländer japanischen Behörden im Vergleichsfall schutzlos gegenüberstehen. Der Unterschied zwischen beiden Urteilen markiert die verschiedenartige Haltung zweier Gesellschaften gegenüber ihren ausländischen Gästen.

Ein radikaler Geisteswandel über Nacht ist von Japan nicht zu erwarten. Zwar machen sich die fortschrittlicheren Wirtschaftsführer und Journalisten und einige wenige Politiker keine Illusion über die Unvermeidbarkeit und Dringlichkeit einer Eingliederung Japans in die family of man, doch fehlt es an der entschiedenen politischen Führung. Hinhaltetaktik und vordergründige Manöver herrschen vor, wo beispielhafte Haltung nötig wäre. Noch glauben die meisten japanischen Politiker, daß außenpolitische Schachzüge ausreichend seien, ein paar Millionen für den Kulturaustausch mit Südostasien, ein Kabinettsbeschluß als Morgengabe an das Weiße Haus in Washington, mehr Geld für die Flüchtlingsorganisation der Vereinten Nationen. In Wahrheit wird auf diese Weise nur an den Folgen herumkuriert, während

der Kern des Problems innenpolitischer, ja gesellschaftspoliti-
scher Natur ist. Worum es geht, ist letztlich eine Bewußtseinsän-
derung, also die Erziehung der Öffentlichkeit zu einer bisher
ungewohnten Haltung der internationalen Solidarität, die das
Ausland künftig einbezieht in die Lebensvorstellungen der Japaner als Bestandteil eines neuen universalen uchi, in der nicht
mehr unterschieden wird zwischen denen, die dazugehören und
jenen, die abseits stehen, sondern in der die Menschheit als Ganzes begriffen wird, als eine Familie höchst eigenwilliger, aber
doch zusammengehörender Glieder.

Dieser Geisteswandel läßt sich nicht durch außenpolitisches
Taktieren erreichen, er erfordert Beispielhaftigkeit vor dem eignen Volk: einen Ministerpräsidenten, der statt oder neben dem
Yasukuni-Schrein einmal ein ärmliches Lager vietnamesischer
Flüchtlinge besucht, einen Kaiserhof, der neben wohlhabenden
Sakebrauern und ehrgeizigen Politikern auch junge Entwick-
lungshelfer, die ihre Gesundheit in den Tropen ruinierten, mit
Orden bedenkt, Ministerien, die ausländische Firmen zu Investitionen in Japan ermuntern und die Übernahme japanischer Firmen durch Ausländer fördern, Zeitungen und Fernsehstationen,
die der Jugend die Wahrheit über Japans vergangene Rolle in
Asien vermitteln und die Männer wie den Kapitän der Krios, der
vietnamesische Flüchtlinge in Sicherheit brachte, und den Vize-
konsul Chiune Sugihara, der polnischen Juden das Leben rettete,
als Vorbilder würdigen, Abgeordnete, die den Bau internationaler
Studentenheime durchkämpfen, Großfirmen, die demonstrativ
intelligente Koreaner einstellen – die Liste dieser Möglichkeiten
ist ebensolang wie die Liste der verpaßten Chancen.

In Japan fällt es weitsichtigen einzelnen ohnehin schwer, aus
den etablierten Vorstellungen auszubrechen. Erfolgreicher als
mitreißende Führer haben sich hier bislang stets diejenigen erwiesen, die behutsam einen Dialog in Gang brachten und dann
die Diskussion geschickt auf eine breite Übereinstimmung hin-
steuerten. Doch verbraucht dieser Prozeß viel Zeit. Bevor aber
die Öffentlichkeit nicht umzudenken beginnt, fehlt das Klima, in
dem allein Gesetzgebung und Staatsverwaltung alle nötigen An-

passungen vollziehen können, von Änderungen im Erziehungssystem bis hin zu Korrekturen an der Wirtschaftsordnung.
   Auf der anderen Seite haben sich die Japaner in ihrer Geschichte wiederholt ausländischen Zwängen gebeugt. Es waren
amerikanische Kriegsschiffe, die die Meiji-Reformen und damit
Japans Modernisierung auslösten, und es waren die Besatzungs-
offiziere des Generals MacArthur, die Japans Demokratisierung
nach dem Zweiten Weltkrieg verordneten, beides Entwicklungen,
die längst von der überwältigenden Mehrheit der Bevölkerung
getragen werden und die kein Politiker mehr rückgängig machen
könnte. Für das Ausland ergibt sich daraus die Lehre, daß nicht
nur geduldiges Zuschauen angebracht ist, sondern gelegentlich
auch nachdrückliche Bestimmtheit. Ein neuseeländischer Ministerpräsident, der angesichts der Verzögerungstaktik der japanischen Bürokratie beim Verhandeln über Rindfleischexporte die
Geduld verlor, forderte vor einigen Jahren, die Welt müsse Japan
zum Internationalismus bekehren, auch wenn es sich dagegen
wie ein Kind schreiend und um sich schlagend sträube, und ganz
falsch lag er mit diesem Seufzer der Verzweiflung nicht. Zu den
positiven Eigenschaften der Japaner gehört ihr Realismus, ihre
Fähigkeit, sich mit unvermeidbaren Entwicklungen abzufinden.
   Bisher beschäftigt das lebenswichtige Thema der geistigen Eingliederung Japans in die Welt nur eine winzige Minderheit von
Japanern, während die breite Mehrheit des Volkes darüber nichts
weiß und davon nichts ahnt. Die meisten Japaner, die jungen
Bürger eingeschlossen, fühlen sich in ihrem Staat wohl und halten aus ihrer Sicht grundlegende Änderungen weder für notwendig noch für wünschenswert. Es sind überwiegend ausländische
Beobachter, die, im Blick auf Tokio und geprägt vom Umgang mit
einer kleinen Schar kosmopolitischer Japaner, bereits das Absterben der überlieferten Institutionen voraussagen und die zu erkennen meinen, daß die Bereitschaft, sich in die überkommenen
Gruppen einzufügen, nachlasse. Neuere Untersuchungen der Regierung legen dagegen den Schluß nahe, daß der Prozentsatz
jener Jugendlichen steigt, die eine lebenslange Anstellung in einer großen Firma als Karriereziel erstreben und daß die Mehrheit

der Jugend auch heute noch eine Entlohnung nach dem Senioritätsprinzip, also nach der Dauer der Betriebszugehörigkeit, einem Leistungslohn vorzieht.

Im Herbst 1978 berichtete die Presse über einen eigenartigen
Vorfall. Um einen Schüler in der Provinz zur Besinnung zu bringen, der seine Haare einen Zentimeter länger hatte wachsen lassen, als dies die Schulvorschriften vorsahen, ließ der Lehrer die
gesamte Klasse Aufsätze über das Verhalten jenes »Außenseiters« schreiben. Kein einziger Mitschüler fand ein Wort der Entschuldigung, keiner plädierte für Liberalität oder Toleranz. Statt
dessen verdammten alle Aufsätze den Langhaarigen – es ging,
wohlgemerkt, um einen Zentimeter – mit Formulierungen wie,
sein Verhalten sei schmutzig, und es sei feige, sich nicht an die
Schulregeln zu halten. Als der Lehrer den Jungen in ein Neben-
zimmer setzte, damit er dort allein und in Ruhe diese Aufsätze
studieren könne, warfen seine Klassenkameraden seinen Schreib-
tisch und seinen Stuhl aus dem Klassenraum. Und als die Zeitung
Asahi Shimbun daraufhin den Lehrer und die Mitschüler kriti-
sierte, erhielt sie empörte Leserbriefe, in denen stand, daß jede
Gruppe ihre Regeln habe, nach denen sich eben jeder richten
müsse. Es fällt schwer, sich ein ähnliches Verhalten einer Schulklasse in den Vereinigten Staaten oder in Westeuropa vorzustellen. Ein solcher Vorfall, gerade in seiner negativen Übersteigerung, legt den Schluß nahe, daß die Bereitschaft der Japaner, sich
in Gruppen einzufügen und damit zugleich von anderen Gruppen
abzukapseln, im sozialen Urgrund nach wie vor tief verankert ist.
Und auf herausstehende Nägel wird noch immer eingehämmert.

Ohnehin erwartet niemand von Japan, daß es seine eignen
bewährten Institutionen gleichsam als Eintrittspreis für eine
Aufnahme in die Familie der Völker zu opfern hätte. Die bestehende Völkergemeinschaft beweist, daß auch die weltoffensten
ihrer Mitglieder ihre nationalen Eigenheiten bewahren, wie sich
doch jeder große Club aus den unterschiedlichsten Charakteren
und Temperamenten zusammensetzt. Im Gegenteil, erst als sich
der ganzen Welt zugehörend und verbunden fühlendes Volk
könnte Japan jene beispielgebende Rolle übernehmen, die für alle

bestehenden und kommenden Industriestaaten von unschätzbarem Nutzen wäre. Was den Westen heute von innen heraus bedroht, ist ein übersteigerter Individualismus, also der Glaube, daß der Sinn des Daseins in der möglichst ungehinderten Selbstverwirklichung des einzelnen liege, im Recht, sich seine höchstpersönlichen Wünsche zu erfüllen. Langsam breitet sich dagegen die Erkenntnis aus, daß jenem Egoismus vorschnell andere Werte geopfert wurden, Solidarität, Geborgenheit, die nicht weniger zum individuellen Glück beitragen. Es ist kein Zufall, daß die japanische Jugend besser als die Jugend irgendeines anderen modernen Industriestaates den Versuchungen des Rauschgifts widersteht. Vom Totalitarismus kommunistischer oder faschistischer Prägung, der den Individualismus vorwiegend als Systembedrohung sieht, kann keine Hilfe kommen. Am Beispiel Japans dagegen könnte die Welt lernen – ohne daß es darum geht, Japan einfach zu kopieren –, daß die Zerstörung bewährter sozialer Überlieferungen keineswegs zum unentrinnbaren Fluch der Industrialisierung gehört, daß auch eine moderne Industriegesellschaft denkbar ist, in der sich der einzelne nicht ausgestoßen, sondern aufgenommen weiß.

Japan, das dem Westen seine moderne Entwicklung verdankt, könnte heute dem Westen einen unbezahlbaren Gegendienst leisten.

Vor einhundert Jahren schrieb der Meiji-Kaiser:

> In meinem Garten
> Seite an Seite
> einheimische und fremde Pflanzen –
> sie wachsen zusammen auf.

Noch hat sich diese Vision nicht erfüllt.

Literaturvorschläge
in deutscher Sprache:

Helmut Erlinghagen, Japan, Deutsche Verlags-Anstalt, Stuttgart 1974

Japan, Politik und Wirtschaft, Hrsg. Manfred Pohl, Institut für Asienkunde, Hamburg, erscheint jährlich

Paul Kevenhörster, Das politische System Japans, Westdeutscher Verlag, Köln 1969

OAG-Reihe Japan aktuell: Die Frau, Hrsg. Gebhard Hielscher, Erich Schmidt Verlag, Berlin 1979

Hans Schwalbe, Acht Gesichter Japans, Deutsche Gesellschaft für Natur- und Völkerkunde Ostasiens, Tokio 1970

Ulrich Teichler, Hochschule und Gesellschaft in Japan, 2 Bände, veröff. vom Max-Planck-Institut für Bildungsforschung, Ernst Klett Verlag, Stuttgart 1976

Zwei zaghafte Riesen? Deutschland und Japan seit 1945, Hrsg. Arnulf Baring und Masamori Sase, Belser Verlag, Stuttgart – Zürich 1977

in englischer Sprache:

Ruth Benedict, The Chrysanthemum and the Sword, Patterns of Japanese Culture, Charles E. Tuttle Company, Tokyo 1970 (23. Aufl.)

Zbigniew Brzezinski, The Fragile Blossom, Crisis and Change in Japan, Harper and Row, New York 1972

East Asia, Bd. 1: The Great Tradition, Edwin O. Reischauer und John K. Fairbank, East Asia, Bd. 2: The Modern Transformation, John K. Fairbank, Edwin O. Reischauer und Albert M. Craig, Charles E. Tuttle Company, Tokyo, 1. Aufl. 1965

Fifty Years of Light and Dark, The Hirohito Era, by the Staff of the Mainichi Daily News, The Mainichi Newspapers, Tokyo 1975

Frank Gibney, Japan, The Fragile Superpower, Charles E. Tuttle Company, Tokyo 1975

Chie Nakane, Japanese Society, University of California Press, Berkeley 1970

Edwin O. Reischauer, The Japanese, Charles E. Tuttle Company, Tokyo 1978

John G. Roberts, Mitsui: Three Centuries of Japanese Business, Weatherhill, New York – Tokyo 1973

Register

Bildnachweis

Gerhard Dambmann, Seite 53, 107
Jürgen Falter, Seite 267, 297
Japan Times, Seite 237
JNTO, Seite 23, 115

Kyodo, Seite 147, 157, 203, 219
Asahi Shimbun, Seite 93, 165
Mainichi Shimbun, Seite 27, 41, 75, 179
UNHCR, Seite 307

Fritz René Allemann
8mal Portugal
Überarb. und erweiterte Neuausgabe.
3 Aufl., 15. Tsd. 1983.
369 Seiten mit 37 Fotos

Fritz René Allemann
26mal Schweiz
Panorama einer Konföderation. 1985.
630 Seiten mit 17 Fotos. Serie Piper 5106

Harald Bilger
111mal Südafrika
1982. 399 Seiten mit 35 Fotos
(Auch in der Serie Piper 5102 lieferbar)

Raymond Cartier
50mal Amerika
Übersetzt aus dem Französischen von
Leonore Schlaich/Max Harriès Kester.
16. Aufl., 102. Tsd. 1983. 519 Seiten
mit 31 Fotos
(Auch in der Serie Piper 5101 lieferbar)

Tony Gray
50mal Irland
Aus dem Englischen von Ute Wiechern/
Hans Jürgen von Koskull.
3., überarb. Aufl., 17. Tsd. 1981.
417 Seiten mit 19 Fotos
(Auch in der Serie Piper 5105 lieferbar)

Erich Helmensdorfer
50mal Ägypten
2., überarb. und erweiterte Aufl.,
9. Tsd. 1981. 346 Seiten mit 28 Fotos

Toni Kienlechner
12mal Italien
1980. 454 Seiten mit 19 Fotos

Ernst Kobbert
26mal Belgien – 1mal Luxemburg
1983. 331 Seiten mit 29 Fotos

Rudolf Walter Leonhardt
77mal England
Panorama einer Insel. 13. Aufl.,
71. Tsd. 1983. 433 Seiten mit 33 Fotos

Klaus Liebe
6mal Jugoslawien – 1mal Albanien
1974. 549 Seiten

Eka von Merveldt
4mal Florenz
1982. 349 Seiten. 61 Abbildungen auf
Tafeln

James Morris
3mal Venedig
2., überarb. Aufl., 11. Tsd. 1983.
360 Seiten mit 24 Fotos

**Josef Müller-Marein/Catherine
Krahmer**
25mal Frankreich
3. Aufl., 26. Tsd. 1982.
538 Seiten mit 17 Fotos

Marcel Niedergang
20mal Lateinamerika
Von Mexiko bis Feuerland.
5. Aufl., 28. Tsd. 1978.
575 Seiten mit 17 Karten und 26 Fotos

Dietmar Rothermund
5mal Indien
2. Aufl., 10. Tsd. 1983.
459 Seiten mit 22 Fotos

Hermann Schreiber
6mal Paris
Biographie einer Weltstadt. 2. Aufl.,
11. Tsd. 1981. 450 Seiten mit
62 Abbildungen und 23 Tafeln

Axel Schützsack
4mal Skandinavien
1977. 338 Seiten mit 12 Fotos

Klaus Viedebantt
30mal Australien und Neuseeland
3. Aufl., 17. Tsd. 1983.
354 Seiten mit 23 Fotos

Günter C. Vieten
30mal Holland
1983. 293 Seiten mit 20 Fotos

Rudolf Woller
6mal Kanada
1984. 398 Seiten mit 16 Fotos
und 2 Karten